韩震｜著

高校思想教育的
理论叙事

外语教学与研究出版社
北京

图书在版编目 (CIP) 数据

高校思想教育的理论叙事 / 韩震著. -- 北京：外语教学与研究出版社，2019.8
　ISBN 978-7-5213-1177-8

　Ⅰ. ①高… Ⅱ. ①韩… Ⅲ. ①高等学校－思想政治教育－中国－文集
Ⅳ. ①G641-53

　中国版本图书馆 CIP 数据核字 (2019) 第 197402 号

出 版 人　徐建忠
责任编辑　王　琳
责任校对　刘　佳
封面设计　高　蕾
出版发行　外语教学与研究出版社
社　　址　北京市西三环北路 19 号（100089）
网　　址　http://www.fltrp.com
印　　刷　三河市紫恒印装有限公司
开　　本　880×1230　1/32
印　　张　19
版　　次　2019 年 9 月第 1 版 2019 年 9 月第 1 次印刷
书　　号　ISBN 978-7-5213-1177-8
定　　价　88.00 元

购书咨询：（010）88819926　电子邮箱：club@fltrp.com
外研书店：https://waiyants.tmall.com
凡印刷、装订质量问题，请联系我社印制部
联系电话：（010）61207896　电子邮箱：zhijian@fltrp.com
凡侵权、盗版书籍线索，请联系我社法律事务部
举报电话：（010）88817519　电子邮箱：banquan@fltrp.com
物料号：311770001

记载人类文明
沟通世界文化
www.fltrp.com

北京高校中国特色社会主义理论研究协同创新中心（北京外国语大学）阶段性成果

自　序

　　《高校思想教育的理论叙事》一书，是我在北京外国语大学任领导期间关于教育管理和思想工作思考的结果，其中附录则是记者采访问答以及我与国外学者的对谈。

　　一个奇遇让我感到去北外工作成为命定如此的事情。还在北京师范大学工作时，我曾作为北京师范大学的副校长与招生办公室的两位同志一起到宁夏做招生宣传，而在这之前宁夏是中国版图中我当时唯一一个没有去过的省区。飞机直抵银川，在接机口我们看到有人举着写有"北京外国语大学"字样的牌子在等候接人。当我走出出口时，他们迎上前来热情地与我握手，一时让我有些懵然无措。后来，他们发现是接错了人。就在我回到北京之后不久，上级领导找我谈话，就调我到北京外国语大学任校长的意向征求我本人的意见。这让我觉得自己与北京外国语大学冥冥之中产生了某种因缘。

　　我是 2012 年 8 月 7 日到北京外国语大学任校长，2014 年 2 月 28 日转任党委书记，期间因为工作缘故几乎天天要出场讲话、致辞，但收入这个集子的讲话稿几乎都是由我自己起草的，有几篇是按照我的思路起草之后经过我重新修改的，文中的表述有某些体现我工作思路形成中有重要节点的内容。

作为一个由其他学校调到北京外国语大学任主要领导的学者，我到北外之后就公开表示：我首先应该尊重北外在长期办学历史中形成的传统，这种传统承载着学校过去的光荣，有广大师生和校友为之骄傲的记忆。但是，作为一个在特定时期担任主要领导的人，应该让学校的教育实践和理念在紧跟时代步伐的过程中形成新的内涵、塑造新的特征。传统不是僵化的东西，而是在历史中有生命力的发展过程。这就是说，唯有能够在岁月中生机勃勃的发展进程，才是活生生的有生命力的传统。因此，我曾经多次说，在工作中"我是一个有理想的现实主义者"。

到北外之后，我在短时间之内调研了所有的院系和二级单位。当然，我调研的第一个院系是法语系，这是因为我的二外即法语是由一位北京外国语大学的老师教的。参加的第一个学术活动是 2012 年 8 月北外承办的亚洲日耳曼学学者大会——由于我的专业是哲学，所以我对孕育出康德、黑格尔和马克思等伟大哲学家的日耳曼文化也充满敬意。

通过调研我发现，北外作为有红色基因的高等院校，是一个有自己独特气质的学校。她兴起于民族危亡之际，乘改革开放的风帆迅速发展。在抗日烽火之中，北外前身——抗日军政大学第三分校俄文大队——的成立，体现了中国共产党人早就具备广阔的国际视野；在改革开放新时期，北外又书写了自己的时代辉煌。许国璋英语、薄冰英语语法、胡文仲主持的"Follow Me"、陈琳主持的电视英语都曾风靡全国，他们可以说已经成为"全民教师"。北外以外语教学扩大着中国人的国际视野，从而以自己特殊的贡献推进着改革开放进程。在改革开放初期，大多数中国人没有机会学习外语，而掌握外语才能有更多机会在国内甚至走出国门学习先进的科学技术知识和管理经验。但是，随着改革开放深入，特别是进入新时代之后，中国越来越从一个时代的"跟跑者"变成一个"并跑者"，并且在某些领域甚至开始进入"领跑"的位置。这个时候，中国人掌握外语除了学习别人之外，更多地开始要在全球范围内与其他国家的人们一起工作。工作就不仅需要语言，还需要其他的专业知识和技能。这也就是说，北外的工作推动着改革开放的进程，而随着改革开放的深入，北外却必须调整自己的理念以适应社会的发展。

我到北外之后，经过调查研究，总结过去北外成功的经验，思考时代变化提出的新要求，提出了"优化结构、凝练特色、学术牵引、追求卓越"的办学思路。所谓优化结构，目的就是提升北外学科专业的核心竞争力，优化结构既是优化学校的学科结构、培养方案的课程结构、教师学生的知识结构，也是优化人力资源结构，扩大教师在教职工中的比例，培养更多的"双带头人"（党建带头人、学术带头人）。所谓凝练特色，就是做到有所为有所不为，一方面不断丰富北外优势学科——外语——的内涵，巩固北外的传统优势学科；另一方面让非外语学科形成以最强外语学科为背景的比较优势。所谓学术牵引，就是在原来以教学为主的基础上提升教师的研究能力，教师必须以教学为主，但是只有不断进行学术研究才能提高教学水平，丰富教学活动的思想内涵。而所谓追求卓越，就是要从小富即安的心态中摆脱出来，树立"没有最好，只有更好"的学术境界，力求在高等教育的发展中不断提高办学水平。

近些年来，北外的学科结构和人力资源结构发生了很大变化，如扩大"小语种"专业，实现了世界各国官方语言的全覆盖，这不仅提升了学校的学科核心竞争力，也形成了北外在新时代的特色；而人力资源的优化方向，与后来中央关于培养"双带头人"的规定前瞻性地保持了一致。学校的学术影响力有了很大的提升。

北外的科学研究势头，有了迅猛提升，在承担国家需要的重大研究课题方面有了许多新的突破。学术研究、智库建设、课题经费都有许多的突破。在这个过程中，我也发挥过大大小小的作用。我为此感到特别欣慰。

作为主要领导，一方面要积极推动工作，促进事业的发展；另一方面也要系统看待改革、发展和稳定的关系，有时必须忍辱负重,坦然面对误解和其他情况。值得庆幸的是,在全体师生员工的努力下,我在北外的这几年,北外基本做到了稳妥发展,没有出什么大的波折。这与加强思想政治教育工作是有密切关系的。我们从2014年起由党政联席会议的决策机制转到常委会的决策机制,逐渐强化了党对学校各方面工作的领导体制;我们成立了马克思主义学院,使旗帜更加鲜明;我们形成了北外特色的马克思主义理论教育,提升了马克思主义学科的影响力;我也会记住为新生开第一堂课的热烈场面……

当然,限于自己的水平和能力,工作中仍然有许多的遗憾,也许还做错了许多事,在此只能让师生员工和校友给予谅解了。

我将深情留恋着北外的校园,杨学义、陈乃芳、王福祥、陈琳、张中载、粟秀玉等老领导和老同志对我的热情帮助和指导,真诚给我提建议的老师,与老师和同事们之间的亲密交谈,"校长下午茶"时间里与同学之间直率的问答,我的邮箱中同学们带有火气的询问,与老师和同学同桌就餐的惬意,另外还有我到延安剪彩的学校建校纪念碑,与来访的国宾共植的树木……

我在北外期间的工作已经成为过去,当下只能以理论叙事的方式成为文本,以方便我的记忆。我的叙事也许没有多大价值,但如果能让后来者避免我的错谬、少走弯路,那也许就值得一读。

在北外的近六年的工作,不能证明我有什么过人的成绩，但我自以为足可以证明我是一个自律且有原则的人。从卸下党委书记的重担起，我就重新回到过去学者的身份。我将在今后的岁月中，祝福北京外国语大学有更加辉煌的未来。

韩　震

2019 年 6 月 30 日星期日

目　录

附录:

在担任北京外国语大学校长宣布会上的讲话 [1]

今天参加这个会议，我心情非常非常不平静。

北京外国语大学是我一直景仰的高等院校之一，她的革命而神圣的起源，让我肃然起敬。杨尚昆、师哲、廖承志等老一辈革命家、教育家和著名学者曾在此任校长，作为他们的后任者，我既感到无比骄傲，更感到诚惶诚恐，也感受到巨大的责任和压力。

另外，我在自己的成长过程中许多地方受惠于北外。在读大学期间学习英语时，我特别喜欢许国璋先生的教材，还读过王佐良先生的《英国文学史》，也读过张道真先生、薄冰先生的英语语法书，还曾经跟着电视听胡文仲先生主持的"Follow me"和陈琳先生主持的电视英语节目。20 世纪 80 年代初，在我攻读外国哲学硕士学位学

1　本篇讲话发表时间为 2012 年 8 月 7 日。当日，教育部派代表在北京外国语大学宣布了教育部党组关于北京外国语大学校长的任免决定，韩震任北京外国语大学校长。

习二外法语时，北师大为我们请的老师也是北外的。在这个宽泛的意义上，我也算是北外的学生。

既然组织上把我派到北外，那么我将全身心地融入这个有着辉煌历史和革命传统的大家庭之中。我向北外全体师生郑重保证，从今天开始，我要从一个"外人"转变成为真正的"北外人"！恳请老师们也不要把我当"外人"。

——如果说北京外国语大学是从延安起始的一条永远往前延伸的大路，那么我愿意且忠实地成为这条越走越宽广的道路的铺路石；

——如果说北京外国语大学是发源于延河的一条永远流淌、奔腾不息的河流，那么我愿意且自豪地成为汇成这条奔腾不息河水的一滴水珠；

——如果说北京外国语大学是从宝塔山下黑龙沟谱写出的一支永远鸣奏的乐曲，那么我愿意且快乐地成为这支越来越动听的乐章中的一个音符；

——如果说北京外国语大学是从清凉山丁泉矿初始吟唱的一支永远传颂的歌，那么我愿意且幸福地成为诵唱这支歌的合唱团中的一员。

我在此向北外全体师生郑重承诺：

第一，从此之后，我将用全部的精力做名副其实的校长，我将不再做我的专业即外国哲学的学术研究，而是把精力放在研究社会发展的趋势和高等教育的发展规律上，放在高等教育与社会之间的互动关系上，努力成为懂政治的教育家和懂教育的政治家；

第二，从此之后，除非是与教育管理有关的课题，我将不再申请自己原有学科专业的研究课题，而是集中精力细心谋划北外的发展战略和发展大势，为北外的发展而奔走、而呐喊；

第三，从此之后，我本人除了为学生做一些必要的思想政治教育和形势方面的讲座之外，不再承担任何专业课程，因而也不再谋求与教学有关的个人荣誉，而是努力为老师们上好课服务，努力为所有北外老师们的职业发展创造条件、提供服务，为从整体上巩固和提高北外人才培养的质量而工作。

作为一个"新北外人"、一名新兵，北外的许多事情我还不了解，但是我一定虚心学习，尽快熟悉工作。首先我要向北外的老前辈、老领导学习，向北外的教职员工学习，向以杨学义书记为"班长"的领导集体学习。在工作中，既遵循"稳中求进"的基调，也会积极进取，既要稳扎稳打，又要力争有所作为。

我将坚决贯彻执行党委领导下的校长负责制，自觉接受党委的领导和监督，与党委书记密切配合，坚持走群众路线，发扬民主、团结同志、勇于担当，积极主动地开展工作，与班子成员和教职员工一起谋求事业的科学发展。

我将认真领会胡锦涛总书记在庆祝清华大学建校100周年讲话中提出的全面提高高等教育质量的总体要

求，贯彻《国家中长期教育改革和发展规划纲要（2010—2020 年）》和《国家中长期人才发展规划纲要（2010—2020 年）》精神，按照社会主义政治家和教育家的标准严格要求自己，把一切为了学生的健康成长和成才作为学校各项工作的根本出发点，把人才培养和育人放在工作的首位。

我会恪守学校制定的"建设国际知名、有特色、高水平外国语大学"的整体战略目标，遵循"培养和造就复合型、高层次、通晓国际规则的国际化人才"的人才培养目标定位，进一步彰显"外、特、精"的办学理念，坚持以外为本、以特为重、以精为要，坚持以特色求发展、以质量求发展、以创新求发展，深化改革，不断拓新，为尽快将北外建设成为国际知名、有特色、高水平的大学而努力工作。

既然大学的根本任务是人才培养，那么学生的学习就是我们首要的关注目标。学校的全体教职员工都应该为学生的学习服务，其中所有教师的教学、科研和社会服务活动，都应该围绕着人才培养这一根本任务来安排，都要从属于"教"的范畴，而学校领导、职能部门及后勤单位，都应该为学生的"学"和教师的"教"而服务。至于我本人，我将团结带领行政领导班子为全体学生和教职员工服务。

我既然来到北外，就一定以北外为家，全身心地投入工作。西汉时期的贾谊曾经说："国尔忘家，公尔忘私，利不苟就，害不苟去，惟义所在。"我一定做到廉洁奉公、忠于职守，带头践行教师职业道德和行为规范，做一个正直、公正、廉洁、高效的校长。

我一定会兢兢业业，鞠躬尽瘁，求真务实，真抓实干。荀子云："道虽迩，不行不至；事虽小，不为不成。"事是想出来的，事更是干出来的。我一定努力做一个谋发展的校长，也一定努力做一个干实事的校长。

德国哲学家海德格尔说过："语言是存在的家。"在北外这样一所有着最多语种的大学，属于文化多样性和文化交融的前沿，因此这里也是文化传承创新和创造性存在的沃土。在中国改革开放进程不断深入的大背景下，我坚信，具有国际视野、家国情怀的北外人，将以更大的责任感和使命感，不断拓展自己学术发展和人生存在的更广阔空间，因而我也相信：我们北外人将为中华民族的伟大复兴及其具有世界历史意义的存在、为世界的和平与发展，做出我们应有的更大的贡献！

借此机会，感谢教育部党组和北京市委对我的培养。我决不辜负组织的重托、师生的期待，我将全心全意地用自己的绵薄之力为北外的发展发光发热、添砖加瓦！

谢谢大家！

执着的探索精神是我生命的动力 [1]

2012 年 8 月 7 日，教育部党组正式任命我担任北京外国语大学校长。北京外国语大学的前身是中国人民抗日军事政治大学三分校俄文大队，1941 年诞生在宝塔山下。她的革命而神圣的起源，让我肃然起敬。杨尚昆、师哲、廖承志等老一辈革命家、教育家和著名学者曾在此任校长。作为他们的后任者，我既感到无比骄傲，更感到诚惶诚恐，也感受到巨大的责任和压力。在这个时候，自然会想到自己的过去、想到曾经养育我的故乡和母校。

我出生在 1958 年，青少年的岁月坎坷，往事不堪回首，但艰难困苦的确造就了我一生的坚毅性格。1964 年上小学，很快就进入"文化大革命"混乱之中，断断续续的中小学学习，奔波在农村、乡镇和县城不同的学校；高中毕业后，我下过乡，当过工人，学过钳工和车工。

1977 年恢复高考，我的生活轨迹发生了重大转变——我考入山东师范学院聊城分院政治系。考试那年我 19 周

1　本文收录于山东聊城大学政治系七七级毕业生作品集《我的三十年》。

岁，是班里最小的学生之一。本科毕业后，考上北京师范大学西方哲学专业研究生，成为当年全校录取的 81 名研究生之一。这批研究生，其中有许多现在成了非常知名的人物。良好的学习环境给我提供了安静的学习条件。研究生阶段我的学习热情非常高，连续在不同期刊发表了十几篇论文，其中包括《中国社会科学》《哲学研究》等期刊，《新华文摘》也转载过我的一篇文章，我的硕士论文被《中国社会科学年鉴》作为重要论文加以介绍，这些成果从此奠定了我学习研究的兴趣和作为一名学者的基础。

1984 年，研究生毕业后留在北京师范大学任教，在职攻读了博士学位，后被破格晋升为副教授、教授。先后任教研室副主任、主任，哲学系副主任、主任，哲学与社会学学院院长；2006 年 2 月被任命为党委常委、副校长，分管过本科招生、人才培养、文科科研、汉语推广、国际交流与合作等工作。社会兼职有教育部社会科学委员会委员，教育部学科发展与专业设置专家委员会副主任委员，全国高等学校教学研究会副理事长，中华全国青年联合会社会科学工作者联谊会副会长，北京市第五届社会科学界联合会副主席，北京市哲学学会副会长，中华全国外国哲学史学会常务理事，中国人权研究会常务理事，中国人学学会常务理事，中国现代外国哲学学会常务理事，中国高等教育学会常务理事，《中国高等学校学术文摘·哲学》（英文）主编等。

　　1984 年以来，先后讲授 7 门本科生课程和多门研究生、博士生课程。曾主持研究生院的"西方学术系列讲座"和教务处"人文科学教授讲坛课程"。1987 年晋升讲师，1991 年破格晋升副教授，1995 年破格晋升教授。1993—1994 年作为高级访问学者赴美国斯坦福大学进修；1998 年获"欧洲—中国高等教育研究项目基金会"资助，作为访问研究员到德国康斯坦茨大学研究欧洲一体化问题；2002 年作为高级访问学者赴美国哈佛大学做学术研究。先后主持国家和省部级科研项目 10 多项，目前仍主持国家哲学社会科学重大攻关项目和教育部哲学社会科学重大攻关项目各 1 项。发表个人专著和主编著作 20 多部，教材 7 部（套），译著 4 部。主要著作有：《西方历史哲学导论》（山东人民出版社 1992）、《生成的存在：关于人和社会的哲学思考》（北京师范大学出版社 1996）、《重建理性主义信念》（北京出版社 1998）、《历史哲学：关于历史性概念的哲学阐释》（云南人民出版社 2002）、《历史·理解·意义：历史诠释学》（上海译文出版社 2002）、《20 世纪西方历史哲学》（北京师范大学出版社 2003）《思考的痕迹：文化碰撞中的思想生成》（北京师范大学出版社 2006）、《历史学研究的语言学转向：西方后现代历史哲学研究》（北京师范大学出版社 2008）、《历史观念大学读本》（中国人民大学出版社 2008）、《思想的力量：企业家提升领导力的 6 堂哲学课》《高等教育出版社 2009）《韩震论文选》（中华书局 2009）、《韩震自选集》（学习出版社 2012）等。译著有《自我的根源：现代认同的形成》（查尔斯·泰勒著，译林出版社 2001）、《历史与转义：隐喻的兴衰》（F. R. 安克施密特著，文津出版社 2005）等。另外，在《中国社会科学》《哲学研究》《哲学动态》《人文杂志》《德国哲学》《外国哲学》《哲学译丛》[1]《国外社会科学》《江海学刊》《现代哲学》《社会科学辑刊》《求是学刊》，以及 *Educational Philosophy and Theory*、*Frontiers of Philosophy in China: Selected Publications from Chinese Universities* 等刊物发表学术论文、译文、文章 400 余篇，其中有近百篇分别被《新华文摘》《文摘报》《中国哲学年鉴》《哲学动态》《高等学校文科学报文摘》《中国社会科学文摘》以及中国人民大学《复印报刊资料》等刊物予以转载、摘要或介绍。主编的《西方哲学概论》获北京市精品教材立项，被评为教育部"十一五"国家级规划教材、教育部 2007 年度普通高等教育精品教材。主持的课程先后被评为北京市和国家级精品课程。我还被聘为"马克思主义理论研究和建设工程"重点教材《西方哲学史》的首席专家。

这些年来，由于在学术研究方面取得了一些成绩，我先后获得一些荣誉：1991 年获"北京市优秀青年教师"称号，1994 年获第一届全国青年社会科学优秀成果奖二等奖、北京市第三届哲学社会科学成果青年奖，1998 年

1　2002 年改刊为《世界哲学》。

获教育部第二届中国高校人文社会科学研究优秀成果奖二等奖，2000 年获全国百篇优秀博士论文奖、北京市第六届哲学社会科学优秀成果奖二等奖，2002 年获教育部第三届高校青年教师奖，2006 年获教育部第四届中国高校人文社会科学研究优秀成果奖二等奖，2009 年获教育部高等学校科学研究优秀成果奖（人文社会科学）二等奖、高等教育国家级教学成果奖二等奖、北京市教育教学成果奖（高等教育）一等奖。

抚今追昔，我把自己青少年那段艰辛的岁月看成人生的一笔财富。回首往事可以体会到，只有吃过苦的人，才懂得珍惜自己的人生和生命，至少不会轻易自暴自弃。改革开放之后，我开始真正掌握自己的命运，生活自此逐渐走上正轨，成长也顺利起来。如果有人认为我人生道路顺利，那我首先感谢这个时代，感谢师长们的培养，还有我自己的执着坚毅的性格以及永在心头的责任感，这种责任感促使我全身心地投入，为国家、为社会、为人民做一些事情。只有经过不断磨砺，斧头才能锋利。在我身上，明显感觉到时代的烙印，时代的使命感转化为我内心强大的精神力量。

我是典型的"书呆子"。做青年教师时，某一个学期末回想的时候，竟然发现自己这个学期都没有出过大学校门。一次，骑自行车出去开会，返回时自行车坏了要修车时，才发现自己竟然一分钱都没带。有一次，北京市委宣传部组织青年学者到外地考察，那时候由于只专注于研究西方哲学，说话比较艰深晦涩，别人甚至很难听懂或不习惯于这种学术话语。当有位同行的记者知道我成为北师大哲学与社会学学院院长时，竟脱口说："啊！韩老师也能当院长？"因为在他看来，我只能在书堆里生活，他却不理解正是这种专注铸就了我现在的学术成就，也成就了我的管理工作的成绩。

高等教育已经进入大众化阶段，但是重点大学仍然要培养有社会责任感和历史使命感的精英人才。社会的精英就是社会进步与发展的中坚力量，如果他们都没有责任心、事业心，如果他们都缺乏真诚和使命感，那么整个民族的素质都很难提升。有许多非智力因素，比如个人修养、责任心、意志力，在人的成长过程中发挥作用。人的能力、智慧或有差别，但真正做出成绩来的还是那些有事业心、有责任心的人。因为做任何事情都是艰苦的，不是投机取巧就可以做成的。在任何岗位上，成功与否，首要的主观条件就要看自己是否有责任心和使命感。

每当我自己带的硕士生、博士生毕业的时候，我都会找他们个别谈话，告诉他们，一定要放轻甚至放空自己，不能把自己看得过重。一个人的价值有高低，那全在于他是把自己的生活与什么事情联系起来。有人只考虑自己那就是低价值；有人把自己与事业结合起来，那就更有价值；如果把自己的发展与更多人的发展结合起来，与整个国家和民族的事业结合，与整个人类的进步事业联系到一起，那价值就更大了。这是不一样的，有的人活着，也仅是活过而已；有的人活着，却有另一番超拔的意义。但是，人又是社会性动物，需要彼此合作，需要真诚对待别人，真诚对待自己。人之所以为人，在于人做什么才是什么，做多大才有多大。合作意味着资源，如果别人不愿和你在一起工作，事情就不会交给你做，你也就得不到锻炼和发展，用英语来说就是 Doing 才能 Becoming，Becoming 才能 Being。如果说我的后半生过得比较顺利，就在于我有自律精神和社会责任心，并懂得和大家一起合作。而这种精神就是母校的赐予，是在母校与老师和同学们的交往中获得的。

在"丰南区通达国际交流基金"捐赠仪式上的致辞[1]

今天我们欢聚一堂，在这里举行"丰南区通达国际交流基金"捐赠仪式。首先，我代表北京外国语大学向远道而来的各位朋友表示热烈的欢迎！对王书记[2]和秦英董事长热心教育、慷慨捐赠的善举表示衷心的感谢！

北京外国语大学的前身是中国抗日军政大学三分校俄文大队，秉承了艰苦奋斗、爱国图强的优良革命传统。办学70余年来，北外已经发展成为国家首批"211工程"建设的重点大学和国家"985工程优势学科创新平台"大学。目前，学校教授54种外国语言，是全国教授外语语种最多的高校。学校与世界上72个国家和地区的398所大学与教育机构建立了合作及交流关系。建校以来，共为国家培养了9万名国际化人才，其中包括400多位驻外大使和1000多位驻外参赞，被誉为"共和国外交官

---

1 2012年12月7日，位于河北唐山丰南区的重要民营企业通达集团，向北京外国语大学捐赠100万元，成立"丰南区通达国际交流基金"。本文为捐赠仪式上的讲话。
2 王成时任唐山市丰南区委副书记。

摇篮"。

丰南区是河北省唐山市的主城区，是全市唯一的沿海城区，毗邻北京和天津，交通发达，经济总量在河北省名列前茅。通达集团是丰南区重要的民营企业，创办20年来，下属多家子公司，经营范围十分广泛。秦英董事长对人诚恳、对事负责的风格给我留下很深的印象。

丰南区通达集团向北外捐赠的100万元善款，将用来成立"丰南区通达国际交流基金"，主要用于朝鲜语专业奖学金、助学金、奖教金，资助学生赴韩国、朝鲜学习，资助教师赴韩国、朝鲜开展教学科研工作，帮助朝鲜语专业学科建设和校友交流。这笔善款既是对学校朝鲜语专业教学科研工作的促进和激励，也将成为北外与丰南、与通达集团合作的开端，成为北外探索校企合作、地方合作模式的有效实践。我也希望丰南区委区政府和通达集团放心，北外一定会妥善管理这笔善款，做到专款专用，定期沟通使用情况，定期总结资助成果，透明公开，实实在在地推动学校朝鲜语专业的发展。我也希望获得资助的师生，能够理解社会的支持，以感恩的心发愤工作、努力学习，争取为回报社会，为中华民族的伟大复兴做出自己的贡献。

祝丰南区科学发展各项工作取得新丰收！祝通达集团基业长青、更通达！

在首届青年教师教学基本功比赛
表彰会上的讲话 [1]

经过近一个学期的筹备，在各相关院系和职能部门的精心组织，青年教师的积极参与，评审专家、工作人员的辛劳付出下，北京外国语大学首届青年教师基本功比赛圆满落下了帷幕。在此，我要向所有参加的青年教师表示由衷的敬意，向获奖单位和个人表示衷心的祝贺，并向为本次比赛贡献了智慧与汗水的参与者、工作者和组织者，表达诚挚的感谢！

此时此刻，回顾本次比赛举办的全过程，我想用"准备充分，初战成功，收效颇丰"12个字加以概括。

首先，从目标意义上讲：我校举办首届青年教师教学基本功比赛，契合国家整体推进青年教师队伍建设战略部署，在深入学习贯彻党的十八大精神活动中其意义更

---

1 2012年北京外国语大学举办了"首届青年教师教学基本功比赛"，并于12月24日召开了比赛总结表彰大会。之后的2015年、2017年，北京外国语大学先后举办了"第二届青年教师教学基本功比赛"和"第三届青年教师教学基本功比赛"。历次比赛进一步提升了学校青年教师的教学水平和技能。

加凸显。

"善之本在教，教之本在师。"近年来，国家高度重视教师发展工作，相继出台一系列文件和改革措施，推进教师队伍建设。2012 年 8 月，国务院下发《关于加强教师队伍建设的意见》。9 月 20 日，教育部、中组部、中宣部等六部委，又联合下发了《关于加强高等学校青年教师队伍建设的意见》，明确要求各高校采取多种形式，帮助青年教师专业成长，提升青年教师专业发展能力。10 月 7 日首次全国教师工作会议后，教育部先后组织三期"学习贯彻全国教师工作会议精神专题研讨班"。12 月中旬，我和金莉副校长又一起参加了教育部组织的"贯彻党的十八大精神，加强教师队伍建设视频会"。从国家到部委，如此密集地关注教师队伍建设工作，尚属首次。在这个意义上，本学期学校在做好教师发展总体工作的基础上，积极推动本次比赛举行，与国家和教育部工作精神保持了高度一致，是切实推动教师队伍建设的重要举措。

其次，从实际效果讲，这次活动也适应了青年教师职业发展的需要。学校的竞争力首先来自教师的水平，而青年教师是学校的未来竞争力之所在。我校在 678 名专任教师中，40 岁以下的有 352 人，占 51.9%。这部分青年教师的状态就决定了今后北外的核心竞争力。

本次比赛在继承和发扬我校多年来形成的优良教育教学传统的基础上，为青年教师搭建了展现自我的舞台。

青年教师"重在参与、意在提高"，在比赛中取得了预期的成绩。这是对我校青年教师教育教学能力的一次集中检阅。37名参赛青年教师，不论是外语组还是非外语组，都通过自己编写的课堂教案以及20分钟的课堂展示，集中显现了个人水平、课堂魅力和发展潜质，充分展示了我校的教育教学能力及风采。在比赛的进程中，参赛教师接受了院系和学校组织的专门培训。比赛中，校内外专家对参赛教师的表现进行了现场点评，促进和提升了青年教师教学工作；学校积极鼓励、安排新入职教师参与到本次比赛培训、观摩和学习中来，也组织了他们和获奖教师的座谈交流，为青年教师专业发展架设了新平台；更值得一提的是，在此过程中，老教师、专家学者发挥了很好的传帮带作用，体现了北外优良教学传统的传承。全校上下共同努力，营造了为青年教师求发展、促发展、帮发展的良好工作氛围，这既是我们的收获，也是比赛成功举行的保障。

最后，从组织安排上看：全校上下高度重视本次活动组织工作，形成了师生合力、部门合作、协同创新的良好格局，也为学校共同促进教师专业发展开创了崭新局面。

按照北京市及各兄弟院校"青年教师教学基本功比赛"的组织惯例，本次比赛由学校工会主责，工会与教务处、人事处教师发展中心、宣传部、信息技术中心组成了工作小组。从9月份开始进行调研，精心组织，策划了比赛方案，制定了评审细则，并经过了校内外专家的共同研讨和审定。在比赛组织的各个环节中，各院系、职能部门通力合作，保证了工作的顺畅推进。比赛的整体部署和各时点工作的细节设置，都经过了周密的设计安排，其中不乏创新之处，为学校进一步推动教师发展工作奠定了良好的工作基础。

今天，我们在此隆重表彰在本次比赛中取得佳绩的先进个人和优秀组织单位，就是要及时总结本次比赛积累的经验成果，保持一股昂扬的精神状态，以先进典型引领教师队伍建设迈上新的台阶。借此机会，我想对学校青年教师发展和青年教师队伍建设工作提几点期望：

一要积极总结，通过反思梳理教学成功的好经验。做好本次比赛组织经验模式的总结，为进一步推动教师发展及队伍建设工作提供借鉴；做好先进经验和成果的总结与推广，通过教学观摩、座谈交流、社会实践等多种形式，加大对本次取得成绩的教师及单位的宣传力度；优化体制机制，加大对在学校教学工作中做出突出贡献的先进个人及单位的表彰力度；与此同时，加快总结凝练具有北外特色的先进教育教学理念和教学传统实践的理论，探索推进先进教育教学成果转化，扩大影响，形成示范引领效应。

二要积极参与，不断提高青年教师的教学能力。继续调动青年教师参与意识和热情，推动教师发展工作。以本次比赛为契机，充分带动和强化教师"自觉求发展、自主促发展"的自发意识和自组织模式的形成；充分利用教师发展中心、教师活动室设备设施，组织开展教学实践、学术研讨活动；充分利用网络培训平台和交流互动平台，在教师个体、院系集体、学校总体教师发展工作各个层面形成良好互动，共促教师发展。

三要追求卓越，不断创新，上好每一堂课，努力成为最好的教师。在高等教育新形势下，树立紧迫意识和忧患意识。紧密结合国家大局、学校建设和个人发展需求，不断拼搏、争创一流。青年教师要虚心向老教师学习，要坚持教学与科研相统一，把语言优势转化为研究问题的能力，不仅教会学生语言和知识，也教会学生学习和思考问题的能力。学校要促进多语种平台下的教师发展；坚持教书与育人相统一，促进良好生态下的教师发展；坚持服务本职与服务国家社会相统一，促进"小语种、大外交"模式下的教师发展，在教学、科研、社会服务、文化传承创新方面做出新的业绩与贡献！

老师们！教书育人是教师的天职，把书教好是教师的荣誉。北外是外语教学最耀眼的星空，我希望你们成为这片星空中一颗颗璀璨的明星！

在"2012 计算机辅助外语教学国际研讨会"开幕式上的致辞

今天我很荣幸能在"2012 计算机辅助外语教学国际研讨会"上发表开幕致辞。

对我来说，CALL 不仅仅是计算机辅助外语教学（Computer Assisted Language Learning）的首字母缩略；它也是一个呼唤，呼唤着对于学习、教育和技术三者之间关系的深入思考。古往今来，学习工具和教育技术对学习效率和教育质量都不是无关宏旨的东西，学习工具和教育技术对学习和教育都不是外在的形式，而是学习和教育的内在要素。因此，学习工具和教育技术往往决定着学习的内容和效率。聪明的学习者和教育家对各种工具一直来者不拒，为我所用。条件只有一个，有益教学。我们这种使用工具的能力也许是从人类近亲猩猩身上遗传得到的，例如，老猩猩会给小猩猩示范如何使用工具（改造过的树枝）捕捉白蚁。人类没有狮子的利爪，没有老虎的牙齿，没有马的奔跑速度，但是人类却把如何制造工具教给下一代，因此人类成为这个星球的主宰。

由于在语言学习特别是外语学习领域的地位，北京外国语大学成为国内计算机辅助外语教学的先行者。网络学习把许多重复性的工作变成有趣的实践，这使老师们有更多的时间进行创造性反思，使学生的学习变得更加有趣味。这都大大提高了学习的效率，保证了发音的准确性。已经12周岁的北外网络教育学院正是我们的明证和骄傲。欢迎各位有空来我们的网院走一走，看一看！

技术是把双刃剑，它在给我们带来便利的同时，也带来了巨大的挑战。简单来说，教育技术一方面似乎法力无边，但另一方面又经常会惹人烦恼。我曾在一次宴席中听到过一些人对网络技术的评价，他们认为"网络技术是破坏性的"，甚至还有一些教授认为"多媒体教学根本就不能促进学习"。但是，我认为，网络和过去出现的工具一样都是人的工具。庄子曾经告诫人们："有机械者必有机事，有机事者必有机心。机心存于胸中，则纯白不备。纯白不备，则神生不定。神生不定者，道之所不载也。"但问题是，"机事"或技术是无法摆脱的，也是不能摆脱的。《庄子》故事中拒绝机械的老翁，不是也"凿隧而入井，抱瓮而出灌"（《庄子·天地》）嘛！这个瓮也是技术的产物啊！可见，问题不在于有没有机械，而在于使用机械的程度。我们并不能因害怕有"机心"，就回到过去茹毛饮血的原始状态。我们只能通过技术的进一步发展，解决技术给我们带来的新问题。也许新技术又带来新的问题或新的不确定性，但是人类已经部分地走出纯粹按照本能活着的动物性，我们必须义无反顾地往前行。今天的会议就是让我们来反思教育，反思实体大学，反思教育的国界等。这里就不再举例了，因为这次的会议可以为我们找到答案提供交流探究的平台。因此，这次会议适逢其时。

最后，CALL 对我们所有人来说，还有另一层意义，即呼吁行动。此次国际会议本身就是一次很好的行动。稍后将要举行的"中国英语教学研究会计算机辅助外语教学专业委员会"成立的揭牌仪式就是 ChinaCAll（中国英语教学研究会计算机辅助外语教学专业委员会）的行动之一。我相信，亚太地区计算机辅助外语教学协会、环太平洋地区计算机辅助外语教学协会和中国英语教学研究会计算机辅助外语教学专业委员会之间将来一定会有很多的合作。如果各位主席将来要寻找会议承办方，北外现在就提前报个名！

在学校加强和改进大学生思想政治教育工作会议上的讲话 [1]

在全国上下深入学习贯彻党的十八大精神之际，学校召开加强和改进大学生思想政治教育工作会，意义重大。过去 5 年来，学校党委高度重视大学生思想政治教育工作，不断加强领导，推动落实，取得突出的成绩，为学校育人事业提供了坚实的政治保障和思想保障。借此机会，我代表学校向教书育人的全体教职员工和从事思想政治教育工作的老师们表示衷心的感谢！

刚才，杨学义书记和曹文泽副书记所做的总结和报告，我十分赞同。我们要努力把大学生思想政治教育工作渗透和贯穿于学校的教学、管理和服务的全过程，不断改进和完善思想政治教育工作的思路、方式和方法，形成围绕中心工作全员育人的大格局，切实把思政教育

1　2013 年 1 月 3 日下午，北京外国语大学召开加强和改进大学生思想政治教育工作会议。会议旨在进一步贯彻落实党的十八大精神，总结过去 5 年北外大学生思想政治教育工作的经验和成绩，部署下一阶段的工作方向和重点。

做到大学生的心里。下面，我想再谈三个问题：思想政治教育的重要任务是什么，做好思想政治教育的关键是什么，高校教师如何践行立德树人。

第一，以社会主义价值观引领学生成长成才是思想政治教育的重要任务。高等教育坚持"德育为先，立德树人，把社会主义核心价值体系融入国民教育全过程"的教育育人方针，既是《国家中长期教育改革和发展规划纲要（2010—2020年）》提出的要求，也与党的十八大报告提出的"倡导富强、民主、文明、和谐，倡导自由、平等、公正、法治，倡导爱国、敬业、诚信、友善"的社会主义价值观相契合。著名印度哲学家克里希那穆提曾说："学校是一个学习生命的全部内容和生命的完整性的地方。……在学校里，老师和学生不但要探索外在的世界、知识的海洋，还要探索他们自己的思想和行为。"一个爱国、敬业、诚信、友善的学生，必将是对国家和社会有用的人；一所自由、平等、民主、和谐的大学，必将是成为有着巨大发展潜力的人才培养基地。人的价值观决定了人的社会行为，因而也决定了人的社会性发展的前景。哈佛大学有一扇门，内外门楣上分别镌刻着："入校为增长智慧"（Enter to grow in wisdom），"离校为更好地服务你的国家和人民"（ Depart to serve better thy country and thy kind. ）。可见，在任何国家，学校都不仅要教给学生专业知识，更要带领学生去探索发现，培育学生养成高远的世界观、人生观和价值观。随着我国改革开放的日益深化和全球化浪潮的愈演愈烈，人们每时每刻都面临着价值判断和价值选择。我们要肩负起培育学生的社会主义核心价值观这一神圣使命，引导学生自觉践行社会主义价值观，自觉地用社会主义价值观引领自己的成长，指导自己的学习生活，得到德智体美的全面发展。

第二，求真务实是做好思想政治教育的关键所在。大学生思想政治教育不是形而上的理论说教，而是需要在学习、教学、科学研究、服务社会的活动中加以融合和体现出来的复杂工程。我们要以求真务实的精神为指导，真正做到教育内容和教育形式两个方面的务实。教育内容要务实，就是思想政治教育要贴近学生、贴近生活、贴近实际，把思想政治教育的核心内容融入学校的教学、管理、服务中，将思想政治教育与解决学生实际困难相结合，将知识、能力培育和价值观培育相结合，使思想政治教育内化成为学生成长成才的主动需求；教育形式要务实，就要深刻分析把握当代大学生的思想特征和行为特点，将心比心地用学生的思维去思考思想政治教育的有效形式是什么，用学生们乐于接受的方式开展教育活动，实现从单向灌输式说教转变为双向互动式交流，从组织学生参加教育活动转变为吸引学生主动参与服务社会的活动以从体验和实践中接受教育。

第三，立德树人是大学生思想政治教育的根本任务。《礼记·大学》开宗明义就讲"明明德"，自古以来，读书人就以"齐家、治国、平天下"为外用之学，以"格物、致知"为内明之学，将"诚意、正心、修身"作为内外兼修之道。治学先治德，修文先修身。德是做人的根本，是衡量人才的首要标准。身为人师，就要把立德树人作为自己的崇高使命，怀抱高度负责的态度，躬身垂范、言传身教，让学生在受教育中收获良知良能，成为有德之人。要实现立德树人，就必须将教书育人落到实处。为师者，传道、授业和解惑三者是三位一体的。从教多年，经验告诉我，仅凭每周4节、8节课的课堂教学时间，是不可能做到深入了解我们的服务对象——学生的。只有了解同学们的思想特点、他们面临的困难和最感兴趣的知识，才能称得上是一名合格的大学老师，才能谈及立德树人。

刚才文泽同志提到，下一阶段，学校要研究制订相关政策，引导、激励专业课教师更好地践行育人职责，通过聘任兼职辅导员、班主任等形式，让专业课教师更加深入地了解学生、关心学生，更好地参与大学生思想政治教育工作。我认为这是十分有必要的。教书和育人是密不可分的，希望老师们多花时间与学生交流，让思想政治教育融入教学的全过程中去，多关注学生在课堂之外的表现，多给学生一些立德修身的指导，使立德树人的崇高使命贯穿于课堂内外！

另外，马克思早就说过，教育者本人一定是受教育的。我们做学生的思想工作，首先自己要有高远的价值观和崇高的德性。我们要平等地对待学生，在与学生的交往中共同成长。思想政治教育从来不是单向的居高临下的行为，而是双向互动的相互教育过程！

老师们，同学们，加强和改进大学生思想政治教育工作绝对不是说教，而是"润物细无声"的慢功夫，是一项需要全体教职员工共同努力的长期工程。我们要以十八大精神作为指引，统一思想，提高认识，增强使命感和责任感，努力开创学校党建与思想政治工作更崭新的局面，为推动学校改革发展做出更大贡献！

我们已经迈进 2013 年的大门，衷心祝愿各位老师和同学在新的一年里平安健康，快乐进步！

在 2012—2013 学年第二学期工作部署会上的总结讲话 [1]

　　昨天上午召开了校级领导 2012 年述职测评会，下午杨学义书记传达了习近平同志在中纪委二次全会上的讲话精神，我听了以后非常受启发：习近平同志作为总书记，讲的话都非常实在，贴近现实，而且讲的话听起来就像老百姓说的话。这也给我们一个启示，确实要从基层的角度去看问题，从人民群众的角度去看问题，站在人民群众的立场去思考问题。这样我们就有了共同的价值追求，就是为了自己的国家，为了这个国家的人民，而不仅仅是考虑自己的利益。对我们来说，我们就是要办好这所学校，为了我们的学生，为了我们的老师，为了我们的员工，为了我们每一个人的职业发展、生活等。另外，杨书记和我对学校党委工作与行政工作做了部署。这个部署是在汇总各院系、各职能部门工作计划的基础

1　本文为作者 2013 年 2 月 20 日在北京外国语大学第二学期工作部署会上的总结讲话，根据录音整理，有删节。

上，通过校领导的讨论、思考提出来的。会议还安排了四位同志发言。杨建国同志谈了编制问题，目的是给我们一些启迪，同时也对我们的现状做了分析。应惟伟同志就节约型校园建设也谈得非常好，不仅有数据，而且也有思考，非常深刻。贾德忠同志就贯彻落实中央"八项规定"做了说明，我们落实"八项规定"就是改变我们的工作作风。习近平同志说作风问题不是小问题，尤其对领导干部来说更是大问题。改变作风实际上就是改变了一种价值观，改变了一种态度。也就是说我们应该分清在机关里工作，在某个岗位工作，仅仅是实现自己的价值，还是为人民服务；是为了做工作，还是为了自己的某种地位。我认为这就是个作风问题。陈军平同志就创建平安校园做了发言。这些发言都非常好，有数据、有思考。这种思考也许每个人有不同的看法，但是它毕竟触动了我们来思考这个问题，提出了很多发展新思路，我听了以后非常受启发。在部署工作中，杨书记提出了建设卓越北外、和谐北外、魅力北外，我想这就是我们的目标。

今天上午会议分了九个组，进行了非常热烈的讨论。我参加的第二组到最后大家想发言都没时间了，我非常受感动。从这些发言中能体现每一位老师对北外都是一往情深，都希望北外越来越好。大家对某个问题的看法不一致，我认为这是正常的。就像昨天所说的，如果每个人都一致了，那我们这所学校的创新环境就缺乏动力。

正像每个人从不同的角度，从窗子看问题和从门看问题，从东边看问题和从西边看问题，是不一样的，但是只要大家在讨论问题，这就有希望。马克思说过，问题就是时代的声音。可怕的不是发现有问题，而是看不到问题。我在一篇文章中曾引用，路易十六在 7 月 14 日那一天日记写的是"今天无事"，但是就在那一天人民在攻打巴士底狱，这就是看不到问题的结果。

刚才九位同志分别代表各组，围绕着工作部署、学科建设、人才队伍建设、平安校园建设、节约型校园建设等，谈了各方面的看法。这些看法也有不一致的地方，我认为这都是正常的，有交锋才有深入的讨论，有讨论才会达成共识。一所学校办好，首先是在战略层面上、定位层面上办好。我觉得我们的定位应该办国际知名、国内一流的外国语大学。什么概念？说俗了就是中国乃至世界最好的外国语大学。这就是我们的定位。有了这个定位，我们就要考虑怎么实现这个定位。不是说目标有了必然就是了，目标有了，这就像杨书记讲的北外梦一样，是需要我们每个人踏踏实实地去工作才能实现的。

我们之所以要进行一些结构性的调整，就是从战略的高度去思考这个问题。当然有人说减员不一定增效，我也同意。不是要减员，而是要优化结构。刚才有小组发言提到，我们的规模比北大小，为什么我们用的人比人家还多，是我们的事多呢，还是人家太能干了？一所学校的资源都是有限的，不是无限的。在有限的资源下，结构就是竞争力。是浪费了还是用在关键的地方，它的结果是不一样的。是每一个人把他的机能发挥到最高点，还是一个人就做那一点小事，做完了别的事都不管，效益必然是不一样的。我觉得从这样一个战略高度去思考我们的结构优化问题，这样我们的人力资源、物力资源就能用于人才培养上，用于教学科研，用于学科建设，用于改善教职员工的生活待遇，用于改善我们的办学条件。举个例子，人家花100万办事，我们得花200万办，或者像北大，人家花了100万办的事比我们大，我们花了100万反而办得比人家小。这是有效益吗？这是对国家负责任吗？我昨天也说了，我们不是要减员，是希望从今开始要优化结构，也就是说哪里更需要人，从这个问题去思考。如果从这个问题去思考的话，大家就理解在资源一定的情况下，我们再增加不到刀刃上，那就只是加筷子加碗，因为米是一定的。我们是从这样一个视角去思考结构问题。我们不能瞎折腾，但是我们也不能懈怠，要以改革推动事业发展。为什么北京语言大学要进行改革，我和李宇明书记交流，实际上他看到的也是同样的问题。这个问题的形成确实是有历史的原因，昨天我也谈到了。希望老师们也不要仅抱怨学校两张皮、两种文化（教学和管理），老师们要有意识地承担起自己的责任，不仅教书，还要育人，全员育人，而且有共同语言地去育人；不仅教书，也参与管理，这样就把教学科研人员本身的想法带到了管理层，而不是仅仅抱怨。这就解决了书记经常说的，我们看上能力非常强的人，让他做管理工作他却不愿意做。当然，我并不是说要把所有的管理干部都变成兼职的，那可能吗？那也不合理。我觉得可以做到，有一部分人既有教学科研经验，也有管理经验，这样就变成了两种文化可以对话、可以交结、可以协同的结构。这是结构问题。

第二，我想谈谈教学的基础地位问题。我在北师大就是管教学的，我认为北外绝对不能放弃教学的基础地位，这就像这两天我一直听到的，北外的学生"前三脚"马上就能踢开，因为我们外语好，但是"后三脚"就开始软了，因为讲的内容我们不如别人。"前三脚"确实是我们的独门秘籍，必须保持住。现在强调这种改变，就是为了让我们的学生"后三脚"也要硬起来。我们不改变传统，要尊重我们的传统。但是传统之所以传统，就是根据形势不断变化且保持优势，它才成其为传统。这两天我在看麻省理工学院校长写的书，作为一个工科校长他提出，现在的工科和三十年前的工科发生了很大的变化，现在的工科必须考虑社会责任，因为技术已经到了可以伤害社会和人类的地步。你看一个工科校长都思考培育人的变化问题。正是在这个意义上，我认为每一个教师，实际上特别是结合我们学校的定位，都应该有一种研究的冲动。这就是追求卓越。并不是要要求所有的老师都去发文章，因为要发文章而影响了教学确实不对。既然我们是在一流的外国语大学教书，就应该至少能向其他大学的外语老师传授经验吧，你得研究教学的规律，研究教学的发展趋势吧；作为一流的外国语大学，我们得给国家提供咨询吧，提供语言政策的战略研究吧；既然我们是一流的外国语大学，我们语种最多，我们得给国家提供外交政策方面的咨询吧。我们确实有一批老师教学非常好，教学好并不是说你就可以不研究了，而是你要进一步研究，进一步提高你的教学水平。我是这么理解，二者并不矛盾。确实不应该要求所有的老师都去为了发文章反而耽误了教学，这是不对的。我是希望所有的老师都在自己教好课的基础上，进一步研究怎样教好课，进一步提高自己的学术视野，这就是追求卓越。

我再谈谈学科布局和学科特色的问题。对学校来说有很多方面，在政策方面，一个是学校要优化机构，第二个是学科布局。我觉得我们的优势学科就是外国语言文学，我们的其他学科也得有特色性发展，也得符合"外、特、精"。比如说中文，中文学院我们不可能办成北大的中文系或办成北师大的文学院。上次学科评估，汉语言文学学科，北师大是第一，北大第二，这次是反过来，北大第一，北师大第二。我们不可能办成这两所学校。但是我们有我们的优势，我们有外国语大学为基础，我们中文学院的毕业生外语一定要比北师大的好，比北大的好，这就是我们的特点。我们的商学院，它也不可能成为人大的商学院，也不可能成为北大的商学院，但是我希望我们的商学院外语拿出去时要比北大强，比人大强，希望他们坚持外语教学占到40%这个比例。我们的法学院也是如此，那就是突出我们的外语和国际法优势，我们要能培养参与国际事务的法律人才。这就是我们的特点、特色。实际上学科发展不是盲目发展，盲目发展是发展不起来的。学科发展要凝练自己的发展方向。我们的特点在什么地方，抓住特点才能上去，才能凝聚人才，凝聚队伍，才能出成果，出影响力。

最后，谈谈政策问题。尽管我是北外老师教的法语，但是我的法语已经忘到只能打个招呼了，我的英语也不敢跟在座的各位老师一起讲。所以，我认为一个校长首先要尊重这所学校的传统，但是一个校长不能无所作为。作为校长，我要在原有基础上，在前人取得成绩的基础上，尽可能地给这所学校带来前进的动力，追求卓越的一种动力。我希望，和同志们一起研究相关的政策，因为政策就是指挥棒，你怎么定政策，老师们就会朝什么方向走。我们一定要对那些教学教得好的，教学效果好的，教学非常积极投入的教师给予鼓励，我们一定要对科研做得好的、科研影响力大的教师给予鼓励，要鼓励把科研成果转化成教学的成果。科研不是为科研而科研，我觉得科研就是育人，就是营造创新型人才培养的精神氛围、学术氛围。老师们，包括我们在座的干部，我们的职能管理部门，都要研究如何使北外办得越来越好，使北外的学术影响力越来越大，使北外的学生不仅外国语水平高而且特别有头脑、特别有思想、特别有能力、特别受国家欢迎、特别能够为我们北外争光，这就是我们北外的目标。希望从今以后，我们每一个人都为实现我们这个北外梦而努力，这样一来我们都要比原来越来越累，但是会越来越幸福！那是因为我们把我们的学校建设得更好了。

在 2013 年春季研究生毕业典礼暨学位授予仪式上的讲话

　　在春暖花开的美好时节，我们简朴而隆重地举行北京外国语大学 2013 年春季研究生毕业典礼，为 11 名博士、341 名硕士、35 名专业硕士授予学位。首先，我谨代表学校，向获得学位的各位同学表示最衷心的祝贺！向为你们的成长成才不辞辛劳的各位导师和广大教职员工致以诚挚的敬意！向关心同学们学业、支持北外发展的朋友和家长表示衷心的感谢！

　　近年来，北外学位与研究生教育稳步持续协调发展。学校国家重点学科由 2 个增加到 4 个，北京市重点学科由 2 个增加到 7 个，外语类二级学科博士点增加到 13 个，涵盖所有外国语言文学学科专业；法学、中国语言文学等 5 个学科获一级学科硕士学位授权资格，一级学科硕士学位授权点由 1 个增加到 6 个；"探索国际组织需要的复合型人才培养模式"教育体制改革试点项目第一批学员正式入学。尤其是研究生院正式挂牌成立，学校学位与研究生教育工作进入了一个全新的发展阶段；研究生自我管理、自我教育、相互激励、共同进步的文化日益彰显，其标志就是第一届研究生代表大会的胜利召开。这一切成绩的取得，是全校师生长期以来不懈努力的结果！

一级又一级的新同学走进校门，给学校带来新的青春活力；一届又一届毕业生走上工作岗位，把学校的教育价值带给社会、国家和人类。今天在座的387名同学顺利毕业，就是你们与老师们一起刻苦钻研经历了思想历险之后的硕果。几年来，母校见证了你们的激昂与奋进，留下了你们解决问题过程中克服困难、走出困扰之后看到柳暗花明的幸福时光，也珍存了你们钻研过程中似乎有时一筹莫展的窘境，更记载了你们战胜困难的坚韧以及换取成功的欢畅。你们在困惑、思索和选择中成长，也在每一次成长中理解和享受着生命日益自觉和成熟的过程。你们就要开始扮演新的社会角色，临别之际，作为你们的师长和朋友，我有三点嘱托，与你们共勉。

首先，希望同学们心存理想，志存高远，在投身实现中国梦的历史进程中勇担重任。一个国家，青年人的志向高低、社会责任感的强弱，决定了这个国家的发展前景，也体现着国家的形象。我们生活在中华民族伟大复兴的时代，实现民族复兴是我们每个人的使命与责任。而作为北外的毕业生，你更有可能要面临这些问题：如何在外交战线纵横捭阖，为国家争取和平发展的良好外部环境？如何在国际商海中搏浪弄潮，既促进人类的福祉，也维护好国家的经济安全和商贸利益？如何在全球化进程日益加深的新背景下，进一步创造和淬炼我们的话语体系，让中国了解真实的世界，让世界理解变化着的中国？梁启超先生说过："人生于天地之间，各有责任。知责任者，大丈夫之始也。行责任者，大丈夫之终也。"同学们，当你们掌握了语言、积累了专业知识，走上工作岗位时，还要树立正确的价值取向。一个人的价值定位往往决定了他自身发展的可能性，如果他遇事只考虑自己的一己私利，那么他将终身生活在自我的藩篱之中，即使能够拥有财富，也难免沦落到内心精神贫瘠的境地；如果他把自己的追求与人民、社会、国家和人类的命运结合在一起，那么他就能够创造更有意义的人生。同学们！我希望你们眼光放远，在实现民族复兴的光荣梦想过程中，实现个人的生存价值，追寻到最有意义的幸福！

其次，希望同学们勇于实践，敢于创新，在脚踏实地的工作中创造业绩。我们常常把理想比作人生的灯塔，因为它能指明我们前进的方向，同时也照亮了我们足下的位置与目标之间的差距。有理想就有梦，有梦就有了希望和动力。但是，我们不能停留在对梦想和未来的幻想中，而必须甩开膀子真正去干、去做、去实践，才能让梦想成真。路是走出来的，事是干出来的。你们要投身火热的实践获得真知，从实践中发现问题，而后寻求解决之道，才能触摸到时代的脉搏，成就梦想与幸福。同学们，你们是青年人，最具活力与创造力，将成为引领社会前进的最大动力。期待你们胸怀更远大的理想，以更坚强的意志和毅力、以更大的热情和奉献、以更坚实的步伐和行动，不断拓展自己人生成长的更广阔的舞台！

最后，希望同学们永葆荣誉感，用自己的人生书写母校的荣光。同学们，母校的荣光不仅仅呈现为看得见、以物质形态存在的校园，更要体现为以教职员工、学生和校友等人的行为、业绩、思想和精神等样态存在的文化和精神家园；母校的美誉也不仅仅要来自优秀的学者和一流的大师，更要来自一批又一批卓越的毕业生。所以，你们走到哪里，就把北外的声誉带到哪里。你们能否在自己的工作岗位为母校争光，发出北外人的声音，这不仅是衡量学校教育境界和质量的一种标尺，更关系到莘莘学子有无得到充盈个人生命的美好助力。走出校园以后，你们要将正确的、高尚的理想信念化成不懈探索创造的激情和动力，在社会这所大学中继续砥砺品质，要经得起考验，耐得住寂寞，在顺境中把握机遇，在逆境中矢志不移，成为令母校骄傲的一代，成为令父母亲友欣慰的一代，成为用自己的创造性业绩见证中华民族伟大复兴的一代！一句话，希望你们成为梦想成真的一代！

各位同学，作为当代青年人，你们应该有昂扬的斗志、蓬勃的朝气、坚定不移的信念。今天的毕业典礼应该是你们的出征仪式。我相信，你们有足够的自信走向社会，因为你们毕业于北外，毕竟在这个世界中只有一个北京外国语大学！今后，无论你们身处何方、身在何地，都要记得你们是北外的学子，是北外的校友，母校永远支持你们、祝福你们！我作为北外的校长第一次参加毕业典礼，我衷心祝愿你们，也祝愿所有北外的学子人生道路一帆风顺、前程似锦！

在 2013 届本科生毕业典礼上的讲话

今天我们在这里举行北京外国语大学 2013 届本科生毕业典礼，共享 1166 名同学的毕业喜悦。首先，我代表学校祝贺你们顺利完成学业，祝贺你们即将开启新的人生旅程！其次，要向悉心指导你们的老师、向辛勤养育你们的父母、向支持鼓励你们的亲友，致以诚挚的感谢和深深的敬意！

4 年的本科时光，你们在困惑、思索和选择中成长，也在每一次成长中理解和享受着生命日益自觉和成熟的过程。此刻，我想同学们依然记得，4 年前，你们初入校园，恰逢新中国 60 华诞，你们一定曾亲身感受到全球化进程中世界的变化与中国的发展。4 年中，你们迎来学校 70 周年校庆，奉献在服务的岗位上用微笑展示着北外学子的荣光。4 年来，你们通过课堂、通过书本掌握了专业知识和技能，在"歆语工程"中获取了丰富的实践经验，在思辨争鸣中培养了独立思考的能力。你们还赶上了"史上最难就业年"[1]，经历了最为严峻的考验。你们展示的自信与自强让我相信，作为90后的你们一定能够在实干中克服各种困难，不断进取，取得成功。

我感谢各位同学与北外几年的陪伴！学校的学习环境和条件还有很多不尽如人意的地方：因图书馆改造，给你们的阅读和查阅资料带来不便，你们不得不去食堂找读书自习的地方。图书馆建好了，你们却要离校了。好在你们再也不必为食堂的拥挤、饭菜的价格和质量烦恼了。不过，无论怎样，这就是生活的考验。

毕业是一场别离，但同时也迎来一次新的开始。你们有的要继续深造，有的要奔赴职场，留学生们还会回到自己的祖国。临别之际，作为你们的校长、老师和朋友，我还要叮嘱唠叨几句，和你们说说心里话。

第一，希望同学们放飞理想的翅膀。有梦想，就有希望。毕业季也是追梦时，青年人应该有梦想。只有坚持理想，才能在平凡的生活中超越凡俗，走向崇高。一个国家，青年人的志向和社会责任感，决定了这个国家的发展前景，也预示着国家的希望。一个人的价值观定位往往决定了他自身发展的可能性，如果他遇事只考虑自己的一己私利，那么他将终身生活在自我的藩篱之中，即使能够拥有财富，也难免沦落到内心精神贫瘠的境地；如果他把自己的追求与人民、社会、国家和人类的命运

1　2013年，我国高校毕业生达到699万，创历史新高，而用人单位招聘岗位下降10%—15%，北京、上海毕业生签约率不足三成，广东不足五成。

结合在一起，那么他就能够创造更有意义的人生。同学们！我希望你们"莫为浮云遮望眼"！无论遇到什么困难和挫折，都不要失去对正义和道德的信心，不要失去求真求实的信念。希望你们把眼光放远，在实现民族复兴的光荣梦想过程中，实现个人的生存价值，追寻到最有意义的生活！

第二，希望同学们脚踏实地，在实干中成长。我们常常把理想比作人生的灯塔，因为它能指明我们前进的方向，同时也照亮了我们足下的位置与目标之间的差距。有理想就有梦。但是，我们不能停留在对梦想和未来的幻想中，而必须甩开膀子真正去干、去做、去实践，才能让梦想成真。不要抱怨社会，不要抱怨他人，"牢骚太盛防肠断"。要记住，改变现实就要从自己开始，从现在开始。路是走出来的，事是干出来的。你们要投身火热的实践获得真知，从实践中发现问题，而后寻求解决之道，才能触摸到时代的脉搏，成就梦想与幸福。期待你们以更坚强的意志和毅力、以更大的热情和奉献、以更坚实的步伐和行动，不断拓展自己人生成长的更广阔的舞台！

第三，希望同学们在终身学习的过程中不断完善自我。今天的"毕业"并不意味着你们求学、求知道路的停歇。相反，在课堂之外，你们更要重新审视"求知"二字。我们处在一个知识爆炸和不断创新的时代。如果说过去"活到老，学到老"是某些精英的理想，那么现在这句话已经成为一个人做到不被时代淘汰的基本要求了。同学们！对你们来说，不仅真正的考验和挑战是社会，而且真正获得真知的地方也在社会中，在社会中你们还可以持续地锻炼才干和展示自己能力。

第四，希望你们在社会中学会合作、学会生活。一个人要靠自己，啃老是没有出息的。可以说，自立者立，自强者强，自信者可信。不过，做大事的人，首先要学会合作。因为按照马克思的说法，人是一切社会关系的总和。而古希腊哲学家亚里士多德早就说过，人是城邦的动物。人只能在社会中才能实现自我。我们要善于看到别人的长处，在与人合作中汲取智慧，成就事业。有的人唯恐别人超过自己，这种人肯定成不了气候。真正的成功者是不断超越自己的人，是善于合作的人。只有善于向大家学习的人才能成为"大家"。

最后，希望同学们用自己的业绩书写母校的荣光。同学们，母校的名誉不仅仅呈现为看得见、以物质形态存在的校园，更要体现为以教职员工、学生和校友等人的行为、业绩、思想和精神等样态存在的文化和精神家园；母校的美誉也不仅仅要来自优秀的学者和一流的大师，更要来自一批又一批卓越的毕业生。所以，你们走到哪里，就把北外的声誉带到哪里。希望同学们走出校园以后继续保持昂扬的斗志、蓬勃的朝气、坚定的信念，在"社会"这所大学中继续磨炼成长，受得了委屈，经得起考验，耐得住寂寞，在顺境中把握机遇，在逆境中矢志不移，坚持原则，乐观向上。希望你们带着这份信念，成功时冷静，困难中坚持。无论你的能力大小，无论你在什么岗位上，只要为民族振兴和人民幸福而工作，每个人都是历史的创造者。

同学们，你们再回家时，母校将亲切地称呼你们为"校友"。今后，无论你们身处何方，无论时间相隔多久，总有挥之不去、抹之不掉的北外情结。北外永远是你们的坚强后盾和精神家园！我坚信，你们有足够的勇气走向社会，因为你们毕业于北京外国语大学。从北外走出去的同学必将以更高的理想、更坚实的行动、更多的奉献，不断拓展自己人生成长广阔的空间。

再次向你们表示最美好的祝愿！祝各位身体健康，工作顺利，前程似锦！

在2013级学生开学典礼上的讲话

今天，我们在这里隆重举行北京外国语大学2013级新生开学典礼。首先，我代表学校对来自全国各地的优秀学子，对来自世界各国和地区的海外学生表示最热烈的欢迎！

北京外国语大学在抗日战争的烽火中于1941年诞生在革命圣地延安，是中国共产党亲手创办的第一所外国语高等学校。建校72年来，学校形成了"外、特、精"的办学特色和"兼容并蓄，博学笃行"的优良校风。近年来，学校不断加强学科建设，提高人才培养质量，积极践行"让中国了解世界,让世界理解中国"的双重使命。学校目前教授58种外国语，其中完整开设了欧盟国家23种官方语言和东盟10国的官方语言，是中国国内开设外语语种最多、最全的大学，形成了以外国语言文学学科为主体，文、法、经、管多学科协调发展的学科格局。国际化是北外的立校之本和显著特色。学校与哈佛大学、剑桥大学、早稻田大学等世界上72个国家和地区的401所高校与学术机构建立了交流合作关系。在亚、欧、北美的16个国家，承办了19所孔子学院，是目前国内承办孔子学院数量最多的高校。近9万名毕业生走出校门，活跃在外交、外贸、新闻、金融、法律等领域，其中仅在外交部就出了400余位大使、1000余位参赞，北外也因此赢得"共和国外交官摇篮"的美誉。

同学们，今天你们踏入北外校门，成为北外学子，正式开启了洋溢青春和追求理想的大学生活。但是，进入大学、走进北外，并不保证你们就进入了成功的保险柜。北外的学习经历能否成为你们人生进步的阶梯，答案就在你们未来几年在此是如何度过的。同学们，开启未来人生之路的钥匙就在你们自己手中。借此机会，我向同学们提几点希望，与大家共勉：

首先，希望同学们尽快适应大学生活，学会自立。你们离开中学来到大学，生活和学习方式都会发生某些变化。之前，你们的日常生活有家长照顾，学习有老师督促。可是在高校，你们远离父母，生活需要自理；学习上老师的督查越来越少，更多的是学生的自我管理。因此，进入大学后学会独立生活、自主学习会变得越来越重要。同学们，任何人都不是靠别人抱大的，而是在泥泞路途的摔打中成长起来的。希望同学们不要怕挫折、不要怕失败，挫折和失败是人生最好的老师。温室里长不出参天大树。你们要经风雨、见世面，在自强和自立中创造有意义的人生。同学们，在生活中，请你们不要比谁的消费多、谁用的名牌多，因为你目前消费越多，你父母的压力也就越大。同学们一定要铭记，一个人的价值不在于他消费的多少，而在于他为人类做了多大的贡献。有道是，自立者立，自强者强，自信者可信。

其次，希望同学们树立远大理想，学会学习。理想是人生航程的灯塔。理想的境界决定了每个人的人生境界。没有梦想就没有前进的动力。但是，实现梦想需要你用一生的实际行动去追逐。据研究，在20世纪中期，人类知识更新速度是10年，20世纪90年代后缩短到3至5年。进入21世纪，知识信息和创意经济成为时代潮流，人类知识的"半衰期"变得更短了，新的知识还没有学完，就变成陈旧的了。可以说，我们处在"知识和信息爆炸的时代"。所以，大学不应该仅仅是旧有经验的历史档案馆，而应该是激活思想、创造未来的实验室。学校鼓励同学们在这个"实验室"里充分发挥主动性、积极性，自主学习、独立思考。我这样说，不是让你们在学习过程中目空一切、自行其是，而是要你们逐步摆脱对老师和书本知识的过分依赖，成为自己学习的管理者，成为学习的主人，让获取知识成为发展自己的永恒起点，让执着勤奋成为塑造自我的生活习惯，让批判性思维成为推动自己前进的不竭动力。社会不断地发展，时代不断地进步，但这种发展、进步并不是自然而然的，而是通过人类自己的努力与创造取得的。今天，网络信息快速发展，各种信息、文化、思潮不断涌现，思维方式和价值也呈现出多元化的特点。这些新变化考验着我们的认知能力。相信你们会积极且勇敢地面向社会、面向实践，勤于思考和善于分析，注重知识的加工、整合与创新，努力成为复合型、复语型的高水平国际化人才。

再次，希望同学们做到诚信豁达，学会合作。大学是当代青年为全面进入社会做好知识准备的学习场所。如果说生活即学习，那么人的成长总要受到环境的考验和生活的历练，才可能提升才干，变得坚毅而稳健。随着成长的脚步，我相信你们也会对社会有着更多的认识和体悟，你们会在青春的朦胧中逐渐收获深思与睿智。要记住，人生之路并不总是晴空万里，社会也不是围绕着个体自我而运转的。亚里士多德曾经说，如果一个人离开了城邦还能生存的话，他要么是神祇，要么是野兽。马克思也说过，人是一切社会关系的总和。人的本质力量就是社会合作，只有能够团结大家的人，才能做大事；只有善于向大家学习的人，才能成为"大家"。在社会中生活，就要讲究诚信，就要有忍让之心。"车无辕而不行，人无信则不立。"希望你们学会沟通，学会谦让，学会分享，学会相互欣赏，善于看到别人的长处，在与人合作中汲取智慧。因为只有在集体中，个人才能获得全面发展。真正的成功者不是怨天尤人的人，而是不断超越自我的人，是能够超越一己私利的人，是善于合作的人，只要你们坚守心中的道德律和奋进目标，你们从此描绘的青春画卷必定是有意义的，至少是问心无愧的。

最后，希望同学们积极锻炼身体，学会劳逸结合。

大学生活即将开始，学业以及今后的择业等方面的压力也随之而来。今年，我在与用人单位的负责人谈话中，他们都提醒：现在的学生体质比较弱，抗压能力低。这给我们敲响了警钟！在新的环境下，你们需要自己处理学业和生活中遇到的种种问题。同学们更应该加强锻炼，增强体魄。没有健康的体魄做基础，就很难保证旺盛的生命斗志和向上的青春风貌；没有旺盛和向上的青春斗志，就很难保证高效率的学习和迎接各种挑战的毅力；没有迎接各种风雨挑战的意志，就很难在未来国家复兴、世界发展的舞台上实现自己的人生理想和抱负。正如毛泽东在《论体育之研究》一文中所说的那样，"夫知识之事，认识世间之事物而判断其理也。于此有须于体者焉。直观则赖乎耳目，思索则赖乎脑筋，耳目脑筋之谓体，体全而知识之事以全"。希望你们科学合理安排时间，劳逸结合，积极参加体育锻炼，磨炼自己的意志，强健自己的体魄，享受运动的乐趣，让身体素质得到提高，让心理压力得到更好的释放。同学们，成长成才的路在哪里？既在教室、图书馆中张弛有度、收放自如的学习里，也在运动场的跑道上和进球的呐喊声里。即使在这个网络时代，我们也不能上网成瘾、做网络的俘虏，而应该做正确使用网络的主人。我们可以在虚拟世界中发挥想象力，但不要沉溺于虚拟世界不能自拔。同学们，当你们遇到"每日一根网线完美人生"的判断题时，记得果断坚决地画叉加以否定，然后到运动场上展示一下青春的风采。

各位同学，你们在激烈的竞争中脱颖而出，考入北京外国语大学，但这只是一个开始。你们能否成为青年一代的佼佼者和杰出代表，还有赖于你们自己的选择，有赖于你们的学习、实践和探索。不过，从今天起，你们共同拥有了一个令人自豪的名字——"北外人"。北外的改革与建设需要你们的参与和支持，但她更希望看到你们脚踏实地，汲取知识，涵养美德，学会生活与学习，学会合作与分享，为实现人生理想目标做好充分准备。当你们这样做时，来自社会的、学业的、生活的各种考验就不是难关，反而会成为你敢于有梦、勤于追梦、勇于圆梦的催化剂！这个艰难困苦的追梦过程就是你们用行动书写的自己的故事，它的名字就叫青春。

同学们，跨进北外的校门是你们人生道路上的一次重要选择，也是你们人生新体验的开始。祝愿同学们能以今天为起点，用希望和坚毅开启你们新的人生航程！

为建设一流外国语大学而努力工作[1]

——在担任党委书记宣布会上的讲话

　　我在北京师范大学担任过多年的副校长，2012 年 8 月初来北京外国语大学担任校长，现又转任党委书记一职。无论作为党委书记还是大学校长，我认为，工作的中心或重点都是围绕人才培养这个根本任务而努力，只不过工作的侧重点有所不同而已。作为高校领导，我个人的工作风格由自己来总结未必合适，但个人基于客观现实进行的主观努力和思考，却是自己内心非常清楚的。

　　也许由于我自己是学哲学的，又长期从事哲学教学和研究，哲学的学科特点会影响我的思维方式和工作风格。一般说来，在工作中，我往往更注重从全局性和整体性的结构问题看待事情的进程和发展，力求从根基性的问题入手解决问题。譬如说，来北外之后，我提出的

1　2014 年 2 月 28 日，教育部派代表在北京外国语大学宣布了教育部党组关于学校党政主要负责同志的任免决定：韩震担任北京外国语大学党委书记，彭龙担任北京外国语大学校长。

52

"优化结构、凸显特色、学术牵引、追求卓越"的工作思路，就是基于北外整体人力资源结构和学科结构提出来的。北外有最多的外语语种（目前已经有 60 个外语语种）、最强的外语学科群，这是我们的特色和优势。但是，北外也有一些自己的弱点：非通用语种往往招生不多，师资也就不能太多，缺乏其他学科的学术共同体中的竞争性的相互激励和合作性的相互促进；另外，尽管北外招生数量不多，教师课程工作量相对较少，但外语教师一般又不太愿意做社会工作，学校就得招聘许多专职行政人员和后勤职员，因此这部分人员所占全部师生员工比例明显高于其他学校。这些整体结构上的问题，就使北外的整体效益不高，优势也就难以更大程度地发挥出来。局部的问题是问题，但一般不能影响大局；而整体结构的问题，时刻都是全局性的大问题。整体问题解决了，局部问题往往也就迎刃而解了。如果北外的人力资源结构，包括教师的构成结构优化了，那么北外的办学效益和竞争力就肯定得到大幅提升。再如，学校的学术组织的构成方式往往决定了人才培养的规格，有什么样的学术组织就有什么样的教学科研活动。北外早就提出了"培养复语型、复合型人才"，但是，适应这种规格的人才培养模式和学术组织究竟应该是怎么样的呢？我个人认为，在这个问题上我们还没有破题。又如，大家所诟病的"大学行政化"和职能部门服务意识不强的问题，许多人往往认为这只是人的素质的问题，我则更多地从结构和机制的角度去看问题。"去行政化"不是换换人员的问题，而是考虑如何改变大学的治理结构问题。正因为如此，我们应该借制定学校章程的机会，综合改革和优化大学的治理结构，不仅改变职能部门的作风，而且应该让教代会、工会、学术委员会、学生会、研究生会在大学治理中发挥其特定的重要角色，激发大家的积极性和首创精神。

有了全局的整体性思路，如何才能顺利地开展工作呢？哲学上讲，我们看问题要抓住本质，正因为如此，我在工作中更愿意去解决实质问题，而不愿意纠缠在形式是否好看上。许多同志对我的评价是"比较务实"，可能就源于此。另外，要想工作顺利，就要把握好时机，有步骤地逐步展开。饭是要一口一口吃，工作也需要一项一项地完成，切不可眉毛胡子一把抓。我们必须有整体规划和思路，但不能沉浸在好看的宏伟规划中而去追求轰动效应。那样做，有可能因出现复杂的连带性问题，而让工作陷入整体停顿。我们也不能只图快，试图一下子解决所有的问题和矛盾，那样做有可能是欲速则不达。我们在进行机构改革时，没有进行所谓"大刀阔斧"的变革，而是分步骤逐渐地调整。实际上，一段时间过后，我们在分步进行中同样实现了整体性的目的，且减少了因变革而出现的震荡和停摆的副作用。在我看来，我们做工作不是为了汇报时有一套似乎完美的理念，显得好看、好听，而是为了最后的实际效果，是为了事业发展，也是为了让大家得实惠。哲学是讲理念的，但要尊重客观规律。我曾经说，我是一个有理想的现实主义者，说的就是这个意思。

根据唯物史观，人民群众才是历史的创造者和社会发展的推动力。既然如此，我认为，工作中就要充分相信师生员工，要善于求教于师生员工，善于发动师生员工，善于激发师生员工的积极性。当然，相信群众并不是领导就不作为了，领导应该把群众各自基于特殊视角的分散的意见归纳成为系统的工作目标和思路，然后再回到群众中去讨论、完善并形成共识。我来北外后，提出今后开学典礼和毕业典礼要让教授在礼仪上优先于行政人员，为的是突出学校的学术性，体现教师的主体地位。我个人天天到职工食堂或学生食堂就餐，目的是利用这个学习和了解实际情况的机会。我搞了所谓"校长下午茶"，是为了在大家都厌烦了形式主义之后找一个大家都乐于接受的方式，来了解师生员工的真实想法。为了开通言路，我公开了我的联系方式，也让其他校领导公布了联系方式。我自己在调研时，愿意在这个单位的人员都在的情况下了解情况，对那些只是部门或院系领导汇报的调研不感兴趣。我习惯于一个人自己到处走走、看看，不愿意带着下属一起去，目的是用自己的眼睛去看问题，用自己的耳朵去听问题，用自己的心灵去感知问题。我有时还专门去西院的餐厅吃饭，也是为了直接了解那边的就餐情况。这要比听汇报要真实得多、直观得多，也会有感同身受的效果。为了减少领导与师生员工的距离感，我让人把行政楼的保安岗撤掉了，我想我们领导没有必要怕群众。我们还将进一步完善教代会的开会方式，准备增加代表质询校长、副校长和职能部门处长的环节，一是让大家有尽可能多的与学校领导沟通的渠道，很多误解是因为信息不对称造成的，二是可以给教职员工一个提建设性意见的机会，让大家都有机会参与讨论学校的改革发展大计。

唯物辩证法强调社会发展动力的重要性，我们必须有明晰的价值引领，才能激发师生员工的方向感和积极性。学校师生员工有了方向感和工作热情，学校的发展才有动力。我提出的"学术牵引、追求卓越"的思路，就是想让师生员工理解学校工作的特点即不断提高学术水平，在大学要尊重的首先是学术而非权力，行政部门包括书记和校长在内，都不是管理教师的"官员"，而是服务于教师和师生员工的"职员"。如果学校的价值观是尊重学术，那么人才就在学校中感到有尊严、有奔头，大家就一心一意地追求学术提升，一流的学术人才就愿意到我们学校工作，我们就可以不断地聚集高层次人才，让拔尖人才能够脱颖而出，使学校的学术影响越来越大。大学的使命是培养人才，而大学培养人才的质量与其学术水平紧密相关。只有一流的师资，才能有一流的大学。学校是知识传承创新的地方，而大学更表现在知识的创新方面，因此"学术牵引"就是要不断地进行学术探索。

这个探索是永无止境的，因此我们必须追求卓越，而不能有任何的自负和自满。当我们躺在中国"最好的外国语大学"的荣誉中陶醉时，我们也许就已经落后了。在学术追求中，的的确确如逆水行舟，不进则退。而且我们还应该再加上一句话，即进得慢也退，因为尽管我们比过去进步了，但别人可能比我们进步的速度更快，我们也就相对退了。

"书记"一词，在英语里就是"秘书"的意思，秘书就是用来服务的。我要当好师生员工的秘书，尽心尽力为师生员工服务。让我们一起努力为把北外建设成为世界一流的外国语大学而奋斗！

在第四届著名大学中学校长峰会上的发言[1]

我觉得"著名大学中学校长峰会"这个平台非常重要，大家在这里相互沟通、相互理解。我是 2012 年 8 月 7 号才到北外工作的。在这之前，在北京师范大学管了 7 年招生。对招生还是比较熟悉的。自主招生北师大是搞了，但是（现在）北外没有搞。

自主招生以来，不同的学校有一些不同的地方，但是也有一些共同的特征。自主招生和它原来想达到的目的相比，有些问题并没有解决。原来之所以自主招生，就是想打破考试单一且完全是笔试这样一个一元的模式。在这个过程中，确实也取得了一些成绩，但是也从"一考定终生"变成了"学生到处跑"，反而增加了学生的负担。

另外一个自主招生的目的是在高考之外，试图通过

---

1 2013 年 5 月 27 日，由中国教育报主办的第四届著名大学中学校长峰会举行。数十位大学与中学校长深度对话，讨论高等教育与高中教育的衔接，探讨创新人才的选拔和培养。本文为作者参加峰会的发言录音整理稿，所谈内容为高考招生。

面试等其他方式去考察学生。但是这个目的也没有实现。之所以没有实现，有许多的原因。现在自主招生联考就是为了大家一起考试，因为每个学校单独去做成本非常高，大家"合伙"等于减轻了成本。同时，也让同学们有多个学校选择的余地。但是问题是，为什么还得笔试？就是因为在中国目前的情况下，没有笔试就无法保障公正。尽管许多人都反对高考，可是在中国没有高考就根本不能保证公平公正的录取。现在没有办法完全按推荐来确定学生的学识、能力和水平。能力高不高，只能通过测试。

我认为高考还是中国保证公平的很重要的一点。有没有弊端呢？当然有，导致孩子压力大、中学偏重应试教育等等。国外也考试，国外也不是所有人都能上哈佛。家长看到孩子学习理论不行，就让孩子上实践性中学比如高职。高职出来的工作前景也不错。

经常有来找我解决孩子分数不够还想上师大的朋友。其中就有人说，你现在都当上校长了，怎么一两个孩子上学的事情还解决不了。我说解决不了，如果学生才考四百多分，比分数线差一两百分，怎么能上呢？这个朋友说他的这个孩子不傻。我说，哪个孩子傻？到这个时候家长就没有准则了，想的只有自己的孩子。所以我说必须得有点准则。

怎么解决目前的问题？第一，我认为自主招生不要普遍在所有专业推开。凡是基本的数理化等公共通用的人才选拔，还是交给高考。因为无论国内还是国外，高中以后就是选拔人才，你不可能让所有人都上大学，也不可能让所有人都上北大、清华。"只要没有考上北大、清华就是失败"，这种思想很可悲。

在这种情况下，我认为自主招生的重点应该是特殊专业。我建议，农林地矿油等那些就业特殊的或艰苦的专业，如乡村教师、乡村医生，可以自主招生。因为人家愿意从事这些职业，学习就有积极性。现在问题是好大学、好专业都自主招生，就把原来高考那些问题又带到了自主招生中，增加了学生的负担。

第二，学科特长。有些孩子表现出了特殊的才能，可以考虑被自主招生。有一些孩子数理特好，有一些孩子文学想象力特别好。这就有一个特殊的才能在里面。当时，在师大的时候，我就开始推进这个策略，对某些特殊专业——如天文、哲学，这种学科是冷门，大家未必愿意学，而且还需要特殊的兴趣和才能——进行自主招生，大家并不认为不公平，因为谁愿意学习都可以去，因为这些都是大家平常不愿意学的。结果，自主招生反而特别成功，因为招收了那些有兴趣的学生。通过这个自主招生的办法选，一是来的人多，而且专业思想还比较稳固，他学得就比较好；二是许多其他专业也基于学生的特殊才能进行招生，比如说需要有艺术特长的，外语讲得特别好的，数学特别好的，等等。

第三，自主招生要想成功，必须有大学、中学配合。

配合得好才能减轻学生负担，才能有利于培养创新型人才。怎么减轻学生负担？这恰恰符合中国的教育方针，比如说评价制度，自主招生就可以解决这个问题。因为现在完全考核孩子的道德品质是没有办法实现的，至少现在没有办法考虑品德的权重。怎么增加这个？我觉得中学以后可以搞排行。不是从第一名到第一百名，而是按照比例，前10%，属于A，前20%属于B，前50%属于C。这样就把问题解决了。大学再根据高考成绩在里面选择。这个时候怎么避免刚才我说的问题（把差的排在A）呢？交给第三方去监督。中学只能交一个单子。大学委托第三方根据这个来考察，比如孩子长期以来的成绩，他的表现、特殊兴趣和天赋，以及生活态度、心理状况、道德表现等等。这样就比较合理。现在的问题都是中学直接对大学，这就会出现我前面说的情况。大学没有办法，只好还是自己考试。

我也理解这些中学校长，他们不希望推荐保送最好的学生，最好的学生参加高考可以拉高学校的升学率，他们希望把考得不好的学生想办法送出去。时间长了，大家都不互相信任了。我希望搞一个自主招生，把孩子平常表现的权重提高，使立德树人的要求切实能够起作用。比如中学向第三方报一个单子，我们按照ABCD弄一个数，所有大学上第三方去看。

第四，我希望大学和高中能够有某种对接，高中也办出自己的特色，有自己的特点，培养某些方面能力特别强的孩子。在某些方面特别强的这些学生，也就主动去上那些适合自己的有特色的学校。那些希望挑选有特殊才能的学生的大学，就可以上这些高中去挑选学生。然后慢慢地改变现在"一考定终生"以及孩子负担特别重的现象。

自主招生还会导致一个教育不平衡的问题。凡是自主招生的大学，新生中农村学生占比就少。因为农村孩子在地缘上、信息上都不占优势。中国目前的问题是过于固化现在的阶层。如果再通过一定的招生制度加以固化，中国就出现阶层的固化。为什么王岐山同志让大家看法国历史学家托克维尔的《旧制度与大革命》，就是怕会出现这种局面。为了我们的国家利益，我们也要坚持公平的教育机会。但是目前来看，如果没有一个刚性的制度，公平就坚持不下来。现在中学校长、大学校长，除了考虑自己学校的利益之外，也应该考虑国家利益。因为对国家正常发展来说，大家都有坚持给孩子机会均等的责任。

我来到北外工作已经有 10 个月了。这次两会期间，我接到一个记者的电话，他问：韩校长，你们北外招生是不是存在严重的性别歧视？我说，希望你到北外去实地考察一下，到那里你会发现，在北外男生是弱势群体。北外只有百分之十几或二十的学生是男生。其中最严重的例子是一个班里只有一个男生。这个男生后来在这个班里呆不下去了，因为他觉得不舒服，所以要求转学或者至少转专业。班里所有的女生给他写了一封不是情书的"情书"，想把他留住，最后还是没有留住。

现在大学女生越来越多，这既反映了女生比男生勤奋，也反映出考试的科目设计存在问题。我在师大时让他们做了一个调研，发现现在我们的考试结构中语文加外语占了300分，这些都是女性占优势的科目。男生唯一占优势的是物理学。男生在数学上没有多少优势，化学多数是女孩子考得比较好，所以男生只有物理占优势。物理占多少分？只在理综中占一部分。目前高校的性别不平衡问题，已经使中国的高等教育出现了明显的问题。有些专业确实就应该有一定的男生存在。比如，学习伊斯兰国家的语言，女学生很难找工作，因为企业即使招她去，她也面临无法外出的问题。那怎么办？我觉得要在保证男女平衡的基础上，考虑怎么公正。我们今年学校开放日的时候，有一些女生的家长看到学校的男女比例后，说不愿意让孩子来这样的学校了，因为孩子在这儿找个对象都困难。

人才既需要公平，也需要性别平衡。考试是一种办法，平时的思维能力、创造力、责任心的考察也是必须的。所以自主招生的探索非常重要，需要中学和大学的通力合作，而且需要一个整体设计，这样才能健康地发展。

联系哲学社会科学工作者的学术共同体 [1]

——谈谈我的北京社科联之缘

今年（2013 年），北京市社会科学界联合会已经成立 30 年了，社科联的同志约我写篇东西，我欣然答应下来。本来想多写一些东西，记叙这些年来在社科联平台上的活动内容，但是由于工作安排太满，只能匆匆表达一下感受。

过去人们常说，三十而立。北京社科联到了"而立"之年，更加成熟、更加有影响了。社科联是一个组织，作为这个组织成员的我们，实际上也是在参与社科联的工作和活动中"立"起来的。这些年来，在参与社科联的许多学术活动过程中，我不仅认识了许多学界朋友，而且扩大了自己的社会和知识视野、提升了自己的

---

1 本文收入《我与社科联：纪念北京市社会科学界联合会成立三十年周年》（北京市社会科学界联合会编，北京出版社 2013 年）。

能力和才干。作为学术共同体的联系平台，北京社科联从各个方面为哲学社会科学工作者的成长提供多方面的支持和服务，已经成为首都哲学社会科学工作者之家，成为北京社会科学工作者学术共同体的"家园"。我和社科联的工作人员，无论是领导同志，如张文启、宋贵伦、史秋秋、韩凯，还是一般工作人员，都结下深厚的友谊，成为无话不谈的朋友。

在参与社科联的工作中，我得到陶西平、满运来等领导的许多关心和帮助，我的学术发展道路有许多地方与社科联有交集。我最早与社科联发生密切联系，大概是在上世纪90年代中期，那个时候北京市委宣传部发起了北京市哲学社会科学青年学者理论人才"百人工程"培养项目，我作为首批被纳入培养项目的人员经常参加一些社会考察、理论研讨活动，而这些活动往往由社科联参与组织或协助。那时，我还是一位只有三十多岁的年轻教授，通过参与社科联的活动，我不仅比过去更加了解社会了，而且认识的学者越来越多。如果说在其他的学术社团组织中我们更多的是与同行相识相知，在共同研究和感兴趣的领域内深究某些理论、概念，打磨同行的学术行话，那么在社科联则越来越多地与其他学科的学者相识相知，这逐渐地扩展了我自己的学术视野。过去，我只有在自己的领域中——西方哲学——才能有感觉，现在发现实际上不同的学科所研究的问题往往是共同的，只不过是各自研究的视角、侧重点和方法有差异而已。在社科联，我不仅可以见到其他单位做哲学研究的学者，也可以认识做文史、经济学、金融学、社会学、管理学、艺术学等学科的学者。社科联还组织与科协方面的联席活动，这种活动让文理科学者有了相互对话、取长补短的机会和可能性。一句话，有了不同学科学者之间的交流，我们就更容易从狭隘的学科概念限制中跳出来，站在更广阔的视角上看问题。学术视野扩大了，学术胸怀也就随之扩大了，社会责任感也就增强了。

在北京社科联的活动中，还有另外一个比较好的经历，即大大地拓展了考察实际社会进程的机会，增加了自己的社会实践经验。社科联经常组织去北京各区县、开发区、公司、工厂、农村考察的活动，这对天天在校园内活动的学者有极其重要的引导作用，引导我们关心社会实际，了解国情、社情、民情，寻找有真实意义的研究课题，改变我们脱离社会实际而自娱自乐的研究方式和不良风气。社科联还逐渐扩大考察范围，组织学者到西部欠发达地区、到东北老工业区，甚至针对某些关键问题去国外考察。在农村大地中，我们感到了自然力量和传统的力量；在企业，我们体会到国际化竞争压力下的创造力和激情；在各地，我们认识了中国问题的多样性和复杂性；在国外，我们体会到国际竞争力和创新驱动的重要性。

如果说记忆犹新的社科联活动，那还是服务政府、社会的学术调研和咨询服务的工作，在这些工作中，我们的积极性得到调动，创造力得到激发，研究能力得到提升。我曾经给社科知识普及活动做过讲座，也参与组织了许多论坛。记得，最初为社科联承担大的研究课题是在2001年。当时，中央交办的一个比较紧急的研究课题下达后，时任社科联党组书记、常务副主席的张文启同志找到我，将其交给作为教育部人文社会科学重点研究基地的"价值与文化研究中心"。在我的带领下，我们的团队在有限的时间内高质量地完成了任务，得到了上级领导的肯定和表扬。从那之后，按照后来接任党组书记、常务副主席的史秋秋同志的话说："韩校长总是（能完成）急难险重的任务。"特别是，时任北京市市常委、宣传部部长的蔡赴朝同志交办的一个课题，原来是交给其他单位的，但进展不是很顺利。在只剩下不到一个多月的情况下，我们接手研究，课题组全力投入工作，顺利地完成交办任务，拿出了比较有质量的成果，得到领导的肯定。在完成这些任务的过程中，我们也能够感受到社会发展的脉搏，了解到党和政府关心的重大课题，这对我们转变研究范式也起到重要的推动作用。实际上，人的能力是在干工作过程中得到发展的，人的眼界是在研究过程中得到拓展的。在这个意义上，我的学术成长之路，也多亏了有社科联的助力。

正因为在参与社科联的活动中，我个人得到帮助，收获了友谊，感受到成长，所以我能够积极参与社科联的活动。只要情况允许，我都是尽可能地参加社科联的各种活动，这也是我自己感到高兴和骄傲的事情。

最后，祝愿北京社会科学界联合会在经历"而立"之年后越办越好，成为广大首都社会科学工作者的可靠、可亲的家园。

《北外老年之歌》序言¹

中国是诗歌的国度，《诗经》、《离骚》、唐诗、宋词和元曲等都是举世闻名的瑰宝。爱诗写诗至今仍是华夏子孙的光荣传统。诗歌既是人的内在青春力量的迸发，也是人精神创造力量的展现。

革命者永远年轻，因此他们永远生活在诗意之中；创造者永葆青春，因此他们终生为理想而奋斗。北外起源于延安，这种起源带给北外革命的传统，也给北外注入了诗意的传统。北京外国语大学本身就是诗意的体现：她是从延安起始的一条永远往前延伸的诗的大道，是发源于延河的一条永远流淌奔腾不息的词的河流；是从宝塔山下黑龙沟谱写出的一支永远鸣奏的曲；是从清凉山丁泉砭初始吟唱的一支永远传颂的歌。新中国成立之后，北外又在祖国的首都谱写更加辉煌的诗章。

2009 年，欣逢中华人民共和国成立 60 周年之际，北

---

1 《北外老年之歌》后改名为《夕阳踏歌行》，由外语教学与研究出版社 2014 年出版。本文是为该书所写的序。

京外国语大学老年诗社成立。北外老同志们的诗歌创作，既体现了中华文化和北外的优良传统，也展现了北外人良好的文化素养。光阴荏苒，转瞬间五个春秋过去了。其间，我们的祖国日新月异，变化巨大；人民生活多姿多彩，幸福快乐。北外的老年诗友们与时俱进，写下了大量反映时代生活的诗歌，为庆祝新中国成立60周年和建党90周年，还先后出版了两部《北外老年之歌》诗集。马大品、夏震老师等还出版了多部个人诗集。

离退休老同志虽然年事已高，但他们的心却永远年轻。他们热爱生活，热爱诗歌，在休闲之余潜心写作，有的甚至到了痴迷的程度。本诗集就是他们潜心创作的诗篇的结集，总共收录了75名老同志的400余首诗歌。既包括新诗，也收录了部分古体诗。为本诗集供稿的老同志，多数都是耄耋之年的老教授、老干部，也有近年刚退休的教师、干部和职工。年纪最大的是年逾百岁的老红军龙舒林同志。他们的诗歌韵味深远，风格鲜明，具有鲜明的时代特色、深刻的思想内容。他们的作品表达了真实的生活感受，不但充满激情，而且不乏浪漫和柔情。他们用饱满的激情，甚至孩子般的童心去拥抱世界，拥抱未来。他们热情、认真、执着的精神令人钦佩。他们的晚年生活每一天都轻松、都快乐、都精彩、都值得留恋，他们走出了一条无愧于时代的人生之路。每每读到他们的诗作，对老同志们的敬爱之情油然而生。

老同志们的诗作，给我本人以很大的鼓舞和鞭策，使我感到青春的力量，促使我以更大的热情投入到学校的工作之中，为北京外国语大学的发展贡献自己的绵薄之力！我也希望各位读者也能够从中吸取智慧和力量，让自己的心灵永葆青春！

愿北外人永远存在于诗意的创造性生活之中。

2014 年 6 月 26 日谨识

与青年朋友谈社会主义核心价值观 [1]

各位同学，我在这里代表学校再次欢迎你们加入北外，成为北外的一员。今天，我主要是从五个方面跟大家谈谈社会主义核心价值观，希望能引起大家的思考。

一、核心价值体系和核心价值观的提出及其背景

第一，改革开放使中国社会结构发生了巨大变化：社会分化、利益多元化和思想的多样化。中央首先正式提出核心价值观的问题，把核心价值观提到一个更高的位置上是 2006 年，但是那个时候提的是核心价值体系，我就想：为什么 2006 年提出来？我们看下 2006 年的数据就会明白。

---

1 2014 年 9 月 9 日晚，作者在北京外国语大学千人礼堂为刚刚入学的 2014 级全体新生上了第一堂思想道德修养与法律基础课。

	1978年	2006年	
国内生产总值	2,165亿美元	26,296亿美元	12倍
进出口贸易总额	206亿美元	17,607亿美元	85倍
外汇储备	1.67亿美元	10,663.44亿美元	6,385倍
农村贫困人口	2.5亿人	2,148万人	

现在，中国的这种情况也是非常不错的。2013年中国GDP初步核算是56.88万亿元，约9万亿美元，增长率是7.7%。根据世界贸易组织初步统计，2013年中国货物进出口总额是4.16万亿美元，成为第一大货物贸易国。我们的经济总量由1978年的1.8%，提高到了2012年的11.5%。当然，这还不够，中国人口占世界人口五分之一，我们仍然有发展的空间。现在的问题在于，中国的话语权没有跟上经济迅速发展的步伐。我们本身在价值观方面确实存在问题，我们缺乏这个方面的理论研究和准备，缺乏价值观的制高点和自信心。

随着经济高速发展，同时也出现了一系列新的社会问题，这也加剧了人们的思想混乱。比如说，公平问题，像教育的择校问题。在改革开放初期，我们那时候与发达国家相比是非常落后的，资源有限，为了迅速赶上西方发达国家，就办了一批重点小学、重点中学。如果不那样的话，我们就不可能有这些年来的迅速发展，但是现在发展到这个地步，确实是应该把公平提到更重要的位置上了。还有，像贫富悬殊、权力腐败、环境污染等一系列社会问题，确实对我们也是一个挑战。

第二，冷战结束与全球化进程凸现了价值观竞争的作用。随着苏联解体和东欧的剧变，世界也进入经济全球化浪潮，国家的边界越来越不作为边界而限制人们的跨国流动，各种文化相互交融、相互激荡。实际上中国改革开放的步伐和整个世界经济的全球化基本上是同步的。过去大家都关着国门，东西方之间没有多少来往，接触往往只是外交行为，而在价值观方面互相也没有多少影响。现在，出国已经是非常简单的事了。正因为不同的文化、不同的价值观碰撞在一块，价值观问题才提上议事日程。人们必须思考：为什么不同国家有不同的想法？

从历史讲，诺贝尔奖获得者菲尔普斯认为："现代价值观是世界上第一批现代经济国家诞生和持续发展背后的动力。这些国家实现了生产率的伟大起飞，推动了财富和工资的增长，把人们的工作从谋生手段改造成提供越来越多精神激励、挑战和冒险机会的源泉。"也就是说，人类从原来仅仅像动物生存下去就可以，变成一种更具创造力的生活：个性、自由、民主、公正、平等，追求的是精神，使这个社会更具有创造力。

价值观与现实是有差别和张力的。美国建国初期，纳税的白种男人才有投票权，那个时候还有黑奴，存在奴隶制，但是那个时候美国就敢提民主、自由、人权，实际上就占领了价值观的制高点，当然，他们提出来也是有进步意义的，引导了美国社会的进步，后来不断地扩大适用范围，如黑奴成为自由人，妇女获得投票权，等等。

从现实讲，价值观是民族文化独立和文化软实力的根据。习近平总书记提出，要大力培育和弘扬社会主义核心价值体系和核心价值观，加快构建充分反映中国特色、民族特色、时代特征的价值体系，努力抢占价值体系的制高点。价值观或者是最好的，有广泛的吸引力和影响力；或者不是很先进，是没有影响力的。因为在必要的情况下，价值观必须是引导人类历史发展的，不同的价值观放在一块，哪个高哪个低一下子就明白了，国家与国家之间也是如此。一个国家、一个民族如果没有自己独特的精神追求、独特的文化，它就不能称其为一个具有世界意义的民族。什么叫具有世界意义的民族？这个民族在地球上不光有分量，还对当今的世界打上了它的烙印，要不你就完全是一个跟随者。

第三，信息技术和知识经济强化了独立思考和观念创新的重要性。信息技术使世界变得扁平了，全球信息可以说压缩式地并置在我们眼前，我们随时都要做出判断，做出选择，什么是对的，什么是错的，价值观越来越重要了。信息技术和知识经济也强化了独立思考和观念创新的重要性。现在人们越来越容易获得信息，也越来越具有独立思考的能力和意愿。在差异性信息的环境下，人们越来越乐于接受新生事物，有利于创新文化的形成，但也容易出现文化的断裂、碎片化。正因为思想多元了，价值多元了，我们才需要有核心价值观，把大家统一为中国人，统一为当代的中国人，统一为能够站在世界之巅的中国人。我们可以有农民，可以有工人，可以有喜欢唱歌的，可以有喜欢跳舞的，但是我们在最重要的问题上，作为中国人意味着什么上，我们得有共识。否则，我们就是一盘散沙，没有国家认同，没有文化认同，是可怕的。

今年是甲午战争120周年。据一些材料反映，当时日本间谍写情报回日本国内说，可以打中国人了，因为中国人没有国家意识，只有家庭意识。没有国家意识就是一盘散沙。现在，有人解构我们的爱国意识，但是美国人却非常地爱国。我参加过一次他们的独立日聚会，就发现各家都打着美国国旗，爱国热情非常高涨，一说美国第一，那到处都是尖叫欢呼声。从甲午战争以来到第二次世界大战即抗日战争期间，中国有三千多万人死于非命，这是历史。现实是什么？看看伊拉克、阿富汗、利比亚、埃及、叙利亚，国家破产了，倒霉的是谁？倒霉的是老百姓，国家失败了，人民还有什么安全呢？覆巢之下，安有完卵。

第四，公共领域和公民意识的提高需要凝聚公民共识。过去，我们上中学的那个时代是"小报抄大报，大报抄梁效"，舆论基本上是比较单一的。但是，现在不一样了，不同的群体都有自己的亚文化，都有自己的价值观，但是恰恰是因为价值观不同了，才需要凝聚共识，才需要核心价值观。

现在，有越来越多的公民权利，越来越多的自由，人们越来越具有自主意识，甚至出现"去权威化"或"自我权威化"倾向。人们越来越追求个人的权利、个性体验和兴趣，但面临如何面对公共利益的问题：构建公民社会和公共领域（公共话题）日益紧迫。我们包容各种文化差异，但是我们从根本的共识上必须有基本的认同，那就是公共话语。作为公民社会我们必须有"我们感"，这就是价值观，就是建立"我们感"。人不是动物，动物就是活着，如果真从活着这个角度来说的话，猪可能是最舒服的，人不是这样，人是有了精神就需要理想，就要给自己的生活找到一个具有诗意的理想价值，用这种诗意的价值给自己的人生奠定一个有意义的基础。人是需要有梦想的，让人早起的不是闹钟而是梦想。我们每个人都有梦想，但是我们作为中国人也有自己的梦想，我们的理想是什么？中国人的梦想或理想是什么？ 1945年以前为了民族独立，1949年以前为了人民解放，1978年以前为了吃饱，1978年之后为了吃好，吃好了之后我们为了什么呢？这是我们必须思考的！

二、社会主义核心价值观与社会主义核心价值体系的关系

社会主义核心价值观的凝练，是建设社会主义核心

价值体系的重要成果。社会主义核心价值体系是一个结构明晰、各部分密切相关的有机整体。中国特色社会主义共同理想是社会主义核心价值体系的主题，马克思主义指导思想是社会主义核心价值体系的灵魂，民族精神和时代精神是社会主义核心价值体系的精髓，社会主义荣辱观是社会主义核心价值体系的基础。当时提出来是对的，但是从社会上的反映来看，都觉得这个还不太够，不那么容易把握，人们感觉到必须凝练社会主义核心价值观，必须让全体老百姓、全体中国人知道怎么干。马克思主义是一个庞大的理论体系，博大精深，要想读懂需要下一番功夫。社会主义也还在实践之中，还在发展之中，所以让老百姓记住也不那么容易。让老百姓记住的，就应该是什么是对的、什么是错的，什么是好的、什么是坏的，什么是善的、什么就是恶的。公平就是对的，你不公正你就不对；友善就是好的，你对别人恶语相向肯定是不好，就是这么简单。从体系的构建到观念的凝练，我们要进一步追问：马克思主义的价值追求是什么？社会主义的价值目标是什么？民族精神和时代精神以及"八荣八耻"体现的价值规范是什么？要问这个，不是说到马克思主义就可以完事大吉了。马克思主义要干什么，它的方向在哪里，这就是价值观。

社会主义核心价值观的基本内容是相互联系的，相互渗透的。所以说，在提出来之后，中央一直组织很多人进行研究。当然，那是仁者见仁、智者见智的事。中央最后提出了三个倡导，24个字12个词，这是一个最大公约数。第一倡导"富强、民主、文明、和谐"，权且说是国家发展方面的价值取向。第二倡导"自由、平等、公正、法治"，第三倡导"爱国、敬业、诚信、友善"。我觉得也不能完全说这就是国家层面，那就是社会层面，最后一个就是个人层面，实际上价值观是一个相互渗透、相互关联的体系。中央电视台让我讲"公正"，我就说，没有公正怎么能建立一个文明和谐的国家呢？没有公正怎么能有自由、平等的社会生活呢？没有公正哪有诚信友善的人民？它实际上是相互联系的，相互渗透的。包括我们说要建设和谐社会，显然和谐也是社会层面的；但是我们又说建设法治中国，显然法治也可以是国家层面的。

社会主义核心价值观是社会主义核心价值体系的内核。马克思主义的核心价值追求是建立一个人人平等的、公正的、人人自由全面发展的国家，社会主义也是为了建立一个公平正义的社会。社会主义核心价值观体现着社会主义核心价值体系的根本性质和基本特征，因为它是我们每个人普遍追求的方向。社会主义核心价值观反映着社会主义价值体系的丰富内涵和实践要求，实践要求就是你这样做是对的，你就这样干，这样做就一定有正确且美好的前景。社会主义核心价值观是社会主义核心价值体系的高度凝练和集中表达。

三、培育和践行社会主义核心价值观的原则

第一，坚持以人为本，尊重群众主体地位，关注人们的利益诉求和价值愿望，促进人的全面发展。中央提出的关于培育和践行社会主义核心价值观的原则是什么呢？首先就是坚持以人为本，我觉得这个非常对。因为我们无论是干社会主义也好，无论是做具体工作也好，为的是什么？为的不就是让老百姓生活得更好一些，让人民群众更幸福一些，让每一个人都得到发展吗？什么是真正的发展？真正的发展是知识、精神、价值的上升，一个人的价值不在于消费了多少价值，而在于创造了多少价值，那么创造力从哪里来？是在于自己的责任和知识能结合。人的全面发展，在座的各位的发展，你就得想想：我们自己的行为是不是有利于同学们的发展？这就是以人为本，以人为本不是说我光考虑我自己，那就是小格局了，以人为本就是考虑周围、大家，甚至是全人类。

第二，要坚持以理想信念为核心，抓住世界观、人生观、价值观这个总开关，在全社会牢固树立中国特色社会主义共同理想，着力筑牢人们的精神支柱。世界观、人生观、价值观是非常重要的，为什么？一个人在价值观上出了问题，肯定是要出大问题的。一个人如果是在价值观上面出了错，本来是错的，他认为是对的，你想想看，不出大问题才怪呢，他肯定早晚出事嘛！有些人犯错误可能是偶然性的，有些人犯错就是价值观的问题

了。这就是习近平总书记强调的"总开关"问题,"总开关"关乎思想源头,从根本上决定着一个人的作风状况和行为方式。

第三,坚持联系实际,区分层次和对象,加强分类指导,找准与人们思想的共鸣点、与群众利益的交汇点,做到贴近性、对象化、接地气。我们每个人都应该在自己的实际生活和学习中践行核心价值观。现在作为一个大学生,我们实际上应该集中精力学习、发展自己,但是也应该在社会上发挥引导力。每个人都是一种力量,你本身的行为、言行都是体现着价值观。朝什么地方引导,这要看我们的行为。我希望同学们成为正能量的源泉。

第四,坚持改进创新,善于运用群众喜闻乐见的方式,搭建群众便于参与的平台,开辟群众乐于参与的渠道,积极推进理念创新、手段创新和基层工作创新,增强工作的吸引力感染力。在高校,无论是辅导员、班主任,还是青年教师,做学生思想工作,都要倡导自我教育、相互教育、共同进步。不是说我道德水平高,我教育你。实际上做学生工作是一个相互教育和自我教育的过程。有些人可以比别人更有知识,比如说这个专家他确实比别人有知识,水平高,但是谁也不敢说自己在道德上比别人高。实际上,我们每个人都得学会从别人身上看到优点,学习别人的长处。能够学习大家的人才是"大家"!

同时,培育和践行社会主义核心价值观必须立足于坚持马克思主义的指导地位,着力推进理论创新,不断赋予当代中国马克思主义和社会主义价值体系鲜明的实践特色、民族特色、时代特色；必须立足于中华优秀传统文化，始终面向民族文化的活力，着力激发中华民族思想和文化的创造力；必须立足于先进性，始终面向人类历史未来发展的前进方向，引领时代发展；必须立足于价值观竞争的话语权，面向国际交流，着力抢占价值观竞争的道德制高点。

四、关于社会主义核心价值观的宣传教育的几点思考

软性渗透比生硬的直接灌输好，平等对话比居高临下的效果好。加强社会主义核心价值观的宣传教育，一定要改变话语体系，不能一味依赖原来的那种纯灌输的方法。社会主义核心价值观应该像盐一样，放一点渗透在我们要做出的各种佳肴里，让大家吃下去才有利健康。如果让孩子直接吃盐就会齁着。最高境界是什么呢？让孩子吃了盐，但是他没感觉到有盐。有的时候，我们经常让大家直接吃盐，没有创造力。

社会主义核心价值观的宣传教育，不能让诸位天天吃盐，还要吃"炸鸡和啤酒"，钢铁般的真理也要用诗一般的语言表达出来，才能打动人心，要学会讲故事。所以，我希望我们各位同学在这方面发挥作用，把核心价值观用动人的故事表达出来，成为社会主义核心价值观建设的正能量。

过去有人说美国没有政治课，这不对。美国的中小学有"公民与政府"，大学里有"西方文明与价值"之类的核心课。美国讲政治课的方法，的确有值得我们学习的地方。他不是一开始就灌输什么是对的，什么是错的，他让大家讨论，讨论有什么问题，然后就开始学习民主的一些程序，他们选举出来一个人作主持。学生在这里主持讨论，举手才能发言，它实际上就上"公民与政治"的课。大家都说中国讲口号，西方也有口号。美国的教育部，有一个法案就是 *No Child Left Behind*（"不让一个孩子掉队"），这也就是它的口号。另外，他们经常在艺术品、故事和照片中看似现实地、不经意地表达他们的观点和价值观。实际上，美国的这些价值观经常不用话说，不用语言去说，它就给你操作了，我们有时候就是太爱说了，只注重灌输了。

体验内化比只是言说的效果好，自我认同比强制接受好。我们怎么说就要怎么做。我们是大学生，我们是211大学的大学生，我们能不能对其他人一视同仁，平等地对待所有人，这就是重要的价值观。能不能相互尊重？大家在一块是同学，能不能相互帮助？能不能合作？亚里士多德说，人是社会的人。马克思也指出，人是社会关系的总和。只要是人就得活在社会中，也就是说只有跟大家在一块相互影响才能发展自我。在同学当中，在师生当中，在人民群众当中吸收营养，这才是成长的最好环境。所以说价值观不光要说，还要做。过多少年回想过去，你会发现，一个人的价值观境界，就决定了人发展的可能性空间。

五、大学生要做弘扬和践行社会主义核心价值观的时代先锋

习近平总书记在北大五四座谈会上指出，青年要自觉践行社会主义核心价值观，一个民族，一个国家，没有一个共同的价值观，莫衷一是、行无依归的话，实际上这个国家就无法前行。尤其青年人应该做践行先进价值观的先锋。

第一，青年人要做有价值理想的人。曾经有个故事说一个人的价值观就决定了一个人未来发展的可能性。有个故事是说：三个人都在打工，一个人说我就是为了养家糊口，我就是为了挣钱。他这一生生命价值就停留在这个阶段了，一生都是做这个养家糊口的事情。第二个说我要建最好的楼房，他成了工程师。第三个说我要规划美丽的城市，他后来成了市长。尽管这是一个笑话，但是价值观确实决定了发展境界的高低。价值理想不是空想，是随着你前进步伐不断往前延伸的地平线。很多人生活在当下的这种烦恼之中，就是自己的价值格局太小了。理想格调越高，发展的可能性就越大。

第二，青年人要做有价值责任感的人。一个人的价值，不是因为他占有了多少价值，而是他创造了多少价值。

从价值观的民族形式来看，我们要使社会主义核心价值观与民族文化相适应。中国文化传统的特点在于，责任先于自由，义务先于权利，群体高于个人，和谐高于冲突。责任是中国人的特点。中国文化跟西方差别是，中国文化有一个特点就是责任先于自由，我们把自由也列为社会主义核心价值观，但是自由与法律和平等都是联系在一块的，不能孤立地去看。

第三，做有价值情感的人。从核心价值观的形成方式来看，必须有生活的激情和崇高的精神境界，我们必须本着以人为本的原则，在与人的交往中生成自我。应注重社会主义核心价值体系的人文关怀维度，进行带有人情味的人际沟通，加强心理疏导机制。因为人是有情感的，我们不能做冷漠的人，光有理性还不行，理性需要感情的激励。

第四，做有价值行动的人。要做到习近平总书记所指出的，核心价值观的影响像空气一样无所不在，无时不有。绝对不是说 24 个字到处都是，也不是说上课学会这 24 个字就万事大吉了，而是要把这 24 个字的标准渗透在我们所有的言行之中，决定我们思考的方向、行为的方向。我们做任何事的时候是按照这个方向，按照这个对错标准去衡量，而不是说我们到处就说这 24 个字就拉倒了。价值观需要在体验中内化，在实践中升华。

祝愿同学们成为有价值理想、有价值担当、有价值创造力和行动力的青年！

我与《北京日报》理论部的交往 [1]

我是《北京日报》"理论周刊"栏目的忠实读者，也是这个栏目的作者之一。这个栏目自开办以来，通过其讨论问题的高度和深度，已经赢得了广大读者的青睐和信任。这个栏目不仅在首都理论界有很高的"人气"，而且成为首都各界人士学习理论、思考问题的好帮手；不仅成为向首都市民提供思想盛宴的"有权威"的"大厨"，而且在全国各地也有众多的"粉丝"。"理论周刊"成功的秘诀在何处呢？我认为，主要在于编辑队伍高远的办报理念和高超的编辑技能，由于与编辑们有许多的交往，对此的认识就有了更切实的感受。

当然，首都有其他城市不可企及的大批高素质高水平的理论家和学者，这为办好报纸的理论版提供了坚实的基础。但是，对办报而言，仅仅有好的作者还只是条件，更关键的是编辑要有好的办报的理念，有把理论文本剪

1　本文发表于《北京日报》2015 年 5 月 25 日。原题目为《有读者直接给我写信探讨问题》。

裁、加工和调拌成思想佳肴的技能和方案。报纸的文本展示方式和叙述方式，明显不同于学术论文。没有经过编辑按照一定的理念和编排方案进行处理，作者写出的文章就只能算是质量各异的食材，只有经过编辑的剪裁和编排，才能成为色香味俱佳的理论"佳肴"和营养丰富的思想"食粮"。

根据我与《北京日报》理论部编辑们的来往，我认为，他们的创造性工作表现在如下几个方面：首先，他们不仅善于根据当前社会发展进程捕捉议题，而且通过与理论界的学者交流而凝练问题，提出论题甚至推进论题的论证。我本人就多次被请到报社与多方面的专家和学者就一些热点问题——"先进文化""人文北京""北京精神""社会主义核心价值观""城市发展的历史文脉"，等等——进行深入的讨论，并且在讨论的基础上凝练具有鲜明特色的观点和表述。通过这种方法，报社把各方面的知识和智慧聚焦在特定的问题上，既可以展示思想的广度，也可以体现思想的深度。实际上，参加讨论的学者也可以从其他同行那里学到很多东西，相互启迪、相互激发，不仅拓展了视野，也使思路更加清晰。

其次，《北京日报》理论部的编辑们不是守株待兔，而是主动出击，他们总是根据当前社会关注的热点问题和主流议题，主动设计论题，邀请相关学者就某个论题发表自己的研究成果。实际上，有时不是他们的督促，可能许多文章也就写不出来了。我的许多文章就是被编辑"逼着"写出来的。这说明，他们对学界非常了解，知道哪些学者在哪些领域和问题上有深度研究，其研究有什么样的独特见解。例如，在讨论社会主义核心价值观时，他们并不局限于就价值观而谈价值观，而是更有特色地深度阐释社会主义核心价值观的特殊内涵和意义。他们知道我10年前就研究过民主的理想性与现实性之间的张力，民主价值观就在于通过社会各方面力量之间的妥协达成社会进步的效应。他们就打电话，让我一定对民主问题结合现时代出现的新特征进行进一步的阐释，从而让学术的深度研究与当前的理论思想宣传工作深切地结合了起来。我的《民主是一种妥协》[1]的文章发表后，许多网站予以转载，引起读者的广泛关注，还有读者直接给我写信探讨这个问题。

再次，《北京日报》理论部的编辑们还善于把学者作品文本中的精华与亮点用报纸和传播的语言形式进行处理。譬如，版式的大气，题目吸引力的设定，小标题的点睛之效，语粹提炼并加以突显，从而使原本容易枯燥的理论文章变得富有生气和吸引力。我发现，他们在我的文章里挑出来的词句，以简洁明快的方式放在文章的开头或结尾处，并且与全文保持一定的间距，以便突出显现语言的思想张力。

最后，我还想说，编辑们与作者们都保持良好的关系，

1　本文发表于《北京日报》2014年11月3日。

总是尊重作者的想法，即使有报社自己的编辑理念，他们也总是尊重作者文本的基本思路和样式，他们改造的地方总是锦上添花，而不是随意剪裁。另外，他们还以宽广的胸怀向其他报纸推荐作者，这一点更是难能可贵。我记得，有好几次外省的报纸编辑找我写东西，他们说是《北京日报》理论版的编辑推荐的。可见，理论版的编辑不仅兢兢业业地做好自己的工作，还为理论和思想的传播贡献力量。这就是作为首都北京城市思想的高度和广度的人格体现。祝《北京日报》理论版越办越好！

在 2016 年教师节教职工
表彰大会上的讲话 [1]

　　北京一年四季中，秋天是最美、最好的季节，对于教师来说也是最好的季节：在这个时节，我们迎来或"收获"了新一届的学生。看着充满朝气的新生入学，我们也感觉自己的生命更加有意义了。在此，我谨代表学校向一年以来辛勤工作在教学、科研、管理、服务各个方面的全体教职工们致以诚挚的感谢，向从事教育工作满 30 年的教职员工表达崇高的敬意，对今天即将获得表彰的全体同仁表示衷心的祝贺！

　　回顾过去一年，学校各项事业都在稳步前进。今天我们看到，学校确实取得了不少骄人的成绩，但我们也要清醒地认识到我们面临更加严峻的挑战：一方面是教育国际化进程不断加快，这本身是适应全球化进程和中国综合国力的提升、全面走向世界的需要，这给我们创

1　2016 年 9 月 14 日下午，北京外国语大学召开 2016 年教师节教职工表彰大会。本文为会议讲话，根据录音整理。

造了巨大的发展空间，同时也向我们提出了新的挑战。另一方面，中国高等教育正处于重要的调整期和上升期，从原来的追随阶段要逐渐进入按照自己的自主意识、发展目标，构建世界一流学科的一流大学的阶段。按照习总书记所说的，要扎根中国大地办大学，不把北大办成"第二个哈佛和剑桥"而是办"中国的北大"。我们则是要办中国的北外，这就需要构建自己新的目标。在这个进程中，我们既要参考国际经验，更重要的是构建适应中国发展新需要的大学标准，探索大学内部治理结构，全面提升教育质量。

各位老师，从媒体报道中基本可以了解，中国高等教育现代大学治理体系建设、以培养核心素养为导向的基础教育课程改革、招生考试制度改革、机关事业单位社保并轨、机构编制改革和信息产业互联网经济发展等，都倒逼学校加快创新发展步伐。学校不仅要保持传统优势，同时要应对经济社会和高等教育的新发展，实现新需求和新要求，这样才能实现战略转型。

令人欣慰的是，全校教职员工自上而下、自下而上经过反复讨论和研究，已经进一步明确了学校的发展愿景，理清了发展思路，确立了建设世界一流学科和一流外国语大学的目标；明确了学科建设重点，集中力量建设与北外发展定位和特色高度匹配的学科专业群，聚集一批具有北外特色的高水平师资队伍，建设北外的优秀老师群体。

我认为，我们首先要准确把握经济发展新常态下高等教育的基本特征，深刻领会党中央关于推进世界一流大学和一流学科建设的总体方案，顺势而为。中国全面走向世界，"一带一路"倡议、京津冀一体化战略、高校"双一流"建设都在向我们展现机遇，我们北外人应该有所担当，也必定大有作为。我们已经有了《北京外国语大学章程》，这是我们内部治理的规范，"十三五规划"也已经编制完成。在这两个文件指引下，我们要立足自身的优势，谋取学校发展新的增长点；优化结构、凝练特色，集中精力办大事，集合力量出重拳，争取国家支持、社会认同、群众满意。只有这样，才能够优化机制、汇聚资源、聚集人才，而一流的资源、一流的人才和一流的管理，必然能够成就一流的大学！

我们的共识是建设世界一流外国语大学，需要不断改革创新，在实现"十三五规划"和未来发展道路中，向改革要红利，在变化中求发展。具体到新的学年，要重点突出以下工作：

一是建设一支高水平的教师队伍和精干高效的管理队伍。有些专业在现有基础上应该适当有序地增加一些教师，不仅可以让教师有轮流到对象国或其他机构进修提高的机会，而且还可以为完成学校事业的发展以及国家对外工作的需要提供人才储备，如孔子学院及外交外事人员的需要。教师也可以不断提高对区域和国别的研究。适当的数量可以促进教育质量的提升，因为这样学生可以从不同风格的老师那里获取智慧和营养。在多样性和差异性中，人才能够得到更加包容性和综合性的成长。

二是青年教师发展。国家高度重视青年人才发展，目前全国高校 40 周岁以下教师近 90 万人，占 57%。我校青年教师目前 370 人，占全体教师的 52%。青年教师队伍建设是关系到落实立德育人根本任务、推进学校持续发展的基础工程。青年教师的境界代表着北外未来的境界，青年教师的素质代表着北外未来发展高度。除了青年优秀教师评选之外，学校将进一步优化青年教师成长发展的制度环境，依托教师发展中心、协调各主管部门密切合作、形成合力，在科研经费、人才支持计划、思想政治素质和师德建设工作实施上制订更加具体的措施，切实帮助青年教师发展和实现职业成长。

三是高层次人才建设。高层次人才队伍建设是师资队伍和学科建设水平提升的关键。学校一方面坚持引育并举，协调人才引进和人才培养工作，树立全球人才视野，出台外籍教师国民化待遇实施细则，建立健全柔性人才引进机制，以提升学科建设水平为根本出发点和落脚点；另一方面建立健全高层次人才专项工作机制，从学校层面统筹协调高层次人才工作，建立常态化的引进、培养、人才项目管理服务机制。

四是制度创新。继 2014 年国务院颁布《事业单位人事管理条例》后，事业单位各项改革已经开始陆续启动，新的政策规范为高校人事制度改革奠定了统一的规范基础。学校将进一步推进校内人事制度建设，在政策规范框架内，探索全员聘用、专业技术职务评聘和基础人事管理制度改革。事业的发展在于人，要有能干事的人、会干事的人和把事情干好的人。假期中，看到《中国教育报》有一期介绍梅仁毅老师，我特别高兴。北外有更多的老师被全国关注，这才是中国一流大学；有更多的老师被世界关注，北外才是世界一流大学。

一所好的大学，本身有一种精神气质，能改变人的视野，提升人的境界。而它的实际载体，就是我们在座的各位老师，各位教职员工。作为教师，是十分光荣的。因为我们面对的工作对象不是物，而是有血有肉、有思想、有灵魂的人，是更加年轻、更有朝气的人。我们是在塑造民族的希望、国家的未来，因此我们自己应该成为习近平总书记说的有理想信念、道德情操、扎实学识、仁爱之心的人，这样才能成为学生锤炼品格、学习知识、创新思维、奉献祖国的引路人，让学生真正受到真善美的指引，使广大学生成为心灵纯洁、人格健全、品德高尚和有文化修养、有人文关怀、有责任担当的人，让我们学校别开生面、别具一格。这样一种精神、一种文化的养成，也应该是我们整个北外精华的沉淀。我想，按照北外"师德为先、育人为本、教研并举、传承创新"的教师发展理念，修德养才，遵守师德规范，打造风清气正、崇德向善的良好育人环境；教研相长，让教学工作和科学研究相互促进，相得益彰；团结协作，加强合作攻关，共同开展学术研究、共同攻坚克难、推进工作；全员育人，将学校工作落脚在培养学生、提升教育质量、办人民满意的教育之上！

好老师是北外的脊梁，也是北外的希望！让我们紧紧围绕人才培养这个中心任务，优化结构，凝练特色，心向学术，追求卓越，不断推进治校能力和治理体系现代化，形成充满活力、富有效率、更加开放的办学机制。以综合改革为契机，以"十三五规划"为指导，以更加开放的思想，在更广阔的舞台上思考北外的发展与定位，凝聚共识、改进思路、群策群力、再创辉煌。希望全校教职员工继续努力工作，不断增强全校师生员工的凝聚力，大家心往一处想，劲往一处使。我坚信，新的学年，在全校教职员工的共同努力下，北外一定会取得更大的成绩！

在《外语教学与研究》创刊 60 周年纪念大会上的致辞[1]

　　值此仲夏时节，大家相聚北外，共同纪念和庆贺《外语教学与研究》创刊 60 周年。首先，我代表北京外国语大学，向《外语教学与研究》创刊 60 周年，表示最热烈的祝贺！向长期以来，对《外语教学与研究》办刊给予关心支持的各级领导、各方学者和社会各界朋友，致以崇高的敬意和诚挚的感谢！

　　整整 60 年前的今天，1957 年 6 月 25 日，原北京外国语学院创办的《西方语文》出刊，这是新中国外语学术和教育事业发展史上的大事，具有里程碑意义。自此，我国有了自己外语教育探索和学术研究的园地。1959 年，《西方语文》更名为《外语教学与研究》。从《西方语文》到《外语教学与研究》，从初创到如今，六十载光阴推移，呈现在人们面前的是一本集中外学术于一体，理论与实

1　2017 年 6 月 25 日，纪念《外语教学与研究》创刊 60 周年大会在北京外国语大学举行。

践相统一，境界开阔、刊风严谨的学刊，享誉我国外语界和语言学界，并逐步走向境外和国际。这一切成就的取得，是前辈主编王佐良先生、许国璋先生奠基和引领的结果，是一代又一代编辑人员默默奉献的结果，是关心、爱护本刊工作的作者、朋友大力支持的结果，也是上级主管部门正确领导的结果。他们不仅繁荣了语言研究的学术园地，也推动了社会的发展与进步。

海德格尔曾经说："语言是存在的家。"语言是一种人类符号系统，既是人类交际工具，也是人类精神文化的体现和载体。人类一切具有意义的活动，都是与语言联系在一起的。有了语言，人才从动物成为人类；有了文字，人类的历史才从蒙昧走向文明，从史前史进入文明史。人讲什么语言，就属于什么文化的范围活动的人；学习另外一种语言，就是理解另外一种文化。因此，外语学习与研究，就是我们扩大文化视野的过程。

外语学术对他国语言和文化进行研究，是一个国家、一个民族对外开放和交往的基础工程；外语教育既是对各类外语专门人才的培养，也是国民基础教育和素质教育的一部分，对于国家发展具有重要意义。语言是人类思想的界限。语言的丰富就是人类文化和思想的丰富。严谨的语言表达，就是思想严谨的体现。修改语言的过程，就是修改与深化思想的过程。中国的外语学习与研究过程，实际上也是中国人民了解世界和扩大视野的过程。60年来，《外语教学与研究》刊发了大量高水准学术论文，既有对外国语言文化的深入研究，又有对新中国外语教育方略和规律的探索，不仅对推动我国外语学术和教育事业发展做出了突出贡献，而且也推动了中国改革开放的历史进程。如今，我国改革开放走向纵深，国际交流和一体化进程进一步加快，外语学术和外语教育彰显出前所未有的重要性。与此同时，随着我国经济、社会的快速发展和国际地位的提高，中国文化和中国学术"走出去"成为一种新的时代诉求和潮流，外语学术和外语学刊面临着输入和走出双重职责，肩负着特殊使命。希望《外语教学与研究》以习近平总书记系列讲话为指导，牢记北京外国语大学的双重使命"把世界介绍给中国，让中国理解多样的世界；把中国介绍给世界，让世界理解变化中的中国"，以更开阔的视野、更大胆创新的精神，矢志进取，不辱使命，将刊物推向新的高度，为我国外语教育和国家发展做出更大贡献。

最后，再次祝贺《外语教学与研究》创刊 60 周年，祝愿《外语教学与研究》取得更多新的更大的成就！

作为方法论的哲学

——与青年教师谈治学[1]

　　我先介绍自己在学术上做了哪些事情：当我来到北京外国语大学做校长、党委书记之后，我就不再做本专业的外国哲学的研究。我发的文章多数是上级有关领导甚至中央领导亲自要求写的，都不是出于个人的学术兴趣。另外有关北外的教育教学问题的文章，我也写了十几篇。去年一年，出版了《社会主义核心价值观与中国文化国际传播》一书，还发了 38 篇文章，其中 8 篇是 C 刊论文。《求是》《中国高校社会科学》《哲学动态》等刊发了我的文章。中国特色社会主义理论创新方面的文章刊登在《哲学动态》上。我为什么能写出这么多的文章来，这和哲学训练有关。有了哲学训练，哲学的方法会起作用。我 30 多岁在社科院史学理论所发表了论文《论历史理性主义》，而且是放在第一篇刊发的。学贯中西的刘家和老先生（史学教授）看到了这篇文章，通过一个中年教授

1　对谈时间为 2018 年 3 月。

约我到他家谈了一夜，老先生对哲学非常感兴趣。研究鲁迅的王富仁先生，经常来我这里借书，借维特根斯坦的《逻辑哲学论》，这是一本很难的书，看过这本书并且能看懂的人很少。书中的第一句说：世界是事实的总和，不是事物的总和。第一句话很多人都懵了。今天我们在这里见面聊天，这就组成一个事实。物质不灭定律，组成什么事实的事物、事物之间有什么关系，这才是世界。哲学在某种意义上是一种看问题的方法。比如我们北外很多人是搞语言的，哲学家说语言是存在的家，但对语言学的认识不一定是一个层面的。人之所以作为人是通过语言体现的。语言是人类作为人而非动物层面存在的意义载体。有了语言，人才从动物变成人。有了文字，人类才进入文明史。懂的语言多，你看问题的角度更广阔。

我认为，北外教外语，不仅是教外语，而且是促进了中国改革开放的进程。在这个意义上，北外有启蒙的作用。有些语言哲学家说，过去有什么事情才有什么语言，但有人认为有什么语言才有什么事实。举个极端的例子，如果没有"爱情"和"阶级"这类词，就不会有坠入情网和阶级斗争。大家都知道白居易的诗，诗中说他到40岁才纳妾，可他不知道自己在犯错误。白居易老了，想把妾让给朋友，但妾没有意识到不平等，仍然对白居易一往情深。这是因为当时的女人没有性别平等和阶级矛盾的意识。哲学需要对人的观点有洞察。有思想了才能清晰表达出来，清晰表达需要哲学。另一个例子，我夫人是中学特级教师，有段时间从社会待遇看，大学老师不如中学老师，中学老师不如小学老师，小学老师不如幼儿园老师。我 40 岁那年感冒，发烧 40.2 度，北师大校医院说病因是病毒性感冒，无法治，我夫人去了之后医生才开始重视，因为他们的孩子都在我夫人的学校读中学。当时的中学经常组织春游或秋游，我作为家属被带去参加过这种旅游活动。有语文老师对我说，学哲学还是很有用的，高二学哲学之后学生的作文水平就提升很快。台湾一个教授也说，哲学中的原因与结果、偶然与必然、本质与现象本身就是一种思路，这样看问题会有条理化。一个人的研究能力和他的哲学修养有关，即使他不搞哲学，有了哲学素养就能够提高研究水准。最近一本畅销书《人类简史》提到动物也有某种语言，作者尤瓦尔·赫拉利讲了一个故事，猴子是社会性动物，会有站岗放哨的猴子，人类过去也是如此。人类的进化，包括男女不同的特点，能看到祖先的影子。为何男子方位感强？男子打猎要跟着动物不知跑到什么地方，如果没有方位感那肯定是找死。女子采摘、带孩子，她们主要在驻地周围活动（所以对方位感要求不高）。赫拉利提出，猴子和人一样，尖牙利爪不如老虎，跑得快不如马，可为何猴子能够进化生存下来，因为它作为社会性动物能表达语言。比如，科学家把放哨猴子对来自地面如老虎狮子出没时的报警声音录下来，把天上老鹰出现时猴子的报警声音也录下来。没有危险的时候，科学家播放这种声音，如老虎来时发出的声音，猴子们都会往四周看，而放鹰来时发出的警报声，猴子们都会往天上观望。但是，赫拉利认为，猴子不能表达这个世界上不存在的东西，只有人能表达，比如上帝，人和世界的关系。把事物之间看不着的关系建立起来，人就有了重新安排世界的可能性。人可以通过自己的想象创造性地反映事物之间的联系，从而可以改造自然。成功了继续，失败了就不这样做了。人不是靠力气存在，牛和马大象都比人有力气，就尖牙利爪人不如老虎狮子。黑格尔说人是靠头脑站立起来的。马克思说，劳动创造了人，但人的劳动是主观见之于客观的实践活动，人的力量就是思想的力量。强调人的思想性，这也符合实践的观点，实践不是本能的活动而是自觉的有意识的活动。哲学就是人最本源的能力 meta- 的问题。形而上为道，形而下为器。所以，我想讲讲作为哲学的方法。

首先，哲学本身就是一个观点。比如一个东西，我们看到的是现象，还是现象背后有更加深刻的东西？这就变成了观点。我的本科论文发表在《江海学刊》上，我硕士期间在《中国社会科学》《哲学研究》《哲学动态》发过文章，《新华文摘》也曾经全文转载过我的文章。我个人认为，哲学本身就是观点，因而学了哲学就可以提高研究能力。我下乡时带了范文澜的《中国通史简编》，周一良、吴于廑的《世界通史》，在休息时读点书。随着年龄增长，我对历史背后的东西越来越感兴趣，从而逐渐走向哲学，对哲学有了兴趣。硕士阶段我读西方哲学，当时我们国家很落后，改革开放初期很落后，我想西方为何如此发达，背后肯定有制度的原因，制度背后肯定有文化的原因，文化的核心是哲学。因此，当时，一会儿"萨特热"，一会儿"尼采热"，和现在不一样。头些年出现的"于丹热"反映了中国的文化自信心在重新建立。我在当时改革开放初期的条件下选择了学西方哲学。读硕士后我决定做历史哲学。因为我对历史感兴趣。我当时学的是法国哲学，为此我还跟着北外老师学了法语。我来北外后第一个调研法语系，想感谢一下我的法语教师，不过没有见到，当年的老师可能调走了或出国了。当时我们请北外的老师到师大教法语。

不过我的硕士论文却并没有写历史哲学方面的。这里面有个故事：当年的法国哲学研讨会是在北大开的，会议的第二天，会议主持人知道师大有几个研究生是搞法国哲学的，就把我们叫过去，我们当时在读研，都是洗耳恭听先听老师讲。到最后老师说年轻人也说说吧，我师兄师姐先讲，后来我红着脸（腼腆嘛！）也提出一个观点：当时的学术界有一个现象，那就是研究什么就会认为什么好，研究英国哲学的会抬高英国哲学，研究法国哲学的就有意无意地抬高法国哲学，比如接近了辩证唯物主义啦，有唯物辩证法的萌芽啦，譬如，狄德罗、卢梭等等。我说这种观点是错的，法国唯物主义者有辩证法思想，但无法在丰富性和系统性上与德国哲学比。法国哲学的贡献实际上是机械论的形而上学，当时的时代就是机械的，那时机械论是把思想从神秘主义中解放出来的武器。如果有辩证法，那也是把机械论的形而上学推上逻辑的顶点，才有了辩证法的意思。老师要求我写出来，后来我的文章在由中国社会科学院哲学所外国哲学研究室编的一个以书代刊的集刊（上海人民出版社出版）上发表了，《哲学年鉴》对这篇论文还作为重要论文给予介绍。他们居然把一个学生写的论文加以推介，对我是一个鼓励，于是我写了硕士论文《论法国唯物主义是德国古典哲学的逻辑起点》。原来先讲卢梭，后来我把卢梭放在最后，就是基于硕士论文的研究成果。康德说，休谟和卢梭打破了他的美梦。我批评了我的老师们的观点，但他们仍然鼓励我把自己的观点写下来，那时起我在学术上就奠定了自信心。

第二，要注重历史的观点。对哲学的领悟力引导我写文章。黑格尔的《精神现象学》对我很有帮助。人的创造力来自思想。我们会说，只要有想象力就能解决问题。黑格尔说不可能，人不能一下子就完成问题解决，绝对真理必须经过漫长的路程才能达到。也就是说，任何创造力都有实践的基础、历史的发展过程。黑格尔的意思是，任何创造力都是对现有资料的反驳，即是否定之否定。人类的思想史重演，类似于每个人从小到大的历史，个人史就是重演人类发展的历史。人类不可能从原始社会过渡到今天。黑格尔反对谢林，不应该按照神秘的顿悟，任何顿悟都有历史过程。如苯的环状结构，科学家凯库勒百思不得其解时梦到蛇咬自己的尾巴，就顿悟了。我当时写文章时提到，如果老农梦见了他不会这么想，因为老农没有化学的学习历史作为支撑。黑格尔的精神现象学认为，任何研究都是建立在前人的基础上，是对前人的总结或者批判继承。

《重建理性主义信念》是我的博士论文，获全国百篇优秀博士论文奖，当年论文奖获得者里只有我一个搞哲学的。黑格尔的《精神现象学》对我的影响很大。黑格尔把历史逻辑化，也把逻辑历史化。我解决了一个问题，黑格尔之后都在反黑格尔，当时很多人反黑格尔，在青年黑格尔之后，甚至黑格尔还活着，叔本华就开始叫板：世界是意志的表象。马克思也是对黑格尔的清算，但是却辩证地对待黑格尔的遗产。西方哲学的主流是从理性主义转向非理性主义。西方 17、18 世纪的自由主义是革命的，功利主义的自由主义是理性主义的。人为什么要自由，人作为宇宙精华、万物灵长，是理性动物。可是到了 20 世纪后半叶，情况发生了改变。目前，最有影响的自由主义哲学家哈耶克说，人的本性就是对无知的体认。并不是说要人们比谁傻，而是说人认为自己有知识就会强迫他人按照自己的想法去做。动物从不认为自己有知识，但也不会强迫对方按照自己的想法办。他说，最害怕拥有真理的人，拥有真理的人会认为自己做什么事都行。我想起了"文革"：只有认为自己无知，才会和人商量，集思广益。知识在发展，随着知识的发展，你的无知面会越来越大。"无知者无畏"是有道理的。我在做青年教师时，刚开始以为把教课用的书买全了就可以了，后来觉得不行，越学越发现自己无知。哈耶克《通往奴役之路》是反社会主义的，反计划经济的。马克思主义认为认识世界、改造世界就能通向自由王国，但罗尔斯认为不可能，因为有了认识就更容易为自己的利益着想。罗尔斯《正义论》提出相反的观点，他认为人都是自私的，所以在制定政策时会有利于自己，因此就没有可能出现正义社会。要使正义社会成为可能，那必须另辟蹊径。他推出一个别出心裁的称作"无知之幕"的初始状态假设，即不知道自己是什么人，无论男女老少，只知道自己是人，这部分人在制定政策时就可能是公平的。这些人一定选择个人自由是至上的，谁都愿意保持自由，不被别人超出法律之外的控制，谁都不愿意被别人控制。除此之外，还会有一个想法，即让最弱者得到最大的照顾，这并不是说让穷人变得富有，而是说有一个曲线，当穷人穷到一定程度，没有积极性，富人都无法富下去；反过来，当富人被剥夺过分了，不仅对富人不利，从而影响产业，也会影响到穷人的福祉。这是福利社会的理论基础。尽管罗尔斯和哈耶克观点相反，但是他们都不用人多么理性来证明人应该是自由的。两个政治哲学的基础来自非理性的尼采。尼采说，上帝都死了，人做什么都可以。道德是什么，人要面对虚无。萨特也是，他说"人存在先于本质"。在他那里存在是 nothing，是其所不是，不是其所是，人才能获得自由的尊严。是其所是，是物的特性，而人是他现在所不是的东西，这样人才获得了自我设计、自我选择的自由。可见，整个西方哲学笼罩在非理性之下。弗洛伊德说，人的理性只是冰山一角，实际上人是被非理性支配的。我认为，如果被非理性支配，是情绪欲望的产物，那和动物有什么区别。我说人的理性是非常微弱的光，但却代表人的方向。我提出了历史理性主义，这是我博士论文的立论基础，即是综合和否定之否定。目前的理性不是绝对的理性，而是不断拆解自己重构自己的历史的发展的理性。最初说的理性是理性王国，是抽象的，黑格尔批评了这个观点，即认为一下子可以从愚昧走向文明。幸福是奋斗出来的！由于思辨性等观点，我的论文获得了青睐。后来，我指导的学生也曾经获得百篇优秀博士论文的提名奖，他写海登·怀特的历史哲学，获得了当年的第二，因而是提名奖。我是百篇优秀论文获得者和提名奖获得者的导师。

第三，语言表达本身也是一种哲学。为什么马克思写《资本论》时说他要重读黑格尔的《逻辑学》，他把黑格尔的《逻辑学》当作自己构建《资本论》的脚手架。黑格尔的《逻辑学》把很多看似不想关的思想变成一个整体，这确实有思辨力。恩格斯说悖论时，就提到飞矢不动，阿基里斯（奥运赛跑冠军）赶不上乌龟，人在行路时总要一半一半地走，但走这一半时又要走一半的一半，以此类推，变成了倒退，这是悖论。恩格斯解释，在一个瞬间既在此处又不在此处，因此是矛盾。马克思讲辩证思维。有人诟病辩证思维是怎么样都行，这是误解，哲学恰恰是世界观，这里的辩证法是从发展的眼光看问题，在肯定之中有否定的内容，既肯定又否定就是在发展。2017 年我写了一篇文章：十九大之后，教育部用函件的方式要求我写关于改革开放的文章，后来我发了一篇文章在《北京日报》上，人民论坛上也把它作为 "2017 最具价值的 100 个观点"[1]。现在的改革是系统的、全面的，但不能说过去的改革是不系统的、不全面的，因为在当时的历史条件下只能那么做，有发展才有科学发展，有科学发展才有高质量发展。不能把现在的改革和过去的改革对立起来。并非研究什么，什么就全是好的。正如法国唯物主义的贡献就是机械论。每一代做每一代的事情。哲学作为方法，语言表达同样是方法。我讲了辩证思维、历史思维，哲学本身是框架性的。还有概念，写论文都需要概念，除了已知概念，要有新概念。比如约瑟夫·奈的 "软实力"，中国自古就有，"王道" 和 "霸道"，中国就是软实力的祖宗，但是没用现代概念表述，因为 "王道" 毕竟是封建词汇。没有一定的哲学基础，想创造 "软

1　作者的观点为：在新时代继续强调 "全面深化改革"，并不意味着过去的改革是 "片面的" "局部的"，而是意味着中国特色社会主义发展到现阶段，应当以更加全面的视角，提出更具有全局性和系统性的策略，才能适应当代社会发展进程中出现的新需求。

实力"这个词很难。亨廷顿认为，冷战和苏联模式的社会主义垮台后，意识形态的对立会转化为文化之间的冲突。提出这些概念，哲学的抽象是很好的工具。早前没有任何实验室，哲学家创造出原子的概念，而原子是看不见的东西。泰勒斯说，水是万物的始基，这在当时是革命性的思想，即世界是统一的且统一于一种东西。哲学的理论和概念后来都起了作用，包括毕达哥拉斯。潘云鹤，他是科学院副院长，浙江大学校长，院士，我们俩现在都是国家教材委委员。他当时有个观点，认为中国的科学家由于缺乏哲学素养，所以没有成为大科学家。西方的牛顿、爱因斯坦、波尔等人，有了哲学的构建能力，才有可能成功地建构范式型的科学理论。通过哲学的概括概念的能力，你的观点随之而出。"熟读唐诗三百首，不会作诗也会诌。"如果你熟读马克思的书，你去看看马克思《哲学经济学手稿》，你写论文的水平肯定会提高。大家觉得哲学很难，因为人是从感性一步步走来的，精神现象学也讲了这一点。古代的文字可以做出多重解释，因为那时更感性，可以有多种解释。上个世纪 90 年代，北师大哲学系几位讲马克思主义哲学的老师写了一本《精神生产概论》，写完之后，有人提意见说应该对西方哲学的历史做出梳理，他们就把任务交给我，把中国哲学交给另一个老师，但最后中国部分写出的不是太合适，只把我写的内容放在最前面了，尽管我是最后写的。我发现写古代部分好写，进入近现代如从笛卡尔之后就难写了。古代语言有诗意，因为抽象的部分很少，可以进行多重解释。为什么现代性在西方最先出现？除了发现新大陆，还有文化的必然性，希腊哲学强调逻辑抽象，中国强调得意忘象。当然我们也有自己的长处，我们的长处是整体性、有机性。德谟克利特为了认识真理是非感性的，他甚至为了不看现象，弄瞎自己的双眼。还有西方的宗教背景，非人格，耶稣是道成肉身，中国都是成圣成贤，我们是修炼成神仙，他们是道成肉身下来拯救。理论是抽象形态的知识而非经验形态的知识，中国的知识过去更多停留在经验形态，而这种形态的知识是地方性的，只有理论化的知识才具有普遍意义。理论知识等于用客观逻辑的框架重新安排自然，获得了系统安排世界的可能性。十几年前，潘云鹤这方面的思考是有道理的。

同志们！不要怕哲学难，一旦你读懂哲学，你会"一览众山小"。现象都是表现，你了解了哲学之后看到的是类本质，不是具体的颜色样式，能看到背后的东西。胡塞尔现象学影响着当代西方哲学，有人曾经对胡塞尔说，您的思想非常深刻，但只是太晦涩，看不懂。胡塞尔说："哎呀！我也没有办法。如果精力不集中的话，我自己也读不懂！"我在斯坦福上课时，老师在上面讲着讲着讲不下去了，他忘了一个环节，少了一个符号，当然就推演不下去了。哲学已经变成了逻辑推演。我们的特点是喜欢一下子得到并描述出来，但论证过程是对人们思维的训练。我没有说西方的是绝对对的，中国有强项，就是更强调整体性。但这个需要分情况看，思维应该不断循环上升。中国进入了新的时期，"文化自信"不能变成"文化自负"，真正的自信是善于学习的文化。我多年前写过一篇文章，讲文化是包袱还是财富在于你怎么看待它。任何文化没有优劣之分，但有健康和病态之分。善于学习时是健康的，我们最强盛的汉唐时代，都是善于学习的时代。不能让仇恨毒化了智慧。想战胜日本，必须学习日本的好的文化。吃牛吃猪不会变成牛和猪。曾经的苏联，理论上的先进性的自信失去了反思的动力。苏联垮台之后，资本主义觉得可以随意自由地支配世界了，失去了自我反思的动力，结果出现了金融危机。这种危机是必然的，早就酝酿了，如2002年爆发了雷曼兄弟的倒闭危机，2007年显现、2008年爆发了大的金融危机。2002年当时我在哈佛，小布什骂哈佛商学院不给他们的学生讲道德，说资本主义是讲道德的，被你们这些人破坏了。我个人认为，一个社会一旦失去了自我批判的力量，沉浸在自我中，就会出现问题。

批判有思想批判，也有物质的批判。但枪炮是科技，凝练了思想，是思想的创造力，思想的原创力在哲学中。中国的改革开放是从思想解放开始的，从真理标准的讨论开始的。哲学作为一个方法，处处会起作用。你是什么人，你就会选择什么样的哲学，人的格局大是由他的思想决定的。哲学帮助人从自我狭隘的视角中跳出来看问题，看问题更广、更深。比如，都说哲学教授高寿，因为他们不会为小事烦恼。而且人是高度精神性的动物，精神上有活力，不就等于身体有活力嘛！精神上的伤害比物理的伤害还严重，骂人没有任何物理力量。但是，语言的伤害是巨大的，人是思想的动物。现在有一种哲学，身体即精神。这里的身体是高度思想化的身体，身心一体化的身体，你要在根本问题上提升自己，就要从不自觉的哲学到自觉的哲学修炼。这对你的学问和人生都有修炼。你明白了大事大道理，就不会为小事烦恼。我们有些同事会为了没涨工资而抱怨，有抱怨的功夫还不如提升自我能力来证明自己。

各位老师，你们要树立信心。我本人最初也缺乏做老师的素质，在人面前讲话的能力比较差，更不是一个当领导的料。我实习时给学生讲西方哲学，导师还带着我练了多次，上台后我脑子一片空白，下面系主任、教研室主任都在，我就更紧张，后来稳定下情绪才开始进入正常状态。课后系主任鼓励我说我能做一个好老师，我的确也成为一个还算不错的老师：后来学生给我打分都比较高，在全校开西方哲学的选修课时，学生想报我的西方哲学史课都选不上。1996年北京市组织我们出去到外省考察，当时很多人认为我是书呆子，因为我说的哲学太晦涩。当后来听说我当了院长，他们都觉得有些意外。他们不了解，哲学思维能够提高领导力。做学问需要有哲学的基础。数学是自然科学的基础，如张西平老师所说，哲学在中国是文科基础，在世界上既是文科又是理科的基础。

与青年教师互动环节

1. 问：您去年发了 38 篇文章，我特别震惊，您可以作为励志的榜样。请您介绍一下"是其所是"和"不是其所是"的发展脉络。

答："是其所是"是物的特性。杯子就是杯子。"是"在汉语世界里翻译成存在。这本身就是一个哲学问题，萨特说只有什么也不是，才有成为自己想成为的东西的可能。人是开放的，目前怎么样未必代表将来怎么样，你有自我选择的自由。

2. 问：怀特海既是经验论者又重建了形而上学，对此您的看法是？

答：形而上学是理性的构建，你在诉诸理性时才可能是形而上的。怀特海和柏拉图的关系可以这么理解，他也是颠倒过来的柏拉图。在柏拉图那里，真正的存在是不变的，桌子会坏，桌子的理念不会坏。柏拉图认为，理念不会变。怀特海认为，变的东西才是存在的，他引入了时间的概念，受到了法国哲学家柏格森的影响。柏格森说有种时间概念是钟表的，那是机械的；但真正的存在是绵延的生命的过程。怀特海被英美哲学家认为是老古董。他和罗素一起写了《数学原理》。黑格尔说哲学就是哲学史，西方的哲学家都是从古希腊开始。我最近看王阳明，王阳明的很多东西和胡塞尔相通，有很多现象学的东西。我们必须回到源头上去，并从中走出来，如此一来才有坚实的基础。费希特佩服康德，并认为自己是康德的忠实信徒，其实后来的费希特超越了康德才成为独立的哲学家，成为自己。

3. 问：人的本质是无知的，罗尔斯提出"无知之幕"。荀子却说人有生有知。您怎么看？

答：历史性断裂。古代东西方相信人是理性动物，但20世纪出现了非理性的声音，他们更多从人的非理性本质去思考人的生存与特征。

在"中华思想文化术语国际传播与中国话语体系建设"研讨会开幕式上的讲话 [1]

　　在会议之前，曾经有朋友问我，你是代表北外发言还是代表师大发言？之所以提出这样的问题，大概是因为 2012 年我从北师大调往北外先后任校长和党委书记，现在又回到师大的缘故。我说，这次我既不代表北外，也不代表师大，而是代表"中华思想文化术语传播工程"专家团队发言，因为我是术语工程的专家委员会主任。

　　"中华思想文化术语传播工程"是国家项目，目的是正本清源，确立对中华思想文化的用语规范，构建有中国特色的哲学社会科学话语体系。作为一名哲学研究者，我是这样理解"中华思想文化术语"的。在过去，我们的先辈一直通过中国的学术话语体系表达中国人对天地

1　"中华思想文化术语传播工程"为教育部重点项目，作者为"工程"专家委员会主任。"中华思想文化术语国际传播与中国话语体系建设"为"工程"在 2018 年 12 月 1—2 日组织的学术研讨会。

万物与人类社会的认识，因此就产生了源远流长、博大精深的中华思想、中华学术、中华文化。今天，我们要理解中华学术思想的脉络，厘清中华学术演化的谱系，就迎面碰到许多特殊的或非常具有中国特色的术语，如"阴阳""中道""和合""义礼""厚德载物""自强不息""知行合一""得意忘象""协和万邦""天下大同"……我们只有理解了这些术语，才能正确把握中华思想文化的真谛，才能形成话语体系。

作为语言表达方式，术语显然要反映关于某种事态或对象。韩愈指出"修其辞以明其道"（《韩昌黎文集校注》第二卷《争臣论》），即言语表达是为了阐明事情的道理。话语表达的差异，会影响到语言的穿透力和说服力。中国古人早就认识到话语的重要性，《易经》中就有专门论述话语问题的部分，即《系辞上》《系辞下》。《易经》说："言出乎身，加乎民。"也就是说，言语出于少数某些人之口，但却影响到广大的人民。"君子居其室，出其言，善，则千里之外应之，况其迩者乎？居其室，出其言，不善，则千里之外违之，况其迩者乎？"由此看来，做成事情，需要通过语言；同时，许多社会混乱或动荡也往往由言语引发，即"乱之所生也，则言语以为阶"。可以说，按照中国古代的理论，言语调动了行动，行动则改变了社会，言行就成为世界变化的中枢。正所谓："言行，君子之枢机；枢机之发，荣辱之主也。言行，君子之所以动天地也，可不慎乎！"（《易经·系辞上》）所以，人们必须注重话

语的生成与使用，"君子以慎言语"（《易经·颐》），以恰
当的言语入世做事。人们"或出或处，或默或语"（《易经·系
辞上》），都必须严肃谨慎地对待话语，要经过深思熟虑，
"安其身而后动，易其心而后语"（《易经·系辞下》），反
复筹划、三思而后言。

人人都可以说话，但不同的话语表达效果和社会功
能则差异很大。因此，"以言者尚其辞"（《易经·系辞上》），
讲话必须提炼更好的话语表达方式。"开而当名、辨物、
正言、断辞，则备矣。"（《易经·系辞下》）这就是说，
只要用词得当，也就是较好地使用术语，这样辨别事态、
确立正确的判断、选择适当的语言策略就容易了。这是
因为："其称名也小，其取类也大。其旨远，其辞文，其
言曲而中，其事肆而隐。"（《易经·系辞下》）这就是说，
词语虽小，但其涵盖或指称范围却很广泛，在文字的修
饰中暗含着深刻的意义，即使委婉的表达也会有明确的
内容所向，可能产生微言大义的效果，影响到社会的实
际活动过程。因此，选择言辞，看似小事，但其意义却
深远宏大。正确地使用语言，就要使语言反映社会实际
问题，表达民众的呼声。正如孔子说的"名不正，则言不
顺；言不顺，则事不成"（《论语·子路》）。如果话语策略
对头，言语再委婉也能切中事物的本质，道理再浅显也
能表达深邃的内涵。言不在多，在于准、在于精。言语
不精准，词语越多越让人云里雾里，摸不着头脑。这就
是人们所说的，言辞日繁，离道愈远。

在漫长的中华文明演进历史中形成的中华传统思想文化术语，对于当代中国哲学社会科学研究，对于当代中国话语体系建设，具有什么样的意义呢？

首先，中华思想文化的学术术语蕴含着中国文化传统和思想意识的精髓。面对不同时空体系下的挑战，不同的民族在生产方式和生活方式上就有了特定的差异。例如，作为以农业为主的古代中国，必须靠一定规模的水利工程才能保证民众的安全和生产，所以，中国自古以来就强调人际关系之间的和谐与秩序，因而就有了具备中国特点的思想文化术语。譬如，"家国天下"之中的"家"和"国"就有了特定的精神内涵，英语中的国家有nation、country、state等表达，但nation更倾向于以国民、民族的角度谈国家，country则倾向于从国土的视角去看国家，state是从制度的侧面看国家，所有这些表达都与"家"没有关系，但中国一提到"国家"就会想到"家"的温暖，"国"与作为社会最小细胞的"家"之间的内在联系就得到了很好的确证。

其次，中华思想文化的学术术语体现着中国人特有的思维方式和理解结构。古人提出的"中道"概念就与中国人的理智、圆融密切相关，这极大地消解避免了人们在生活中时常所犯的极端化的思想倾向和行为方式；"和而不同"在理性处理人际关系方面有明显的中国特色，这种"思想"对唯我独尊的西方极权话语是一种强有力的纠偏与批判。实际上，即使我们在学习外来的理论和思想时，我们也是按照我们的理解结构和想象力来理解外来的东西的。譬如，我们在进行中国特色社会主义市场改革时，我们就不搞什么"休克疗法"，而是"摸着石头过河"，这种"中道"思想在治国理政中的灵活运用保证了中国改革开放和经济发展沿着正确的道路高速前进，从而取得了举世瞩目的成就。另外，在学术方面我们也不断发展，在世界学术界的影响开始提升，这就说明我们有自己的文化传统和学术理解结构，这种结构把外来的思想和理论进行消化、转化，从而有利于学术上的自主创新。显然，我们是根据中华民族长期认识世界、改造世界过程中形成的"理解结构"，自主地、有选择地汲取和消化外来学术成果的。

最后，中华思想文化的学术术语是构成中国话语体系的表达方式的符号，或者说是构成中国话语体系中链接思想观念的关节点。中华思想文化的很多学术理论或学说，都有世界普遍意义。但是，不同的理论或学说却各有自己的表达方式，理论的独特性往往是由不同的术语或概念来体现的。在表达如何处理相辅相成的事物或关系时，许多国家和民族都有保持某种平衡的观点，但中国古人关于"阴阳"平衡的思想就更加积极，中国人认为柔能克刚，"阴"不仅不是消极的，在特定条件下它是一种更加积极的力量。又如，西方人在看待竞争时，往往采取"零和思维"的方式，而中国的"阴""阳"之间你中有我、我中有你以及二者相互转化的思维观念，更加倾向于采取双赢、多赢、共赢的方式。由于同样的原因，中国的"礼"就包含有英语 propriety 等词语所无法表达的文化、人际关系及社会制度等方面的内容。

由此可见，加快构建中国特色哲学社会科学，提升我国思想文化的影响力，离不开千百年来凝练、沉淀下来的具有中国特色的思想文化术语。我们不能削足适履，不能毫无选择地用西方的概念理解、解决中国面临的现实问题。我们必须用符合中国人思维习惯的术语和概念去表达中国问题，同时提醒国外其他文化背景的人，在考察、思考和理解中国问题时，要考虑中国本身的术语概念，要弄清楚这些术语概念的特殊内涵和规定性。显然，对内涵丰富、多姿多彩的传统思想文化术语进行整理、研究和翻译，就成为特别有意义的工作。

我们现在开展的"中华思想文化术语传播工程"，不仅由国家领导人亲自推动并有专门的部际联席会议加以协调，而且还被列为国家哲学社会科学基金重大项目。该项目的顺利开展，必将有利于继承弘扬中华优秀传统文化，有利于加快构建中国特色哲学社会科学，有利于中华思想文化的国际传播，有利于提高我国的文化软实力。

这次举办的术语研讨会，一方面是向诸位领导及专家报告已取得的成果，另一方面也是借此机会，听取专家们的意见，丰富术语工程的学术内涵。我们在编写和翻译"中华思想文化术语"系列图书的1—6辑过程

中，通过研讨会，已经吸纳了专家学者的很多意见。在
此一并感谢！我和术语工程的学术团队一起，真诚期待
本次会议能听到在座专家学者对术语工程的更多批评与
指教！

在"中华思想文化术语国际传播与中国话语体系建设"研讨会闭幕式上的讲话

在全体参会代表的努力下,"中华思想文化术语国际传播与中国话语体系建设"学术研讨会圆满完成了各项议程,即将落下帷幕。在这里,我代表"中华思想文化术语传播工程"的全体同仁,衷心感谢教育部语信司对本次会议的支持,感谢会议主办方北京外国语大学和北京师范大学对会议的周密安排!

说到感谢会议主办方北京外国语大学,如果是在以前,我可以不说,因为我自己之前就是北京外国语大学党委书记;不过现在可以这样表示感谢了——我现在的身份和之前不同,第一我不是北外的书记了,第二我又成了北京师范大学的教授。以现在的学者的角度看,两所大学联合主办这样一个盛会,正是协同创新的体现,可以让会议更具有广泛的参与性。

我们聚集在这里其实就已经证明了开会的重要意义。

大家常说要提高工作效率、减少会议，那我们为什么还要开会？诺贝尔经济学奖得主埃德蒙·费尔普斯在《大繁荣》一书中提到一个观点：重复性劳动，让一个人干就行；凡是属于创造性的劳动，必须有一个群体相互影响，相互激励。因为人的能力是在相互影响当中提高的。

本次会议共收到论文40余篇，所涉猎讨论的问题更是涵盖文学、历史、哲学、传播、翻译等多个学科，甚至还有很多跨学科研究的内容，总体而言，无论是论文数量还是研究深度，都比往届有所提升，令人欣喜。说到跨学科，中华思想文化术语其实有些也是跨学科的，我们在阐释时特别强调要结合其他学科，不能局限于某个单一学科，否则就陷入狭隘。其实各位学者的热情参与和研讨，也从一个侧面体现了学界对"中华思想文化术语传播工程"的关注与肯定。为了更好地推广和传播本届会议的研讨成果，秘书处将在会后遴选出一批优秀论文，并在外研社尽快结集出版。

这一天半的时间，我全程参会，有幸聆听到了很多专家精彩独到的发言。"中华思想文化术语传播工程"多位专家委员和学术委员这次热情参会，分享了他们在工程中的最新研究成果。比如，中国人民大学的袁济喜教授把"中华思想文化术语与古代书写文明"紧密联系起来，北京师范大学的李景林教授就《易》《老》二书中"道"与"言"的关系进行了详尽的分析，武汉大学的聂长顺教授谈到了在从事中华思想文化术语整理中领会到的中国文化的溯源与建构，中国人民大学的金元浦教授则从中国文化的现代阐释上给了我们非常多的启迪。

本届论坛还有一个很大亮点，就是今年有更多院校、更多领域学有专长的专家学者首次参加了论坛的讨论。他们的分享同样精彩。比如：章伟文教授的《中华思想文化术语的当代价值》，许家星教授的《理学字义之学及其对界定中华思想文化术语之意义》，吴礼敬教授的《给"上帝"换一副洋面孔》，戴拥军教授的《从"天下"的英译看中华思想文化术语翻译的实践原则》，等等，我就不一一列举了。这从另一个侧面也体现了术语工程在学术界的影响力的加强。在此，再次感谢学界的朋友对我们工程的关注和支持，也期待着大家一如继往地支持术语工程的各项工作！

术语研讨会到今年，已经举办了三届了，我总结研讨会有两个可喜的变化，一是从参会者以"中华思想文化术语传播工程"自身的学术团队为主，扩大到吸引了全国优秀的文史哲及翻译界的学者共襄盛会，大家在讨论中推动了术语研究这一新的研究范式的形成，也就是出现了一种独特的研究方式；二是会议论文从广泛意义上的社会科学主题逐渐集中到了中华思想文化术语的筛选、编译与传播，即术语工程的本体性研究逐渐突显。研讨人员的深度参与，以及研究问题的具体深入，充分说明了论坛自身的进步与提升。

我们衷心地希望中华思想文化术语学术研讨会能发

展成为学界的又一个品牌论坛，既为关注和研究中华思想文化术语的学者们提供一个交流对话的平台，同时也能切实助推"中华思想文化术语传播工程"的开展和落实。北京外国语大学校领导已经表示要成立中华思想文化术语的研究中心，这样就可以提供非常好的研究平台，提供可持续研究的机制。我们也期待各位与会专家在会后将各位对于论坛持续发展的真知灼见留给秘书处，帮助我们未来把这个论坛办得更好。

与本届论坛同步，我们还同期顺利召开了"中华思想文化术语传播工程"专家委员会议，召开了新一届的部际协调会，总体研讨了术语工程下一步工作的努力方向和工作重点，比如术语的专题化、体系化，比如扩大研究范围、把外来词对中国的影响也纳入进来，从而让国人认识到开放的重要性，比如还可以开展对地方文化术语的研究。我们也期待着未来有更多的院校、更多的研究机构、更多的研究人员和力量，参与到这一具有深远历史意义的文化工程中来，共同推动有中国特色话语体系的打造和建设。

在刚才的专家座谈上，有专家谈到西方普世价值，我觉得任何国家提出来的价值观、文化观，都是从自己的角度提出来的，因此都具有地方性，都是 local 的，但是其中都还包含着超越时空、超越时代的具有世界普遍意义的内涵。有时我们过于强调本民族本国家特殊的价值观、文化观，反而忽略了本国文化中也具有的世界普遍意义的东西。不可否认，无论东方还是西方，无论中国还是外国，都具有自身的民族所表达的特殊性，同时也都有超越时空和具有普遍世界意义的内容。所以说我们不要固守纯粹的特殊性，而是要挖掘文化的普遍意义，这样才成为一个真正具有世界意义的民族，这才是一个大国或者强国或者是民族复兴的国家的义务，也就是说胸怀祖国，放眼世界。

中国文化向世界传播的道路漫长而艰辛，需要更多的参与和努力。我们把"中华思想文化术语"当作一个很小的学术支点，而撬动传播效果的真正力量，更在于包括诸位在内的专家学者，让我们一起用力，撬动起更大的社会势能，共同向世界讲好中国故事，传播好中国文化！

集中全部精力，谋划学校发展 [1]

2012 年 8 月 7 日，教育部正式宣布任命我为北京外国语大学校长。在就职演说中，我向北外全体师生郑重地做了三个承诺："第一，从此之后，我将用全部的精力做名副其实的校长，我将不再做我的专业即外国哲学的学术研究，而是把精力放在研究社会发展的趋势和高等教育的发展规律上，放在高等教育与社会之间的互动关系上，努力成为懂政治的教育家和懂教育的政治家；第二，从此之后，除非是与教育管理有关的课题，我将不再申请自己原有学科专业的研究课题，而是集中精力细心谋划北外的发展战略和发展大势，为北外的发展而奔走、而呐喊；第三，从此之后，我本人除了为学生做一些必要的思想政治教育和形势方面的讲座之外，不再承担任何专业课程，因而也不再谋求与教学有关的个人荣誉，

---

1 本文是作者以 2012 年 9 月 17 日发表于《中国教育报》"高教周刊"上的文章《从自己狭窄的研究领域中走出来》为基础扩展而成。2012 年 9 月，《中国教育报》"高教周刊"围绕"大学校长是否需要参与教学与科研职业化"组织高校校长和专家发表意见，以回应当时社会上对大学校长职业化的热议。

而是努力为老师们上好课服务，努力为所有北外老师们的职业发展创造条件、提供服务，为从整体上巩固和提高北外人才培养的质量而工作。"

以上承诺被媒体概括为"三不"，我也就成为"三不校长"。媒体和社会各界给予我很多鼓励和支持，借此机会我深表感谢之意。

当然，媒体似乎更关注了我的"不"，而没有注意我的"要"。最重要的是我"要"把自己的一切活动与北京外国语大学的发展联系在一起，希望为北外实现又好又快的发展做更多的工作。不研究自己原来比较狭窄的纯粹专业的学术研究，并不是不研究问题，而是要研究更为广泛的问题，如社会发展的趋势和高等教育的规律，还要研究二者之间的互动关系。只有这样，才能根据学校的传统和现实条件做出改革和调整，以适应社会的发展变化，满足社会对人才的知识结构和能力的需求。譬如，改革开放初期，只要懂外语就是一流人才，但是随着改革开放进程的深入，国家需要大批既懂外语又通晓国际规则的复合型人才，而且现在许多孩子从幼儿园就开始学习外语，北外应该培养什么规格的人才呢？我们必须根据国家战略需求和变化了的形势，调整我们的培养方案和教学体系。

另外，不申请原来自己研究领域的课题也不是不申请任何课题，如果有研究教育发展和教育管理的课题，有研究党和国家大政方针的课题，有这样的课题可以深入研究教育中出现的新问题，促进自己提高认识水平和管理水平，为什么不去做呢？我是主张：校长不宜再过多地去申报自己专业的学术研究课题，这样就容易把自己囿于特殊的学科领域之中，难以从更广泛的视角和领域去看问题。校长只有不再热衷于自己原有学科专业的研究，才能集中精力细心谋划学校的发展战略和发展大势，才能为学校教师们的科研创造更好的条件。

承诺不再上专业课，并不是自己一点课不上，譬如说思想政治教育、形势教育的课，校长可以站在更高的基点上通过某些讲座强化育人的作用。校长还可以通过开学典礼和毕业典礼的讲话，引导学生的全面发展和人格养成。另外，校长自己不上课，不是不关心教学，而是这样才有更大的精力关注全校的教育质量。校长应该把人才培养和教学放在自己最重要的关注点上，要通过听课、与师生的座谈了解教学的基本情况，要为人才培养和教学配备足够的资源、创造良好的条件和秩序。

基于上面的认识，我一直都认为学者做校长比纯粹的管理官员做校长要更合适，即让懂教育的人管教育。没有一定的学术眼光，就很难理解学术问题，也不宜理解高等教育的发展规律。理解教育规律且具有学术眼光，才能做到真正敬畏学术、尊重教师。自己从来没有上过课，怎么能够理解教学过程？我认为，大学校长即使不是最好的学者，也应该有很高的学术眼光和宽广的学术视野，这样才能对高等教育、对学校发展做出自己的判断。当然，我主张校长必须从自己比较窄的研究领域中走出来，研究更为宏观和广阔的问题，这样才能转变成为具有广阔学术视野的高等教育的管理者。

追求卓越是大学的特质。但大学教师和大学校长对卓越的追求应该有区别。大学校长不再追求成就和荣誉，才能把精力集中在办学上。我认为，首先，大学校长要研究问题、思考问题，这样才能根据不断变化的社会形势准确地调整办学理念和学科发展方向，引导学校的战略发展。没有战略思考的校长不是好校长。其次，大学校长应该根据学校教学科研组织的变化和发展，加强制度和规范建设，不断建立和调整学校的规章制度，以便让制度激励先进、鞭策后进，推动整体发展。校长再能干也必须依靠制度。不建立规章制度、不依靠规章制度的校长不是好校长。譬如，在处理教学和科研的关系上，应该以制度加以保障。一方面，对于大学而言，人才培养特别是本科生教育是大学声誉的基石。无论其他工作再忙，都不能耽误教学；其他工作再重要，也不能干扰正常的教学秩序。教学、科研、服务社会和文化传承，都是为了人才培养这个根本任务。另一方面，我们也必须理解，科学研究能够提高教学水平。对于北京外国语大学而言，语言教学是我们的本职。但是，海德格尔说："语言是存在的家。"这就是说，语言，不仅是工具，它承载着文化、渗透着价值观。语言教育应该是有文化内容和价值取向的教育，这样的教育才能避免纯粹形式带来的枯燥感，变成生动活泼的人的教育，这样的教育才是有效能的教育。我们不能重科研轻教学，但是我们必须通过科研促进教学。因此，大学的制度和政策都必须建立在保障教学、鼓励科研的基础上。再次，大学校长应该为学校争取物质和文化资源，也必须为学校发展争取政策的支持，这样才能为学校的教学科研和师生员工的生活提供尽可能好的条件。最后，大学校长应该敬畏学术、尊重教师。因此，我主张校长应该带领行政团队为教师的教学科研创造环境与条件，但不宜去直接干预和评判学术问题。因此，我主张行政权力和学术权力适当分开，学术价值交给教授们自己去评判。

培育社会主义核心价值观
是教育的神圣使命[1]

中国共产党第十八次全国代表大会报告对社会主义核心价值体系和社会主义核心价值观有了新的认识和表述。这些表述对中国特色社会主义道路和制度的价值取向做了比较明确的规定和倡导，这对凝聚精神力量、形成思想共识、促进文化认同，动员人们投身中国特色社会主义的伟大实践，会起到极大的推动作用。作为教育工作者，我们要认真学习和领会十八大精神，通过把社会主义核心价值体系融入国民教育的全过程，为积极培育社会主义核心价值观做贡献。

首先，报告重视通过社会主义核心价值体系学习教育在全党全国各族人民范围内逐渐形成社会共识，这就为教育工作者提出了新任务。我们的社会经济发展已经

---

1 本文发表于《中国教育报》2012 年 12 月 6 日，有改动。为进一步深入学习领会党的十八大报告丰富内涵，当时，《中国教育报》"高校社会科学"版特邀请高校社科界专家学者撰文，学习、分析、解读、阐述党的十八大报告精神。

取得了举世瞩目的成就，社会群体因产业的分工而日益分化，人们的利益也越来越多元化。由于全球化进程的加深，来自五洲四海的不同文化和思潮同时并置在我们面前，人们所处环境和利益视角的差异使各自的思想意识也越来越多样化。在这种情况下，我们拿什么样的精神纽带把一个快速发展的大国的人民联系在一起呢？这是我们必须回答的。党的十八大要求，深入开展社会主义核心价值体系学习教育，用社会主义核心价值体系引领社会思潮、凝聚社会共识。毕竟，一个有共识、有共同价值认同的社会，才是一个真正的命运共同体。为了通过价值教育形成共识，构筑精神家园和命运共同体，教育者特别是哲学社会科学学科的教育者，必须为价值体系的建设和教育贡献力量。我们要继续推进马克思主义中国化、时代化、大众化，坚持不懈用中国特色社会主义理论体系教育青少年，武装青少年的头脑。加强对青少年的理想信念教育，深入开展爱国主义、集体主义、社会主义教育，把青少年培养成为中国特色社会主义事业的合格接班人。

其次，报告还明确了一系列倡导的价值观，倡导、弘扬这些价值观，教育工作者须发挥重要作用。作为一个有 56 个民族和 13 亿之众的国家，在快速发展和社会转型过程中必须有可以唤起价值认同和文化认同的共同理想和精神家园。党的十八大报告提出，我们应该倡导富强、民主、文明、和谐，倡导自由、平等、公正、法治，倡导爱国、敬业、诚信、友善，积极培育社会主义核心价值观。由这个表述看，我们可以认为，报告倡导的价值观是基于社会的最大公约数，而且提出来的时候也是分了层次的。这显然考虑了凝练社会主义核心价值观过程中的不同视角，广泛吸收了关于核心价值观研究的不同意见，最大可能地包容了关于核心价值观表述的不同观点。譬如，"富强、民主、文明、和谐"一直被当作我们国家建设社会主义小康社会的目标，即建设一个人民富裕、国家强大、政治民主、社会文明、生活和谐的社会主义现代化国家；"自由、平等、公正、法治"显然是社会主义社会制度的价值追求，即建设一个基于法治的人人平等地享有自由权利的公平正义的社会；而"爱国、敬业、诚信、友善"则属于公民道德或人民生活价值观。如果社会主义核心价值体系是社会主义意识形态的精髓，那么前两个层次的价值观或价值理念，更能够体现社会主义国家和社会制度的价值取向，而作为道德和生活价值观——"爱国、敬业、诚信、友善"——则属于调节人民社会交往关系的规范，它们是社会主义价值观的构成部分，或者说是基于社会主义核心价值观的公民道德价值规范的体现。对青少年加强这些价值观的教育，对社会的价值取向和社会风尚均有奠基性功能，因此，社会主义价值观的倡导过程必须伴随国民教育的全过程。

再次，价值观是文化的灵魂和精髓，培育价值观和促进文化发展是教育工作者不可推卸的职责。作为文化精髓的价值观是文化发展的内在力量或精神驱动力，因而价值观本身不仅是随着文化的变迁而变迁的，它也是文化变迁的关键要素。中国共产党之所以重视社会主义核心价值体系建设，目的就在于构建一种与中华传统文化相衔接、与世界优秀文化良性互动且代表人类文明前进方向的当代中国文化，而社会主义核心价值体系是这种文化的灵魂和精髓。在加强社会主义核心价值体系教育和培育社会主义价值观的过程中，需要教育工作者们的主动性和创造性。

高等教育改革要甩掉陈旧的包袱 [1]

高等教育，注定是本周绕不过的话题，又一批高三学子走进高考的考场，又一批大学生将毕业离开校园。由此而来的就业、高等教育改革等话题再度引发热议。如今，教育正面临信息技术和高等教育大众化的挑战，中国的高等教育需实现高质量、有特色、可持续的内涵式发展。如果再过 30 年，全世界都想到中国留学，中国的教育梦就实现了。而没有教育梦的实现，就不可能有创新型国家，没有创新型国家的中国梦就是低水平的梦。

一、挑战

社会发展必然改变和重塑高等教育

今天，教育正面临信息技术和高等教育大众化的挑战，知识的数字化和互联网改变了人们获取知识的渠道。过去是上课念书，甚至买本新书都很困难，现在互联网、

---

1 本文发表于《京华时报》2013 年 6 月 3 日。

计算机、平板电脑甚至连手机都具有学习功能了。

这使得大学的知识权威受到前所未有的威胁，大学教育的组织形式、教学方式和学习方式都受到冲击，大学的实际效能也受到质疑。那么，大学该怎么办，各类教育怎么提高质量？这些都是涉及教育改革的问题。

过去常说教学相长，在互联网时代，这种方式已经转向互动，教师的角色已由组织者转向学习伙伴。这在大学里体现得尤为明显，已有大学对以教师为中心的传统方式进行改造。比如，美国有网络视频公开课。同样讲"公正"，哈佛教授桑德尔公开视频课讲得非常好，学生就会以桑德尔的标准来要求自己的老师，如果老师还像原来那样教，学生肯定看不上。而墨尔本大学、悉尼大学都在进行教室空间结构的改造，很多学校变成民主式的，比如围坐成几个圈，老师在这几个圈里游走，四面墙上都有黑板或电子屏幕，谁都可以演示。学习空间发生改变，变成教师和学生互动的一种网上空间。

此外，许多大学在策划建设有利于学生自学和合作学习的新型图书馆。在这种情况下，必须将以知识转移为特征的社会参与、自主学习方式整合进高等教育。否则，就可能被淘汰。

高质量教育期待和大众对教育公平要求之间的矛盾改造着高等教育。高等教育从精英教育到大众教育，给高校带来了新的压力。过去是少数人上大学，现在多数家庭都有子女在大学读书。过去大学生稀缺，到哪里都能找到好工作。现在高等教育大众化了，上了大学也不一定找得着工作。大学教育是否物有所值就成为公众话题，学生的增多也带来就业的压力。当人们的教育程度都提高了，那种台阶式的敬仰、敬畏就没了。

高等教育大众化又增强了对公平的呼声，而教育公平理念和追求卓越之间仍存在一定冲突。比如，大家对招生性别的规定比较敏感。北外 75% 是女生，但有些专业如阿拉伯国家不接受女翻译，学校就想办法多招几个男生，设定招生性别比例等，就会受到批评，说是性别歧视。公平和实际需要之间要找到平衡，高等教育不是义务教育，高等教育是选拔教育，得选拔最合适的人去做这个事。

知识传播方式的改变，也使大学功能发生了变化。有国外大学提出，大学的第三个功能叫"知识转移"。大学必须通过知识转移来提供服务，并在知识转移过程中实现自身价值。

个案：一个人的网络教学

一个叫萨尔曼·可汗的孟加拉裔美国人创办了可汗学院。萨尔曼·可汗是个数学天才，为了帮助住在远方的亲人学习，他把自己的教学影片放上网络，后来就办了个可汗学院。可汗学院从给亲戚的孩子讲授在线视频课程开始，迅速向周围蔓延，并从家庭走进了学校。

现在，美国一些学校已经采用回家不做功课，看可汗学院影片代替上课，上学时则是做练习，再由老师或已经懂得的同学去辅导其他同学这样的教学模式。

二、破题

依法办学破解"后4%"问题

国家层面已经优先考虑教育，教育本身又该如何应对教育公平、提高质量、加快改革、提高服务水平呢？

大学的组织方式和管理制度要变得更加灵活和富有弹性。一个萝卜一个坑，机械式的管理已经没法适应时代的发展。现在高水平教师会像候鸟一样流动，并在流动中提高学术水平，把更新的东西来回传递。

比如在悉尼大学，工资单上有上万名老师，但实际在校的老师没那么多，他们聘请了很多外国学者来学校工作一段时间，还聘请了很多银行等方面的专家给经济学院、金融学院讲课。大学与社会的关系越来越密切，原来那种"为我所有才是我的人"的概念不合时宜了。

此外，还有机制问题。比如，北外有140多名外籍教师，但他们不是正式编制，评估时不算他们。社会已经变化了，我们的管理却还是陈旧的。我们现在都是背包袱式的，背上了就甩不掉。

大学越来越多受到公众和公共领域的评判和监督，就要思考如何进行大学的内部组织建设，思考大学与社会如何互动。之所以现在发生一些问题，就是因为大学与社会还没有相互适应。

依法办学将是高等教育有序、平稳发展的保障。中国教育界将面临"后 4%"的问题，即实现国家财政性教育经费支出占国内生产总值 4% 之后，教育将面临更大的监督、更严峻的质问和质疑。社会对高校的关注将更加密切，依法办学是必然趋势。

不同群体的利益诉求不一样，当不一样的诉求都朝向高等教育时，高等教育就会无所适从，因此必须用法律规范各方面的互动关系。在许多国家，大学的建立，包括政府的拨款、大学的组织架构都是依照一定的法案实施的。出了事根据法律解决，大家也知道按照什么规范进行互动。我们现在没什么规范，一般出了事就是闹，看谁脸皮厚，脸皮薄的就失败了。

大学的组织方式和管理制度无论如何变化，都要在法律框架内运行。我们现在常说"去行政化"，其实"去行政化"主要是减少行政干预，而不是不要管理。可现在政府对学校的干预不是法律规定下的干预，经常是直接干预。"去行政化"还有学校的问题，学校的管理层是服务于教学科研还是教学科研人员的上级呢？按照行政化就是上级，按照法律界定，管理层和教职工只是不同的角色而已。

现在是一个知识经济时代，教师教、学生学的模式将演变为教师、学生、社会各行业有专长的人士之间的互动和交流，学生学习空间将大大改变和拓宽。

大学将赋予学生越来越多的研究动力和机会，这方面目前是中国的一个弱点。中国原先不参加国际学生评价项目（PISA 考试），因为害怕考太好在国际上引起过分关注，考太差又丢人。2010 年上海第一次参加测试，分别在数学、阅读、科学方面位列世界第一。中国人学知识能力特别强，但创造力不强，研究问题、提出问题不是我们的长项，今后要加以改进。

从发挥功能角度看，大学将更加直接介入或参与社会经济、政治和文化事务。社会在发生变化，越来越需要大学的参与。而大学要教出有用的人，必须在这些实际事务中进行科学研究、人才培养。因此，教学与科研、教学与参与社会服务、理论研究与实际探索之间的界限会越来越模糊。

大学评价方式也将越来越完善，越来越多地得到社会的关注和参与。现在，从大学内部评价变成越来越关注用人机构、雇主以及其他利益相关者对大学的评估。评价也不再致力于打分、评优，而是详细描述大学成功与欠缺之处，以促进大学发展。

三、未来

高校发展重在提高质量

大学的内涵式发展是有质量的发展。内涵需要一些外延的支撑，内涵与外延的关系，就是规模与效益、数量和质量的关系。近几年，量的扩张突飞猛进，现在中国高等教育重要的是质，但质的提高更困难，因为我们面临很多制度性约束。比如提高教师水平就得有淘汰，但现在没有淘汰的办法。我国现在只能互相挖人，我把你那更好的人挖来，现有的人先养着。如何增强高等教育的活力，是下一步改革面临的严峻问题。

大学内涵式发展应该是有特色的发展。都想变成北大、清华根本不可能。我到美国发现，中国人对哈佛大学的崇拜超过美国人。在美国人看来，哈佛是美国好学校中的一个，而中国人认为哈佛是美国最好的大学。这是两个概念。学校要基于自己的传统、环境和条件，发挥独特优势。比如，我在北师大时，有人提出设置几个小语种专业，我不同意，因为跟自己的特色相差很远。盲目设置专业，拿自己的弱点和别人竞争，同质化以后就会走向失败。大学必须自主性、创新性、个性化地发展，既不能片面求全，也不能片面求大。美国一所非常著名的小型大学威廉玛丽学院在一个小镇上，小镇只有1万多人，其中7000多人是在校师生。可见，真正的精英教育，不是铺摊子铺出来的，靠的是教育质量。

大学的内涵式发展应该是有长效机制的发展。长效机制就是形成自己的风格，具有稳定而又不断完善的开放传统。不稳定就没有性格，不开放就会停滞不前。要追求卓越的发展，就要有积极进取、合理竞争、自由探索、容忍失败的文化氛围。长效发展也是可持续的发展，需要有制度建设和制度保障。

　　高等教育的内涵式发展还应是有成效的发展。通过加强和推动理论研究与社会实际相结合，提升解决重大社会现实问题的能力。

　　现在，中国学生想方设法去国外留学。如果再过30年，全世界都想到中国留学，中国的教育梦就实现了。而没有教育梦的实现，就不可能有创新型国家，没有创新型国家的中国梦就是低水平的梦。

我心目中理想的北京外国语大学 [1]

纵观近现代历史，世界强国都是伴随着自己大学的崛起而崛起的。在文艺复兴时期，现代大学首先在意大利肇始，因为意大利是资本主义现代性发展的"长子"。随着历史的步伐，荷兰、法国和英国的大学也与其国家的繁荣强大互为因果，随后是德国洪堡（Humboldt）[2] 所倡导的研究型大学的转型与德国向传统强国的挑战相呼应，再后来就是美国和美国高等教育占统治地位的时代。

目前，经济全球化、信息网络化以及新科技革命深刻地改变着人类的生存状态，经济、社会、环境、安全等新问题层出不穷，海量的知识和数据在网络上传播，"大数据"似乎成为人们绕不开的生存背景，社会对人才的要求已经改变且越来越高。面对新的挑战，除了必须培养巨量的有专门知识和技术的高技能人才，以便为制

1　本文发表于《光明日报》2013 年 9 月 23 日。
2　威廉·冯·洪堡（1767 年 6 月 22 日—1835 年 4 月 8 日），德国学者、政治家和柏林洪堡大学的创始者。

造业发展提供大批高素质的劳动者，我们还必须培养越来越多的能够引领科技、文化和思想变革的创新型人才。只有在创新型人才培养方面取得优势，我们才能实现中华民族真正的崛起。引领社会变化的创新型人才必须具有广博的知识视野，必须具有超越现有知识规范的想象力和理论构建力。创新型人才一方面必须具有跨越学科知识界限的复合型知识结构，另一方面他们对社会实际进程也具有密切的感知关联和认识敏感度。可以说，只有具有知识转移和方法转移能力的复合型人才，才能符合时代的需要；只有具有解决复杂而多变的实际问题能力的人才，才能满足社会快速发展的要求。

鉴于社会的发展变化，高等学校的教育教学改革应该有符合时代需要的理念，而现今时代的需要就是培养一大批具有使命感、责任感和较高知识素养的创新型人才和高技能人才。北京外国语大学一直是翻译、外交、外贸、新闻等涉外人才培养的基地，"让中国了解多样的世界，让世界理解变化中的中国"是北外的使命。我们应该如何通过教育教学改革，提升我们人才培养的水平和质量呢？显然，要取得成功，我们不能照搬其他兄弟院校的现成的经验，只能根据北外的历史传统和发展现实去自主探索。

北京外国语大学诞生于延安，是中国共产党亲手创办的第一所外国语学校。经过70多年的发展历程，北外已经成为我国外语语种最多最全的大学，目前已开设58

种外国语，并且发展了国际关系、金融、经济、法律、新闻等涉外人才培养的专业。长期以来，学校坚持"外、特、精"的办学理念和"兼容并蓄，博学笃行"的校训精神，成为一所以外国语言文学学科为主、多学科协调发展的复语型、复合型高水平国际化人才的重要培养基地。

既然学校已经确立了"外、特、精"的办学理念，那么，怎么样才能更好地实现这个理念呢？我们的思路是"优化结构、凸显特色、学术牵引、追求卓越"。

所谓"优化结构"就是：一，优化人力资源结构，不仅适度提高教师在人员结构中的比例，而且逐步提高人才引入门槛，也要考虑师资的学历、学缘、年龄结构，提升教师队伍整体水平。一方面，教师素质和水平高了，就能够体现我们学校学术方面的"精"；另一方面，行政管理和后勤辅助服务团队精兵简政了，就能够体现我们学校人力资源结构上的"精"。二，优化学科结构，构建有利于复语型、复合型人才的学术组织，探索有利于学科交叉、协同育人的资源配置机制，逐渐实现管理重心下移。

与其他学校相比，我们不只是为了提升办学质量才走国际化的战略，北外的专业特色本身就是国际化的。可以说，国际化就是北外存在的理由和价值之所在。所以，"外"就是我们的"特"，"外"体现着我们的特点和特色。由此看来，所谓"凸显特色"就是人才的培养，无论外语类还是非外语类专业，都体现外向型人才这个根本特色。我们"外"的特色不仅表现在外语教学与研究方面，而且表现在培养复语型、复合型的外向型专业人才方面，同时也表现在中国文化"走出去"的研究和服务方面。

所谓"学术牵引、追求卓越"，就是把学校的工作从行政主导转向学术主导，不断提高人才培养的质量，不仅追求最好的教学，而且追求高水平科研所支撑的高水平教学。为此，就要加强科学的考核和评估，鞭策教师在职业发展中不断追求卓越；也要探索人事制度、评价制度和薪酬制度改革，激励教师追求学术卓越；还要从严治校，提高办学效益、管理效益，创设一个鼓励人才愿意做事且能够干成事的制度和文化环境。"追求卓越"是激励教师在教学科研中面向最好，要有自觉的反思能力：能够自觉地意识到，在追求卓越的过程中没有最好，只有更好。

建设结构合理、学术卓越的北京外国语大学，就要完善内部治理的制度建设。为了达到科学有效的内部治理，应该根据学校的历史传统和特点，制定《北京外国语大学章程》。在章程总的规范下，要强化民主决策与监督，规范研究和决策的程序，提升校务公开、信息公开力度，充分发挥教代会、学术委员会、学位评定委员会的作用，加强教职员工对学校管理工作的监督，最大限度地满足广大教职员工参与学校民主管理的要求。同时，在章程中也要合理地确定学生会、研究生会的权力，创设学校工作听取学生意见和引入学生视角的机制。一句话，制度建设的目标就是充分调动各方面积极因素，服务学校建设与发展。在我的头脑中，当校长个人的作用越来越不重要时，学校才成为一所有自己优良传统和内部治理良好的学校。

优化学科结构　提升核心竞争力
培养符合时代需要的高级涉外人才[1]

——关于北京外国语大学教育教学改革的思考

党的十八届三中全会对改革进行了全面部署，高等教育也必须抓住时机通过改革发展自己，以便用高等教育的发展推动社会的发展。纵观历史，世界强国都是伴随着自己大学的崛起而崛起的，在文艺复兴时期现代大学首先在意大利肇始，因为意大利是资本主义现代性发展的"长子"。随着历史的步伐，荷兰、法国和英国的大学也与其国家的繁荣强大互为因果，随后是德国洪堡所倡导的研究型大学的转型与德国向传统强国的挑战相呼应，再后来就是美国和美国高等教育占统治地位的时代。

一、高等教育面临着时代新挑战

目前，经济全球化、信息网络化以及新科技革命深

1　本文发表于《中国大学教学》2013 年第 8 期。

刻地改变着人类的生存状态，经济、社会、环境、安全等新问题层出不穷，海量的知识和数据在网络上传播，"大数据"似乎成为绕不开的生存背景，社会对人才的要求已经改变且越来越高。面对新的挑战，除了必须培养巨量的有专门知识和技术的高技能人才，以便为制造业发展提供大批高素质的劳动者，我们还必须培养越来越多的能够引领科技、文化和思想变革的创新型人才。只有在创新型人才培养方面取得优势，我们才能实现中华民族真正的崛起。引领社会变化的创新型人才必须具有广博的知识视野，必须具有超越现有知识规范的想象力和理论构建力。创新型人才一方面必须具有跨越学科知识界限的复合型知识结构，另一方面他们对社会实际进程也具有密切的感知关联和认识敏感度。可以说，只有具有知识转移和方法转移能力的复合型人才，才能符合时代的需要；只有具有解决复杂而多变的实际问题能力的人才，才能满足社会快速发展的要求。

鉴于社会的发展变化，高等学校的教育教学改革应该有符合时代需要的理念，而现今时代的需要就是培养一大批具有使命感、责任感和较高知识素养的创新型人才与高技能人才。北京外国语大学作为我国开设外语语种最多（截至 2013 年，北外共开设了 58 种外语）、影响力也最大的高等学校，一直是翻译、外交、外贸、新闻等涉外人才培养的基地，我们应该如何通过教育教学改革，提升我们人才培养的水平和质量呢？显然，要取得成功，我们不能照搬其他兄弟院校的现成的经验，只能根据北外的历史传统和发展现实去自主探索。

在改革开放之前和改革开放初期，北外的学生在人才市场上是非常有竞争力的。因为在长期封闭的情况下，懂外语且能够熟练地使用外语的人才本身就是稀有的人力资源。而熟练地掌握外语在当时的主要目的就是学习国外的"前沿知识"和"先进经验"，在与外国人交往时我们更多的是在接受信息，是在聆听、学习、消化、吸收。改革开放30多年之后，许多孩子从牙牙学语或幼儿园阶段就开始学习外语，还有许多孩子跟随从事商务、进修和研究的家长到国外生活并且在国外的学校学习。当这些孩子进入大学时，他们的外语水平已经很高，同时他们还修了自己的专业。当进入人才市场时，这些外语好而同时有特定专业的学生肯定更具有竞争力。

同时，国家对涉外人才的要求也更高了，即随着中国的国际地位的提高，目前我们在国际交往中不仅是向国外学习，而且还要介绍中国社会发展进程本身，为了国家利益也要阐释中国的"看法"，以便提升中国的国际影响力和文化软实力。不仅如此，在国际组织和国际交往中，我们还必须争取我们的话语权。要想有话语权，不仅需要语言能力，还需要有足够的知识视野和思想。这样一来，仅仅外语好似乎已经不能适应社会对高级涉外人才的需要了。在新的条件下，不仅涉外人才外语要好，还需要他们有特定的技能、专业知识和战略思考能力。

还有，过去我们对外交流主要是学习发达国家的先进技术和管理经验，现在我们的经济、文化交流越来越是全方位的。作为第二大经济体，我们的经济触角已经遍及世界各地。在这种情况下，我们不能只掌握英、法、俄等通用语种，我们必须培养一批掌握亚非拉各主要语种的人才。因为当我们的企业走出去，碰到的法律和政策文件不一定有英语版，很可能是用当地语言写成，所以还要掌握当地语言。当地语言表达的条文更能够反映本土法规和政策的文化人类学的根基。更加重要的是，利用当地语言可以与社区居民进行更加微妙和真诚的交流与沟通，这容易建立互信的社区关系，从而帮助企业在当地的发展。这是我们发展非通用语言的时代背景。

二、大学必须基于时代变化不断进行改革

基于时代的新变化，北外的教育教学改革，必须基于大学创新型人才培养的教学改革。所谓创新型人才培养，实际上就是国家发展所需要的精英教育——培养未来社会的领导者，即社会发展、文明进步的引领者。国家在经济、文化、工业、教育、科技、金融等方面的发展，有赖于人才素质的提高。对于一个国家来说，精英人才的知识、能力、责任、视野，往往决定了这个国家发展的可能性。在全球化进程日益加深的背景下，为了中国的发展与进步，为了中华民族的伟大复兴，为了中国的

国际影响力和文化软实力，北外应该培养更多的高水平复语型、复合型的涉外人才。

1. 要培养高水平复语型、复合型涉外人才，就必须不断进行学科调整，建立相应的教学科研的学术组织。近年来，我们结合外语实用人才的培养，逐渐孕育发展出国际商学院、国际关系学院、法学院，也发展了新闻专业和计算机专业，其目的就是为复合型人才的培养创造学术环境和知识氛围。高级涉外人才不仅要有很好的外语，同时也必须在本土文化和语言方面有较高的造诣，所以北外也建设了很有特色的中国语言文学学院。我们绝对不能盲目地发展专业，我们的专业必须是服从复语型、复合型涉外人才培养的目的。

复语型人才的培养是要学生在有限的学习阶段掌握更多的语种。为了有效地整合学生的学习时间，我们必须有效地安排教学计划。而有效地安排教学计划，就必须对过去相对封闭的学科体系和狭窄的学术组织进行综合性改造。我们现在已经组建了"亚非语种群专业建设平台"和"欧盟语言文化教学研究平台"，开展对全球多语言的教学与研究，培养跨文化交流高级专门人才。但是，院系之间长期形成的壁垒并不是那么容易打破。要真正进行复语型人才的培养，可能还要重组基层学术组织。譬如，如果把拉丁语系的语种（如拉丁语、意大利语、法语、西班牙语、葡萄牙语等）整合为拉丁语言文化学院，这显然有利于学习拉丁语系的学生在相近的语种中进行知识学习的迁移，使他们掌握语言的生成规律，获得更多的语言能力。同样，把俄罗斯语、乌克兰语、白俄罗斯语等语种加以整合，组建斯拉夫语言文化学院，那显然便于学习某一斯拉夫语种的学生获得更多学习其他斯拉夫语种的可能性。单一语种的院系，特别是较小的语种，既不利于教师的知识视野和研究能力的提高，更不利于学生的学识成长。为了高水平复语型、复合型人才的培养，必须重组目前学科相对狭窄和人员较少的学术组织，使其利于学科交叉和易于不同学科之间的互动。

重组的学术组织，应该是发挥校、院、系三级的各自优势。学校更多进行宏观规划与管理，为院系发展提供制度和物质保障；学院谋划本学科群的发展方向和凝练学科特色，组织跨学科的教学科研活动；系一级主要是安排和落实本学科人才培养的教学计划。而管理的重点和重心应该向学院一级倾斜，以激活基层学术组织的活力。

2. 要培养高水平复语型、复合型涉外人才，学校就必须建立一支知识视野开阔且具有创造力的高素质教师队伍，同时还要有一支敬业高效的辅助性员工队伍，以便支撑学校的人才培养、科学研究、社会服务和文化引领活动的展开。大学的存在是为了学生的学习，因此我们必须首先建立高素质的教师队伍。教师的素质往往决定着一所学校追求卓越可以达到的高度，因此教师应该成为学校聚集人才首要的考虑。在这里，有以下几个结构问题：

（1）教师和学生的数量比。如果教师太少，学生的学习不可能得到有效的关注；如果教师太多，学校的办学效率和可持续发展就会受到影响。不是教师无限多，教学效果就一定好。经验告诉我们，当出现人浮于事的现象时，所有人的工作热情都会打折扣。因此，我们必须在办学效益和教育效果之间寻找最佳的平衡点。

（2）教师和行政、教辅、后勤人员的数量比。没有一定数量的行政、教辅、后勤人员，就无法支撑学校的教学科研等活动，但是如果行政、教辅、后勤人员太多，不仅会影响到办学效率和可持续发展，而且对学校的学术氛围也会产生不利影响，就难以改变行政化的现象。从 2011 年，全国普通学校教职工人数较 2002 年增长了 81.21 万人，涨幅为 58.3%；但是专任教师增加 68.52 万人，占学校教职工比例由 47.4% 升至 63.2%，这就是说队伍结构得到合理优化。在这个方面，北外还有很大差距，2012 年专任教师占学校教职工比例只有 48.59%。不过，这也说明我们仍然有很大空间通过优化结构提升教学科研的能量。2013 年，我们专任教师占学校教职工比例已经达到 51%。

（3）适合学校特色的政治辅导员、班主任队伍。在当前形势下，建立一支以专职为骨干、以兼职为主，思想过硬且能够与学生专业学习相结合的从事学生工作的青年教师队伍，是关系学生健康成长的首要问题。尤其是北外有众多的小语种教学任务，可是由于小语种招生人数少，且往往多年间隔招生，因此，小语种的老师们工作量并不饱满，他们完全可以有精力轮流担任辅导员和班主任。这样，教师们既借此机会增加对新时代的学生各方面情况的了解，又因为与学生之间有更多的共同语言，可以在日常教学中就进行立德树人的活动，以便更好地落实既教书又育人的理念。另外，马克思主义理论课教师，也应该成为辅导员队伍的中坚力量。他们与学生的密切接触，会有利于他们掌握学生的实际思想动向，从而能够提高思想政治教育的针对性和实效性。在这种情况下，我们应该把选拔优秀青年教师做辅导员作为重点工作来抓。

（4）教师队伍的结构优化。譬如，学历、学缘、年龄、职称结构等等。在学历方面应该逐渐提高入职门槛，更多地直接引进高学历的人才，鼓励现有青年教师攻读博士学位，以便形成有较高学术追求的教师队伍。从学缘的角度看，应该鼓励引进更多国外、外校的优秀人才，以便形成有利于创新的多元学术氛围；应该鼓励部分外国语言文学的教师去国外、外校读经济、法律、历史、文化、哲学等学科的学位，以便形成知识视野复合型的教师队伍。

3. 要培养高水平复语型、复合型涉外人才，就必须把以教师的教为中心的教育教学模式转向以学生的学为中心的教学模式。这就是说，学校应该更多地从学生学习的视角去考虑问题，以学生学习为中心组织和安排教学。是以教师的教为中心还是以学生的学为中心，不同的理念就会有不同的教学安排、内容和方法，也会有不同的效果。在教学活动中，我们不能简单地沿袭过去的经验，而应该在原有经验基础上进一步总结提高，以适应社会需要和学习环境的变化。对待学生，我们不能简单地把他们复制成为过去的我们。我们过去的学习方法有些依然有用，有些可能已经无效，即使是有效的方法也需要根据变化的条件加以改变，因为现在学生的成长环境不同于我们的成长环境，社会对人才的要求也发生了重大变化。我们应该根据这些变化调整教学模式和方法。

就学生的学习方式而言，也要倡导研究性学习、合作性学习和实践性学习。所谓研究性学习，就是将学习从对已有结论的记忆转变为发现新知识和新阐释的过程，在学习中获得学习的动力和方法，学会自己解决问题，在解决问题的过程中得出结论。所谓合作性学习，就是师生或同学们一起进行研究性和探索性学习，在学习中学会分工协作，通过相互激励实现共同提高。所谓实践性学习，就是在实践活动中发现问题、分析问题、构建知识，教师可以鼓励学生特别是研究生参与科研项目，通过在真实的世界中了解现实，提高应对问题的能力。

4. 要培养高水平复语型、复合型涉外人才，就必须凝练且聚焦自己的学科特色。一所学校没有自己的学科特色，也就无法形成自己的比较优势，也就没有自己的核心竞争力。北外的学科优势过去是外国语言文学的教学，现在也是外国语言文学的教学，将来还将是外国语言文学的教学。这是我们学校不变的基本底色。如果有变化，那么首先就是量的扩张，这并不是规模的扩张，而是教授语种数量的有计划扩大，以便配合国家全球发展战略的需要。北外计划到 2020 年将外语语种扩大到 70 种[1]，从而基本满足国家"走出去"战略的需求。

当然，变化更多的将是质的变化，这主要是高水平复语型、复合型的涉外人才的培养规格定位。所谓复语型人才，不仅意味着掌握外语的数量增加，而且是跨文化视野的形成和扩大；所谓复合型人才，不仅意味着所掌握的知识面的扩大，而且是跨学科视野的拓展和解决实际问题能力的提升。

我们发展一些专业，除了为复合型人才培养创造知识环境和文化氛围，同时这些专业也必须办出自己涉外性的特色。以外语类教学为主且培养外向型人才的一所学校，国际化肯定是其基本特色。外语好是所有专业学生所必须做到的，尽管北外有中国语言文学学院，但它与其他学校的中国语言文化学院不同。我们的中文专业的学生学外语的课程要占到相当的比例，他们在汉语言文学方面肯定竞争不过北大，也竞争不过北师大，但是外语要比其他学校强，我们的外语课程占的比例大。再如，

1　2019 年 7 月北京外国语大学官网显示，"学校已开设 101 种外国语言……学校秉承延安精神，坚持服务国家战略，目前已开齐与中国建交国家的官方用语"。

我们有国际商学院，经济金融这些专业肯定搞不过北大、人大，但是我们学生的外语却应该占有优势，我们国际商学院的课程中也是外语占到很大的比例。我们就是用这种错位理念来培养涉外人才的。新闻也是如此，北外的新闻专业哪能跟人大、清华的新闻专业去比，但是北外新闻专业的外语就应该是长项。我们的法学院就应该培养国际法方面的人才，例如在国际上知识产权法就是发展特别快且国际化程度高的领域，那么我们就在这个方面发展，这就是我们法学院的特色。与其他学校相比，我们的国际化不是为了提升什么国际化，北外的专业特色就是国际化，它本身就应该是国际化的。国际化就是北外存在的最大理由和最大价值之所在。

三、处理好改革发展中的几个关系

在学校改革发展的进程中，有许多复杂的问题相互纠缠和制约，因此我们必须有足够的勇气和耐心去面对问题，必须有足够的细心和智慧去梳理问题，必须有足够的激情和办法解决问题。

第一是改革发展与稳定的关系。我们处在一个快速变化的时代，大学必须不断调整学科才能满足社会越来越高的要求。在教育与社会互相塑造的动态过程中，我们不能有丝毫的懈怠，否则我们就会落后于时代的步伐，甚至为时代的潮流所淘汰。我们的改革必须符合社会发展的要求和学校发展的实际，不能盲目地行动，盲目行动就是瞎折腾。由此看来，实事求是、稳步推进、务求实效就应该成为我们的工作原则。我们绝对不能为改革而改革，改革是为了更好的教学效果。外语教学的确有自身的基本特点、规律和要求，不尊重这些基本特点、规律和要求，是不行的。但是，随着社会的发展和学习条件的变化——如数字学习和网络学习空间的出现，外语教学的基本特点、规律和要求也会出现一些变化，也会产生一些新的特征。看不到这些新变化和新特征，同样也是不行的。例如，在数字和网络条件下，学生在课堂外就可以了解许多信息，在这种情况下，教师的责任可能要从传授知识更多地转向引导学生批判地分析知识，通过解构和重构训练学生思考问题的方法，激发学生的想象力。现在，全球交往越来越广泛，因此外语不仅是某种语言工具，而且就是特定的社会和文化存在本身，在这种情况下，教师不仅要教语言，而且要教语言所承载的特定社会和文化存在。在这方面，北外的英语学院、亚非学院、德语系等单位已经有许多很好的尝试，也取得了许多改革的实践经验。但是，这些探索仍然是局部的，而不是综合性的改革，没有进行体制性的改造。我们必须通过学科调整和学术组织的改造，来巩固教育教学改革的成果。今后几年，我们将在这方面进行进一步的探索。

第二是行政管理与学术之间的关系。现在，社会舆论都关注高校过分"行政化"的问题，不过"去行政化"

不能"去管理"，而是要加强科学合理的管理。学术机构或组织，同其他机构一样，其目标的实现和功能的发挥都需要管理。没有管理，就没有整体的功能和效益。但是，高校的"去行政化"不是"去管理"，而是"去行政主导"学术的倾向。在此有一个理念问题：如果坚信行政管理的目的是为教学科研的学术目的服务，那么这种行政管理就有可能是合理的；如果行政管理不考虑学术目的，而是以自己的范式去强行规范教学科研，那么这种管理就起不到促进教学科研的作用，甚至还会妨碍教学科研活动的正常进行。从学校各类人员的结构而言，必须建立一种围绕教学科研中心工作展开的资源配置模式。一所学校的学科竞争力不是由这个学校有多少处级干部和行政管理人员决定的，而是由有多少高素质教学科研人员决定的。当然，这并不否认精简高效的行政管理会提升教学科研人员的工作效率和综合效益。如果说战争年代"一切为了前线"是共识，这是因为战场的成败决定着生死存亡，那么在高校的发展中的前线就是人才培养，所以学校的资源应该向教学、科研等人才培养的基本面倾斜。事情是人做出来的，高等教育需要大批掌握现代科学知识、具备宽广知识视野且有创新意识的教师。一所大学管理的核心任务就是聚集尽可能多的高素质教师队伍，这是大学核心竞争力之所在。但是，管理就是效益，没有高效的管理，没有一支高素质有奉献精神的管理队伍，也就无法把教师的作用发挥到极致。

　　第三是教学与科研的关系。一方面，对于大学而言，人才培养特别是本科生教育是大学声誉的基石。无论其他工作再忙，都不能耽误教学；其他工作再重要，也不能干扰正常的教学秩序。教学、科研、服务社会和文化传承，都是为了人才培养这个根本任务。另一方面，我们也必须理解，科学研究能够提高教学水平。教师通过科研既可以扩大知识视野，也能够提高认知水平和创新思维，提升自己教学的反思能力。我们是外国语大学，语言教学是我们的本职。但是，海德格尔说："语言是存在的家。"这就是说，语言，不仅是工具，它承载着文化、渗透着价值观。语言教育应该是有文化内容和价值取向的教育，这样的教育才能避免纯粹形式带来的枯燥感，变成生动活泼的人的教育，这样的教育才是有效能的教育。我们不能重科研轻教学，但是我们必须通过科研促进教学。经济全球化和中国文化"走出去"的战略给北京外国语大学的发展提供了新的机遇和动力。在完成"把世界介绍给中国"和"把中国介绍给世界"的双重使命的同时，也需要进一步思考：在全球化进程日益加深的新背景之下，我们不能仅仅在于"介绍"，我们还要创造和淬炼我们的话语体系，"让中国了解真实的世界，让世界理解变化着的中国"，"让中国同情地理解世界，让世界同情地理解中国"。这就是说，我们应该参与到当代历史发展的进程之中，在传播文化、奉献社会和服务国家战略需要等方面做出新的贡献。

从严治党，把高校党的作风建设
不断引向深入 [1]

——学习习近平总书记在党的群众路线教育实践活动总结大会上的重要讲话的体会

在全党范围内集中开展群众路线教育实践活动，是党中央做出的重要战略部署，意义重大。这次活动为我党在新时期进行具有许多新的历史特点的伟大斗争做了思想上、组织上、作风上的重要准备。习近平总书记在党的群众路线教育实践活动总结大会上的重要讲话，不仅指出了教育实践活动的成果，总结了教育实践活动的经验，更就从严治党提出了八项新的要求。这些要求为我们把作风建设不断引向深入指明了方向。作为一名高校的党委书记，作为一名长期从事马克思主义理论研究的学者，学习习总书记这一重要讲话，收获很多。我想

---

1 2014 年 10 月 15 日，北京市委教育工委召开北京高校学习贯彻"习近平总书记在党的群众路线教育实践活动总结大会上的讲话精神"座谈会，研究部署北京高校从严治党工作。本文作者代表北京外国语大学进行了交流发言。

163

从以下几个方面谈一下我的认识和体会。

一、从严治党必须做到内外兼修、知行合一

我们党是靠革命理想和铁的纪律组织起来的马克思主义政党。全心全意为人民服务是我们党的根本宗旨，一切为了人民群众，一切依靠人民群众，就是我们党的世界观。这就要求我们党要有坚定的理想信念、为人民服务的宗旨以及严格的组织纪律。这次教育实践活动在开展形式上做到了教育与实践并重，体现了我们党正确处理了思想建设与组织建设之间的辩证关系。教育实践活动既练了内功，也外化成为现实行动。按照总书记的话说，就是做到了"以知促行、以行促知"。内修要靠教育、靠学习、靠内省；外修要靠纪律、靠监督、靠制度。练内功，就是要加强学习教育，强化宗旨意识，坚定理想信念，补足共产党人的精神之"钙"，从根子上解决好世界观、人生观、价值观这个"总开关"问题。外化于行，就是抓实效，加强纪律建设，增强党员的身份认同，自觉严肃党内生活，维护组织形象和权威，明确纪律红线。在校级领导班子中，党委着力强调责任意识、作风意识，强调建立党内健康的同志关系，用好批评与自我批评的武器，提高政治敏感性，牢牢把握办学的社会主义方向。学校领导既是教育家，也必须是政治家，不应以自己是搞业务的为由淡化自己的党员身份，要自觉遵守党内纪

律、维护党的形象。在群众路线教育实践活动整改过程中，学校党委以领导的带头作用做到"层层压紧、上下互动"，加强对全校党员的教育管理，对于个别突破政治纪律红线、违反学校教师管理规定的党员，做到旗帜鲜明，果断采取处理措施，对于政治上出现方向性问题的党员给予坚决的批评和严肃的处理。今后，我们一定按照总书记的要求从严治党，坚持在思想意识上解决问题，在日常行为中严于律己，让不触底线、不出问题成为我们工作中的行为习惯。

二、从严治党必须做到由微见著、严字当头

习近平总书记强调："世间事，做于细，成于严。"当前影响执行党的群众路线的问题很多，但要害是作风问题。作风问题涉及吃穿住行，言行举止，看似琐碎，其实却关乎党的形象和权威。"不矜细行，终累大德。"一个政党加强作风建设，无异于一个人内练丹田之气。只有中气足，才能为身体机能健康打下基础。《礼记·中庸》中说："莫见乎隐，莫显乎微，故君子慎其独也。"这次教育实践活动，高度聚焦了形式主义、官僚主义、享乐主义和奢靡之风这些群众反映强烈的突出问题上，做到了落到实处、落到细微处，实现了以点带面，一滴水见太阳。这样才能做到从严从实。过去，我们往往是只抓大问题，对小节不太重视。结果小问题往往不断突破底线，

从而变成大问题；现在，小问题都不能出格，大问题当然也就自然成为不能碰的高压线了。北外在教育实践活动中，严格"四风"的查找和整改，就是要以"准、狠、韧"的精神在"吃、住、行、用、会、文"这些日常的、细微的地方"开刀"。开展教育实践活动以来，学校领导带头严格执行"八项规定"，杜绝吃吃喝喝和出差超标乘车及住宿现象，学校各类会议的数量减少15%，重大会议的规模扩大、数量减少，各类考评、检查、表彰、礼仪性活动精简20%，清理各类文件简报20余类。对"三公"经费实行控制预算，各部门"三公"经费在多年零增长的基础上，再缩减5%。我们通过教育实践活动，提高了行政效率，北外已经连续两年冻结一般行政人员的招聘，教师占教职员工总数的比例已经从不足48%上升到58%。通过这些举措，校内部分作风涣散、脱离群众的现象得到扭转，党风、校风和学风为之一新。我们一定按照总书记的要求，从领导抓起、从自己做起、从小事做起，带头坚守正道、弘扬正气。

三、从严治党必须做到标本兼治、常抓不懈

治标，就要对不良行为进行批评和改正；治本，就要从制度入手，建立长效机制。标本之间也有辩证关系。标，看起来也许只是无伤大雅的外伤，但是如果任其发展感染，就可能伤及肌体，成为心腹之患；本，当然是根

本，如果没有肌体表现其内在的力量，那也无法发挥作用。无论治标还是治本，都要依靠人民群众。群众路线是我们党的根本工作路线。"从群众中来，到群众中去"，是我们党的根本工作方法，是我们党的方法论。我们党是为人民服务的，对人民负责，由人民进行监督，而不是像西方那样搞多党制的制衡、搞不同利益集团之间的争权夺利。人民是党的血脉，更是党治党理政的智慧源泉。这是我们党最大的政治优势。在教育实践活动开展过程中，北外党委牢固树立群众立场和群众观点，在集中解决群众反映强烈问题的同时，强调要以甘当小学生的姿态虚心听取广大师生员工的意见建议。我们先后召开了11个不同层面的座谈会，广泛征求院系行政干部、党务干部、教授、青年教师、学生党员、外国专家、离退休老干部等各类群体以及不同层面的意见建议，共征集到意见 111 条。班子成员又分别带队，分成 6 组深入各基层单位走访，广泛征求各单位教师代表和党政班子的意见与建议，共征集意见建议 193 条。这些意见建议为学校即将进行的综合改革提供了很多建设性的思路。在高校，从严治党必须紧紧依靠师生员工。为了巩固群众路线教育实践活动的成果，从 2014 年年初开学开始，我们邀请全部教授列席学校的中层干部会，还在教代会年会增设了教职工代表质询校领导和职能部门的环节，进一步畅通教职工参与学校管理的通道。为了从严治党，我们要进一步通过综合改革理顺学校内部治理机制，强化学校的内部治理的民主化，拓展教职员工和学生参与管理的空间，强化群众的监督机制，不仅让"四风"处在"不敢"的阶段，还要靠制度监督使其变成"不能"，靠认识提高和作风转变成为"不想"。人民群众是监督力量，更是办学的主体和真正的创造性力量。我们要通过群众路线教育实践活动的成果，让办学真正依靠师生员工，发挥师生员工的积极性和首创精神，为学校发展凝聚力量。

总之，从严治党不能一阵风，而应成为新常态。高校党委必须牢固树立责任意识，增强管党治党意识、落实管党治党责任。学校党委必须承担起作风建设的主体责任，真正落实一岗双责，在党风廉政建设中做到"党委不松手、党委书记不甩手、纪委书记敢出手、党委常委齐动手"。

做让人民群众满意的好教师 [1]

　　2014 年 9 月 9 日上午，习近平总书记在会见庆祝第三十个教师节暨全国教育系统先进集体和先进个人表彰大会受表彰代表后来到北京师范大学，看望教师学生，观摩课堂教学，进行座谈交流，向全国广大教师和教育工作者致以崇高的节日敬礼和祝贺。习近平在考察中充分强调了教师在社会发展和文明进步过程中的作用。他指出，百年大计，教育为本。教育大计，教师为本。国家繁荣、民族振兴、教育发展，需要我们大力培养造就一支师德高尚、业务精湛、结构合理、充满活力的高素质专业化教师队伍，需要涌现一大批好老师。总书记号召全国广大教师要做有理想信念、有道德情操、有扎实知识、有仁爱之心的好老师。

　　在习近平总书记看来，教师之所以重要，"就在于教师的工作是塑造灵魂、塑造生命、塑造人的工作"。人们常说："教师是太阳底下最光辉的职业。"在某种意义上

1　本文发表于《中小学校长》2014 年第 12 期。

169

说，教师职业具有某种神圣性。那是因为教师工作的对象不是物，而是作为主体的人；教师塑造的不是物品，而是活生生的人，是国家未来的主人翁。一般说来，作为学生的青少年属于更加年轻、更加朝气蓬勃的群体，他们有更加广阔的未来，有更多的梦想和希望。教师必须满怀情感地用心工作：以情感感染情感，以心灵激发心灵，以精神引导精神。面对青少年，教师要对自己的工作有敬畏心和神圣感。其他工作出了问题，可以重来；产品出了次品可以重新制造；教师的工作不能有半点的大意和疏忽，教育出错不仅误人子弟，而且贻害社会。

教育是塑造未来的。教育的德性和水准，决定了未来社会的德性和水准。在一个良好的社会中，好人都应该有理想信念、有道德情操、有扎实知识、有仁爱之心。好教师则应该有更高的标准。

——在社会中，每个人都应该有理想，教师的理想境界应该更高。这样，教师才能做好传道的人，引导青少年树立远大志向，走对自己的人生道路。

——每种职业都有职业的道德要求，但社会对教师的道德标准则更加严格。教师只有具备更加高尚的道德情操，才能做到言传身教，教会学生怎样做人。

——在知识经济时代，每个人都应该有一定的知识。但是，教师应该有更广的知识视野、更多的知识储备，这样才能做到融会贯通，激发学生的学习兴趣和创造力。过去说，给学生一碗水，自己要有一桶水。总书记说，在现时代，当好老师，一桶水已经不够了，要一潭水。在知识经济的时代，教师应该成为终身学习的模范，这样才能承担起授业解惑的职责。

——构建文明和谐的社会，大家都需要有爱心，但是作为教师，其仁爱之心必须更加深沉。教师应该用自己的真情挚爱抚慰每一个青涩的心灵，帮助他们奠基好自己的人生起点。由于教师的工作对象是青少年学生，他们都是活生生的生命，是我们民族的幼苗，他们承载着我们的未来和希望，没有最伟大的爱，无法与我们教师的职业相称。

习近平总书记恳切地说："一个人遇到好老师是人生的幸运，一个学校拥有好老师是学校的光荣，一个民族源源不断涌现出一批又一批好老师则是民族的希望。"社会期待每个教师都能成为符合党和人民要求、学生喜欢和敬佩的好老师，也希望每个孩子都能遇到好老师。

大学的使命与完善大学治理结构 [1]

　　"教育是民族振兴和社会进步的基石。"中国共产党
十八大报告把教育放在改善民生和加强社会建设之首，
提出要"努力办好人民满意的教育"，这充分体现了党中
央对教育事业的高度重视，对优先发展教育的坚定决心。
显然，当社会进入总体小康的阶段，在温饱问题解决之后，
教育对民生的重要性就更加凸显出来。我们的小康不仅
是物质生活的改善，还要伴随文化生活、精神生活的提
升。物质贫乏即一般说的贫穷不是社会主义，知识贫乏
也不是社会主义，没有基本的知识素养、较高的文化素质、
崇高的价值追求，也不是社会主义。所有这些都需要教
育优先发展。高等教育的发展，首先就是提高质量，提
高质量就要在完善学校治理上下功夫。十八届三中全会
决议提出，全面深化改革的总目标是完善和发展中国特
色社会主义制度，推进国家治理体系和治理能力现代化。
教育方面，也提到了要"深入推进管办评分离"，扩大"学

1　本文发表于《山东高等教育》2015 年第 2 期。

校办学自主权，完善学校内部治理结构"的理念。扩大自主权是与完善学校内部治理结构相呼应的，扩大自主权需要学校有完善的内部治理结构，而内部治理得到了优化才能用好自主权。

一、大学的使命和任务

众所周知，大学的使命就是培养人类社会发展和文明进步所需要的各类人才。大学是知识和文化传承创新的基地。就如英国哲学家怀特海（Whitehead）所言："大学培养了我们这个文明世界的知识分子先锋……这些知识分子始终是理想的源泉，这些理想引导人们勇敢地去面对时代的困扰。"[1]一个民族的兴衰是与其知识、理想和价值观的视野密切相关的，而知识、理想和价值观视野的地平线往往是与其高等学校的质量和水平分不开的。正像德国前总理赫尔穆特·施密特（Helmut Schmidt）所指出的，没有一流的大学就不可能有国家的繁荣发展，因为如果"大学停留在二流或三流的水平"，"就无法取得绝对一流的研究成果"。[2]没有一流的研究成果和理念思想，当然不可能成就一流的国家繁荣富强。

大学承担着传递知识和创造新知识的功能，但其创

---

1 [英]怀特海：《教育的目的》，徐汝舟译，生活·读书·新知三联书店 2002 年版，第 141 页。

2 [德]赫尔穆特·施密特：《全球化与道德重建》，柴方国译，社会科学文献出版社 2001 年版，第 56 页。

造新知的作用不仅更受重视，而且越来越被重视。大学是面向改造世界的实践活动的，是面向未来的。"大学向发生、在发生、正在发生的事情开放。"[1]这就是说，大学不是仅仅通过传递知识培养社会延续的一般人才，而是通过创新知识来培养社会的引领人才，培养塑造未来社会的领袖人才。实际上，人类不乏创新的想象力和创造力，但是在大学之外，这些想象力和创造力往往得不到系统的积累和发挥。大学通过一定的制度和方法，激发并且高效地利用人们的想象力和创造力，不断地扩展我们的知识视野。一流大学区别于其他大学的地方，就在于不仅能够更有效地激发人们的想象力和创造力，而且能够更有效地将这种力量转化为对社会发展有用的思想、知识和建议。

大学作为创新知识和更新思想的共同体，需要不断有年轻人的加入。在大学内部，培养人才与其知识创新是一致的。这就是说，不仅没有知识的创新就难以培养社会精英和创新型人才，同样，没有人才的培养过程，也不可能进行持续的有活力的知识创新。就此，怀特海曾经指出其中的道理："大学确实传授知识，但它以充满想象力的方式传授知识。""青年人富于想象力，如果通过训练来加强这种想象力，那么这种富于想象力便很可

---

1 [法]阿尔贝·雅卡尔等：《没有权威和惩罚的教育？》，张伦译，中国人民大学出版社 2005 年版，第 79 页。

能保持终生。人类的悲剧在于，那些富有想象力的人缺少经验，而那些有经验的人则想象力贫乏。愚人没有知识却凭想象办事；书呆子缺乏想象力但凭知识行事。大学的任务就是将想象力和经验融为一体。"[1] 怀特海说得有些啰唆，其实质无非是把老年人的经验、方法和青年人的创新冲动与想象力结合在一起，构成大学的创新性品格。

大学如果能够创新知识，就必须以自由和追求真理的精神进行探索。知识是一种思想的构建，只有不断地解构以往的思想产品，突破既定的规范，才能保持开发的心态，才能不断探索新的知识疆界。大学体现的是思想自由的气质，是彰显追求真理的品格，是不惧任何权威的批判精神。大学应该培养大写的人，即"自由之精神，独立之人格"。所培养的自由、独立的人并不是天马行空的独行侠，而是对他人有尊重和同情心，对社会负有责任感，对时代负有使命感的人。一个不尊重别人自由的人，他是真正自由的吗？一个认为自己垄断真理的人，是真正追求真理的人吗？这些大学的特殊情况给学校的内部治理增加了复杂性。我们必须考虑：用什么样的制度，才能使大学有正常的秩序以促进学者之间的竞争与合作、激励学者们的自由探索精神？怎样的大学治理，才能使大学保持自由探索的活力？怎样的大学治理，才

1　[英]怀特海：《教育的目的》，徐汝舟译，生活·读书·新知三联书店 2002 年版，第 136、138 页。

能彰显大学的品格？

大学必须完善自身的治理，才能更好地发挥自己的社会功能。正如麻省理工学院校长查尔斯·维斯特（Charles Vest）所指出的："我们对社会进步和福利做出的贡献最终取决于我们是否富于想象、明智而勇敢地驾驭自身进程的能力。"[1]

二、大学治理的主体

大学的根本任务就是培养人才。由于受不同的学科和具体任务的驱使，大学实质上又是一种由拥有多重目标的人群组成的复杂的组织系统。在这个复杂的系统中，我们可以把学校组成人员统称为师生员工，师生员工都是大学不可或缺的力量，都是学校内部治理的主体。不过，从宏观结构而言，按照从业者和服务对象来看，可分为学生和教职员工两大部分。西方大学最初就是教师和学生的共同体，学生也是大学治理的主体力量，大学任何涉及学生利益的政策和措施的出台都应该征求学生的意见。这个征求意见的过程是通过一定的机制协商的过程。

除了学生之外，学校的人力资源即教职员工由教师、教学辅助系统职工（如图书馆、资料室、教务、后勤等

1　[美]查尔斯·维斯特：《一流大学 卓越校长：麻省理工学院与研究型大学的作用》，蓝劲松译，北京大学出版社 2008 年版，第 13 页。

部门的职工）、管理职能部门人员构成。在大学的结构中，教师处于关键的中心位置。当然，大学既然是为了培养人才而设立的，那么教师本身就不是大学的目的，而是为了服务学生的学习而设立的直接性岗位。但教师的存在又是如此重要，不仅师生之间的接触和关系更加直接，而且教师的水准和视野往往决定了人才培养的水准和学生后来发展的可能性。大学老师的水准就决定了大学的水准，大学老师的水平就决定了大学的教学水平。为此，大学往往都非常重视卓越教师的引进和培养，教师的话语权在学校内部治理中的权重是非常明显的。如果不把教师的话语权放在关键的核心地位上，学校的发展就会出方向性问题。

为了学生能够正常学习、教师能够正常教学，学校还设有其他岗位，这就是管理部门、教辅和后勤支持系统。如果说教师是为了学生的学习而教的话，那么学校其他部门都是为了学生的学和教师的教而服务的。没有这些服务和支持系统，学生既不能很好地学，教师也不能很好地教。如果说学校不重视教师的关键地位是会出方向性问题的话，那么不重视其他群体的话语权，学校的内部治理也是不全面、不平衡的。尽管大家的最终目标是一致的，但是由于岗位的不同，就必定会引出利益和看法的差异。在教职员工之中，不仅教师与教辅、后勤系统有利益的合作与竞争，而且教师和管理职能部门人员也存在利益和观点的不同。譬如，有人通过数据调查得出结论："学术人和行政人关于大学的许多问题在认识上差异甚巨，存在明显的价值鸿沟和文化分裂。"[1] 当然，大学也存在大量的"双肩挑"人员，即从事教学科研的同时也担任管理工作的人，他们可以构成学术人和行政人之间文化沟通的桥梁，但也可能因这部分人从两方面追求自己的利益，从而引起双方的猜疑和不满。近来，社会上对"大学行政化"的诟病，往往是对这部分人通过行政化手段攫取学术资源和荣誉产生不满。这里的情况也是非常复杂的，应该说懂教学科研的教职人员担任一定的学校管理工作，对学校管理的价值取向是有重要的规范作用的：即大学的管理是为教学科研服务的，管理本身不能成为目的，执行管理的人的利益更不能成为目的。我个人还是主张学校的主要领导应该是懂教育懂学术的教育家，而不应该是纯粹的行政官员。教学科研人员走向管理岗位，其优势是懂得教学科研的规律。再加上往往教学科研取得了一定成绩的人，才能够获得大家的认可，因此的确有许多优秀的教师成为处长、副校长乃至校长。但问题是，一旦担任了领导职务，其主要精力是用来治理还是继续自己的学术工作，这就是值得研究的了。既然承担管理职责，那么就应该把主要的精力放在行政管理工作上，而不能利用行政资源去做自己的学术

---

1 刘小强、沈文明：《两种人：大学群体文化的分裂与跨越——大学行政人和学术人文化差异的实证研究》，《中国高教研究》2013 年第 11 期，第 33—34 页。

"业务"。我认为，学校的业务管理部门的主要领导，应该由熟悉教学科研业务和规律的学者来担任，但与学术离得较远的职能部门，就应该由不从事学术研究的专职工作人员来担任。学校还是需要一些纯粹的专职行政人员：如果都是专业技术人员兼职，一是有些工作的性质，如后勤、资产、基建等等，不是专业技术人员的专长；二是专业技术人员无法把全部精力放在管理工作上，这样会耽误整体工作的进程。

大学治理主要应该依靠教师，教师是大学治理主体中的主体。但是，怎么样才能更好地发挥这个主体的作用，还是需要仔细研究的。有过大学工作经验的都知道，作为社会最有知识的群体，教师内部的意见也是最难达成共识的。实际上，教师队伍是一个存在认识与观点差异的集合体。首先就有理工科与文科所谓"两种文化"的存在。在大学中，两种文化之间尽管相互影响、相互吸收对方的营养，但是文化的鸿沟似乎从来没有填平过。即使在文科内部，日益发展的经济、管理、金融等社会科学学科与传统的文史哲人文学科之间的价值冲突也越来越明显。人文学科不同的院系之间也存在利益的竞争，这种竞争造成的差距在同一学科内部的不同人员之间也一直难以弥合。人文学科研究的特点造成的所谓个人主义文化，即"文人相轻"的现象，经常使一个简单的管理活动演变成为复杂而长期的博弈和沟通过程。在资源有限的情况下，不同的利益群体和个人，都会因资源的分配而产生冲突或争论。由此看来，大学是一个不同学科知识生产和传播的联合体。在这个联合体之中，历史越长就往往积累更多的"声誉"，这些声誉本身背后都有人使之成为特别美丽却又非常脆弱的花瓶，以便让人不容易挪动。这样一来，大学的结构就越来越复杂，而结构越是复杂就越是难以整合。大学本来可以共享资源，提高办学效率，但是部门利益使这种共享难以实现。大学本来因多学科的优势，可以通过交叉融合而增强创造力，但是利益封闭往往难以实现协同。大学需要不断的治理革命，才能防止不同学科、不同群体、不同方面的自我封闭与画地为牢，促进各个学科、群体等方面的交汇与合作，使这个联合体发挥协同育人与联合攻关的创造功能。

三、大学的治理结构

基于多年在大学任职的经历，我深知，大学不同群体之间的利益交集与博弈错综复杂，必须靠制度来制约不同团队的特殊利益，实现各种视角的相互校正。知识分子是研究知识、发现新知识的人群，他们对自己的研究事业非常非常地执着，这反而养成一种特殊的自尊心，这种自尊心把握不好就很容易滑向唯我独尊的状态。作为一个学者，我个人还是非常理解甚至尊重学者的这种心态的，因为这是支撑他们研究事业的动力之一。你否定他研究的问题的价值，你轻看他研究的成果或结论，那就是否定他的生命价值啊！但是，当这些都是异常"执着"的人碰在一起时，如何才能实现有效的合作和基本的治理呢？目前，有一个经常说的词是"分类管理"，可是分类到什么程度才能满足个性化的特殊需要呢？我们总不能为每个人搞一套评价标准吧。如果真的那样，实际上就没有评价了。为了完善大学的治理，我们就必须通过顶层设计，构建可以自我调节和优化大学治理结构及机制的系统。大学"去行政化"是对的，但"去行政化"不是"去管理"，而是完善管理，实现善治。

在中国，大学的治理结构必须遵循《中华人民共和国宪法》和其他法律，如《中华人民共和国教育法》《中华人民共和国高等教育法》《中华人民共和国教师法》《中华人民共和国学位条例》等等，这些法规都是大学治理的上位法。

根据法律规定，中国高等学校实行党委领导下的校长负责制。[1] 在这里，党委领导是根本，是理念性、价值性和方向性的；校长负责是具体层面的，是操作性、过程性、工作性的。党委领导下的校长负责制，是中国特色社会主

---

1 《中华人民共和国高等教育法》第四章第三十九条规定："国家举办的高等学校实行中国共产党高等学校基层委员会领导下的校长负责制。中国共产党高等学校基层委员会按照中国共产党章程和有关规定，统一领导学校工作，支持校长独立负责地行使职权，其领导职责主要是：执行中国共产党的路线、方针、政策，坚持社会主义办学方向，领导学校的思想政治工作和德育工作，讨论决定学校内部组织机构的设置和内部组织机构负责人的人选，讨论决定学校改革、发展和基本管理制度等重大事项，保证以培养人才为中心的各项任务的完成。"

义民主制度在大学治理中的具体实现形式。有些人，一说民主就说欧美如何如何好，一说到大学的党委领导下的校长负责制却又摇头否定。既然民主是权力的制约，那么为什么我们的集体领导的权力制约制度就不行呢？既然西方大学有董事会负责选拔和监督校长，为什么我们就不能由党委会领导和监督校长的工作呢？想个人说了算，这本身就是问题，就是不民主，就是封建主义思想作祟。毋庸讳言，在具体工作中，有些学校的党委书记和校长确实出现过不和谐与矛盾，但这些问题不是制度的问题，而是具体人的问题。一方面，欧美学校的领导层也会发生人事矛盾；另一方面，大多数中国大学的工作是好的，是有成效的。完善党委领导下的校长负责制，我认为还要理清以下几个问题。首先，党委领导下的校长负责制，不能理解成为书记领导下的校长负责制。党委领导是集体领导，不是书记领导。在这个意义上，书记和全体党委委员也是在党委领导之下工作，校长在党委的领导下，书记也在党委的领导之下，书记只是主持党委的工作，是领导班子的"班长"。其次，党委领导下的校长负责制并不否认校长的工作职责。党委领导决定大事、方向性的事情，校长负责落实党委决定了的事情的实现。如何实现党委决定了的事情，用什么样的策略、方法和途径，这就是校长独立发挥领导作用的领域了。最后，党委领导下的校长负责制，无论是党委的决策还是校长的工作，都还需要走"从群众中来，到群众中去"的群众路线。党委领导下的校长负责制，不是书记领导还是校长领导的问题，也不是书记说了算还是校长说了算的问题，而是如何实现大学的民主治理的问题。党委领导下的校长负责制是中国特色社会主义民主制度在大学的具体体现。这是我们的优势，而不是我们的问题。

教职工代表大会及工会的成员由教师、职工按照一定的比例选举产生。每年召开一次会议，听取并审议学校校长的年度工作报告、学校的财务预决算报告，讨论并咨询其他学校工作和有关教职员工利益的事项。我个人认为，大学的学术性问题和事务不宜在这种场合讨论，因为学术是追求卓越的，不能把非学术的力量引入学术的讨论。学术的突破性发展往往是通过个别人的卓越眼光而实现的，在这里实行民主往往得到的是平庸的结果。学术探索的本质是自由，而不是民主。最有创建的新知识的突破不是靠人数投票获得的，而往往是少数人的独创性的产物。教职工代表大会的人员组成则是更应具有各种岗位和职务的广泛性，教职工代表大会应该讨论学校的总体性发展和教职员工的职业发展与福利保障。当然，为了保证学校教职工代表大会的教育特性，必须保证教师代表占主导地位。[1]实际上，中国某些大学的教职工代表大会制度已经越来越成熟，不仅有关教职员工切

---

1 教育部《学校教职工代表大会规定》第三章第十一条明确规定："教职工代表大会代表以教师为主体，教师代表不得低于代表总数的60%，并应当根据学校的实际，保证一定比例的青年教师和女教师代表。"（见教育部法规司、教育部高等教育司：《中国特色现代大学制度文件辑要（2013年版）》，教育科学出版社2013年版，第79页）

身利益的规章制度或惩罚奖励条例都经过代表大会的讨论通过，而且许多高校还开展领导就某些热点问题接受代表质询的活动。教职员工民主参与的机会和机制越来越完善。在这方面，中国的高校似乎走在了欧美高校的前面。

要充分发挥团组织、学生会和研究生会在学生自我管理、自我服务中的组织作用。在学生组织自我管理、自我服务方面，欧美大学有比较好的传统和经验，这方面值得我们学习和借鉴。大学必须树立以学生为本的理念。学校的服务对象是学生，因为有学生才有学校，才安排教职。不是从逻辑上讲，因为有教师才有学生，而是因为有学生才需要教师。怀特海曾经指出："教育是训练对于生活的探险；研究则是智力的探险。大学应该成为青年和老年人共同参与的探险活动的家园。"[1] 斯坦福大学校长约翰·亨尼斯（John Hennessy）曾经说过，在斯坦福，教授一般把研究生看作是自己的同僚，而不是打工的学生。教授非常注意学生们的创造性，也希望激发他们的创造力为自己的研究出力。实际上，中国大学的许多教授也是这样对待学生的，学生的创造力和精力是自己研究团队的宝贵财富。对大学来说，涉及学生利益的许多规定应该与学生会和研究生会商议，求得他们的理解和支持。当然，这并不是说所有的安排都由学生来决定。

1　[英]怀特海:《教育的目的》, 徐汝舟译, 生活·读书·新知三联书店 2002 年版, 第 146 页。

一般说来，学生希望学校为其提供尽可能好的教学、服务和其他支持，而学校在考虑对学生提供尽可能好的服务和支持的同时必须量力而行，即对学生的支持不能妨碍学校未来的可持续发展。学生毕业就离开了，学校还要继续存在和发展，不仅考虑自身的卓越与竞争，而且要为教职员工包括离退休人员的生计考虑。

学术委员会及院系教授委员会应该在学术问题上发挥主导作用。在学术权力方面"去行政化"。不是校长退出学术委员会就万事大吉了，校长退出学术委员会未必就实现学术民主了，在现实中把学术委员会交给某些学者担任，实际上已经出现了更加专断甚或偏执的情况。从"屁股指挥脑袋"的逻辑看，校长大多数情况还是从全校的大局出发看问题，而有些教授往往是只从自己的学科发展去看问题，甚至有些学者是从自己或自己的团队的利益去看问题的。有些学校的学术委员会长期为某个人把持，他自己成为"学霸"，不仅只考虑自己的团队利益，而且还大肆排斥异己，这显然不利于学术的发展，抑制了各学科的健康发展。这种教训是非常多的。为了避免出现这种情况，就必须在设计学术委员会的构成时，需要规定严格的轮换制、任期制，需要规定好讨论问题的规程,等等。可以设计学校主管领导当学术委员会主席，但只给其主持会议的权力，不给其投票权；可以设计学术委员会全体委员选举学术委员会主席，任期一年，不得连任；可以设计学术委员会委员的任期不得超过一任或两任。如此等等，就是为了防止出现学术权力被垄断。

中国的大学在民主管理方面是有很多的实践经验的，在这方面我们要有足够的自信。中国大学民主治理的实践，也构成中国特色社会主义民主的重要组成部分。实际上，欧美的民主已经形式化为周期性的竞争性投票选举，而实质的民主决策却乏善可陈。欧美公民的确可以投票选总统，但在很多情况下他们的教职员工在选举校长方面发挥的作用并不太大，另外在新学科的建立、新教师的遴选、新研究团队的建立方面，普通教职员工的发言权并不太大。2013 年夏天我在访问欧洲一所有几百年历史的著名大学时，该校的常务副校长亲口告诉我："不能把评聘教授的权力给普通教师，那样的话会使教师队伍逐渐平庸化。我们是组织一个精英团队提出遴选人选，由校长在其中挑选。"由此看来，中国大学校长对教授的遴选权要远远小于许多欧美的同行。我这样说，并不意味着中国的大学治理就已经足够民主了，我只是说我们在大学的民主治理方面并不比欧美落后，我们只是与他们有不同的探索路径。

另外，大学的行政化现象不仅出现在中国，在欧洲或许更有甚者——欧洲许多国家大学教授就是公务员身份。许多其他国家的大学也是由政府部门管理的。例如，德国前总理施密特就指出，德国"大多数高校基本上都是由外行，即各州文化部的事事皆管、精打细算的财政预算人员来管理的；所有教授在有生之年都是官员，自他们受聘之后便再也无人考察和评价他们的能力"。大学教授作为国家公务员，无论工作绩效如何，都可以高枕无忧地享受待遇。为此，施密特建议："我们应当让各高校进行全面的效率竞争。也就是说，应当解除官僚制的束缚。"[1] 可见，"去行政化"不只是中国的事情，这是一个国际上的共同现象。

大学"去行政化"，不是打碎学术组织机构，不是抛开行使管理职能的职能部门，不是不要维持大学正常运行的必要的行政机构和人员。问题是，行政机构和行政人员必须是为教学科研的学术目的服务，才能够获得自己存在的正当性。行政机构和行政人员不能把自己的部门价值当成是头等价值，在大学最头等的价值就是学生的学和教师的教，所有部门的价值都必须服务于学生的学和教师的教。另外，学校行政部门的人员，包括书记、校长在内，都不是管理教师和学生的官员，而是服务于学生和教师的职员。大学的治理应该是成为一个扁平化的网络结构：在其中，党委把握政治方向和工作大局，校长和行政部门负责学校的整体发展战略和日常运行，教授通过学术委员会的工作引导治学，教职员工通过教职工代表大会、学生通过学生会和研究生会民主参与管理。

---

1 [德]赫尔穆特·施密特：《全球化与道德重建》，柴方国译，社会科学文献出版社 2001 年版，第 57、58 页。

四、大学治理与学术组织

在大学，学生的学和教师的教，首先是在一定的院系组织中展开的。当然，学生应该是整所大学的学生，他应该可以从全校的学习资源获得学习方面的支持，包括不同院系和不同学科的课程资源。这就要打破院系之间的壁垒，使各种资源可以得到共享。这就需要构建符合现代治理理念的学术组织及其之间的关系：既要给院系充分的自主权，使治理主体和重心下移；又要使各院系之间有"全校一盘棋"的观念和政策，这样才能形成共享软硬件资源的机制。

学术组织的设定首先是数量和大小问题。一般说来，在学校规模确定的情况下，一所学校内部设立的学术机构越多，学术机构的规模也就相应地越小。欧美许多大学往往校院系或校部院三级管理，按照这种管理模式的学校院或部一般都在个位数之内，即不超过 10 个。院或部下面又有许多以学科为单位的系。这种设置的优点一是整合比较容易，权力容易下放。在这种情况下，许多院或部的负责人其地位不亚于甚至高于副校长。二是有利于实现教学科研资源共享的目的，避免重复设置，从而节约资源。三是有利于实现学科交叉，有利于不同学科之间的交融和创新思维的培养。众所周知，创新往往来自学科边缘的交叉地带，在这个地带容易进行理念和方法的创造性迁移。

我们的大学是在原来校系二级管理基础上发展的，所以在纷纷改系为院的过程中往往是把原来的系升格为院。在这种情况下，我们往往是在一级学科基础上建院，有的是在二级甚至三级学科的基础上建院，甚至有的教研室也因种种原因趁机独立升格成为学院建制。因此，我们的大学，无论规模如何，动辄就有二三十个院，学校被碎片化了。这种设置的优点就是，因规模小内部治理比较简单，即使管理出现问题影响也会比较小；另外，这种设置比较符合中国传统"自扫门前雪"的心态，因而可以避免许多矛盾。但是，这种碎片化的设置已经成为阻碍中国大学学术创新的严重问题：一是学科自我封闭，缺乏多学科的互动与合作，这不仅影响了教师的创造力，同时也影响到学生的思维与视野；二是因追求"麻雀虽小五脏俱全"，所以重复建设的现象极其严重，造成人力物力的浪费；三是由于机构臃肿且碎片化，很难实现管理重心和权力的下移。正是基于这种问题，许多学校正在探索大学部制，力图整合学科资源，实现学科交叉和资源共享。国家也出台了许多政策，鼓励不同机构之间的合作，以便实现协同创新。

学术组织的设定还涉及学校内部纯粹科研机构的设置问题。就我个人的看法而言，既然大学的根本任务是培养人才，那么大学的科研活动就是培养人才的一部分，所以应该将科研机构绑定在一定的院系设置之内。科研机构一旦独立设置，往往就与教学活动相分离，这既不利于教师的全面发展，也不利于把学生培养成为创新型人才。如果科研机构与教学单位是一体的，那么人员就可以在这两个方面流动，一方面可以把科研成果直接转化为教学内容，另一方面也可以使教师都有从事科研的实践机会。当教师有科研课题且科研思维活跃时就到科研机构进行研究，当课题做完了且处于创造力的酝酿期时就可以到教学岗位工作。教学相长，他可能会从学生那里得到灵感和启发。问题是，现在的管理体制使科研院所与教学院系之间存在壁垒，人力资源很难得到共享。

所有的问题都说明，大学治理需要进行结构性的改革。但是，要改变一种长期形成的传统是非常困难的，尤其在大学要进行结构性改革更加困难。大学科学思维的理性往往都是对外而言的，当改革到大学本身时往往就会失效，许多理性话语反过来却为偏狭的小团体利益辩护，打的旗号和利用的话语却是最崇高的公共利益。大学面对的问题是未来的、全新的，但是我们的脚却站在过去的传统中难以自拔。大学在改革方面，正像列宁批评的，可以说是"语言的巨人，行动的矮子"。

北京外国语大学早就提出要培养复语型、复合型人才的教育理念，但是学术组织却是严重分割的，往往基于单一的语种进行设置。机构臃肿、重复建设、效率低下的问题非常严重。面对困难，我们就会想到曾经担任过耶鲁大学教务长的剑桥大学校长阿里森·理查德（Alison Richard）说过的话："选择做某一件事并不一定容易。选择不做某一件事也很难。然而，如果不做任何选择，那将是学校的灾难。"[1]我曾经在北京外国语大学一次中层干部会议上讲过，我是一个"有理想的现实主义者"，我们必须进行必要的改革，但是我们会选择恰当的时机进行预料能够成功的改革。

大学学术组织的民主治理已经在探索之中，有院系教代会，有学术委员会，有教授委员会。我只想指出，即使学术委员会或教授委员会，其主任也应该有轮换制，在院系最好是年度轮换，否则容易形成学术上的"霸权话语"。我们应该警惕行政化，我们也同样要防止出现个人或小团体的学术霸权。如果大家都奔着完善治理的目标去考虑，我想我们不难找出符合中国特色的治理道路来。当然，无论如何进行民主治理，都需要有人落实繁杂的行政事务。院系仍然需要有人担任党政领导。从多年的工作经验出发，我认为，院系的党政主要领导应该由学者担任，特别是院长、系主任，即使不是这个学科的最好的学者，也应该在这个学科中有相当的地位和影响力。院长、系主任的学术视野和境界，涉及院系教学科研工作的视野和境界问题。党总支书记最好也由具有较强政治判断力和一定理论水平的学者担任，因为这样他才能与教师、学生有共同语言，能够在党员群众中树立威信，并且容易发现党的方针政策与自己学科教学科

---

1 周作宇：《剑桥大学"第一夫人"的改革之路》，《科学时报》2007 年 7 月 31 日。

研工作的结合点，能够找到在自己学科落实党的方针政策的行之有效的方法，能够把思想工作落实到具体的实际工作中去。

总之，中国高等教育的现代化需要我们进行大学治理方式和治理结构的改革，在改革过程中我们既要立足中国现实又要借鉴国际经验，既要注意顶层的合理设计，也要摸着石头稳妥地推进。中国高校内部不乏改革的思想或主意，缺少的是改革的意志和行动。如果要形成改革的意志和行动，就要在高校师生员工中凝聚改革的共识，这在以独立思想为特征的高校是最为困难的事情，但是也是改革成功的关键。

积极培育和践行社会主义核心价值观 [1]

在经济全球化和社会快速转型的时代，作为一个有 56 个民族和 13 亿之众的国家，中国必须有可以形成思想共识和唤起文化认同的共同理想和精神家园。因此，党的十八大报告提出了我们所倡导的社会主义价值观，即应该"倡导富强、民主、文明、和谐，倡导自由、平等、公正、法治，倡导爱国、敬业、诚信、友善"，并且号召人们积极培育和践行社会主义核心价值观。

对于任何社会而言，价值观都不是可有可无的东西。如果走夜路，我们往往需要靠北斗星确定我们前行的方向；如果在茫茫大海上航行，舵手必须依靠罗盘来定方向。我们的社会生活和行动也需要"北斗星"和"罗盘"，这样才能保证我们步调一致地前进，这样才能保证我们的行为是合理的并且符合历史发展的方向。我们社会生活的"北斗星"和社会行动的"罗盘"就是价值观。我们

1　本文发表于《中国特色社会主义研究》2013 年第 5 期，有改动。原题目为《面向人类社会的理想规范——论培育和践行社会主义核心价值观》。

既然走在中国特色社会主义的道路上，那么引导我们日常生活和社会行动的价值观就是社会主义价值观。正像夜行者必须学会怎样观察北斗星，航海者必须学会使用罗盘，进行中国特色社会主义的伟大实践也需要积极培育和践行社会主义核心价值观。

一

培育和践行社会主义核心价值观，首先要基于中国特色社会主义的现实，因此必须与中国特色社会主义的伟大实践相互映照。行路者必须基于自己脚下的路来看北斗星的方位，航海者必须根据自己的航线用罗盘确定方向，走中国特色社会主义道路也必须基于自己的实践来培育和践行社会主义价值观。中国特色社会主义道路和制度是我们的最基本的现实，正是基于这样一个现实，我们的价值观就应该是当代中国的价值观，是社会主义的价值观，而不是别的什么价值观。

我们倡导的某些价值观，尽管与其他别的价值观有近似或相同的概念术语，但却因为处在不同的历史阶段有着不同的社会实践，因而有着不同内涵和规定性。实际上，在不同的地方和不同的历史阶段，由于基于不同的社会实践，许多相同的价值概念其内涵的规定和理解也是大相径庭的。譬如，在古希腊柏拉图也讲"公正"，但他所理解的公正是统治阶级、保卫者与劳动人民各司其职，不僭越，就是公正。社会主义是为了实现所有人自由而平等的发展，因此我们所倡导的公正是社会主义性质的公正，显然不同于柏拉图所谓的"公正"。实际上，社会主义的民主是涉及经济、政治、文化和社会方方面面的人民参与和当家作主，显然也不同于将民主窄化为"投票权"的资产阶级"民主"。尽管西方资本主义国家一直津津乐道其民主"投票权"这一形式上的政治权利，可是许多西方学者也注意到欧美在工作中"毫无民主"可言的现实。我们的民主价值观既然基于社会主义的人民普遍参与的进程和实践，因而是社会主义的价值观，不是西方的片面的民主价值观。

另外，社会主义核心价值观的培育和践行，必须伴随着中国特色社会主义的实践和文化发展的进程而不断丰富其内涵和澄清其取向。社会实践永无止境，社会主义核心价值观的培育也永无止境。既然价值观是文化的灵魂，而从其本质而言，"文化"不应该是名词，而是动词，那么价值观也不是僵死的、完成的概念，而是永恒的培育和践行过程。文化是活生生的创造活动和创造过程本身。作为文化精髓的价值观是文化发展的内在力量或精神驱动力，因而价值观本身不仅是随着文化的变迁而变迁的，它也是文化变迁的关键要素和动力。中国共产党之所以重视社会主义核心价值体系建设，目的就在于构建一种与中华传统文化相衔接、与世界优秀文化良性互动且代表人类文明前进方向的当代中国文化，而社会主义核心价值体系是这种文化的灵魂和精髓。建设社会主义文化强国，关键是增强全民族文化创造活力。解放和发展文化生产力，就特别需要自由、平等、民主的价值观，激发人们的文化创造力和想象力；也需要法治与和谐的价值观，这样才能发扬学术民主、艺术民主，为人民提供广阔文化舞台，让一切文化创造源泉充分涌流，开创全民族文化创造活力持续迸发、社会文化生活更加丰富多彩、人民基本文化权益得到更好保障、人民思想道德素质和科学文化素质全面提高、中华文化国际影响力不断增强的新局面。

二

　　培育和践行社会主义核心价值观，还必须着眼于人类历史发展的前进方向，因此必须在反映社会主义制度先进性上确立价值观的制高点。北斗星为什么能够指引夜行者，那是因为它在移动的星空中保持了稳定性，从而成为人们观察方位的比较可靠的参照物。罗盘为什么能够引导航海者，那是因为它能够在浩渺无垠的大海上总是指向正确的方向。如果北斗星也像其他星星一样游移不定，那么它就不会为夜行者所信赖。如果罗盘在波涛汹涌的大海中不能保持指向正确的方向，那么它也不会为航海者所青睐。同样，如果价值观不能反映人类社会发展的步伐，不能代表历史前进的方向，那么它也就不能为大多数人所认同。

尽管没有放之四海而普遍有效的普世价值，但是只有符合历史发展规律、反映社会前进方向的价值观才具有世界历史性的意义。我们的价值观是基于中国道路和中国实践的，因而必定具有中国特色和形态。但是，从历史发展的角度看，由于中国特色社会主义道路和实践遵循着人类社会文明进步的轨迹，因此我们的核心价值观必定具有普遍的世界历史意义。正因如此，我们应该把注意力放在阐发社会主义核心价值观反映人类历史发展方向的先进性上。只有代表人类历史前进方向的价值观，才具有反映历史文明进步的普遍的世界意义。我们不能把社会主义核心价值观仅仅看作是民族的、相对的、特殊的，只具有局部意义的东西，那样我们就不可能获得价值观的世界历史性意义，也不能对世界人民产生巨大的感召力和吸引力，也不能获得文化上的软实力。社会主义核心价值观具有普遍的世界意义，不是说有所谓的普世价值，而是说有些价值观符合历史发展方向，对全人类的历史发展具有广泛的历史性的参照意义。在这个意义上，越是代表历史发展方向的价值观，越是具有普遍的世界意义。实际上，民族的可以成为世界的，相对的包含着绝对的，特殊的蕴含着普遍的，真正代表历史阶段的才具有世界历史意义。任何价值的出现可能都是历史的、特殊的，但如果某种价值理念代表历史进步的趋势，与历史发展的方向相一致，那么这种价值就可能成为具有共同性或普遍世界意义的价值。中国特色社会主义建设取得的举世瞩目的成就，在短短几十年时间内把一个贫穷落后的半封建半殖民地的国家建设成为世界第二大经济体，这一进程本身就具有世界历史性的意义，因而也就有了普遍的世界意义。中国的发展道路，对世界肯定有参考价值，中国的发展进程也具有世界范围的影响，这就是具有世界意义和普遍意义的价值。只有具备了普遍的世界意义，才能占领道德制高点，成为具有引领和感召功能的软实力。

正因为我们通过价值观的变迁可以看到历史的发展与进步，所以社会主义核心价值观必须基于历史的发展与进步之上。既然价值观的变迁反映社会历史的进步，那么社会主义的价值观就不是脱离人类历史发展的大道而无中生有，而是基于人类历史发展的文化成果。因此，我们倡导"自由、平等、公正、法治"的价值观。我们也承认资本主义社会对封建社会的进步性，但是在社会主义制度的前提之下，在社会主义价值观的语境之中，自由就不再是基于资本的自由，而是基于人民主权的自由，平等也不再仅仅是法权的抽象平等，更不是仅仅周期性"投票权"的平等，而是人与人之间经济、政治、社会、文化等诸方面的全面的平等，公正也不再是低于资本自由和个人自由的程序性和第二位的价值观，而是规定着社会主义人人平等、共同富裕，反映社会主义本质的核心价值观。

三

培育和践行社会主义价值观，也必须将其与实现中华民族伟大复兴的梦想联系在一起，从而实现与民族文化认同和国家认同的相互促进。习近平总书记指出："实现中华民族伟大复兴，就是中华民族近代以来最伟大的梦想。这个梦想，凝聚了几代中国人的夙愿，体现了中华民族和中国人民的整体利益，是每一个中华儿女的共同期盼。"[1] 实现中国梦就是实现中华民族的伟大复兴，就是建立一个国家富强、人民幸福、文化繁荣、社会和谐、山青水秀的社会主义强国。在这个光荣的梦想里，勾画的就是富强中国、民主中国、公平中国、和谐中国、美丽中国。中国梦就是中国人民的共同的价值追求，就是中华民族国家认同的理想前景。实现中国梦就是我们中华民族的奋斗目标，因而也是指引我们行动的北斗和罗盘。

我们的社会经济发展已经取得了举世瞩目的成就，但是社会群体因产业的分工而日益分化，人们的利益也越来越多元化。由于全球化进程的加深，来自五洲四海的不同文化和思潮同时并置在我们面前，人们所处环境和利益视角的差异使各自的思想意识也越来越多样化。在这种情况下，我们拿什么样的精神纽带把一个快

1　摘自习近平同志 2012 年 11 月 29 日参观"复兴之路"展览时的讲话。

速发展的大国的人民联系在一起呢？这是我们必须回答的。党的十八大强调，要加强社会主义核心价值体系建设，深入开展社会主义核心价值体系学习教育，用社会主义核心价值体系引领社会思潮、凝聚社会共识。毕竟，一个有共识、有共同价值认同的社会，才是一个真正的命运共同体。为了通过价值教育形成共识、构筑精神家园和命运共同体，我们就要继续推进马克思主义中国化、时代化、大众化，坚持不懈用中国特色社会主义理论体系武装全党、教育人民。广泛开展理想信念教育，把广大人民团结凝聚在中国特色社会主义伟大旗帜之下。大力弘扬民族精神和时代精神，深入开展爱国主义、集体主义、社会主义教育。

在培育和践行社会主义核心价值观时，实现中国梦是我们中华民族最大的国民集体共识，促进中国梦的实现就是最好的爱国主义、集体主义、社会主义教育。中国梦为培育和践行社会主义核心价值观提供了现实的推动力，而社会主义核心价值观也为中国梦的实现提供了强大的精神力量。中国梦不只是富强梦，更是更高形态的文明梦。我们要用社会主义核心价值观托起中国梦。

四

培育和践行社会主义价值观，也要认真寻找正确表达我们价值理念的话语形式，因此必须在能够打动群众心扉的表现形态上下功夫。夜行者喜欢北斗星，那是因为他知道北斗星对夜行有用。航海者离不开罗盘，那是因为他知道它对航海有用。因此，要让社会主义价值观获得最广泛的认同，也必须让人民群众知道它管用才行。要管用，首先必须让人愿意听，听得进去，听了能理解。实际上，我们每天都会碰到价值观的问题，我们平时讲话、写文章，无非是要表达自己的价值观，以便与人沟通和说服人。要说服人，就要讲别人能够愿意听、听进去、听得懂的话，让人能够理解我们的意思。即使同样的看法，也可以有不同的说法，在不同的情景下可能也需要有不同的说法，这就需要根据实际情形寻找合适的说法——即适当的词语和恰当的调门。有人指出，钢铁般的真理，有了诗意才更容易打动人的心扉。这是有一定道理的。不过，转变话语方式不是仅仅改变一下说话方式和叙事方式，更不是仅仅换换说话的词语和口气，尽管优化叙事方式、更新词语和改进说话的调门都是有益的，也是必要的。转变话语方式首先是转作风、改文风的问题。

现在，中央强调我们要改文风，就是让我们找到与群众相通的话语表达方式。改文风就要找到最佳的沟通语言，即找到在特定情景下表达特定看法的最佳说法。写文章、说话，都是为了与人沟通，而不是板起面孔说大话。我们与工人讲话，就要以贴近工人喜闻乐见和可以理解的话来讲；与农民谈话，就要以贴近农民关心的话题才能使谈话得以进行；与青年人沟通，就要以青年人能够接受的方式说话；与外国人讲话，就要使用外国人能够理解的说法。在这些方面，瑞环同志堪称典范。例如，他在讲"扫黄"是改革和对外开放健康进行的保证问题时，就形象地指出："对外开放，必然会有'蚊子''苍蝇'飞进来，打'蚊子''苍蝇'不等于就是不开放，也不能因为有'蚊子''苍蝇'飞进来就不开门。""为了透透空气就要打开窗户，打开窗户就难免进来蚊子、苍蝇，但绝不能因此就连窗户也不开了。不吸新鲜空气的人，身体是不会好的。"[1] 瑞环同志以形象、生动、活泼的语言，把净化环境和对外开放的辩证关系讲得非常透彻，极具说服力。因此，培育和践行社会主义核心价值观，不是总是重复那几个概念，而是学会叙事或学会讲故事，让社会主义核心价值观通过鲜活的生活叙事和行动故事显现其精神的光辉和思想的力量。

最后，我想强调，精神的力量都是具有自主性和创造性的，因此在积极培育和践行社会主义价值观的过程中，需要全社会的活力和我们每个人的主动性与创造性。中国特色社会主义的伟大实践和社会主义核心价值观是互相塑造的关系。中华民族的伟大复兴之梦和中国特色社会主义实践孕育并产生了社会主义核心价值观，社会主义核心价值体观引导并塑造着中国特色社会主义的伟大梦想和实践。

---

[1] 李瑞环：《看法与说法（第 1 册）》，中国人民大学出版社 2013 年版，第 79 页。

让美德照亮人生 [1]

——与青少年朋友谈美德

很高兴有这样一个机会与大家交流思想，畅谈生活，抒发理想，探索人生。与青少年在一起是愉快的，从中能够感受到生命的青春活力。

你们成长在新世纪，生活在中华民族快步走向复兴和繁荣强盛的伟大时代。你们目睹了国家经济的快速发展、综合国力的大幅提升，你们见证了神州大地社会财富的增长、生活水平的迅速提高，你们经历着社会发展和文明进步。我们古老而又年轻的祖国，就像你们一样焕发着蓬勃向上的青春活力！

你们是 21 世纪的新一代，就像刚刚破土而出的幼苗，散发着春天的气息，体现着强劲的生命力，昭示着光明的未来，预示着无限的可能性……

在改革开放的历史大潮中，中国特色社会主义的伟大实践使中国走向了建设民主、富强、文明、和谐的小

---

1 本文发表于《中国德育》2013 年第 6 期。

康社会的进程。这使你们得以生活在相对安定和富足的年代。但是，我们不能忘记，无数革命先烈为民族的独立和人民的解放，前赴后继，英勇奋斗，献出自己的青春和生命。我们也不能忘记，更多的前辈在贫穷落后的条件下，奋发图强、艰苦奋斗，为建设一个崭新的中国而忘我地工作。现在的和平环境和美好生活，就是先烈们用鲜血和生命换来的，也是你们的祖辈和父辈通过他们的汗水浇灌而成的。

青少年朋友们！你们成长在改革开放、经济高速发展和社会转型时期，这使你们对未来有了更多的选择空间。解放前，中国处于半封建半殖民地的境地，广大人民生活在水深火热之中。新中国成立之后，我们的国家百废待兴，你们的先辈们都曾经义无反顾地把自己的青春和人生交给党和国家安排，甘作整体社会的螺丝钉，拧在哪里就在哪里默默地发挥作用。现在，我们国家不仅成为制造业大国，而且正在以科技创新为驱动力进行产业转型。在这种情况下，职业越来越多样化，社会不仅需要螺丝钉，而且更加需要具有自主创新能力的人才。因此，与前辈相比，你们有更多的机会发展自己的潜能，追寻自己的梦想。

青少年朋友们！斗转星移，风云际会，你们恰遇一个全球化、信息化和科技革命的时代，与你们的前辈相比，你们将有更大的活动和发展空间，将掌握更强大的生产力和创造能力，也将遭遇更多更加不可预料的挑战。你们中的许多人将会进入许多过去没有的工作领域，如高科技研究、信息产业、生命科学、空间技术、动漫创作……你们将在越来越广泛的领域展现你们的才华和潜力。

毛泽东说过："世界是你们的，也是我们的，但归根结底是你们的。"你们的未来就是祖国的未来，你们的辉煌就是祖国的辉煌！有你们在，祖国就有希望！

青少年朋友们！作为一个年过半百头已飞雪的老朋友，我比你们年长几十岁，经历过更多岁月的风霜雨雪，品尝过更多生活的酸甜苦辣。但是，岁月的流逝并不是没有意义，它让人们收获了生活的阅历和经验，增长了知识和才干，更积累了人生的体会和心得。皱纹的增加和经验的积累基本上是可以成正比的。在此，我愿意把我的一些生活工作的心得说出来，向你们倾吐我内心的话，更希望与你们共勉。

首先，对于每个人来说，美德是过有意义生活的基本要求。任何人都是社会的人，完全脱离社会而离群索居是不可能的。一方面，在社会比较之中我们才能区分好坏善恶，生活才有了意义；另一方面，社会生活得以维持就要求人们的道德自律，因而美德是须臾不可缺少的。实际上，如果没有道德意识和道德自律，我们不仅无法和谐相处，而且也难以正常地生活、学习和工作。试想，如果在课堂上有同学不遵守纪律而大声喧哗，那么我们怎么能够安心听课或讨论呢？如果没有基本的诚信，同学们之间怎么能进行正常的交往从而获得真挚的友谊呢？如果没有互相的关心，我们怎么能够获得和谐而精彩的生活呢？在这个意义上，美德并不是对人的约束，而是给人幸福和欢乐。美德之光会照亮我们的人生道路，让我们越走越宽广。

其次，美德是美丽的，也是平凡的。美德并不只是存在于轰轰烈烈的事业中，或者只存在于雄才大略的英雄人物身上，美德同样存在于人民的日常生活中，存在于普罗大众看似平凡的言行之中。美德就来自于我们，美德就存在于我们之间。从父母长辈对我们的悉心照料中，我们就可以感受到爱心的神圣；从同学们团结互助的行为中，我们也可以体会到德行的力量；当我们用稚嫩的双手为辛苦工作的父母或老师递上一杯清水时，美德就在我们的心灵中萌芽扎根了。美德不能只停留在语言文字之上，美德之美就存在于我们日常生活点点滴滴的道德行为之中，就存在于人们的亲力亲为上。美德之光就在我们的日常生活之中，这光让我们生活得充实。所以，神州大地不断涌现"最美妈妈""最美教师""最美司机""最美战士"……

再次，美德是人生最有价值的一种资源，是我们安身立命之本。人的价值在于他的奉献和创造。人对社会有多大贡献，他就实现了多大的人生价值。在这个意义上，做一个道德高尚的人并不是"吃亏"。一个有道德的人愿意为国家、民族和人民的利益牺牲自己的利益，那么他的美德行为不仅能够促进他的人生发展，而且有利于实现他的人生价值。譬如，如果你诚实守信，那么你就会获得大家的信任，这样你做任何工作都将非常顺利；如果你自觉地保护环境过"低碳生活"，好的环境就是对你德行的回报；甚至当你为了国家、民族的利益献出自己的生命时，人民对你的纪念和赞美，也成就了你最高的人生价值。美德是一种力量，这力量促进人的发展。美德之光就是人生价值之光，这"光"可以且必定升华我们的生命。

最后，美德的理想境界是永无止境的。青少年天天在成长，美德也需要随着主客观条件的变化而日益完善和改进，让美德在我们身上不断发扬光大。你们生活在一个创新因而也就具有更多可能性的时代，更多的发展选择也就为你们进一步发展光大美德提供了广阔空间。一个人做一件符合美德的好事并不难，难的是一辈子做好事、做符合美德要求的事。所以，我们必须时刻加强道德修养，让心中的美德之花开得越来越灿烂、越来越美丽。我们必须立足当下，着眼于未来。从点滴小事做起，胸怀天下大事，在生活和学习中不断提高遵循社会主义核心价值体系的自觉性。美德之光就是照向未来的光，这光引导着我们前行的道路。

让美德的光辉照亮我们成长的道路。有了美德，人生就有了意义；实践美德，人生就有了价值。希望我们每个人都能够自己创造性地塑造自己的美德生活。

一个有德行的人，处处都闪耀着美德的光辉。美德不仅照亮自己的生活，也让人间社会更明朗。身体力行做一个有道德的人，让美德之光与自己同在，这就是践行社会主义核心价值观的要求和规范。

亲爱的青少年朋友们，我希望你们在生活、学习中实践更美的德行，成就自己的美丽梦想，让美德照亮自己的人生！

拓展公共外交的空间和功能 [1]

　　21 世纪，全球化、信息化进程不断加深和扩大，资本、技术、人才、艺术、信息等要素活动空间不断得到解放，世界各个国家和地区之间的人民交流关系变得更加密切，我国外交工作的主体、对象及手段日趋多元，领域日益拓宽，内涵不断丰富。这既是机遇，也是挑战。中国过去的发展伴随了全球化的进程，中国未来的发展也与这一进程息息相关。在全球化的大背景下，如何提升我国的软实力，将理性、自信、包容、合作、负责、和平、发展的中国形象传递给世界，成为我们必须思考的问题。近年来，随着国际文化交流的日益频繁，大众媒体和新媒体的不断发展，普通民众主体性的不断凸显，作为一种新的外交形态，公共外交的观念也开始更加深入人心，公共外交的活动和研究也呈现出勃勃生机。这在本质上反映了世界人民对于和平发展、对于各个民族国家间的

1　本文是作者为《北外公共外交文化论丛（第 2 辑）：中西融汇》所写的序。张中载、吴子桐主编：《北外公共外交文化论丛（第 2 辑）：中西融汇》，外语教学与研究出版社 2013 年版。

友好交流，以及对于人与人之间的相互理解、相互信任的渴望和追求。

一

要谈公共外交，首先要理解"公共"。所谓"公共"（public）是近代社会的产物，它与封建社会帝王将相们的密室活动相反，公共的性质就在于公民之间开放的讨论和话题。外交属于主权国家之间的联络、交流、妥协和谈判过程。因此，公共外交是不同国籍的公民之间的活动，如果一个国家公民之间的交往，那是国民交往。国民的公共交往在一个国家的公共领域之内，而公共外交则在更广泛的国际间的公共领域之内。所以，公共外交是不同国家的人民之间进行的交往、沟通和相互理解的活动。公民活动是在公共领域内展开的，公共外交也是在公共领域展开的，只不过这个公共领域是国际间的。

"公共领域"（public sphere）一词的出现，与现代社会的组织方式发生转变有关。如果说政治理论家汉娜·阿伦特（Hannah Arendt）在 20 世纪 50 年代提出了这一概念，那么我们可以认为在现实历史中的公共领域恐怕早在这之前就已经形成并发展了。对问题的研究往往是在现实问题得到充分暴露的情况下才能展开，因此，只有当相对于私人领域的公共空间真正成为现实的情况下，人们才能从学理层面加以梳理。如果说"公共领域"的热潮

1989 年才来到的话，那么真实的原因恐怕是"冷战"的结束使被意识形态对立遮蔽的这个问题显现出来。人们对德国著名哲学家哈贝马斯（Habermars）的著作《公共领域的结构转型》的阅读，只能是伴随社会历史转折的话语现象或表面原因。公民意识的提升和公民社会的形成与发展是公共领域的真实基础。

公共领域也不是一天形成的。我个人认为，公共领域在历史上肯定早就存在，但是其广度和深度有一个历史发展过程。就典型意义的公共领域而言，这应该是近几个世纪人类自由交往活动的产物。实际上，正如政治学家约瑟夫·拉兹（Joseph Raz）说的："一般说来，所有的价值、权利和规范原则都是历史性的。"[1]"自由的理念本身就是一个历史的产物。它并不是一直存在的。"公共领域是与公民自由相联系的。自由是历史的产物，因而公共领域也就具有历史性。"自由理念的关键点，就在于它是历史性的。""政治自由和其他的政治理想是历史的产物。……这种理想存在于历史之中，它并不是从来就有的。"[2]理想的东西都是历史发展到一定程度的产物，其实现程度也是随着历史的发展而发展。

首先，公共领域是现代（modern）社会的产物，具体

1　[英]约瑟夫·拉兹:《政治中的自由：在自主性与传统之间》，载李建华主编:《伦理学与公共事务（第 3 卷）》，湖南人民出版社 2009 年版，第 18 页。

2　[英]约瑟夫·拉兹:《政治中的自由：在自主性与传统之间》，载李建华主编:《伦理学与公共事务（第 3 卷）》，湖南人民出版社 2009 年版，第 8、18 页。

说，现代社会的生产方式和生活方式为公共领域的形成提供了前提。公共领域不可能在自然经济或封建主义制度下形成，换言之，公共领域是市场经济的产物。在自然经济状态下，人们是遵循着自然季节的节律而生活的，由于生产力低下和手工劳动，经济单位往往是分散的家庭。在那种氛围下，人们往往崇尚或屈从于家长制，因为年龄本身就体现着随岁月增长的经验知识和道德权威。而在现代工业社会，许多人聚集在一起工作，这为公共领域的孕育创造了条件；而平等地进行等价交换，也为公共生活的平等交往提供了可能性。后工业社会或知识经济所创造的超权威的差异和自由的文化，进一步拓展公共交往和话语交流的空间，从而推进了公共领域的扩大。

其次，公共领域是民主社会或人民有了自由、平等权利之后的产物，具体说，人们之间平等、自由地讨论是公共领域形成的条件。在封建制度下，私人性质的事务用不着在公共领域讨论，即使那些非私人性质的事务，也无法在公共领域内讨论，如密室政治、国家外交活动等等。封建制度下的国家事务，本质上不属于公共领域内讨论的话题，相反地，那时，人们明哲保身的做法是"莫谈国事"。在这个意义上，公共领域是具有平等权利的公民自由行使话语权的地方，在这个领域形成公共舆论和文化认同。

再次，现代通信手段以及媒体（例如报纸、杂志、电台、电视、网络等媒介）的力量是公共领域的重要载体。公共领域最初只能表现在沙龙、会议室、广场等地方，在这里人们可以面对面地交流，但是这种公共领域在尺度上是有限的，往往成为某些精英们操纵的领域；广播、报纸和电视扩大了公共领域，但是，其互动的可能性大受限制，在某种意义上仍然无法真正体现公共领域自由、平等对话的性质；而现今的网络、手机、博客、微博等新媒体则进一步推进了互动的空间，从而也拓展了公共领域。

可见，公共领域伴随着现代社会的发展进步而不断形成和拓展自己的空间。我认为，对这个问题的研究和探索本身也促使公共领域进一步得到拓展。公共领域有自己的功能：形成舆论，监督权力；达成共识，强化认同；话语交流，视野融合；讨论话题，文化创新……公共领域是一个富有创造力的领域，构建富强、民主、文明、和谐的社会，必须推进公共领域的拓展，形成公民自由表达话语的空间。"但是，无论我的看法多么地认同自由的历史性，它也绝不是相对主义的。我相信，自由的理念是以具有说服力的理由（cogent reason）为基础的，而这些理由是人们不得不承认的。"[1]我不同意拉兹的这种观点，我认为自由的理念也好，其他价值观念也好，其具有了说服力是基于人们的历史活动和社会实践促成的历史进步。正是基于人们的社会斗争，才可能出现拉兹所说的

1　[英]约瑟夫·拉兹：《政治中的自由：在自主性与传统之间》，载李建华主编：《伦理学与公共事务（第3卷）》，湖南人民出版社2009年版，第9页。

情况："通过转变为真实的历史存在物，自由就在传统中获得了自己的身份（identity）。"[1] 正是通过人们的社会实践，人的自由才能转化为历史存在物，获得自己的法定权利。有了自由权利和自由自主的实践活动，才能形成和拓展真正的公共领域。

二

如果说一个国家内部的公共领域是整个国家版图内公民活动的空间，那么公共外交的舞台则是整个世界！如果说一个国家内部公民有平等、自由的话语权才能有真正的公共领域，那么不同国家公民之间的平等对话才能算得上是公共外交的范畴。

尽管公共外交活动早就有所拓展，如中日建交之前的民间往来，中美之间的"乒乓球外交"，都可以纳入公共外交的范畴。但是，在冷战背景下，意识形态的隔绝、民间国际往来机会的缺乏和信息交流的不畅通，导致公共外交还不可能成为一种"现象"。公共外交的凸显是冷战之后经济全球化过程的产物之一，是美苏两个超级大国控制秩序轰然崩溃之后的结果。经济全球化带动了人员的全球流动，信息技术的革命促进了不同国家之间人民的相互交流和对话，这种情境为不同国家的公民之间

---

1 ［英］约瑟夫·拉兹：《政治中的自由：在自主性与传统之间》，载李建华主编：《伦理学与公共事务（第3卷）》，湖南人民出版社2009年版，第13页。

进行平等交往和对话创造了空间，也提供了话题。

公共外交是一种外交，而"外交政策的主要组成部分是不同国家的人与人之间的交流，而这些交流的成功与否很大程度地决定着外交政策的成败"[1]。公共外交作为一种现象，既有以往外交范畴所具备的国际交往、相互理解和利益妥协的内容，也具备某些新的功能。

首先，公共外交拓展了外交的主体。以往外交往往是政治家的对外交往活动，而公共外交使这个交往进程拓展到不同国家的公民之间。这就有利于建立不同国家公民之间的相互理解，增加不同国民之间的相互尊重，而且在交往过程中不同国家的国民都有一个视野融合而扩展视野的可能性。国民性和世界视野的结合所形成的新思维，有利于国际间问题的思考和解决。

其次，公共外交拓展了外交的领域和深度，使政治交往向经济生活交往、文化交往延展。外交行为建立在广大国民之间相互理解和尊重的基础上才可能获得更加坚实的成果。因此，"民间组织甚至普通百姓作为'中国故事'的讲述者无疑更加具有说服力甚至公信力"[2]。另外，人类往往以自己的文化范式作为优劣标准去评价其他文化，这就会产生误解甚至冲突。只有通过交往才能消除误解，增进理解。按照亚历山大·文特（Alexander

---

1　[德]马勒茨克：《跨文化交流》，潘亚玲译，北京大学出版社2001年版，第1页。
2　北京外国语大学公共外交研究中心：《中国公共外交研究报告（2011—2012）》，时事出版社2012年版，第213页。

Wendt）的说法，即"人类在共同体中的交往意味着，重复的互动能使互相依赖的结局改变成有效用的互相依赖"。[1] 公共外交就为外交奠定了更广泛而深厚的生活和文化基础，有利于建立相互理解和相互尊重的关系，形成"各美其美，美人之美，美美与共，天下大同"的和谐世界新文化范式。

最后，公共外交也扩展了外交的途径和方法。尽管公共领域的外交使原本密室可以谈的事情变得有些尴尬，政治家们因此惧怕公众舆论而畏首畏尾，使外交妥协失去灵活性。但是，有的时候，公共外交也可以打破僵硬的政治运转机制，创造许多微妙的交流对话机会，从而为国际之间的外交活动创造气氛，打破许多僵局。例如，最近美国篮球运动员罗德曼（Rodman）访问朝鲜，就使原本难以接触的关系成为可以进行的进程。

在经济全球化、资源匮乏、环境恶化和安全问题日益凸显的情况下，公共外交可以扮演越来越重要的角色。党的十八大报告在原来"同舟共济，权责共担"的理念基础上，进一步提出"增进人类共同利益"，倡导"人类命运共同体意识"，这就给公共外交的发展提出了新的使命。这就要求我们不仅自己团结起来，实现中华民族的伟大复兴，而且我们还要承担国际责任。在这个过

1　[美] 亚历山大·文特：《国际政治中认同和结构变化》，载约瑟夫·拉彼德、弗里德里希·克拉托赫维尔主编：《文化和认同：国际关系回归理论》，金烨译，浙江人民出版社 2003 年版，第 84 页。

程中，我们需要包容他者、理解他者、尊重他者，通过互动共同为对方承担起责任。共同的命运需要我们同舟共济，这就要求全人类都能够认识到在"风险共同体"（Risikogemeinschaft）[1]背景下必须相互尊重、相互理解，携手共克时艰，而达成这一点就需要扩大公共外交。

三

显然，公共外交的价值和意义值得大家期待。我国经济稳定发展、国际影响力不断提升，公共外交也不断发展。中国高举和平、发展、合作、共赢的旗帜，在外交思想领域勇于探索，积极创新，先后提出了构建和谐世界、始终不渝走和平发展道路、外交以民为本等重要思想。公共外交"尊重人民、依靠人民"的特色，也成为我国"以民为本"的外交传统的重要延伸。而党的十八大政治报告中也第一次明确提出中国"将扎实推进公共和人文外交"。公共外交的发展要使我国"在政治上更有影响力、经济上更有竞争力、形象上更有亲和力、道义上更有感召力"[2]。中国公共外交迎来新的历史机遇，肩负新的时代使命，步入新的发展阶段。

在推进公共外交的进程中，北京外国语大学可以有

1　[德]尤尔根·哈贝马斯:《包容他者》，曹卫东译，上海人民出版社 2002 年版，前言第 1 页。

2　2009 年 7 月 17 日至 20 日，第十一次驻外使节会议在北京召开，本句摘自时任中共中央总书记、国家主席、中央军委主席胡锦涛在会上发表的重要讲话。

所作为。作为中国共产党亲手创办的第一所外国语学校和"共和国外交官摇篮"，北外始终秉承延安精神，发扬"人民需要我们到哪里，我们就到哪里"的优良传统，充分利用语言优势和学科资源，在 2010 年率先成立了我国首家高校公共外交研究中心。中心成立两年来，将公共外交研究和实践有效结合，促进了公共外交教学科研的良性发展，每年还举办"公共外交论坛"以促进思想和理念的交流，也为公共外交实践提供理论和智力支持。2011 年，北外自主招生的公共外交硕士项目正式获得教育部批准设立。2013 年 9 月，第一批公共外交研究生就将在北外入学，从而为公共外交培养一批专门人才。我校还成为 2012 年底成立的"中国公共外交协会"的创始会员。北外也注重进一步挖掘学科资源，成立了中国文化"走出去"协同创新中心，并在中华文化海外传播数据库建设以及日本、英国、中东欧、加拿大等国际区域与国别问题研究方面取得创新和突破，以学术为力量，会世界友人。

北外是我国外交、翻译、经贸、新闻、法律、金融等涉外高素质人才的重要培养基地之一，其中走出 400 多位大使，1000 余名参赞。北外也因此成为中国拥有最广大外交官校友群体的高校。"北外公共外交文化论丛"第一辑《从这里走向世界》是北外建校 70 周年之际北外人对学校改革发展特色与成果的一次归纳，是北外公共外交研究中心发挥自身优势，整合社会资源，深入研究阐释重大理论和现实问题，服务我国公共外交发展战略的科研成果汇编。

"北外公共外交文化论丛"第二辑即将出版，这是在北外公共外交研究和实践的新的发展阶段，我们积极有效地开展公共外交，是服务于早日建成小康社会的需要，也是服务于提高中国国际影响力、亲和力和感召力的需要！这些成绩增强了我们的道路自信、理论自信、制度自信，鼓舞我们继续挖掘自身语言优势，推动公共外交研究和实践不断发展，让北外更加有动力积极参与国家人文外交事业，"让中国了解世界，让世界理解中国"！

让我们在探索基础上总结，在总结过程中创新，在创新中开辟新的探索和实践，为我国公共外交和对外人文交流事业的美好明天贡献更大的力量！

2013 年 3 月 3 日于北京外国语大学

解决重大现实问题，必须凝聚社会共识[1]

——《理性看　齐心办——理论热点面对面 2013》读后感

在深入进行党的群众路线教育实践活动中，为进一步深化学习宣传和贯彻党的十八大精神，更好地回答干部群众普遍关心的热点问题，中央宣传部理论局组织编写了《理性看　齐心办——理论热点面对面 2013》一书。读后我深感该书有以下几个突出的特点。

首先，该书能够真切地倾听时代的呼声，直面现实问题和人民群众关心的问题，因而能够引起人民群众的共鸣。该书在编写前用各种形式进行了大量的调查，为的就是倾听群众的心声，了解真实的问题和问题形成的症结所在，经过梳理和归纳，确定了要阐明和解决的问题，即围绕公平正义怎么保障、收入分配怎么改革、环境恶化怎么扭转、食品安全怎么监管、教育质量怎么提高、养老难题怎么破解、道德失范怎么治理、铺张浪费怎么

1　本文发表于《光明日报》2013 年 8 月 19 日。

杜绝、干部作风怎么改进等九个热点问题，进行分析和探索，寻求解决之道。这几个问题都是与人民群众切身利益密切相关因而也是人民群众普遍关心的问题。这些问题的解决是否得当，既事关人民群众能否安居乐业的民生问题，也事关改革开放和中国特色社会主义事业成败，该书对这些问题都进行了实事求是的分析和探讨。

其次，该书在分析问题中，注意从凝聚社会共识的角度去谋篇布局，从而体现了我们党的群众路线的真谛，即依靠人民群众的力量通过深化改革来解决问题。譬如，书中指出："群众反映强烈的社会不公现象，大都与一些领域改革不到位有关。"像城乡二元结构还没有打破，城乡社会服务和福利的差距仍然很大，进城务工的农民在城市内享受不到同等的待遇因而找不到归属感，等等。既然如此，这些问题就必须通过深化改革来解决。但是，只是指出问题还不够，还要凝聚大家的共识才能解决问题，要凝聚共识就必须用理性的态度对待问题和问题的解决。面对各种错综复杂的矛盾，需要的是社会理智和智慧，而不是把问题极端化从而进一步激化矛盾。为此，该书从历史、社会、文化等方面分析了许多问题形成的原因，指出了问题"牵一发而动全身"的复杂性，也明确了"罗马城不是一天建成"因而问题的解决不可能一蹴而就，更重要的是提出了齐心协力深化改革切实解决各种问题的思路和对策。

最后，该书在表达方式上尽力贴近社会现实和群众生活，用人民群众的语言来表达对各种热点问题的看法，用人民群众喜闻乐见的话语来谋划解决问题的方法。譬如，在文中大量使用"萝卜招聘""拼爹""火箭提拔"这样来自群众的生动形象语言鞭挞用人不公的问题。再如，在如何扭转环境恶化的问题时，书中就讲了"众人拾柴火焰高""打铁还须自身硬"的道理。用群众语言回答群众关心的问题，这就告诉我们，任何问题的解决都不是与社会每个成员不相关的问题，不是"别人的"问题，而是"我们的"问题，"大家的"问题，需要大家从我做起，从现在做起。实际上，文风问题不单纯是文风的问题，而是党风、政风、工作作风的问题，所以，书中还专门阐释了干部作风怎样改进的问题。干部的不良作风已经成为人民群众深恶痛绝的事情，我们既要看到问题的复杂性和解决问题的长期性，但是也要看到解决问题的必然性和可能性。现在，党的群众路线教育实践活动，明确反对形式主义、官僚主义、享乐主义和奢靡之风。通过教育实践活动，领导干部的形式主义开始变少了，领导越来越敢于直面事实了；官僚主义作风收敛了，推诿的少了；大手大脚、铺张浪费的现象得到了初步遏制；文风改善了，讲空话、套话、大话，打官腔的人越来越少了……更为重要的是，像过去在某些地方有不良作风甚至可以堂而皇之地不以为耻、反以为荣的现象得到遏制。人民群众由此看到了希望！

总之，《理性看　齐心办——理论热点面对面2013》

用实事求是和不回避问题的态度、生动活泼且通俗易懂的语言，对群众关心的社会热点问题，做了有针对性、有说服力的回答，科学解读了党和政府采取的政策措施，深入阐明对群众的相关利益安排，有助于人们更好理解中央各项决策部署，进一步把全国各族人民的思想和行动统一到党的十八大精神上来，坚定中国特色社会主义道路自信、理论自信、制度自信，凝聚起中国人民实现中华民族复兴的伟大梦想的强大正能量。

"思想品德"课程十年改革的理念
与发展趋势 [1]

初中"思想品德"课程标准及教材改革已经走过了十多年的历程，总体上说得到了社会的肯定和师生的欢迎。作为亲历者和参与者，对其中的反反复复和曲曲折折有着更多切身的体会。

一

就时间的进程而言，大概有下列一些节点：2002 年 3 月标准研制项目启动，教育部组织了项目的申报，我在这之前曾经担任"历史与社会"的课程标准研制组负责人，因而没有参与竞标申报，但参与了北师大申报组的一些讨论。最后，教育部根据各个申报单位的情况，打乱了原有的分别申报的人员，选择了由高校专家、一线教师

---

1 本文发表于《社会科学报》2013 年 11 月 21 日。原题目为《我所经历的思想品德课程改革十年》。

和教研员、出版社编辑等人员构成的研制队伍，确定了研制组的成员和负责人。教育部决定由时任中央教育科学研究所所长朱小蔓同志总体负责初中和高中的政治课标准的改革与研制工作，我再一次"被"参加，领衔负责初中的标准研制，由人民教育出版社的朱明光同志负责高中的标准研制。

2002年8月标准研制项目启动，当时我还在美国哈佛大学访问进修，9月中旬才回到北京投入工作。8—10月，教育部和研制组在北京、重庆、广东、宁夏四省市进行了关于中学政治课的调研。在教育部有关领导的催促下，我提前几天结束进修回到北京。回京的第三天即在北师大召开了思想品德组的会议，布置研制工作，随后大家就投入到紧锣密鼓的研制工作之中。记得由于我在国外，高中的课程标准早已经进入了研制状态，初中的在我回来之后才真正启动。所以，在第一次汇报研制情况时，初中明显落后于高中。但是，在大家的努力下，我们很快就进入了状态，进展非常顺利。当给教育部部长助理李连宁同志及基础教育司的负责同志汇报研制纲目时，初中的课程标准就已经基本成形，得到了领导同志的充分肯定。经过全体研制人员的努力，在朱小蔓同志的指导下，我们只花几个月的时间就拿出征求意见稿，分头征求几个省市一线教师、教研员的意见，也征求了人文社科专家、教育专家以及中央各部门的意见。从各方面得到的反馈也比较积极，各方面也提出了许多建设性意见。当时，大家夜以继日地研讨、写作，逐字逐句地修改，都很累、很疲劳。记得在征求意见的会上，我就开始发烧，等开完会吃饭时就撑不住，只好去休息。实际上，当时的"非典"已经开始出现，但还没有像后来那样进行隔离。如果把我隔离了的话，我们研制组就会在没有组长的情况下工作了。还记得2003年3月间，召开了最后一次讨论确定送部领导审定稿的会议。当时"非典"的肆虐处在最严重的时候，已经进行人员隔离。我们既不能到教育部，教育部的领导和外单位专家也无法来北师大。只好确定只有我们两三人去教材中心与教育部有关负责同志会合，用了一个下午的时间定了稿。等我完成审稿回到师大时，由于只带了身份证而没有带工作证，门卫不让我进入校园。后来给校办打电话，经过核实情况才放我进校园。

"非典"的肆虐并没有阻止我们的工作进程。2003年4月，"思想品德"实验稿经教育部审定颁布。随后就是教材的编写、审定和使用了。应该说，教材的使用和实验也非常顺利，各地在实验过程中也积累了许多探索性的经验，提出许多建设性的意见。2006年年末，教育部启动了义务教育阶段的课程标准，并且重组了标准修订组，但是当时"历史与社会"也同时启动，教育部安排我担任"历史与社会"的修订组组长，尽管我本人的专业背景可能更适合"思想品德"课程，但是既然教育部已经确定我也就没有参加"思想品德"的修订工作。当然，后来朱小蔓同志仍然把我视为修订组"副组长",因为修订中基本未对实验稿框架进行颠覆性改变,这让我非常感慨与感动。2011年"思想品德"同其他基础教育课程标准一起经审定通过,2012年1月正式颁布。

二

为什么要进行课程改革?改革的必要性何在呢?我认为,课程改革是一个永恒的过程,这是因为教育与社会是相互塑造的,社会在发展,教育也必须跟上时代的步伐,同时还要对历史的发展具有一定的前瞻和引领。中国改革开放和中国特色社会主义事业的发展,已经从根本上改变了中国的社会结构和文化面貌,也大大改变了中国在世界格局中的地位。面对这样一种深刻的社会变革,"思想品德"课程必须做出自己的回应。

"思想品德"课程有很多任务,但概括地讲有以下变革性目的:一是应对市场经济体制的发展,"思想品德"课程必须满足社会对青少年道德教育的更高要求,这就是公共秩序和公德意识的培养;二是应对社会变革带来的生活方式的变化,突出了生活、生命教育和价值观引导的任务;三是在全球化和世界文化相互激荡的背景下,我们必须积极介入弘扬和培育民族精神的工作,强化文化认同和国家认同教育;四是面对科学技术的发展和知识经济的到来,我们必须强化创新精神和批判性思维的教育。

就"思想品德"标准的研制而言，首先是名称的确定本身就是一次成功的改革。从初中"思想政治"改为"思想品德"，不只是换了一种"叫法"、一种"名称"，而是理念的更新和思维的转换。初中阶段是青少年从儿童到成年人的过渡时期，具有较强的可塑性，然而这同时也表示他们的观念和品格还不很稳定。在这个时期，更多地应该进行人格和品德教育。初中阶段是人生过程中最好学的时期，他们对自然、社会和人生都充满好奇心，勇于体验，善于吸取，但是在理智上还不成熟，情绪上容易波动。在这个时期，更多地应该进行公德教育。初中阶段是人生的立志时期，其思想品德和品格意志对其一生都起着奠基性的作用。在这个时期，更多地应该进行价值观教育。鉴于此，我们建议把原来初中讲的社会发展简史，结合历史或"历史与社会"去讲，而把更多的内容放在品德、人格、公民道德和价值观教育上。

其次，我们在研制过程中充分考虑了教育规律，注重儿童身心发展特点和学生视角。例如，我们的研制课程理念提出：把初中学生逐步扩展的生活作为课程展开的基础，让学生感到不是学习外在的东西，而是探索生活本身；把帮助学生过积极健康的生活，做负责任的公民作为课程追求的核心目标，体现一切为了学生的社会性成长；为了社会培养积极进取的公民；把坚持正确价值观念的引导与学生独立思考、积极实践相结合作为课程的基本原则，把外在的灌输与生活体验和自我反思结合起来，才能让正确的人生观、价值观内化为人生的指南。

再次，课程的形态也发生了重大变化，即用问题意识和生活主题替代了原来以学科逻辑组织学习内容的方式。初中"思想品德"课是为了适应对学生综合进行心理健康、伦理道德、法律和国情教育的需要而开设的，因此我们讲的就不再是心理学、伦理学和法学知识，而是根据思想品德教育来综合地整合各种知识。"思想品德"被规定为一门以初中学生生活为基础、以引导和促进初中学生思想品德发展为根本目的的综合性课程。"思想品德"课程有了自己自主的逻辑，从学科本位的知识叙述方式转向以生活主题对各种有利于青少年成长的知识进行综合叙述，同时强调对知识运用和实践能力的培养的课程整合理念。由于知识叙述理念的变化，课程资源也出现了多样化拓展和根据不同条件进行可选择性建设的可能性。

三

"思想品德"十多年的课程改革，已经给初中的德育带来许多新的变化。这些变化主要表现在：一，改变了纯粹概念式、口号式的意识形态教育，逐步变成把意识形态渗透到生活、学习和文化知识之中，使政治要求和生活规范、文化素质结合起来，形成了把思想教育与人生成长、品德养成及公民道德教育相结合的教育模式。二，改变了过去往往到处一样、方法单一的政治教育模式，逐渐认识到：在要求实现统一的教育目标的同时，要充分注意学生的个性特点和学生自身的发展兴趣，把统一的要求与学生的差异性特点结合起来。三，改变了过去不分年龄和身心发展阶段差异的政治教育模式，减少了单纯的宏大概念叙事，试图把主流的社会价值观与儿童成长过程结合起来，把政治要求和儿童生活特点、儿童视角结合起来进行教育。四，强化了生命教育的内容，由单纯的社会目标教育转变到社会目标与个体生命价值的结合，尤其是 2011 年修订版进一步强化了生命的价值和生命的多样性教育。五，改变了过去单纯灌输的教育方法，逐渐形成把思想教育、价值观教育与学生自我体验、自我反思相结合的教育方法，与过去相比更强调自觉、自省、自主、自律和自我教育。

总之，"思想品德"课程经过十多年的探索和实验，基本的框架已经比较成熟，所讲述的内容也越来越稳定。这本身就证明：课程改革和价值观教育必须基于儿童发展阶段的身心特点，德育必须遵循教育规律，必须回应社会发展的要求，才能取得成功。

民族精神：实现中国梦的强大力量[1]

一

2013 年 3 月 17 日，习近平总书记在第十二届全国人民代表大会第一次会议的闭幕会上发表讲话，强调实现中国梦必须弘扬中国精神。中国精神就是以爱国主义为核心的民族精神，以改革创新为核心的时代精神。这种精神是凝心聚力的兴国之魂、强国之魄，无魂的精神没有价值追求，无魄的精神缺少生命的活力。在当前，社会主义核心价值观就为中国精神注入了目标之魂，实现中华民族伟大复兴的中国梦则为中国精神注入了生命活力之魄。

爱国主义为什么是民族精神的核心，那是因为爱国主义始终是把中华民族坚强团结在一起的精神力量；改革创新为什么是时代精神的精髓，那是因为改革创新在

---

1 本文发表于《中国教育报》2014 年 7 月 11 日。为该报"深入学习贯彻习近平总书记系列教育论述专题"栏目征集的论文。

当前始终是鞭策我们与时俱进的时代性意识。在深化综合改革的关键时期，全国各族人民一定要弘扬伟大的民族精神和时代精神，不断增强团结一心的精神纽带，鼓起自强不息的精神动力，永远朝气蓬勃地迈向历史的未来。

习近平同志在北京海淀区民族小学主持召开座谈会时指出："为什么中华民族能够在几千年的历史长河中顽强生存和不断发展呢？很重要的一个原因，是我们民族有一脉相承的精神追求、精神特质、精神脉络。"[1]实际上，中国精神早就存在，它一直蕴藏在中华民族的生活世界之中。我认为，《易经》所讲的"天行健，君子以自强不息；地势坤，君子以厚德载物"这句话，最能够体现自古以来的中国精神。这种表述交织着整个中华民族的历史行动与美德涵养之间相互促进的统一性。

习近平同志说："中华民族是富有创新精神的民族"，"创新精神是中华民族最鲜明的禀赋"。[2]中国精神孕育发展到现在，有了更加具有时代特征的内涵。当代中国的民族精神和时代精神，托举着中华民族伟大复兴的光荣梦想，执着于改革开放的发展之路，都是自强不息、厚德载物这种中国精神的最新体现。实际上，一个民族的

1　摘自习近平同志 2014 年 5 月 30 日在北京海淀区民族小学主持召开座谈会时的讲话。
2　摘自习近平同志 2014 年 6 月 9 日在中科院第十七次院士大会、工程院第十二次院士大会上的讲话。

时代精神是这个民族精神最具时代性的体现，而一个民族的民族精神只有不断与时俱进，才能在历史进步过程中引领时代的步伐。中华民族的民族精神是与时俱进的精神，是历史性和时代性的统一，继承与创新的统一。它始终是发展的、前进的。在我国革命、建设和改革的每一个重要历史关头，都会孕育出新的民族精神。在这个意义上，时代精神也是一种民族精神，是民族精神的时代体现。我们常说的"五四精神""井冈山精神""长征精神""延安精神""雷锋精神"等等，都是中国民族精神的具体表现。

二

　　民族精神在历史中客观存在着，但是对民族精神的认识和自觉表达则有一个过程。作为一个历史哲学的概念，"民族精神"是近代以来的产物。18 世纪法国启蒙思想家孟德斯鸠，大概是最早论述民族精神的学者，因为他把一个民族的精神气质与这个国家的地理、法律、宗教、文化的传统联系起来加以考察。在其名著《论法的精神》中，孟德斯鸠说："人类受多种事物的支配，就是：气候、宗教、法律、施政准则、先例、风俗习惯。结果就在这里形成了一种一般的精神。"在这里，所谓"一般的精神"就是指一个民族地理、生活和文化等因素综合而成的普遍精神特质，也就是我们所说的"民族精神"。

其后的许多法国启蒙思想家多主张普遍的理性，因而不太关注民族特性和民族精神问题。也许，德国思想家赫尔德（Herder）是最早明确提出"民族精神"概念的人。在其 1774 年出版的《另一种历史哲学》一书中，他指出：每一种文明都有自己独特的精神，也就是它的民族精神。这种精神创造一切，理解一切。这种历史唯心主义的对民族精神的理解是当时的主流，但是也是基于民族精神的强大能动力量。如军事家克劳塞维茨曾经指出："精神力量是战争中最重要的主题之一。它们构成了整个战争最具有生气的主力。此种力量再与意志融合在一起就能成为推动和指导全民的力量。""主要的精神力量为指挥官的才智、军队的武德及其民族精神。"[1]黑格尔大概是论述民族精神最多的哲学家，他继承了赫尔德关于民族精神的概念，从其理性或"世界精神"统治世界及世界历史的基本理念出发，认为"世界精神"发展的每一个阶段都和任何其他阶段不同，所以都有它的一定的特殊的原则。在历史当中，这种原则便是反映世界历史特殊阶段精神特性的"民族精神"，或者说，"民族精神"就是世界精神的特殊的阶段性体现。在这种世界历史的特殊性和阶段性的限度内，民族的宗教、政体、伦理、立法、风俗，甚至民族的科学、艺术和技术，都具有民族精神的标记。按照黑格尔在《历史哲学》中提到的说法就是：

1　[德] 克劳塞维茨：《战争论》，钮先钟译，广西师范大学出版社 2003 年版，第 62、63 页。

"一个民族的'精神'便是……具有严格规定的一种特殊的精神，它把自己建筑在一个客观世界里，它生存和持续在一种特殊方式的信仰、风俗、宪法和政治法律里——它的全部制度的范围里——和构成它的历史的许多事变和行动里。"

进入 20 世纪之后，德国历史哲学家斯宾格勒（Spengler）和英国历史学家汤因比（Toynbee）都曾经讨论过民族精神的问题。尤其是斯宾格勒对民族精神进行了彻底唯心主义的解释："各个大文化"是"由最深沉的精神基础上崛起"，而民族反而是这种精神体现的"文化的产物"。他还尝试对民族精神或文化的象征符号进行规定。譬如，日耳曼文化是浮士德精神，而直刺云霄的哥特式建筑就是这种精神的"基本象征"符号。他还说，希腊的基本象征是"有形的个体"，中国的基本象征是"道"，等等。

虽然赫尔德、黑格尔等人对民族精神的使用和解释，都是唯心主义哲学的产物，他们把历史进程看成是精神的外化现象。但是，在他们的思想中，也不是没有一点积极的因素或内核。正如恩格斯指出的："像对民族的精神发展有过如此巨大影响的黑格尔哲学这样的伟大创作，是不能用干脆置之不理的办法来消除的。必须从它的本来意义上'扬弃'它，就是说，要批判地消灭它的形式，但是要救出通过这个形式获得的新内容。"（《路德维希·费尔巴哈与德国古典哲学的终结》）马克思主义反对从所谓理性或精神出发去研究历史，他们反而希望在实际的历史活动之中确立理性或精神所反映的内容及其发挥的作用。在观察和分析世界范围内各民族国家的问题时，马克思主义经典作家也考察了不同民族在精神领域的特殊表现和现象，他们对"民族个性""民族性格""民族特征""国民精神""民族意识"等与民族精神相关的问题进行过许多精辟论述。在他们看来，民族精神是一个民族性格的特征。一个民族的民族精神是这个民族之所以是这个民族而不是另外一个民族的根本特质和内在的规定性。每个民族都具有鲜明的民族性格，这种性格或精神是这个民族生产方式和生活方式的反映。后期的马克思更加注重民族文化的特性，他阐发了历史发展规律与民族特性之间的辩证关系。

在当代中国，毛泽东明确使用过民族精神的术语。1938年5月，他在《论持久战》中就指出，日本帝国主义"灭亡中国的政策，分为物质的和精神的两个方面"，其中"在精神上，摧残中国人的民族意识"。[1] 1939年10月10日，毛泽东在《目前形势和党的任务》中指出，日本帝国主义为达其侵略目的，妄图"消灭中国人的民族精神"[2]。毛泽东还多次提出要以民族精神教育后代。中国进入改革开放之后，邓小平也讲过，要发展必须一手抓物质文明，一手抓精神文明。他指出："不加强精神文明的建设，物

---

[1] 《毛泽东选集（第2卷）》，人民出版社1991年版，第455页。

[2] 《毛泽东选集（第2卷）》，人民出版社1991年版，第615页。

质文明的建设也要受破坏，走弯路。"[1]邓小平说的精神文明建设就是要弘扬中华民族的民族精神，树立中国人民的共同理想。江泽民同志特别重视根据时代要求弘扬和培育民族精神的重要任务。他指出："民族精神是一个民族赖以生存和发展的精神支撑。""面对世界范围各种思想文化的相互激荡，必须把弘扬和培育民族精神作为文化建设极为重要的任务，纳入国民教育全过程，纳入精神文明建设全过程，使全体人民始终保持昂扬向上的精神状态。"[2]习近平同志对中国精神的论述，就是中国共产党人在继承毛泽东、邓小平等人论述的基础上关于民族精神的最新阐释。

三

马克思主义者之所以重视民族精神，就是站在历史唯物主义的立场上，既超越唯心主义的历史观，也超越旧唯物主义的历史观。马克思主义把人民群众的实践看作是自觉的、主动的、积极的、有目的的活动，这种活动是主观见之于客观的对象性活动，是有理想信念、有精神价值的实践活动。脱离了客观的实践活动，精神什么都做不了，但是没有精神就不可能有任何自觉主动的实践活动。

---

1 《邓小平文选（第3卷）》，人民出版社1993年版，第144页。
2 《江泽民文选（第3卷）》，人民出版社2006年版，第559、559、560页。

民族精神可以构成民族文化认同和民族命运共同体的联结纽带。民族精神根源于一个民族生存的环境、生活方式、文化传统之中，这种精神来自民族生活的特殊样态，反过来也塑造着民族的生活样态。中国精神即中国的民族精神，它在生活繁衍于东亚神州大地、山川、海洋的中华民族的历史性的活动之中孕育而来，它也不断地塑造着中华民族的生活方式、思维方式和情感表达。从东海之滨到喜马拉雅山，从北国漠河到南海三沙，中国人民有着丰富多样的生活和文化，但是正是作为民族精神的中国精神把 56 个民族及其所有职业的中国人连接起来。中国精神既是中华民族的魂魄，也是中华民族命运共同体的联系纽带。

民族精神可以促进形成民族振兴和文明发展的价值目标。一个人有了意识，才能有自己的梦想，才能有价值追求。同样，一个民族有了民族精神才会有民族自觉，这样的民族才能有民族整体的梦想，才能有整个民族的价值目标。习近平同志在北京大学师生座谈会上的讲话中指出："如果一个民族、一个国家没有共同的核心价值观，莫衷一是，行无依归，那这个民族、这个国家就无法前进。"[1] 中国精神即中国的民族精神构成了中华民族所有成员价值观的共同基础，当前最突出的价值目标追求就是实现中国梦即中华民族的伟大复兴。有了中华民族

1　摘自习近平同志 2014 年 5 月 4 日在北京大学师生座谈会上的讲话。

的梦想和价值追求，我们才在外敌入侵的情况下浴火重生，摆脱了半封建半殖民地的境地；有了中华民族的梦想和价值追求，我们才取得了中国特色社会主义建设的伟大成就，重新回到世界的中心舞台，屹立在世界民族之林。

民族精神能够提供社会发展和文明进步的强大推动力。人类活动的最大特点就是有意识的自觉活动，这决定了精神力量对于人类实践的重要性和必不可少的特征。民族精神由此成为民族发展与振兴的强大动力。民族精神的强弱，往往决定了一个民族生命力和创造力的强弱。中国是一个有着五千多年灿烂文明的国家，中华民族是一个不屈不挠、历经磨难而自强不息的民族。鸦片战争以来，在强大的民族精神鼓舞下，中华民族不甘忍受耻辱，前赴后继，用血肉长城驱逐了侵略者，谱写了一曲又一曲保卫祖国母亲的悲壮战歌。今天，在与时俱进的民族精神激励下，亿万中华儿女投身中国特色社会主义事业中去，建设富强、民主、文明、和谐的国家，实现中华民族的伟大复兴。

民族精神还有利于升华民族整体和全体成员的素养。精神的力量是一种升华的力量。一个人是要有点精神的。人有了精神才能有理想信念，才能做到"富贵不能淫，威武不能屈"。同样，一个民族也必须有自己的精神，才能成为文化繁荣的民族，才能成为文明进步的民族。正是这种闪烁着时代光辉的民族精神，造就了一批又一批具有先进思想及顽强奋斗精神的杰出人物，如孙中山、毛泽东、邓小平，如华罗庚、钱学森、袁隆平，如雷锋、焦裕禄、孔繁森。他们为振兴中华上下求索、矢志不渝，推动了历史发展和民族进步，深刻地改变着时代的面貌，他们高扬鲜明的时代精神，挺起了坚强的民族脊梁，成为中国人民的榜样。这就是一个民族精神力量的淬炼，它能够把一个民族提升到文明的新境界。正如习近平同志指出的："中华文明绵延数千年，有其独特的价值体系。中华优秀传统文化已经成为中华民族的基因，植根于中国人内心，潜移默化影响着中国人的思想方式和行为方式。今天，我们提倡和弘扬社会主义核心价值观，必须从中汲取丰富营养，否则就不会有生命力和影响力。"[1]

总之，在中国的历史上，我们的民族精神从来就是动员和激励中国人民团结奋斗的一面旗帜，是各族人民共同的精神支柱和力量源泉。实现中国梦，必须有中国精神。中华民族的民族精神推动我们在文明发展的道路上不断前进。

---

1 摘自习近平同志 2014 年 5 月 4 日在北京大学师生座谈会上的讲话。

学习习近平总书记关于高校思想政治工作会议讲话的体会 [1]

　　2017 年 2 月 20 日，北京市召开了北京市高校思想政治工作会议，中央政治局委员、市委书记郭金龙同志到会并且讲话。郭书记强调，北京市一定要深入学习领会习近平总书记重要讲话精神，主动对标对表，在旗帜鲜明讲政治上当标杆，在强化执行、落地见效上下功夫，奋力开创首都高校思想政治工作坚强有力的生动局面。郭书记还强调，学习贯彻全国高校思想政治工作会议精神，是当前和今后一个时期的重大政治任务。最重要的是，要深入学习领会习近平总书记重要讲话，切实把思想和行动统一到党中央决策部署上来。按照郭书记的要求，我们要通过深入学习，在坚持中国特色社会主义办学方向、坚持党对高校领导政治要求等重大关键问题上有更深刻认识；在贯彻落实中央决策部署、担负起做好高校思想政治工作责任上有更自觉行动；在学而信、学而用、学

1　本文刊登于宣讲家网 2017 年 4 月 5 日。

而行，推动高校思想政治工作和党的建设强起来上有更明显成效。

郭书记讲话分三个部分：第一个方面就是深入学习领会习近平总书记在全国高校思想政治工作会上的重要讲话精神；第二个是要推动首都高校思想政治工作各项任务落地生根；第三个方面就是切实加强领导，强化责任落实。按照郭书记的三个方面，我谈谈我的学习体会。

一、深入学习领会习近平总书记重要讲话

全国高校思想政治工作会议于2016年12月7日召开，习近平总书记发表了重要讲话。如何理解习近平总书记重要讲话的科学内涵和精神实质？用一句话来概括，就是高校思想政治工作关系高校培养什么样的人、如何培养人以及为谁培养人这个根本问题。要解决好这个根本问题，就要坚持把立德树人作为中心环节，把思想政治工作贯穿到教育教学全过程，实现全程育人、全方位育人。这样才能开创我国高等教育的新局面。

（一）做好高校思想政治工作的重大意义

学习郭书记的讲话可以帮助我们领会习近平总书记的重要讲话。习近平总书记在讲话中，第一个方面就告诉我们高校思想政治工作的重大意义。

1. 从教育的重要性看高校思想政治工作的重大意义

从教育的重要性上看，教育太重要了，因此高校思

政工作跟着也很重要。习近平总书记讲，中华民族历来重视教育。他引用古人说的"育才造士，为国之本"。习近平总书记用大量的事实讲述了中国高等教育发展的成就。实际上，社会越发展，高等教育就越重要。教育兴则国家兴，教育强则国家强。所以，习近平总书记说，高等教育发展的水平是一个国家发展水平和发展潜力的重要标志。鉴于高等教育如此之重要，我们又处在实现"两个一百年"奋斗目标和中华民族伟大复兴的关键时期，习近平总书记又做了"两个更加"的判断——"我们对高等教育的需要比以往任何时候都更加迫切，对科学知识和卓越人才的渴求比以往任何时候都更加强烈。"为什么更加强烈？在发展的初期，我们可以通过学习借鉴实现后发优势，但我们现在已经成为全球经济的引擎，仅靠学习借鉴，不可能再实现民族振兴的发展目标。也就是说，我们没法起引领作用，没法走在前头。科学知识需要卓越人才去发现，先进技术需要靠卓越人才去发明，我们对科学知识和卓越人才的渴望比以往任何时候都更强烈。

这"两个更加"——"更加迫切"和"更加强烈"——是从教育的重要性上讲的，所以说，要重视高校思想政治工作。教育本身就很重要，我们不能不关注。实际上，中国的高等教育也确实取得了很大的成就，特别是改革开放以来，我国高校在全球的影响力迅速提升。

2. 从教育的方向性看高校思想政治工作的重大意义

从教育的方向上看，教育是有价值取向的。习近平总书记讲，我国有独特的历史、独特的文化、独特的国情，这就决定了我们必须走自己的路，不能在别人后头亦步亦趋。因此，习近平总书记提出要扎根中国办大学。当然，扎根中国办大学不是说关起门来跟外头不联系。习近平总书记说："扎根中国、融通中外，立足时代、面向未来，走中国特色社会主义的高等教育发展道路。扎实办好中国特色社会主义高校。"这里说的是"办好中国特色社会主义高校"，就是一个方向性问题。按照习近平总书记的说法就是只有扎根中国才能更好地走向世界。

在规定方向上，习近平总书记提出"四个服务"。

——为人民服务。这是中国共产党的宗旨。我国高等教育的发展也应该以人民为导向，提高青年人为人民服务的能力，培养青年人为人民服务的责任。

——为中国共产党治国理政服务。中国共产党是执政党，高等教育就要为党治国理政服务。我们要研究社会发展的规律、趋势、发展中存在的问题、解决问题的方法和途径。这就是为中国共产党治国理政服务，提供知识理论支撑。

——为巩固和发展中国特色社会主义制度服务。我们找到了一条道路，并在这个道路上实现了跨越式发展，证明了我国制度的优越性。高校应该为巩固和发展中国特色社会制度做出自己的贡献。

——为改革开放和社会主义现代化建设服务。这也应该是高等教育的特殊优势。卓越人才来自哪里？就得通过高等教育来培育。

我们办社会主义大学，根本就是要提高这"四个服务"的能力，离开这个最大的实际，就是脱离了根本。加强思想政治工作，事关办什么样的大学、怎样办大学，事关党对高校的领导，事关中国特色社会主义事业后继有人。我们培养的是中国特色社会主义事业的接班者和建设者。习近平总书记说，面对各种噪音杂音、风吹草动，高校总体保持稳定。这里面,高校思想政治工作功不可没。这就是说，高校总体上坚持了社会主义办学方向，高校思想政治工作起了重要作用。

3. 从教育的本质看高校思想政治工作的重大意义

教育的本质就是培养什么人、如何培养人以及为谁培养人这个根本问题。我们花这么大的力气为谁辛苦为谁忙？——为我们自己的事业忙——这才是根本问题。如果我们培养的都是反对自己的人，那中国怎么发展？中国特色社会主义制度就可能后继无人。这是一个根本性的问题。从这里也可以看出中国高校思想政治工作的重要性。因此，习近平总书记讲高校思想政治工作是我国高校的特色。国外也有学生工作，但是跟我们的思想政治工作是有差别的。高校思想政治工作是我国高等教育的一个特色，也是办好我国高校的一个优势。这也强调了我们必须自信，不能说有一些人一提到高校思想政治工作，就遮遮掩掩的。须知这既是我们的特色，也是我们的优势。既然如此，我们就要做到"三个只能"，反过来就是"三个不能"。就是说，面对新形势新任务，高校思想政治工作只能加强不能削弱，只能前进不能停滞，只能积极作为不能被动应对。

（二）坚持社会主义办学方向就要做到"四个坚持不懈"

郭书记让我们原原本本学习习近平总书记在全国高校思想政治工作会议上的讲话。习近平总书记在讲话当中提到，坚持社会主义办学方向。怎样才算坚持社会主义办学方向呢？习近平总书记强调要坚持做到"四个坚持不懈"。

1. 坚持不懈地传播马克思主义科学理论

在中国，马克思主义就是在高校开始传播的，现在更应该坚持不懈地传播马克思主义科学理论。

2. 坚持不懈地培育和弘扬社会主义核心价值观

个人与社会都是有价值取向的，价值取向的高低决定了一个人的人生和一个国家的发展境界。我们既然是中国特色社会主义，办中国特色社会主义大学，那就要坚持不懈地培育和弘扬社会主义核心价值观。

3. 坚持不懈地促进高校和谐稳定

一个社会的稳定是社会发展的前提，而高校的稳定往往具有指标性，对社会稳定起着重大作用。社会稳定首先是思想上的稳定。思想稳定不是说不考虑问题，而是从积极的方面去思考问题，建设性地提出发展理念。大家追求的是正确的目标、正确的价值取向。如果你想向东，我想向西，那这个社会就没有主导价值观，或者是主导价值观起不到作用。主导价值观应该是引导性的，要起到主导作用，否则就会导致社会撕裂，社会就不会安定。

怎样做到这种稳定呢？并不是说以后让大家鸦雀无声，高校就是进行知识探索的地方，就是追求创新的地方，就是汇聚各种思想的地方。"泰山不让土壤，故能成其大；河海不择细流，故能就其深。"我们是包容性的发展，但这种包容是有主导方向的。我们的主导方向就是实现中华民族的伟大复兴，就是让人民群众过上幸福生活。习近平总书记就说，人民对美好生活的向往就是我们的奋斗目标。这是大家的共识，只要大家共识一样，即使思想多元，我们的主导方向也是一致的。我们是包容多样的，但是对鱼龙混杂的思想观点，要辨析甄别，不能照单全收。要过滤净化，因为这是培育人的地方。我们的教授、教师不能对社会上流行的、外国传来的东西照单全收，当传声筒、扩音器。高校不就是要独立思考吗？西方思想也好，社会上流行思想也好，要经过自己的思考。有些事情，是产生在别人的环境下的，来到我们这个环境，如果不经过独立思考和重构，跟我们是格格不入的。

4. 坚持不懈地培养优良校风和学风

育人主要靠环境，要润物无声。一所学校的校风和学风是润物无声的主要力量。习近平总书记特别强调了校风和学风的问题，这都是让我们感到非常亲切的地方。

（三）提高学生思想政治素质就要做到"四个正确认识"

加强思想政治工作，目标就是提高学生的思想政治素质。怎么来提高学生的素质呢？习近平总书记说，要做到"四个正确认识"。

1. 正确认识世界和中国发展大势

怎么看中国？怎么看世界？这是人做判断的一个基础。世界观决定了人生观、价值观，最近的"世界"就是我们中国，更大的"世界"就是全球。你对当前的世界有什么看法，这就是你的世界观。正确的人生路实际上是由正确的世界观、人生观、价值观决定的。而人生观、价值观建立在世界观基础上。所以说，要正确认识世界和中国的发展大势。

首先，正确认识世界和中国发展大势，按照唯物史观的方法，就是把握历史发展的规律和趋势。这样，你的基本判断就能和历史发展成正比。也就是说，你的人生建立在对世界发展大势正确判断的基础上，你的人生和历史发展规律成正比，和人类发展趋势相一致，那么，你的人生就更有意义，你个人的成功就更具有价值感。如果你做的事恰恰是相反的，就南辕北辙了。

现在世界发展的大势是什么？我们说，和平与发展是时代主题，我们都要为了世界和平而奋斗。世界的和平不是祈求来的，是要靠自己发展的，越有实力，越有安全感，才能保卫和平。现在是一个发展的时代，各国综合实力竞争空前激烈，百舸争流，不进则退，进得慢也退。中国的发展进程是具有世界历史意义的，一个具有文明传统的古老民族的振兴，世界 1/5 人口的崛起，将深深改变世界的格局。有很多国际评论者说，中国的发展是一个从上个世纪末以来最重大的历史事件，是具有历史意义的事件。这个判断是对的。

为什么习近平总书记总是强调自信，特别是强调文化自信？就是因为中华民族并不比别人"缺胳膊缺腿"，首先要有这种自信。我们不盲目自信，但是也别以为事事不如人。我们为什么发展快？有些人认为是学了西方；为什么还有问题呢？因为学得还不到家——这是错的。中国之所以发展快，就在于坚持独立自主走自己的路。也就是说，我们"摸着石头过河"，摸的是中国自己的石头，不是别人的石头。而那些完全按照别人的方法道路走的国家恰恰出了问题，例如"休克疗法"，甚至有些国家连宪法都照抄别人的，现在因为没有学到家，更不靠谱了。

当然，也得考虑到历史发展的曲折性和复杂性。历史从来不是一帆风顺的。历史是在现实当中走过各种急流险滩朝前进的。习近平总书记说，大家对社会主义要有信心。从原始社会到共产主义社会，经过了各种社会形态，各种社会形态在历史过程中反反复复。社会主义理想的提出也就几百年的时间，在这个意义上，它是在曲折前进的过程中，但它代表着人类对公平正义、对人的全面发展的积极的价值追求。

中国共产党领导人民实现了民族独立、人民解放，而且在短短几十年之内把中国从一个落后的东方国家发展成第二大经济体、第一大货物贸易国。这难道不应该建立自信吗？

当然，我们现在还有各种各样的困难——谁没有困难呢？能克服困难才能前进。

2. 正确认识中国特色和国际比较

我们是在一个全球化时代建设中国特色社会主义，也是在中国全面走向世界的过程中建设中国特色社会主义。所以，既要正确认识中国特色，也要正确认识国际。中国这些年确实高速发展，但是我们有 13 亿人口，从人均上说，我们仍然处在初级阶段，大家仍然要做好艰苦奋斗的心理准备。

民主有各种各样的形式。民主应该越来越向纵深发展，千万不要以为别人的形式就一定是好的形式。如果一个国家失去了秩序，国将不国，生灵涂炭，非常悲惨——不要听别人忽悠，有一些国家打着人权的旗子，打到其他国家，把人家打乱了，走了，那留给这个国家老百姓的残局谁收拾？这是血的教训。

3. 正确认识时代责任和历史使命

时代责任是什么？这一代青年正好处在"两个一百年"奋斗目标实现的时候，责任重大，使命光荣，跟祖辈父辈比起来，生来就处在民族崛起的进程之中，而不是处在被欺凌的状态。青年一代有理想有担当，国家才有前途，民族才有希望。我认为，中国是一个文明古国，但从来不是一个历史强国。因为当我们强大的时候，世界还不是现在的世界，基本上还在分割状态下发展。现在是全球化时代，中国全面走向世界，我们提出"人类命运共同体"的概念，给当代青年学生未来建功立业创造了一个越来越广阔的空间。历史还在前进，但历史的前进是靠历史过程中的这些人来创造、开辟的。所以，年轻人应该承担起自己的历史责任和使命，这样才能走在时代前列，成为时代的奋进者、开拓者。"95后"朝气蓬勃，好学上进，视野开阔，开放自信，因为他们是在中国的发展期间成长起来的，对西方没有仰视概念，是平视的。党和人民对这一代人寄予厚望。

4. 正确认识远大抱负和脚踏实地

人应该有理想，理想往往决定人生发展的格局。但是实现这些理想，要靠汗水，要靠实干。只有脚踏实地，才能抬头仰望星空。踩着虚空，是下坠状态。

没有理想不行，但是光有理想也不行。光有理想就真成空想了。所以习近平总书记引用古人名言说："古之立大事者，不唯有超世之才，亦必有坚忍不拔之志。"事是做出来的，做事就要克服困难，实际上，克服了困难就是成就。什么叫历史成就？历史成就不是摆在那里从一个胜利走向另一个胜利。历史成就是克服了难以克服的困难，开辟了难以开辟的事业，创造了难以想象的事业。这才是历史成就。

（四）推动高校思想政治工作改革创新要遵循"三个规律"

通过什么方法去推动高校思想政治工作改革创新呢？

1. 遵循"三个规律"

在新形势下，要推动高校思想政治工作向前进一步抓住主动权，而不是被动应付，做表面文章，那就要遵循工作规律。习近平总书记提出思想政治工作规律、教书育人的规律、学生成长的规律。这"三个规律"实际上都是关于人发展的规律，都是做人的工作的规律。做人的工作就比做物的工作困难，因为人本身有思想意志，必须在心灵上能够沟通，是一个涉及情感、灵魂的工作。你必须用真情去换其真情，你必须用自己的灵魂，去影响另一个灵魂。思想政治工作跟传递知识不一样。传递知识有专家，会就是会，不会就是不会，会的就可以教不会的。思想政治工作是一个相互教育、自我教育的过程。

2. 用好"三个办法"

习近平总书记还提出要用好"三个办法"，就是沿用好办法，改进老办法，探索新办法。就是原来好的、成功的，我们继续用。有一些办法就要根据形势要加以改进。还要探索一些适合现代化的发展新办法，这样才能不断提高我们的工作能力和水平。

（五）加强高校师资队伍建设就要坚持"四个统一"

高校的思想政治工作应该是全员育人，不应该是做思想工作的那些人的事，更不仅仅是几个辅导员的事，是全员育人。学校的每一个人都承担责任，学校的一草一木都是思想政治工作的资源，学校教师是主渠道。教师怎么办？

1. 坚持教书和育人相统一

教师不仅传递知识，也是文化的传承者，是价值传承者。教师要有更高的道德标准。在职业道德当中，大家对教师有更高的要求。

2. 坚持言传和身教相统一

道德是一个实践，不是光说的。我们中国强调知行合一。我们的教育规律就是言传身教。教师要在行为上树标杆、树榜样。按照郭书记的要求，北京的高校就应该有首善意识——最高的、最好的、最美的，真善美。如果在真善美上达到最高境界，就叫首善。

3. 坚持潜心问道和关注社会相统一

教师是探讨新知的，但很多知识跟社会是联系的，只有在关心社会的过程当中才可能推动认识的深入。另外，我们搞研究，不是为研究而研究，而是为了人类的幸福，为了人类的福祉，为人民服务，从取向上来说应该关心社会的发展，把自己的研究和社会发展统一起来。

4. 坚持学术自由和学术规范相统一

讲究规范的学术研究才会有自由。不遵循学术规范

（随便造假抄袭）的自由，实际上是扰乱了自由，没法保证学术健康成长。所以说，自由和规范实际上是统一的，尤其是涉及育人的场所。研究可以进行自由研究，探讨真理。但哪些有利于学生成长，哪些不利于学生成长？讲课的时候，是要有分寸的，尤其是社会科学研究。有利于社会稳定发展、和谐发展、遵循社会道德范的那些你可以讲。

二、推动首都高校思想政治工作各项任务落地生根

（一）要坚持首善标准

1. 要在旗帜鲜明讲政治上当标杆

习近平总书记说，看北京问题要从教育看。看教育的问题，也是一个政治问题，所以说，要旗帜鲜明地在讲政治上当标杆。

2. 要在强化理论武装上做表率

学习马克思主义，学习中国特色社会主义理论，学习习近平同志系列的重要讲话。领会其精神，把握要义，用正确的理论武装头脑。

3. 要在立德树人上创一流

高校是培养社会主义建设者和接班人的。那就要把立德树人作为根本任务。不能培养利己主义者，也不能培养对社会离心离德的人。而是培养认同中华优秀传统文化、社会主义核心价值观的人，培养认同我们的道路、

我们的理论、我们的制度的人，培养有着强烈使命感、责任感的人。这就是坚持首善标准。

（二）要强化问题导向

我们要意识到我们现在存在的问题，针对这些问题进行解决，提高我们的思想政治工作水平。

有哪些问题呢？郭书记列举了这样几方面：重教书轻育人的现象，重智育轻德育的现象，重科研轻教学的现象；思想政治理论课教学与现实脱节，针对性吸引力不强；缺乏学术创造力，当西方理论的"搬运工"；阵地管理薄弱，课堂论坛不时出现错误声音；高校党委管方向谋大事力度不够，院系党组织弱化，基层党支部活力不足。

高校知识分子的工作是相对自由、松散的，开展组织活动就有其特点和难度，院系的党的政治核心作用就难以得到保证。学校党委要加强这方面的工作。当然，问题的出现非一日之寒，我们需要系统的治理。

（三）要抓住关键环节

抓关键环节，即抓重点。如果工作没有重点，就会像人们说的那样，"螃蟹吃豆腐——吃的不多，抓得挺乱"。要抓住关键环节，起到提纲挈领的作用。

第一，要在构建中国特色哲学社会科学学科体系和教材体系上下功夫。哲学社会科学塑造人的世界观、人生观、价值观，有了符合世界水准并且有中国话语体系的中国特色学科体系，以及完备的教材体系，育人就有了基本遵循。

第二，要牢牢掌握高校意识形态工作主动权、主导权。意识形态工作的主动权、主导权不仅不能放松，还要积极引导这个进程。

第三，要高度重视高校和谐稳定。有了稳定，才能积极建设。没有稳定，何谈发展，何谈育人？稳定压倒一切。

（四）要遵循工作规律

习近平总书记要求我们要遵循三个规律：教书育人规律、思想政治工作规律和学生成长规律。

第一，要让课堂教学更好发挥主渠道作用。所有的课程都是用来育人的，思想政治工作绝不仅仅是思政课教师和辅导员的事情，而是所有课程教师的事情。学校要做到全院育人、全程育人、全方位育人，善于把正确的世界观、人生观、价值观融入各种课堂教学当中，才是高水平教学、有针对性的教学。

第二，要注重以文化人、以文育人。要把教育融入各种文化活动当中去，在文化的熏陶中，润物无声地解决问题。

第三，要加强网络育人。我们处在一个网络时代，"无处不网，无时不网，无人不网"，我们要学会以网络思维做年轻人的思想政治工作，把握网络空间。

三、切实加强领导，强化责任落实

（一）要认真落实党委的政治责任和领导责任

党委要抓好政治领导和思想领导两个方面。所谓政治领导，就是保证高校正确办学方向，保证党的领导在高校工作当中全面发挥作用。也就是说，党政有分工，全面发挥作用。所谓思想领导，就是要掌握高校思想政治工作的主导权，巩固马克思主义在高校意识形态的主导地位，用科学理论培养人，用正确思想引导人，保证高校始终成为培养社会主义建设者和接班人的坚强阵地。

（二）要落实党委管党治党、办学治校的主体责任

如何做到坚持党的领导？要做到以下几个方面：

第一，坚持党管办学方向，确保党的路线方针政策在高校不折不扣得到贯彻。

第二，坚持抓好高校党建各项任务，加强和改进高校党的建设。现在，党组织内存在软弱涣散的现象，要加强党建工作，使党组织更加完善，更加具有战斗力。

第三，坚持党管高校改革发展。改革要有价值取向，不能为改革而改革，必须沿着正确的方向前进。高校改革发展要让党委负责。

第四,坚持党管干部原则。党要把思想政治立场坚定，愿意干事、能干成事的人选上来，这样才能点燃一盏灯，照亮一大片。一个好的干部，可以把一群人、一个事业带起来。

第五，坚持党委领导下的校长负责制。怎样把握党委领导下的校长负责制？要把握三个问题：

一是高校党委对学校工作实行全面领导，要承担管党治党、办学治校的主体责任，把方向、管大局、做决策、保落实。重大问题决策权在党委。

二是党委要贯彻民主集中制，议大事、谋大事。党委领导绝不是党委书记领导，党委书记是第一责任人，也在党委领导下开展工作。

三是要严格标准、严格把关，选好配强领导干部和领导班子，确保高校领导权牢牢掌握在忠于马克思主义、忠于党和人民的人手中。

（三）要切实加强首都高校思想政治工作队伍建设

高校思想政治工作队伍兢兢业业、甘于奉献、奋发有为，为立德树人做出了重要贡献，是一支不可或缺的队伍，也是一支值得信赖的队伍。今后，要随着新形势新任务的变化，拓展选拔视野，抓好教育培训，健全激励机制，推动队伍专业化、职业化建设。要让思政课教师、哲学社会科学教师、辅导员、班主任、心理咨询师与青年学生有更多的共同情感，更能产生共鸣。另外，要建设好辅导员队伍。辅导员工作在一线，与学生联系紧密，要保证辅导员队伍高质量、高水准，保证后继有人、源源不断。还要选优配强专兼职党务工作者。一方面，我们需要一批专职党务工作者作为骨干使工作具有连续性；另一方面，中央提出双向培养，把一批有条件的党务工作者培养成为学术带头人，把行政系统主要负责人、学科带头人培养成基层党组织负责人，这是一种非常深刻的认识。让两种话语体系形成一股绳，让同一批人做同样的事业。

努力建设文化强国，提升中国文化软实力[1]

　　文化软实力是国家综合实力的重要组成部分。实现中华民族伟大复兴的中国梦，把中国建设成为社会主义现代化强国，不仅需要建设国家可持续发展的强大经济体系、稳定昌明的政治和法律制度，强大而完备的国防体系，而且需要建设一个充满内在活力和创造力的文化体系。实际上，一个国家的经济活力也与其文化的创造力密切相关，积极的文化能够成功地激发人们的创造力以实现社会生活的自主创新。

　　文化强国是一个历史的、具体的和相对的概念。中国曾经是文明古国，有着灿烂悠久的文化传统，但那只能代表过去。许多灿烂的古代文明已经淹没在历史的长河之中，现在人们只能通过考古或文献的梳理才能找到它们的蛛丝马迹。中华文化在汉唐登上了睥睨群雄的世

1　本文发表于《中国党政干部论坛》2014 年第 11 期。原题目为《综合国力的文化建构》。

界高峰，直到宋明仍然属于当时全球最强盛的文化传统，只是由于封建统治阶级闭关锁国的政策，导致我们文化上的自我封闭和僵化。但是，即使如此，中国的文化绵延不断地延续到现在，也实属人类文明历史的奇迹。过去辉煌的历史，是我们的先人创造的文化丰碑。过去的文化可以延续到现在，但是并不代表现在的文化依然强盛。在历史时空的现今的坐标下，中国依然是一个有自己独特文化范型的文化大国，但是从全球文化影响力的角度看，我们很难说自己是一个文化强国。为了实现中华民族的伟大复兴，我们必须推动一次伟大的民族文化复兴。

一、文化强国必须有深厚的文化根基

中国有五千年文明史，有自成体系且绵延不断的语言系统和文化传统，有着连续而又开放的独特精神世界和价值体系，这是中华民族自立于世界民族之林的文化基础。《道德经》中说："夫物芸芸，各复归其根。"这就是说，万物都有其根基。在《淮南子》中也有这样的论断："万物有所生，而独知守其根。"这就是说，离开了自己的根，就不能存在下去。基于原初起源而守其根脉，是中华民族文化传统绵延不断的一个重要原因。如果不知珍惜自己的历史传统，就等于忘记了自己的根本，丢掉了自己的根基，割断了自己的精神命脉。

中国特色社会主义是在中国这块土地上，在丰厚的中华文化传统上进行的伟大事业。中国特色社会主义道路，不是离开中华优秀文化传统，而是对这个传统的延续、发展和进一步的升华。2014年3月29日，习近平总书记在与德国汉学家、孔子学院教师代表和学习汉语的学生代表座谈时指出：作为中国的领导人要干什么呢，就是不要把中国五千年的文明文化搞丢了。2014年2月24日下午，中共中央政治局就培育和弘扬社会主义核心价值观、弘扬中华传统美德进行第十三次集体学习。习近平强调，培育和弘扬社会主义核心价值观必须立足中华优秀传统文化。习总书记还曾指出：我们必须"深入挖掘和阐发中华优秀传统文化讲仁爱、重民本、守诚信、崇正义、尚和合、求大同的时代价值，使中华优秀传统文化成为涵养社会主义核心价值观的重要源泉"。民族文化传统是我们既不能回避，也必须由之出发的起点。没有这个起点，我们既没有历史的深度，也没有现实的广度。有起点才有成长的过程，才能形成历史的累积；有起点才有看世界的视角，才能构成视野的拓展。习总书记指出："不忘本来才能开辟未来，善于继承才能更好地创新。"对历史文化特别是先人传承下来的价值理念和道德规范，要坚持古为今用、推陈出新，有鉴别地加以对待，有扬弃地予以继承，努力用中华民族创造的一切精神财富来以文化人、以文育人。根深才能叶茂。文化积累厚实了，才能拥有深邃的文化力量。

二、文化强国必须有先进的文化理念

继承中华优秀传统文化，只是文化繁荣发展的基础和起点，要建设文化强国，必须基于历史的发展和时代的要求对传统文化进行创造性转化和创新性拓展。中国古代文化曾经"光被四表，格于上下"，中华文化曾经长时间扮演了教化和引领四周的作用。我们能否在经济全球化的时代重振中华文化的雄风和影响力，就看我们是否有符合时代特征的先进文化理念。我们进行文化的时代转换和创新，必须有符合历史发展前进方向的先进理念作为价值引导。

2014 年 5 月 4 日，习近平总书记在北京大学师生座谈会上讲："人类社会发展的历史表明，对一个民族、一个国家来说，最持久、最深层的力量是全社会共同认可的核心价值观。核心价值观，承载着一个民族、一个国家的精神追求，体现着一个社会评判是非曲直的价值标准。""如果一个民族、一个国家没有共同的核心价值观，莫衷一是，行无依归，那这个民族、这个国家就无法前行。"习近平总书记在北京海淀区民族小学主持召开座谈会时进一步讲："一个民族的文明进步，一个国家的发展壮大，需要一代又一代人接力努力，需要很多力量来推动，核心价值观是其中最持久最深沉的力量。"显然，价值观是文化的灵魂，有共同的价值观才有共同的文化根基和理想追求。有共同的文化传统和核心价值观，中华民族才能有共同的精神家园。

伟大的民族不仅要有自己独特的文化传统，而且这种传统应该是引领人类历史和文明进步的先进文化和理念。我们需要什么样的价值理念呢？2014 年 2 月 17 日，习近平同志在中央党校的讲话中指出："要加强对中华优秀传统文化的挖掘与阐发"，就要"把超越时空、跨越国度、富有永恒魅力、具有当代价值的文化精神弘扬起来"。在经济全球化和文化多样性的背景下，只有符合历史发展规律、反映社会前进方向的价值观才具有超越时空、跨越国度的世界历史性意义。我们的社会主义核心价值观是基于中国道路和中国实践，因而必定具有中国特色和形态。但是，从历史发展的角度看，由于中国特色社会主义道路和实践遵循着人类社会文明进步的轨迹，因此我们的核心价值观必定具有普遍的世界历史意义。正因如此，我们应该把注意力放在阐发社会主义核心价值观反映人类历史发展方向的先进性上，放在这种价值观的超越时空、跨越国度的永恒魅力上。社会主义核心价值观是具有中华民族特色的价值观，同时也是具有世界历史意义的价值观。我们的道路自信、理论自信和制度自信，都应该建立在我们的文化自信和价值观自信基础上。

三、文化强国必须有内在丰富多样性并与外部进行持续的 交流互鉴

中华文化生生不息的生命力来自中国文化多元一体的内在多样性。自古以来，无论是中原的仰韶文化、龙山文化，无论是长江下游的河姆渡文化、马家浜文化，还有北方的游牧文化，都成为中华文化的活水源头。作为中华民族的主体的汉族，本身就是一个族群和文化长期融合的结果。尤其是汉唐之时，对待外来文化的博大开放的胸襟，同化异质为我所用的宏大自信的气魄，就已经确证了中华文化内在丰富多样性发展的自主性和创造力。中国有 56 个民族，各种地域文化也异彩纷呈，这种内在的多样性本身就有利于文化的创新活力和繁荣发展。

文化的自信和自主发展，并不意味着可以故步自封，闭上眼睛不看世界风云的变幻。文化强国必须与其他文明交流互鉴。历史证明，中华优秀传统文化是在对异域文化开放交融过程中发展升华的。无论是与印度佛教文明的接触，还是对西方近代文明的引进吸收，都促进了中华文化的丰富与发展。佛教与中国本土文化的交融便产生了禅宗，禅宗则成为中华文化的重要组成部分。譬如，敦煌文化的辉煌成就不仅是域内各民族文化相互促进的结果，也是中国与印度、中亚和西亚各国文化交流互鉴的结晶。文明因交流而多彩，文明因互鉴而丰富。改革

开放不仅是强国之路，也是文化繁荣之路。在全球化的时代，我们更应以这种恢宏的气度，汲取人类文明一切优秀成果，通过综合、转换和创造，把中华文化推向一个崭新的时代高度。

四、文化强国必须有持续的文化创造力

文化是最具创造性的过程，文化的魅力也在其创造力。建设文化强国，需要全社会的活力与我们每个人的主动性和创造性。人类历史上所有的进步都是由有精神内涵的行动所推动。既然人类是靠思想站立起来的，那么中华民族要屹立于世界民族之林，就需要激发我们民族的思想生产力。我们不能只消费别人的文化和思想，我们要创造自己的文化和思想。我们不能被动地受各种价值观的支配，我们应该成为新价值观的提出和引领者。只有充满文化创造活力的国家，才可能成为文化强国。

文化要充满活力必须有文化产业作为文化生产者和创造者及文化生产要素的组织者或文化生产力的载体。为此，我们必须加大对思想理论研究的投入，发展与高科技相结合的文化创意产业。过去，我们在世界各处销售的标有"Made in China"的产品，大多还是一些附加值比较低的低端产品，我们应该逐渐走向产业链的高端，但最高端的就是文化产品，或者是产品中所蕴含的思想和价值观。我们必须逐步提高产品的文化品质，增加产

品的文化内涵，强化文化产品的竞争力。为了发展文化产业，我们必须加快文化体制机制创新，激活文化创造力。而改革和创新文化体制机制，就要打破地域和条块限制，这样才能建立运行高效的文化生产和文化消费的市场；也须破除行业之间的界限，这样才能有效地进行资源整合；还要建立灵活开放的管理体制，鼓励合作和合理竞争，这样才能充分激发每个人的首创精神和能动性。

建设社会主义文化强国，发展文化产业，也必须扩大文化消费，培育扩大文化市场，推动文化产业成为国民经济支柱性产业。一方面，随着人民群众生活水平的日益提高，文化消费的比重将越来越大；另一方面，文化消费是一种具有能动性或生产性的消费。文化消费，如阅读、欣赏艺术等等，不仅能够提高国民的素质，还可以提高和激发人的创造力。在这个意义上，满足了人的文化消费，也就再生产着高端的生产力。人们在消费文化产品的同时，也就激发着自己的精神生产活动，消费过程直接就成为精神生产过程。可以说，社会越是发展，也就越需要具有较高文化消费能力的国民。国民的文化消费水平越高，文化生产也就越有活力。

五、文化强国必须有强大的文化传播能力

我们要努力传播当代中国文化和价值观念，即中国特色社会主义文化和社会主义核心价值观。文化和价值

观需要传播才有影响力，传播能力与文化、思想的力量是相辅相成的。我们文化影响力不足，与我们的传播理念和传播能力也有密切关系。我们必须加强对中国特色社会主义文化和核心价值观的提炼与阐释，拓展对外传播平台和表述载体。过去，我们往往长于讲自己的道理，而不善于用对方能够理解的话讲道理；我们经常不分对象地讲自己习惯的话语，却不善于用对方可听懂的话语去表达；我们动辄就试图以赤裸裸的观点去影响别人，却不善于用动人心扉的故事去打动别人。

加强文化传播能力，既需要话语体系的改革，也需要语言能力的拓展。在当前，一方面我们应该加强汉语的国际推广，以便让越来越多的国际人士能够以贴近我们思维方式的途径来理解我们；另外一方面还必须拓宽外语传播中国文化的途径。这不仅因为西方强势文化占据的传播阵地需要我们攻克，还因为广大发展中国家的市场也需要我们去开辟。我们已经是第一大货物贸易国，但是我们的外语教学却只能开出60多种外语。这与美、英、法等国家开出约100种语言相比有很大差距，甚至与匈牙利罗兰大学一所大学可以开出63种外语相比也有差距。从某种意义上讲，中国的外语教育特别是非通用语的教育已经落后于中国改革开放的步伐了。

当然，文化传播能力主要是议题设置的能力，在这个方面我们也需要改变过去比较单一、单调的毛病。2014年3月29日，习近平总书记在与德国汉学家、孔子学院教师代表和学习汉语的学生代表座谈时提到：介绍中国，既要介绍某一个特色，也要全面地介绍。既要介绍历史的中国、古代的中国，也要介绍现代的中国。既要介绍中国，也要介绍中国人，还要介绍中国文化。通过与世界文化的亲密对话，我们要不断丰富中国文化的表达方式，提升中国的话语权和议题设置权，让国际社会加深对中国发展进程的理解，增强对我国和平发展的认同。

六、文化强国必须有昌明的法治环境作为保障

文化强国需要发展文化生产力，而文化生产力有赖于文化产业的拓展。发展文化生产力和文化产业，必须建立社会主义文化创新的良好外部环境，那就是要营造一个开放、包容、自由、民主的氛围，这样才能激发每个人的创造力。创造这样的环境必须是在法制框架下进行，即人人互相尊重且共同遵守规则。如果说物质生产和技术创新需要自由竞争和民主氛围，那么文化生产更需要自由竞争和民主氛围，更需要开放、包容的气氛。文化领域可以说是"器非求旧，惟新"（《尚书·盘庚》）。创新就可能出错或引出问题，因此需要宽容的环境。只有在法治的环境下，才能实现真正的自由民主的氛围和良好的文化产业秩序。先进文化及其软实力的生成有其自身规律，它需要在法律框架下的开放、自由和谐的文

化生长空间与环境。

实际上，文化的繁荣发展也需要公正的法治环境。法律必须鼓励人们参与文化活动特别是文化创造活动。法律可以保护文化生产、文化市场和秩序。这样的秩序就吸引越来越多的人参与文化创造活动。参与文化创造活动的大脑越多，就越能够激发文化的创造力；法律必须保障人们参与文化活动和文化创意的权利，这样人们才能够最大限度地发挥自己的创造力。诺贝尔经济学奖获得者埃德蒙·费尔普斯说过："普遍来说，如果人们从小就习惯于遵守法律和相互礼让，社会的发展状况会更好。"

文化创意是一个自由创造的过程，需要人民大众的广泛参与和自主性活动。政府应该尽可能地为文化生产、文化消费和文化市场创造良好的环境，减少行政干预。文化创造需要自由而不是干预。2014 年 3 月，李克强总理在政府工作报告中指出："深入推进行政体制改革。进一步简政放权，这是政府的自我革命。"我对他讲的这句话感受颇深。我们过去不断地做加法，不断地增加干预，结果却限制了群众自身的创造力。今后，改革不仅做加法，也做减法，就是减去那些束缚社会活力的习惯思维和管理办法。让权力的本质不仅体现在否定上，要更多地体现在保证经济、文化、社会的自由创造空间上。当每个中国人的头脑都无拘无束地进行文化消费与创造的活动时，中国就能够成为一个名副其实的文化强国。

社会变革下的价值认同 [1]

一、比政治革命更加深刻的社会变革

当前的社会治理，到了一个关键性的时刻。改革开放 30 多年来，中国社会发生了深刻的、结构性的变化。我认为，这 30 多年来的变化对中国社会的改造之深远程度，要远远大于 1949 年，尽管这个说法可能有人并不一定同意。我之所以这样看，是因为 1949 年是一次政治革命，但它对整个社会的改造作用，实际上并不如这 30 多年。从唯物史观的角度来看，对社会的改造，其根本是对人们的生产方式、生活方式进行改造。

1949 年政治革命之后，我们也进行了生产方式的改造，比如说公有制，但是在农村，是以生产队的方式，以队为单位来组织生产，实际上仍然是以地缘和血缘为联结纽带组织生产的。在某种意义上来说，尽管我们进

---

1 本文系作者 2014 年 11 月，在由浙江大学、光明日报社、杭州市发展研究中心和杭州发展研究会共同举办的"生活与发展研讨会"圆桌会议上的发言。

行了革命，但是我们的生产方式仍然停留在自然经济状态，生产力也没有得到充分的发展。即使在城市，我们以单位制来组织生产，但本质上和乡村无异。所以，在这个意义上来说，我们就能体会到，为什么邓小平同志说改革是第二次革命。而在我看来，这次革命对社会深层次结构的改造，比起 1949 年的那场政治革命要更加深远。虽然政治革命非常重要，但政治革命之后，一定要有真正的生产方式的跃进。为什么在改革开放前我们的经济仍然处于彷徨、徘徊阶段，没有真正的跃升，就是因为我们没有找准入口、轨道。从这个意义上看，我们也更加可以理解中国特色社会主义道路的来之不易。

二、社会变革下的价值认同危机

社会结构发生了变化之后，价值认同、文化的连续性就会受到威胁，就有出现断裂的可能性。所谓认同，从个人角度来说，就是"我是什么人，我愿意做什么人，我愿意成为什么样的人"；对于集体来说，就是"我们是什么人，我们是不是为作为这个城市的人而感到骄傲，感到自豪"。

1. 社会理解的阶层差异

阶层变化，是社会结构变化的表现之一。社会结构变化，使得不同年龄段、不同社会阶层的人，对社会的理解会变得差异化。比如说，过去我刚到北京读书的时候，街上的人穿的都还是同样的衣服，同样的颜色；骑的自行车也都是差不多的，都是永久、飞鸽，这时候大家对共同性的理解非常容易达成。但现在不一样了，有的开着法拉利，有的挤公交车，坐很远才能到自己工作的地方，他们对社会的理解肯定有差别。从这个意义上来说，城市治理过程中的价值认同问题就变得非常重要。

2. 全球化背景下的文化断裂

社会剧烈变化面临的另一个问题，就是集体内部的连续性。所谓的连续性，对于个人来说意味着"我昨天是一个什么人，今天是个什么人"，但是来到集体这里，除了连续性的认同之外，内部同源之间的一致性，或者说成长环境的共同性，跟30年前相比，越来越成为一个重要问题。

实际上，西方也是最近半个世纪才出现所谓的认同问题，大概经历了40多年发展成为一个社会问题。而且到现在为止，文化认同对于西方来说，也都是一个重要的问题。在经济全球化、文化全球化的背景下，人类，尤其是年轻人，对自己的民族以及民族文化的认同感已经大大降低了，这就产生了集体内部的文化断裂。就我们自己来说，过去我们关起门来进行社会主义建设的时候，并没有出现认同危机，因为我们生来就是中国人，而不是那"三分之二受苦受难的人"，因此感到骄傲幸福；但是一旦我们遇到了外人，发现他们并不比我们生活得差的时候，我们的认识就会发生变化。这说明，越是碰到差异化的、和我们不同的人，我们越要思考我们是什么人。

3. 多维度的城市社会变化

城市的社会变化可以分为几个维度。一个是历史性的维度，一个是内部一致性的维度，比如外来务工人员会避谈自己是哪里人。这就是认同问题。想让他完全认同自己作为新杭州人的身份，可能要经历一个很长的过程。而且他们的认同和老杭州人是有差异的，如何弥补这里面的落差，是需要我们在社会治理当中加以关注的问题。

三、价值认同的层次

认同感是有层次之分的。最浅的层次是地理认同，也就是"我是什么地方人"。在哲学的空间概念中，每个人不可能生在所有的地方，他只能生在当下某一个地方，而每个地方都具有历史、文化、语言等等各方面的特殊性，这些特殊性继而决定了他的地理认同——"生在什么地方，就是什么人"，或者"讲什么话，就是什么人"。但这不是他自己主动获得的认同，而是一个低层次的认同。真正的、高层次的认同，应当是自愿自觉的认同。

第二个层次是对公民身份的认同，就是"我是什么地方的公民"。一旦理解自己作为公民的身份，就意味着把自己当作这个地方的主人，为之骄傲也为之担忧，地方未来的发展、治理都与自己息息相关。这里出现问题，他会感到焦虑，比如环境问题、交通问题、噪音问题。这种认同，已经不仅仅是地理认同了。

第三个层次是文化认同，但文化认同本身也分很多层次。比如，从小就生活在这个城市里，对这个城市的道德观念、行为方式、文化习俗等都很熟悉，在这里感到很舒适，到其他城市里感觉陌生，这就是一种文化认同。但仅仅停留在这个层次上，可能还是被动的认同，更高层次的认同应该是一种精神层面的不断超越。如果对这个城市怀有感情，就希望为之而努力、而奋斗，有一种文明提升的意识在里头。这样的认同，我们觉得是更高层次的认同。因此，在城市治理当中，价值引导如果可以围绕着对城市认同感的提升来展开，那城市治理就有了文化基础。

四、以人为本，构建价值认同

形成认同的过程本身，实际上就是一种价值引导。城市治理如果要获得认同感，首先要以人为本。要把市民当作主人，城市发展、城市建设都是为了市民的幸福生活。以此为依托，理念转变之后，出发点和做出的事情都会不一样。此次会议一开始就提出"让我们生活得更美好"，非常有道理。以人为本的价值治理，也更容易引起认同感。

但是以人为本，说起来容易，做到并不容易。在城市治理的过程中，我们有时候会忽视某一部分人。如果没有起点的公平，就可能导致差异分裂，差异就容易形成矛盾，矛盾就可能导致冲突，这不仅不能真正形成城市认同，而且还可能造成认同的分裂。

五、城市治理要做到"依法治理"

城市治理应当做到为了人民、依靠人民。我们过去的做法是"为民作主"，以后的社会治理应该是"让人民作主"。但这并不意味着，每个人说的话都要执行，它有一个协商的过程，这就是中国式的协商民主。刚刚过去的十八届四中全会就提出"法治"，如果没有法治，就可能成了个人意愿的随意表达，个别人过分的自由可能会成为他人的噩梦，只有当意愿表达都是以法治为出发点，才可能真正拥有自由。

最后，如果只有诉诸法律，就会演变成一种诉讼主义，每个人都把自己的权利看得非常重，坚守权利。但是社会进步更需要的是相互之间的包容和发展，也就是说人生最高的价值，不在于维护自己的权利，而在于社会的发展、文明的发展，在于更高的文明层次、文明境界。如果大家都有这样的意识，那我们的城市治理，就会越来越有文化气息，越来越有精神追求。只有充分发挥每个人的主观能动性，城市才会更有创造力，更有认同感。

建设文化强国是大学的重要使命 [1]

实现中华民族伟大复兴的中国梦，把中国建设成为社会主义现代化强国，不仅需要建设国家可持续发展的强大经济体系、稳定昌明的政治和法律制度，强大而完备的国防体系，而且需要建设一个充满内在活力和创造力的文化体系。为了实现中华民族的伟大复兴，我们不仅要建设一个经济强国、科技强国，而且必须提高国家的文化软实力，建设一个文化强国。习近平同志在主持十八届中央政治局第十二次集体学习时指出："提高国家软实力，关系'两个一百年'奋斗目标和中华民族伟大复兴中国梦的实现。"建设文化强国，既是高等学校义不容辞的责任，也是高等学校自身强基固本的路径。在文化强国建设过程中，大学可以发挥无可替代的巨大作用。

首先，高等学校可以通过整理文化典籍、考古和历史研究，梳理中华文化发展的脉络，溯本求源，为文化强国建设找到深厚的文化根基。中国有五千年文明史，

---

1 本文发表于《中国高等教育》2014 年第 24 期，有改动。

有自成体系且绵延不断的语言系统和文化传统，有着连续而又开放的独特精神世界和价值体系，这是中华民族自立于世界民族之林的文化基础。"夫物芸芸，各复归其根。"基于原初起源而守其根脉，是中华民族文化传统绵延不断的一个重要原因。如果不知珍惜自己的历史传统，就等于忘记了自己的根本，丢掉了自己的根基，割断了自己的精神命脉。2014 年 3 月 29 日，习近平总书记在与德国汉学家、孔子学院教师代表和学习汉语的学生代表座谈时指出：作为中国的领导人要干什么呢，就是不要把中国五千年的文明文化搞丢了。民族文化传统是我们既不能回避，也必须由之出发的起点。没有这个起点，我们既没有历史的深度，也没有现实的广度。有起点才有成长的过程，才能形成历史的累积；有起点才有看世界的视角，才能构成视野的拓展。没有根基，就没有生命力，根深才能叶茂。文化积累厚实了，才能拥有深邃的文化力量。

其次，高等学校可以通过学理分析和学术研究对传统文化进行创造性转化和创新性拓展，赋予中华文化以时代性、创造性的新特征，为建设文化强国构建引领人类的先进文化。中国古代文化曾经"光被四表，格于上下"（《尚书·尧典》），中华文化曾经长时间扮演了教化和引领四周的作用。我们能否在经济全球化的时代重振中华文化的雄风和影响力，就看我们是否有符合时代特征的先进文化理念。我们进行文化的时代转换和创新，必须有符合历史发展前进方向的先进理念作为价值引导。伟大的民族不仅要有自己独特的文化传统，而且这种传统应该是引领人类历史和文明进步的先进文化和理念。2014年2月17日，习近平同志在中央党校省部级主要领导干部学习贯彻十八届三中全会精神专题研讨班开班式上的讲话中指出："要加强对中华优秀传统文化的挖掘与阐发"，就要"把超越时空、跨越国度、富有永恒魅力、具有当代价值的文化精神弘扬起来"。中国文化是具有中华民族特色的文化，同时也是具有世界历史意义的文化。我们的道路自信、理论自信和制度自信，都应该建立在我们的文化自信和价值观自信基础上。

再次，高等学校可以通过国际交流，对世界丰富多彩的文化进行借鉴和汲取，为建设文化强国提供丰富的营养和参考。文化的自信和自主发展，并不意味着可以故步自封，闭上眼睛不看世界风云的变幻。文化强国必须与其他文明交流互鉴。历史证明，中华优秀传统文化是在对异域文化开放交融过程中发展升华的。无论是与印度佛教文明的接触，还是对西方近代文明的引进吸收，都促进了中华文化的丰富与发展。佛教与中国本土文化的交融便产生了禅宗，禅宗则成为中华文化的重要组成部分。譬如，敦煌文化的辉煌成就不仅是域内各民族文化相互促进的结果，也是中国与印度、中亚和西亚各国文化交流互鉴的结晶。习总书记说："文明因交流而多彩，文明因互鉴而丰富。"改革开放不仅是强国之路，也是文化繁荣之路。在全球化的时代，我们更应以这种恢宏的气度，汲取人类文明一切优秀成果，通过综合、转换和创造，把中华文化推向一个崭新的时代高度。高校站在国际思想文化交流的前沿，有义务为文化的交流互鉴、综合创新做出自己的贡献。

又次，高等学校可以通过创新性构建和培养文化人才，为文化强国建设提供持续的创造力和推动力。文化是最具创造性的过程，文化的魅力也在其创造力。建设文化强国，需要全社会的活力与我们每个人的主动性和创造性。人类历史上所有的进步都是由有精神内涵的行动所推动。既然人类是靠思想站立起来的，那么中华民族要屹立于世界民族之林，就需要激发我们民族的思想生产力。我们不能只消费别人的文化和思想，我们要创造自己的文化和思想。我们不能被动地受各种价值观的支配，我们应该成为新价值观的提出者和引领者。只有充满文化创造活力的国家，才可能成为文化强国。文化要充满活力必须有文化产业，必须有大批的文化生产者或创造者，也必须有文化生产要素的组织者或运营者。在这里，人才的首创精神和能动性是最重要的。高校应该为文化事业培养越来越多的高素质创新型人才，才能满足强化强国建设的需要。

最后，高等学校可以通过话语体系建设和人才培养，构建反映时代特点和民族特征的中国话语体系，为文化强国建设提高文化传播能力。中国不仅要会发展，也要学会讲话。加强文化传播能力，既需要话语体系的改革，也需要语言能力的拓展。在当前，一方面我们应该加强汉语的国际推广，以便让越来越多的国际人士能够以贴近我们思维方式的途径来理解我们；另一方面还必须拓宽外语传播中国文化的途径。这不仅是因为在西方强势文化的背景下，我们要争取传播的阵地，而且广大发展中国家的文化市场也需要我们去开辟。所有这些任务，都需要大学的参与和担当。可以说，大学是文化强国建设的主力军。

高校要做培育和践行社会主义核心价值观的时代先锋 [1]

　　作为思想、文化和知识传承创新的学术组织，高校肩负着学习研究宣传马克思主义、培养社会主义事业接班人和建设者的重大任务。高校的宣传思想工作，是一项事关中国特色社会主义事业后继有人、国家长治久安的战略工程、固本工程、铸魂工程，具有极端的重要性。在培育和践行社会主义核心价值观的进程中，高校要走在前列，做社会价值引领的时代先锋。

　　高校首先要坚定广大师生的理想信念，增强师生对中国特色社会主义事业的理论认同、政治认同、情感认同。大学生是青年精英，他们的精神面貌决定着中国未来的精神面貌，他们思想的高度决定着民族未来的思想高度。为此，我们就要加强具有中国特色、时代特征的哲学社会科学学术理论体系和学术话语体系建设，用历史和现

1　本文发表于《北京日报》2015 年 2 月 2 日，有改动。原题目为《做社会价值引领的时代先锋》。

实证明中国特色社会主义道路来之不易，用事实和道理讲明中国特色社会主义理论的正确性，用比较和分析阐明中国特色社会主义制度的优越性，让青年学生真正自觉地确立道路自信、理论自信、制度自信。

高校要加强师生的道德教育和实践，提升师生的道德素质，使社会主义核心价值观内化于心、外化于行，成为全体师生的价值追求和自觉行动。高校的特殊地位，决定了师生言行的影响力。高校师生道德素质提升，可以为巩固中华民族的共同思想道德基础做出特殊贡献。道德思想教育，本质上不是一部分人教育另外一部分人，而是人们之间相互教育和自我教育。从身边的好人好事，我们就可以做到相互激励、见贤思齐；我们每个人的点滴善行，就可以积善成德，汇成宏大的社会力量。在相互教育和自我教育过程中，我们必须抓住世界观、人生观、价值观这个总开关，在价值取向上坚持正确的方向，这样我们才能把培育和弘扬社会主义核心价值观作为凝魂聚气、强基固本的基础工程，筑牢中华民族的精神支柱和道德基础。在高校，无论是辅导员、班主任，还是青年教师，做学生思想工作，都要倡导自我教育、相互教育、共同进步。如果我们每个人都学会从别人身上看到优点，学习别人的长处，我们就会变得越来越好。能够学习大家的人，才是"大家"！

高校要切实加强意识形态引导管理，不断激发广大师生奋发向上的正能量，壮大主流思想舆论。为此，我们就要把握导向、守好阵地、带好队伍。党委要负起政治责任和领导责任，要敢于亮剑，旗帜鲜明地弘扬正气，抵制歪风邪气，要坚决抵御不良风气和思潮的侵蚀，牢牢掌握高校意识形态工作的领导权、话语权。在壮大主流舆论的过程中，要区分层次和对象，加强分类指导，找准与人们思想的共鸣点、与师生利益的交汇点，做到贴近性、对象化、接地气，让核心价值观为人们理解、接受、认同，让核心价值观真正成为高校主流价值观。在不断提升正能量的过程中，要学会创新，善于运用师生喜闻乐见的方式，搭建师生便于参与的平台，开辟师生乐于参与的渠道，积极推进理念创新、手段创新和基层工作创新，增强工作的吸引力感染力。在互联网时代，要尤其注意思想宣传工作与新媒体的结合。现在的大学生的阅读习惯、生活方式与互联网息息相关，我们必须研究如何更好地运用这个工作，让其成为激发正能量的阵地。思想宣传工作，软性渗透比生硬的直接灌输好，平等对话比居高临下的效果好。加强社会主义核心价值观的宣传教育，一定要改变话语体系，不能一味依赖纯灌输的方法。社会主义核心价值观应该像盐一样，调在我们做出的各种佳肴里，让大家吃下去才有利健康，如果让学生直接吃盐效果就不好了。钢铁般的真理也要用诗一般的语言表达出来，才能打动人心，我们要学会讲故事，学会用新话语进行叙事。高校师生要发挥作用，把核心价值观的方向、定位用动人的故事表达出来，激发全社会的正能量。

高校要坚持以人为本，立足学生全面发展，努力构建全员全过程全方位育人格局，形成教书育人、实践育人、科研育人、管理育人、服务育人长效机制。对于学生来说，什么是真正的发展？真正的发展是知识、精神、价值的上升，一个人的价值不在于消费了多少价值，而在于创造了多少价值。那么人创造力从哪里来？是在于自己的责任和知识能结合。在这里，个人的发展就与社会责任联系在一起了。高校要做到习近平总书记所指出的，让社会主义核心价值观像空气一样无所不在，无时不有，绝不是人人都天天说24个字的概念就万事大吉了，而是体现在高校的所有工作环节中、渗透在教职员工所有的言行之中，决定我们思考的方向、行为的方向。价值观需要在体验中内化，在实践中升华。立德树人，就是高校的全部工作内容和工作环节。

最后，高校要大力推进哲学社会科学创新体系，着力推进理论创新，不断赋予当代中国马克思主义和社会主义价值体系鲜明的实践特色、民族特色、时代特色。为此，必须立足于中华优秀传统文化，始终面向民族文化的活力，着力激发中华民族思想和文化的创造力；必须立足于先进性，始终面向人类历史未来发展的前进方向，引领时代发展；必须立足于价值观竞争的话语权，面向国际交流，着力抢占价值观竞争的道德制高点。

大学要创造性地培育和践行社会主义核心价值观 [1]

　　培育和践行社会主义核心价值观，是推进中国特色社会主义伟大事业、实现中华民族伟大复兴中国梦的战略任务。积极培育和践行社会主义核心价值观，对于巩固马克思主义在意识形态领域的指导地位、巩固全党全国人民团结奋斗的共同思想基础，对于促进人的全面发展、引领社会全面进步，对于集聚全面建成小康社会、实现中华民族伟大复兴中国梦的强大正能量，具有重要现实意义和深远历史意义。作为立德树人和培养社会主义建设者与接班人的重要阵地，高等学校在培育和践行社会主义核心价值观方面，承担着极其重要的责任和使命。

　　高校是传承创新文化和知识的地方，是文明进步的引领者。大学是知识和思想的孕育、传播和集散地，大学师生视野开阔、思想活跃，自主意识比较强。在这里，

1　本文发表于《思想政治教育研究》2015 年第 2 期。

培育和践行社会主义核心价值观必须着眼于价值观的先进性，才能真正教育师生、引领社会。社会主义核心价值观是社会主义核心价值体系的内核，体现社会主义核心价值体系的根本性质和基本特征，反映社会主义先进制度的丰富内涵和实践要求，是社会主义先进文化和思想追求的高度凝练与集中表达。但是，价值观不仅是一种内化于心的理想信念，也是一种外化于行的行为习惯，因此培育和践行社会主义核心价值观，必须有适当的方法、话语和途径。只有摸索出符合时代要求的合适方法，才能有效地进行社会主义核心价值观教育；只有打造出与时代相观照而青年人又易于接受的话语体系，才能更好地宣传和传播社会主义核心价值观；只有选择合乎人们需要的适当途径，才能更有成效地涵养和内化社会主义核心价值观。

正确的教育方法能够真正从思想深处奠定道德和价值规范的种子，适当的话语表达方式能够调动激励人心的理想力量，合适的践行途径能够承载涵养心灵的精神取向。要培育和践行社会主义核心价值观，我们就必须"注重宣传教育、示范引领、实践养成相统一，注重政策保障、制度规范、法律约束相衔接，使社会主义核心价值观融入人们生产生活和精神世界"[1]。只有找准培育和践行的方法、话语和途径，让教育和社会各方面资源的作用形成

1　摘自中共中央办公厅印发的《关于培育和践行社会主义核心价值观的意见》。

合力，才能起到事半功倍的效果，才能让社会主义核心价值观从主导价值观真正成为大学的主流价值观。

第一，要把培育和践行社会主义核心价值观融入高等教育全过程和诸方面，让教育在传递知识和文化的过程中塑造有理想、有信念、有责任感的人。社会主义核心价值观是社会的主导价值观，为所有的社会成员确立和实现人生价值提供了基本遵循。社会主义核心价值观不是对少数人的要求，而是对所有领域、所有人的价值规范。所以，我们必须坚持育人为本、德育为先，围绕立德树人的根本任务，把社会主义核心价值观全方位地纳入高等教育总体规划，贯穿于高等教育的教学、科研、社会服务和高校管理各环节，覆盖到学校的全部师生员工。培育和践行社会主义核心价值观不仅是辅导员、班主任的事情，而是所有教职员工的职责；不仅是思想理论课教师的事情，而是所有专业课都必须有机融入的事情。当然，不是专业课程都有形地讲核心价值观，而是把价值观的精神实质和方向创造性地融入专业知识之中。实际上，思想理论课本身也不能天天只讲核心价值观的12个概念，而是基于核心价值观讲出感动人心的故事来。因此，培育和践行社会主义核心价值观要适应大学青年学生的身心特点和成长规律，完善思想教育方法，深化大学生思想道德建设和思想政治教育，构建有效衔接、内容先进、形态生动的思想理论课程的教材体系，创新思想政治理论课教育教学，提高教学的针对性和实效性。

大家都知道，作为物质食粮的奶粉是要根据年龄分段的，同样作为精神食粮的社会主义核心价值观也需要根据大学生的年龄特点来配方。价值观需要行为的体验才能内化于心，价值观的目的及价值观自身的价值就在于它见诸行动。因此，我们还必须注重发挥社会实践对大学生的养成作用，完善实践教育教学体系，开发实践课程和活动课程。

第二，要把培育和践行社会主义核心价值观落实到学校的办学理念和治理过程中。为进行有效的价值观引导，就要注重学校制度、激励政策和价值导向有机统一，办学效益和社会效益有机统一，实现学校办学效益和精神文明建设良性互动。培育和践行社会主义核心价值观贵在知行合一，价值观和社会也是相互塑造的。一方面什么样的社会需要什么样的价值观引导，另一方面什么样的价值观也引领着什么样的社会。社会主义核心价值观是社会主义社会的价值取向，它反过来也引导和规范着社会主义社会的发展进程。如果大学在治理工作中出台的政策和价值观的导向不一致，这种思想与现实之间的断裂或分裂，也会严重影响价值观教育的效果。价值观是精神层面的，要使之内化于心、外化于行，就需要政策的保障、制度的规范、法律的约束。要通过制度、政策和法规等奖惩手段，鼓励正确的价值观，抑制消极的价值取向，抵制腐朽的价值观，惩罚错误的价值观。对符合社会主义核心价值观的行为要表扬和鼓励，对违背社会主义核心价值观的行为要批评和惩戒。我们不能制定政策鼓励个人主义，不能在规定中无意识地把学生推向与社会主义核心价值观背道而驰的方向。在日常治理中，我们要旗帜鲜明地彰显社会主流价值，使正确行为得到鼓励、错误行为受到谴责。要把社会主义核心价值观贯彻到依法治校、依法行政的实践中，落实到依法治理各个方面，用制度的权威来增强人们培育和践行社会主义核心价值观的自觉性。价值观是倡导性规范，法律是底线性规范。二者的相互支持，才能构建一个文明和谐的现代化社会。具体到学校，如何使道德价值观教育与法律起作用，就得靠学校创造性地制定学校政策、校纪校规等规范，利用学校优良的办学传统、校训和其他资源，让学生在处处体现社会主义核心价值观要求的氛围中健康成长。

第三，要完善大学社会主义核心价值观教育的话语体系。做到有效地进行社会主义核心价值观教育，就必须认真寻找正确表达社会主义核心价值观的话语形式，在能够打动大学生心扉的表现形态上下功夫。价值观的形成是一个精神生成过程，而精神的力量都是具有自主性和创造性的。因此，在积极培育和践行社会主义价值观的过程中，需要大学文化的活力和我们每个人的主动性与创造性。我们的价值观教育应该是一种对心灵的激励，教育者必须以自己的心灵激发每个青年学生践行社会主义核心价值观的自觉性。要让社会主义价值观能够打动学生的心扉并获得广泛的认同，首先必须让学生愿意听我们所讲的东西，并且能够听得进去，听了能理解，理解了能够接受并认同。如果我们的教育方式干干巴巴、味同嚼蜡，那么就很难让人愿意听，就别提让人理解、接受和认同了。另外，加强社会主义核心价值观教育不能总是重复那几个概念，而是要学会叙事或学会讲故事，让社会主义核心价值观通过鲜活的生活叙事和行动故事显现其精神的光辉和思想的力量。价值观通过具体的叙事材料展示出来，才能显现价值观的时代特征、民族特征和社会属性。价值观概念就像盐一样，它可以增加各种食物的味道，但不能总是让人直接吃盐。同样，社会主义核心价值观要融入活生生的生活叙事之中，才能发挥其精神的激励力量，才能体现核心价值观的引导力量。另外，宣传社会主义核心价值观不能只关注传统媒体和渠道，要特别关注和研究如何利用网络及新媒体传播与宣传主流价值观。现在的青年学生从一出生就面对信息网络化和媒体移动化的现实，是网络空间的原住民，他们的世界观、人生观、价值观的形成与网络科技是密不可分的。因此，我们如何以适合网络流通的语言占领网络和新媒体，传播社会主流价值观，就成为我们必须考虑的工作。

第四，要开展丰富多彩的涵养社会主义核心价值观的实践活动。培育社会主义核心价值观不能仅仅停留在人们的意识中，而应该外化为人们的生活方式和行为方式。为此，我们要相信师生员工、依靠师生员工，充分发挥师生员工的自主意识和首创精神，广泛开展灵活多样的群众性道德实践活动。例如，开展群众性的评选表彰先进模范活动，让人习惯于在现实中学会见贤思齐。开展学习宣传先进典型活动，尤其注意把学习模范与学习身边的好人好事结合起来，在平凡的人和事中发现崇高，让高尚的道德和价值理想在学生的生活中落地生根，形成学习先进、争当先进的浓厚风气。例如，有学校开展"发现身边的感动"的活动，不仅激发了学生的正能量，而且让学生学会了全面地看问题、学会了沟通和合作。很多学校根据大学生自主性强的特点，开展让学生推选"最受学生欢迎的教师"的活动，整个活动都是由学生组织，最后由学生给老师发奖。这不仅让大学生感到了价值的成长，而且也激发了教师教书育人的积极性。大学还要注意开发开学典礼、毕业典礼等仪式活动的教育功能，如在毕业典礼上让有感人事迹的宿舍管理员、炊事员或其他工作人员，与学生讲离别之情，会起到特殊的价值观教育功能——人们之间互相关心的友善，人格的平等和平凡的伟大。要把传统的仪式与传承中华民族的美德结合起来，使仪式的意义得到升华。

第五，共产党员、领导干部和学术精英要在培育与践行社会主义核心价值观的过程中起模范带头作用。中国共产党是中国工人阶级的先锋队，也是中国人民和中华民族的先锋队，所以共产党员都应该在培育和践行社会主义核心价值观中走在前列，其中高校的各级领导干部更应该率先垂范，形成上行下效的正能量。学校的著名学者、学科带头人、骨干教师，有很大的价值示范作用，因此也要肩负起更大的社会教育责任，在引导学校和社会风气方面发挥积极功能。假如学校的党员、领导和专家学者在践行社会主义核心价值观方面有好的言行，将会对青年学生有广泛的影响和引领作用。

总之，作为传承文明、发现新知的大学，在培育和践行社会主义核心价值观方面也承担着重要的社会责任和历史使命。教育与社会是相互塑造的关系，只有培养了大批认同社会主义核心价值观的青年学生，中国特色社会主义建设事业才有光明的未来。大学有责任用中国的话语表达社会主义核心价值观，用中国化的马克思主义理论阐释社会主义核心价值观，用中国特色社会主义教育创新的实践践行社会主义核心价值观。

哲学思维与领导力 ¹

2013 年 12 月 3 日下午，中共中央政治局就历史唯物主义基本原理和方法论进行了第十一次集体学习。习近平总书记在主持学习时强调，推动全党学习历史唯物主义基本原理和方法论，更好认识国情，更好认识党和国家事业发展大势，更好认识历史发展规律，更加能动地推进各项工作。实际上，早在 2011 年，时任中共中央政治局常委、中央书记处书记、中央党校校长习近平出席中央党校春季学期第二批入学学员开学典礼时强调，我们的领导干部要正确判断形势，在错综复杂的形势变化面前保持头脑清醒，坚定理想信念，科学分析我国发展面临的机遇和挑战，全面看待前进道路上的主流和支流、出现的矛盾和问题，都离不开马克思主义哲学的指导，离不开辩证唯物主义和历史唯物主义的思想方法。学好马克思主义哲学，把思想方法搞正确，增强工作中的科

---

1 本文发表于《党委中心组学习》2014 年第 3 期。原题目为《哲学思维与领导力的提高》。

学性和全面性，才能不断开创各项工作的新局面。

纵观我党的历史，毛泽东、邓小平、陈云等强调领导应该有哲学素养。显然，从毛泽东到习近平，我党一直重视学习和研究哲学，重视对党员干部进行系统的哲学教育。为什么学习哲学如此重要？这是因为哲学是我们认识世界、改造世界的强大思想武器。马克思说："任何真正的哲学都是自己时代的精神上的精华。"黑格尔说："哲学是被把握在思想中的时代。"虽然黑格尔哲学非常抽象，但是他的哲学实际上是对法国大革命和当时西方社会历史发展的一个总结。他的晦涩思想是对那个时代的一个总结。了解黑格尔哲学，你就可以认识法国大革命之后的欧洲社会途径。同样，读懂了马克思主义哲学，我们也就可以把握当代世界的发展脉络与趋势。中国化的马克思主义则是对全球化时代中国社会发展大势的思想把握。

一、什么是哲学

古希腊哲学家亚里士多德说："哲学产生于惊奇感。"他为什么这样说呢？众所周知，惊奇感通常在儿童身上产生。四五岁的孩子对什么都感兴趣，求知欲非常强，对什么事情都感兴趣，总是问"为什么"，只不过他们的理解力还不够。不过，等人们经历岁月后，理解力提高了，却对很多东西都习以为常了，没有惊奇感了。没有惊奇感，也就没有刨根问底的兴趣了，也就看不出问题了，不讲"为什么"了。童年经常有新奇感，但是智力有限，还理解不了很多问题；成年人有了理解力，却失去了惊奇感。可以说，有创造力的人——大学者、大发明家，都是在年龄大了以后仍能保持一颗童心，仍然对问题保持敏感，仍有好奇心。哲学就是要维持这种好奇心、创造力。

在这种意义上，我认为哲学就是一个"麻烦制造者"，就是在别人看不到问题的地方，老是发现问题。哲学工作者总是在别人习以为常、熟视无睹的地方发现问题，这不就是添乱多事吗？看一个人有没有哲学素养，就看他是否有发现问题的能力。

比如："外部事物是否存在"在常人看来，这还用问吗？不存在，你在哪？但是这确实是个哲学问题。你怎么存在呢？我眼睛看见你存在，你看见的就是对的吗？"庄周梦蝶"就是说的这个道理。谁能证明你现在就不是在梦里呢？有的西方哲学家说你看到的是你的理念，比如贝克莱说"存在就是被感知"。在今天，我们说这是唯心主义的。但是，贝克莱启发了爱因斯坦。爱因斯坦说，通过贝克莱和马赫我才知道存在的状况和你观察的参照物是有关系的。另外，科学也发现，颜色不是一种客观存在，不是一成不变地在那里，而是通过光波作用于你的感官才产生了不同颜色的经验。为什么有些动物能感觉红外线？因为它们的视域和我们不一样。

再如，A=A 和 A=B，这两个命题在什么意义上相等？

譬如，社会主义就是社会主义（A=A），社会主义就是托拉斯加苏维埃，过去我们说社会主义就是计划经济，现在我们又说社会主义也有市场经济（A=B）。实际上，这就是命题的变化，但是这两个等号在什么意义上相等？又如，普京就是普京，普京就是俄罗斯总统，普京就是俄罗斯总理，这些命题在什么意义上是相等的？一个是同义反复，另外的是有不同内涵的，有了新的意义。哲学就分析这些问题。到底是符号的相等还是指称的相等？后来，弗雷格把意义区别为"指称"与"内涵"，不同命题的指称相同，但内涵有区别，这样就解决了内涵不同的命题的指称相等问题。

另外，物的大小是物本身的性质吗？这也是一个很棘手的问题，比如：计算机和笔哪个高？当然是计算机高，那么高是计算机本身的性质吗？房子和计算机哪个高呢？当然是房子高。为什么原来高的又变成了低的呢？为什么发生了这种变化？这就是说，任何事物的性质是在关系中确定的，而不是先天地内含的。这样理解事物的性质就成了外在论，和我们过去理解的事物的性质不一样了。所以，在逻辑实证主义之后，西方哲学思维方式与我们以往的哲学相比发生了很大的变化。

比如，"子非鱼，安知鱼之乐？""子非我，安知我不知鱼之乐？"这就提出了"主体间性"的问题，也是"他者"的问题。他人与我不同，为什么可以互相理解？这就是主体间性，这是一个很重要的哲学问题。为什么你我作为主体能够进行交流和沟通，也会产生误解，这就是他者问题。

另外，我们平时都说话，往往很少反思这样的问题：每个词的意义是固定的吗？举个简单的例子，好和坏：当然谁都希望被表扬好。但是，老板把你叫去，拍着桌子拉着长腔厉声说："好啊——你！"尽管还是"好"字，但是你会觉得一点也不好。另外，谁也不希望被说坏。可是，如果一个小姑娘嗲身嗲气地对小伙子说："你真坏！"小伙子一定心花怒放，那是姑娘给了小伙子可以进一步再大胆点发展关系的暗示。所以，语言的意义不是固定的，一个词脱离一定的环境就没法理解了，必须在一定的语境中才能理解，而且这个语境是使用中的语境。

哲学是世界观和方法论的学问。哲学可以对自然科学和社会科学进行总结，但这是自然科学和社会科学产生之后哲学的新功能。哲学的表达方式是抽象的，但是哲学的抽象不是还原主义的思维抽象。实际上，哲学都是以时代问题为议题，都是在特定情景中的人或头脑对这个情景的思考。哲学是连带社会问题的一种思维，甚至是连带人生经验的一种思考，是思想者的思想对思想主体及其环境的一种思考或反思。尽管它以抽象的方式表现出来，但它是无法还原为抽象的一般规律的。因此，任何哲学都是具体的真理，都是结合时代、历史、生活、社会、个人的精神状况等问题进行思考的，这些问题都是具体的和有时代特征的。正是在这个意义上，列宁说真理是具体的。也正因为如此，我们学习了哲学，没有任何公式可以套，碰到任何具体问题，都得重新思考。比如，恋爱的人非常投入，遇到失恋就要死要活的。旁人看到会说：这个算什么啊，再找别人呗。关键是你没在那种情境中，人不在其中和在其中的人的感受是不同的。不在情境中就无法理解"存在还是毁灭"的问题。

有人说，其他学科是谈"是什么"的，而哲学是谈"为什么"的。我反对这种说法：如果物理学不谈为什么，怎么找到事物的原因啊？怎么探索宇宙奥秘啊？其他学科也是如此啊！有人说，具体学科谈"为什么"是小的"为什么"，哲学谈"为什么"是大的"为什么"。宗教可总是谈大的"为什么"，譬如人从何处来、往何处去。不过，宗教信仰谈"为什么"，它是让你相信，而哲学即使谈"为什么"，却是让人质疑或保持一种批判精神。宗教是信仰，你首先要信，然后才能理解。正如德尔图良（Tertullianus）说的："正因为荒谬，我才信仰。"可以认识的是科学的对象，不能理解的才是信仰的对象。哲学不能这样，哲学总是保持怀疑的状态，对理解不了的东西持存疑的态度，持怀疑和刨根问底的态度。

实际上，哲学本质上不是知识。当然，这只是一个否定性定义。这就是说，哲学里有知识，但本质不在于知识。哲学的肯定性定义是什么呢？我认为，哲学是系统的、反思性的批判性思维活动。其他学科明确了自己的研究对象，找到了自己的研究方法，也就成熟了、成体系了，哲学恰恰相反。按照恩格斯在《反杜林论》里的观点，哲学一旦被教科书化了，就会失去魅力。大家想想，我们现在的马克思主义哲学的教学，就有值得反思的地方。过去，我们的前辈冒着被开除、坐牢、杀头的危险学习马克思主义哲学，而现在我们动用国家制度力量，给大家创造好的学习条件，反而许多人不好好学习了，不认真听课了，因为我们现在把哲学变成了一个知识体系。马克思主义是认识世界、改造世界的武器，它应该有批判的力量。社会现实永远不可能达到理想状态，那就有有待完善的地方；我们的认识永远还有需要完善的地方，那就有批判的余地。马克思主义哲学是革命的、批判的辩证法。哲学有知识的基础，但问题是，哲学思想一旦成为常识性的知识，就体现不出哲学的魅力了。哲学的魅力就在于其批判性的思维活动，以一种更加理想的方式和眼光看待我们的社会现实，这就具有了批判性。

我给哲学下这个定义，受两个人的影响：一个是马克思，他说哲学是革命的批判的辩证法，与以往只是解释世界的哲学不同，马克思主义哲学是要改造世界。另一个是维特根斯坦，他说哲学不是知识，而是一种活动。他认为，知识对于哲学就像梯子，上房以后，梯子就放在一边了。我们许多现行的马克思主义教育把哲学作为知识体系，而不是作为批判性的思维活动，所以现在课也上不好，引不起青年人的兴趣。要激发大家对哲学的兴趣，就必须以哲学的方式学哲学，要批判地学习和思考。当今时代，我们仍然可以用马克思主义哲学批判地思考各种社会思潮、社会现实，我们的社会还远没有达到理想状态，因而就有质疑和改进的地方。有自我批判精神的民族才是有信心的民族，才是有创造力的民族，才是不断能够自我修正错误的民族。哲学的思维首先是一种批判性思维。

当然，哲学的批判不是外在的指责和吹毛求疵，而是内在的深化与发展。从这种意义上说，哲学的否定不是外在的否定，而是既有思想和理论自身逻辑深化的结果。批判是有继承、有批判，有吸收、有对话。哲学的批判强调历史连续性。强调哲学的批判性和否定性，并不意味着它必然走向历史虚无主义。哲学不是面向虚无的，面向虚无的活动必然也是虚无，正像任何数乘以零都是零一样。实际上，哲学的否定性恰恰规定了它的历史连续性：既然哲学在本质上是一种批判的反思活动，而且它的用语也更多的是批判的和否定性的，那么哲学也就离不开它所批判的对象，原有的哲学对现存的哲学思维活动并不是可有可无的，它是现有哲学思维活动的前提。没有这样一个前提作为思维的材料或批判的靶子，任何批判的反思活动都是不可想象的。否定性话语的存在和成立，都是以肯定性话语的存在为条件的。由此可见，正因为哲学的否定性，哲学才成为比其他任何学科更具历史性和连续性的学科。其他任何学科都不像哲学那样依赖于自己的历史。比方说，脱离开数学史，人们仍然可以学习数学计算，但是离开哲学史就根本无法学习和理解哲学。在某种意义上，哲学就是哲学史，而哲学史也就是哲学。如黑格尔《哲学全书》就是逻辑化的哲学史，而黑格尔的《哲学史讲演录》就是历史化的《哲学全书》。哲学话语的形式，本质上是否定性的，但是，这并不排斥哲学依赖和包含肯定性的话语。哲学的批判不是为反对而反对，而是为了更高层次的肯定而否定。

哲学史对于哲学的重要性甚至超过了史学史对于历史学科的重要性。因为，第一，哲学的否定性批判恰恰是需要前提的。没有批判对象就没有批判活动存在。第二，哲学的批判恰恰是思想自身深化的产物，是一种自我否定。举例说，费希特很穷，但是一位富人看他很聪明，资助他上学，而且他学有所成。当时最著名的哲学家是康德，费希特佩服康德哲学到了五体投地的境地，他到哥尼斯堡即现在的加里宁格勒去拜见康德，康德却不怎么理他。费希特并不心灰和气馁，意识到见这样的大人物是需要见面礼的——当然这不是带两瓶酒或几条烟的问题，他就用很短的时间写了一本书——《启示批判》（又译作《对一切启示的批判》）给康德看，康德看后非常欣赏，并且推荐出版。出版商不愿意署费希特的名字，结果匿名出版，引起学界极大关注。或许，大家都认为这书是康德忘记署名了，因为康德曾经写有《纯粹理性批判》《实践理性批判》和《判断力批判》，后来康德说这不是我写的，而是年轻人费希特写的，费希特因此一举成名。费希特出名后，更卖力气地研究康德哲学，思想的深化直至消解了"自在之物"，把康德哲学的根基给否定了。费希特在自以为讲康德哲学的时候，就已经否定了康德。这时，康德声明，以后费希特的所有言论与我无关，费希特也骂康德"充其量是半个人，因为他没有结婚"。师生反目了。可见，哲学的进步就是这样的，批判是思想自我深化的结果。因此，哲学的否定首先是继承，再者是扬弃，有保留的再造。

哲学史上，中西有差异。西方的哲学史有继承，但是以批判为主。亚里士多德的哲学就是以批判他老师的形式出现，他说过一句著名的话，即"我爱吾师，我更爱真理"。可以说，西方哲学史似乎就是一连串的师生反目史。亚里士多德不是柏拉图最喜欢的学生。柏拉图最喜欢的学生在哲学史上却没有地位。但是，并不能说亚里士多德只是批判，实际上他从柏拉图那里继承很多，没有柏拉图的理念论，就不可能有亚里士多德的"形式"概念。

中国哲学史中也有批判，但更多的是解释成对前贤的继承，因此中国哲学史就像一连串的注释史。但是，注释也要有自己的思想，要有思想和理论自身深化的超越。孔子最喜欢弟子颜回，但是颜回在哲学史上没有地位，而孟子在历史上有了新的思想趋向，因而就更有价值，他的哲学中有一种意志论在里面；荀子也是，他很多学说实际否定了以前的儒学。

作为成功的哲学教师，你培养出的学生必然是批判地对待你；如果你的学生完全赞同你的理论，那么你作为教师就是不成功的啊！这里有个著名的悖论。在古希腊，曾经传说普罗泰戈拉收学生讲授雄辩术，约定学生用第一次打赢官司得的钱交学费。可是，该学生第一次诉讼就是普罗泰戈拉告他没有交学费。结果出现了这样的悖论：如果法官判普罗泰戈拉赢，那么学生就应该交学费，可是，学生没有赢得这场官司，按照原来的约定学生就不应该给普罗泰戈拉交学费；如果法官判学生赢，那么学生就不必交学费了，可是学生赢了第一次诉讼，学生就该按照约定向普罗泰戈拉交学费。

哲学思维除了批判性特征之外，还有系统性、反思性、创新性的品格。所谓系统性思维，就是说哲学不是针对要素、部分而言，而是思考整体性和全局性的问题，是思考要素、部分之间的关系或联系问题。哲学思考局部的问题时，也是从整体的角度去看问题的；哲学在思考要素的时候，也是从要素间的普遍联系去看问题的。

所谓反思性，就是说哲学的思考不是直接性地就事论事，而是对事物本质及其已有知识观念的反思。哲学是进行"类"思考的。例如，在资本主义社会，工人中有黄种人、白人、黑人，工种也有许多不同，但马克思主义哲学思考的工人是被资本剥削的雇佣工人。

所谓创新性思维，在哲学的语境中，批判的思维本身指向问题的发现，问题的发现就是创新的开始，没有发现问题就不可能提出问题和解决问题；批判性思维还指向超越现实的理想空间，用更理想的视角看现在的事物及其对事物的认识，从而试图让现实和认识趋向完善。不断发现问题和解决问题，不断地使现实完善化，就是不断地更新，就是与时俱进。

哲学思维尽管是批判的，但仍然必须是理性的思维。这就是说，哲学思维必须合乎逻辑、遵循科学的推理、符合理性的思考。当然，哲学思维还是辩证性思维，既然矛盾是普遍的，那么我们就必须从一分为二的观点去看问题；既然事物是相互联系的，那么我们就必须从普遍联系的观点去看问题；既然事物是变化发展的，那么我们就必须从发展的观点去看问题。

二、哲学的独特价值与功能

经常会有学生问我：老师，学哲学有什么用？后来，我干脆不等问就在第一堂课上说："请大家不要问我哲学有什么用。哲学的最大用处是无用。"吃面包有用吗？有，它提供能量。大脑就不需要能量了吗？无用之用是为大用啊！

哲学的用处表现在什么地方呢？

1. 作为以逻辑语言为分析手段的方法论，哲学能够提升人们言行的条理性。

因为哲学用概念对事物进行概括，然后进行逻辑分析，概念能够让人对纷繁复杂的现象进行归纳，而推理则让人以合乎理性的方式进行思考，这就能够提升人们言行的条理性。

例如：有个中学语文老师告诉我说，哲学对学生条理化写作确实有用。他发现，学生写作文的条理性在高二阶段是一次飞跃。大家知道，对孩子而言，写作文是很困难的，有条理的写作需要锻炼。我记得自己小时候，假期作业都是把数学先完成，最后才写作文。为什么在高二有这种飞跃呢？原来这是因为学生在高二开始学哲学了。哲学中的本质与现象、主要矛盾和次要矛盾、原因和结果、必然与偶然都成为学生条理化思考的工具。

再如：台湾地区学者林念生对比两岸学生，认为"大陆大学生多数能够条理分明、系统地表达观点，而且分析能力强"，二十世纪六七十年代留学美国的多是中国台湾和香港的学生，二十世纪八十年代中期开始有越来越多的中国大陆学生留学美国。双方的学生碰到一起辩论，往往大陆学生更胜一筹。大陆学生之所以会说话，是因为他们受到的教育和台湾学生不一样。台湾地区学生在上大学之前没念过任何哲学，而大陆学生老早就接触马列主义、毛泽东思想。看起来简单，像事物是要一分为二的，要透过现象看本质，看问题要看主要矛盾、抓主流，实质上这些命题已经内化为个人言行的条理习惯了。

2. 因反思活动而思想深刻。

作为反思性思维活动，哲学可以拓展人的视野和自主创新思想。文科里文史哲是基础学科，理科里数理化是基础学科。在文科里，最基础的是哲学，某种意义上相当于理科的数学，哲学与数学在思维方式上有共同的地方。在其他学科里，搞得比较好的，"有思想、有见地"的人，往往都有一定的哲学基础。例如，许多历史学和文学大家，往往有很好的哲学底子。通过哲学思维训练，然后再去研究本学科的东西，可以研究得更深，站得也会更高。这就是因为哲学要求人们不只看到现象，更要看到现象背后的"类本质"。当然，反过来，学哲学的人也要去学习其他学科。

3. 因宏大视野而观照全局。

大家知道，在数量化不清晰的地方，哲学才会发生作用。作为整体世界观，哲学有利于培养人们的战略性思考能力。战略就是全局和长远。当然，做领导还要把现实的工作和长远的目标联系在一起，这样才能发挥作用。战略是通过什么方式制定的？它的制定有什么支点？这些都要思考。例如，为什么工作必须有好的制度，因为制度是管全局的。制度必须高于个人的要求，如果每个人都要求特殊性，事情就无法正常进行了。再如，大家都关注人的问题，在进人方面一定要把好关，这是因为：人是最关键的战略性资源，进来不能干的把能干的弄得都不能干了，所以把握住了人才就有了发展的动力。

4. 因辩证思维而头脑灵活。

作为唯物辩证法，哲学可以帮助你在纷繁复杂的事物中保持基本方向同时具有思想的灵活性。在观念掌握上不是说只坚持原则就行，也不是说只头脑灵活就行。灵活、圆融在什么地方？比如考试，某个省学生在大年都考得好的情况下，差几分可以给你弄上来——如果有人找的话，这样既解决你的问题也可以解决我的问题，因为如果不多弄些名额把录取分数线往下降一点，那么明年就可能是小年，会导致生源不足，所以可以多找几个人压下分数线。但是，不能违背阳光工程和公平原则。你这个省本来考生质量不高，分数不高，那就爱莫能助了。如果学生分数不到分数线，谁找也不能法外开恩。我个人觉得，人如果有了做人的原则、能坚持原则，反而会变得更灵活。

5. 因憧憬理想而满怀希望。

作为人生观和价值观，哲学可以提供安身立命的根本。人与动物不同，动物更多的是本能的活动，而人是有思想的动物。人有了思想就思考活着的意义，因此就有了宗教情感，把人生的意义放在神的身上。但是，从理性或者思想本身的角度，宗教信仰有一种盲目依赖性，人有了思想，也就不满足现实。在存在主义看来，人是他现在所不是的东西。人是精神的动物，需要精神支柱，需要投向未来的思想空间。哲学可以帮助我们构建合乎历史发展规律的意义世界，从而使我们成为自觉的人、自立的人、自由的人。作为领导，我们应该有思想、更应该找一种合理的哲学作为自己的精神支柱。做人挺累的，做有思想的人更累，这就叫"理性的痛苦"，我们不能因为累就放弃自己的思想。而真正的人必须有自己的理想！现在，无论在机关还是学校，当领导也越来越难了。这是因为人们越来越有思想了，越来越有自主性和独立意识了。领导不能再用过去简单的工作方式了，必须做人的思想深处的工作。

6. 因高度概括而精神丰富。

作为文化的灵魂，哲学可以以最凝练的方式提升人们的人文素养。一个民族文化的灵魂往往集中体现在哲学里。哲学是以凝练的方式反映了一个民族的文化。你看懂了德国哲学，你就基本理解了德国文化的真谛；你读懂了法国哲学，你也就搞清了法国文化的实质。实际上，中国哲学也反映了中国文化的基因。中国哲学的性质是儒家和道家的结合。得势时，修身齐家治国平天下，舍我其谁也，入世；不得势，就是陶渊明的"采菊东篱下，悠然见南山"，出世。

7. 因理性理念而品格坚毅。

作为思想中把握了的时代，哲学可以帮助你通晓历史发展的规律和趋势。有些人像浮萍一样摇摆不定，就是不知道历史的发展趋势，随风飘荡。需要有哲学的高度去认识历史，指导自己应该以什么样的态度，选择什么样的职业，按什么样的人生态度和价值度过人生，养成坚毅的品格。

8. 因追求智慧而生活豁达。

作为对根本性智慧的追求，哲学可以帮助你摆脱许多无谓的烦恼。不同的学科对人的影响确实有差异，这是因为不同学科的价值取向不同。美国人做过实验性的统计，不同学科的人每人发 300 元，这些学科的学生可以任意支配这笔钱，也可以放入公共账户。结果发现，学哲学、学历史的学生用于公益事业的最多，而学经济的学生大多自己将钱消费了。这大概是因为，经济学的价值观是以最小的投入获得最大的收益。华盛顿大学教授约拉姆·鲍曼发现，经济系的教授和学生捐钱给慈善机构的概率较小。他说，经济学科的学生似乎天生有罪，其他学生选修了经济学课程之后也会失掉纯真。

当然，不是说大家不学经济学了，我是说你懂了经济也要学点哲学。国家要发展，经济还是重要的基础，我们需要有经世的手段。一个人能不能发展，关键在于自己。除了功利性的能力之外，很大方面就是个人平常能不能考虑超越个人利益的大问题，而不是执着于小事情。不知道自己长远利益的人往往执着于小事，反而耽误了自己的发展。这就是占小便宜吃大亏啊！最好能够做到：既有工具理性，又有价值理性；既有经世之才，又有仁心义胆。

说了哲学这么多好处，难道哲学就没有什么不好的地方？当然有，哲学有什么负面作用呢？

1. 学习了错误的哲学，就找错了路。但是，怎么知道什么哲学是错的？用谁的标准去衡量正确或错误的哲学？比如尼采，从马克思主义的观点看，他肯定是错的，但是他影响了鲁迅等很多人，直到目前仍然是许多思考的动力来源。可见，学习哲学除了要学习正确的哲学之外，还要掌握学习的方法。无论学习什么哲学，关键在于怎么看、怎么读。如果用哲学的批判的思维方式，看什么都会有收获。

2. 错误地理解了哲学论断，容易在思想上自我禁锢。即使正确的论断，如果我们将其当成知识性的东西，当成了教条，那么也会出现作茧自缚的现象。即信奉了哲学家说过的话，没有用批判的眼光去看待它，反而将自己的思想束缚住了。

3. 容易忽视新经验和多样性。因为哲学是用抽象的语言表达的，我们可能就只注意一般了，而忽视了特殊，往往新事物最初就是以特殊的形式出现的。

4. 如果不注意与实践相结合的话，天天进行概念活动，也容易形成坐而论道的习惯，成为空谈家。当然，我认为，做实际工作的人学点哲学会受益，不会成为空谈家，因为他们就在实际工作中。实践活动本身就是教条主义最好的解毒剂。

三、哲学思维何以能够提高领导力

有位当过省委副书记的校友说过，很多县级领导在被提拔到更高的位置时，会有一段不适应期。原因是这些领导的理论基础不是很好，他们往往是做实际工作的。

在县里工作，工作有具体的指向和抓手，如产量、财政收入、GDP 等等，而越是高层领导越需要理念和思路。李瑞环同志曾经回答了这个问题。他指出："一个自然科学家，一个专家，一个对某些方面业务知识比较熟悉的同志，被提拔为领导干部，那么他过去的学识、经验和阅历，能否成为他今天搞好领导工作的有利条件，能否成为他作为领导者认识和改造世界能力的积累过程，关键在于他能否对过去的专业知识和实际工作经验进行哲学的概括，把个别上升到一般。有了这种概括和上升，原有的专业知识和工作经验就有助于他适应新的工作、增强驾驭全局的领导能力。"领导的位置越高越需要思路和理念，越需要哲学。他还说：哲学这门学问说来也神，你的工作越变化、越新，它显得越有用；你的地位越高、场面越大，它的作用越大；你碰到的问题越困难、越复杂，它的效力也就越神奇。

有位我非常崇敬的领导，曾经提出中学生应该学京剧，结果挨骂了，社会各界包括艺术界谁也不买账。实际上，我个人认为，他提出了一个非常重要的问题，他是说，中国学生缺乏艺术教育或者美育，可是京剧并不就可以代表艺术教育或者美育。人应该吃水果，但不能要求人只吃梨或只吃苹果！可见，当领导要有一定的哲学素养。

哲学为什么能够提高领导力呢？

1. 领导力首先是思想力，产生思想和影响力。领导不就是"头儿"嘛！头用来做什么呢？头必须思考问题：领导没思想、没想法、没思路，会使大家不知道朝什么方向发展，不知道做什么事。知道做什么事才是正确的，这是领导力之所在；怎么做，这是执行力。领导首先应该能够知道做正确的事，即有正确的工作思路，在此基础上才有执行力。因此，领导应该是善于思考的人，深思熟虑和准确果断的直觉能力是领导素质的根本。学习哲学，可以锻炼人们冷静思考的能力。冷静思考的那一刻，你才是清醒的。李瑞环同志说："不懂哲学的领导就不可能是一个清醒的领导。"他说的是对的。领导不能跟着感觉走、拉着梦的手，领导必须依靠思想、依靠理智。领导要有战略、有思路、有策略。

2. 领导是组织变革的催化剂，必须思考战略问题和善于沟通：领导力是战略思想的影响力。社会变化时期，一个组织必须以自身的变化来适应时代的变化，一个组织机构成立之后就会形成一些基本的传统，这就有了惯性，在某一时期这种习惯是适应时代发展的，按照常规去办事，是需要的；但，时代是瞬息万变的。比如，为什么这个时候要提出创新性培养？在过去，在农业社会，知识主要是以经济形态存在的，经验是靠岁月积累的，所以老人有权威性。老人经验丰富，就获得了力量，在当时有句话即"不听老人言，吃亏在眼前"。工业社会，是标准化生产时期，需要同一性的原理或知识。因此，人们说，"学会数理化，走遍天下也不怕"。现在知识经济时代，某种程度上是差异时代，这时要求人才培养不是只适应标准化生产的要求，而是每个人按个性、差异、特长，自主学习。要适应时代发展，必须进行改革，变革会触及组织机构的惯性，所以领导怎么组织、引导变革呢？不能靠行政命令，要思考战略问题和善于沟通，让大家意识到问题出在哪里。进行战略思考，不就是与进行整体性思考的哲学观一致的吗？

3. 领导是组织的精神领袖，必须有自己的高远的价值观：领导力是道德高地的规范力量。一个人的权威是从哪里来的？首先是道德力量，其次才是能力，二者结合最好，哲学就是研究伦理道德，研究价值取向的。德国军事学家克劳塞维茨曾经说："精神力量是战争中最重要的主题之一。它们构成了整个战争中最具有生气的主力。此种力量再与意志融合在一起就能成为推动和指导全民的力量。""主要的精神力量为指挥官的才智、军队的武德及其民族精神。"战争尚且如此，何况我们的社会工作。在中国有德治的传统，更需要道德的力量。哲学是一种有价值规范的学科，它可以帮助我们确立正确的价值方向定位。

4. 领导是组织的领路人，必须善于总结经验教训、感知文化差异，吸取集体智慧：领导力就是思想观念的提升力，总结出战略思想。一个企业的发展壮大，他的领导必须有哲学思想，要感知对方或合作者以及环境的文化传统和道德理念。很多企业换一种环境就失败了，是因为他对新环境的价值观和道德思想文化没有感知，结果水土不服。领导要敏感地感知各种经验，然后提升指导性的思维。领导也要善于把群众分散的智慧集中起来，加以总结和提炼，上升为系统的工作思路。

5. 领导是组织的协调者，必须具备辩证思维能力：领导力是综合统筹协调能力。我们学习科学的发展也是如此。如何统筹协调呢？这是需要方法论的指导的。比如，学校的资源分配，对待"985"或"211"项目的规划，都有非常不同的观点，其中有截然相反的两种大的意见，都是从局部来考虑问题：一种认为要集中资源发展优势学科，不能平均分配；一种认为应该扶持弱势学科。两种意见都有道理。有哲学的指导，就要考虑除了优势或弱势之外，还有整体性和有机性发展的相关性，以及新兴交叉学科和边缘学科发展的新趋势问题。

有人说，一流的智力测验就是能力测验，这种能力是指一个人在头脑中同时持有相反的两种观点但仍然能正常工作的能力。为什么能正常工作？你必须有一个战略高度，作为一个战略家，不仅要持有两种相反的意见，还要综合两种相反的意见，将相反的意见协调起来。当领导关键是能不能平衡，能不能服人。如果站在一个更高的理念上协调，他就会从整体出发，如果相反，就可能造成机体的分裂，影响团结和凝聚力。譬如，学校的资源必须关注自己的优势和特色学科，但各种学科之间也是相互支持的。如果其他学科得不到相应的发展，也会影响到优势和特色学科的发展。正如人有"右撇子""左撇子"一样，但左右手应该在大体上相当。如果右胳膊比左胳膊粗一倍，那显然就影响人的整体有机性了。

6. 领导是组织的形象代言人，要有内在的魅力和感染力，领导力是一种影响力和感召力。"腹有诗书气自华"，何况是读艰深的哲学呢！如果你能够有更深刻的思想和看法，你能用简洁明晰的哲学语言来表达日常生活的方向，肯定会增加领导的魅力和感召力。

四、为什么转型时期更需要哲学

邓小平同志说，改革开放是中国的第二次革命。实际上，改革开放以来的历史进程对中国社会结构改造的深刻性，一点不亚于1949年的革命。中国已经从以自然经济为基础的熟人社会进入以市场经济为基础的陌生人社会。中国已经成为第二大经济体，第一大货物贸易国。现在是市场经济和全球化，我们进入了一个陌生人之间的契约法制社会。

1. 社会转型时期的变化，需要理论梳理和思考。

社会变化不大的时候，很多事情也许不需要思考，根据社会的风俗习惯走即可，但变化快的时候则需要梳理和思考，必须做出新的选择。中国已经发生了天翻地覆的变化，社会日新月异，如何把握这个时代，如何引导社会的发展，这都是需要深度思考的问题。

2. 全球化进程的加深，需要对时代进行深入的思考。

我们过去关起门来，很少有不同的思想，但现在有很多不同的思想，国际之间的信息流通的壁垒已经不复存在，各种思潮并置在我们眼前，迫使每个人不得不思考，进行选择。没有思考的选择，不是真正的选择。譬如，过去我们可以关起门来讲爱国，人们对其他国家的情况并不了解，只是对外部或异类的陌生感就可以培养起对祖国的依恋，但是现在不同了，国际上有很多值得我们学习的地方，培养国家认同必须有新的策略和方法。

3. 信息化时代，当领导更困难了。

现在，任何人都不能垄断信息了，要提高领导力，只能深化思考，尤其是面对青年学生。过去，很多事情都是一级一级地传达，有些文件有级别的规定，所以领导比群众知道得多。现在，信息已经网络化，信息瞬间就传播开来，领导的权威来自何处呢？不能垄断信息了，只能深化思考。

我上大学时有个老师，尽管讲课不生动，但是很有条理，看起来很深入。后来，我来京读研究生，有一天买到一本书，读起来很熟悉，发现那位老师就是按照这本书讲的。那时候他能垄断信息，现在就不行了。我曾经负责学校的教学，一直提倡上课前就要让学生知道讲什么，让他们先看，很多内容不需要讲，课堂上最好讲方法引导思考和分析。

现在越来越民主化，权利意识特别强，要求有民主意识又要具有个人魅力，这两样相反的要求，使当领导更难了。

五、如何学习哲学

1. 读书特别是读哲学原著。

学哲学需要读书。哲学是思考性的，是以文字为主的学科，需要视觉，文字是学哲学的最主要渠道，哲学是以文字为主的学科。

2. 学点哲学史。

有观点说哲学就是哲学史，哲学史就是人类思维的发展史。每个人一生的成长，在某种意义上，都是在重演人类思考的发展史，懂哲学史可以更快地重演，使你的思维建立在更高、更自觉的基础上。

3. 独立思考。

我在斯坦福大学进修时，我的导师约翰·佩里教授（John Perry）送给我一本他编的《哲学导论》。附录讲"如何阅读哲学"，讲了两个非常简单的思想：一是"slowly"，即慢慢读，哲学看太快了等于没看；二是"aggressively"，即挑衅性阅读，也就是把读书变成批判性的对话的过程。不论是读哪个伟大人物的书，都是跟伟大的心灵对话。但不能停留在他说什么就是什么，不能把自己的头脑变成别人思想的跑马场，我们必须独立思考。我有一种感觉，在看我自己已经认识的人写的书时，好像是在听他讲话似的，他的音容笑貌都能够栩栩如生地展现出来。读书需要这种对话感！

4. 养成把思考转化为文字文本的习惯。

一般说来，想容易，表达困难。要养成把思考转化为文字文本的习惯。思考相对是很容易的，写东西是很难的，思考是一种意识流，是历史性展开的，前后有矛盾我们也难以发现。文字表述出来的东西，是将思想平面化了，把历时性的思考共时性地呈现出来，矛盾就容易看出来了，每一次修改文字就是把矛盾压缩到更深的层次，就是深化思想。培根就说过："谈话使人敏捷，写作使人深刻。"这是很有道理的。

5. 学哲学不要怕难。

哲学的表述的确有些难。譬如，有人对胡塞尔抱怨说他的哲学著作太难懂，胡塞尔回答说："哎呀！我也没有办法。如果精力不集中的话，我自己也读不懂！"但是，我认为，哲学并不神秘！只是因为用抽象的语言，失去了许多感性材料的支持，看起来难一些而已。跑步时腿上绑沙袋，能够锻炼人的腿力；读哲学就是阅读时绑沙袋，锻炼你的思考力。哲学都可以读懂了，其他的就不在话下嘛！

弘扬校训精神，践行社会主义核心价值观 [1]

北京外国语大学的前身是 1941 年成立的抗日军政大学三分校俄文大队，后发展为延安外国语学校，建校始隶属于党中央领导。抗日军政大学的校训是"团结紧张，严肃活泼"。2011 年北外 70 周年校庆之际，综合校内外专家和广大师生的意见，在中央领导贺信的基础上，北外把"兼容并蓄，博学笃行"确立为新的校训。2015 年是抗日战争胜利 70 周年，北外将以自己的红色基因为载体，通过寻找历史足迹、弘扬校训精神、培育家国情怀，践行社会主义核心价值观。

北京外国语大学校训与社会主义核心价值观有紧密的契合关系。"兼容并蓄"既是中华民族海纳百川胸襟的准确表达，也是中国近代以来大学开放兼容精神的高度概括。就前者而言，华夏先民以恢宏的气度，在与周边

1　本文的部分内容发表于《光明日报》2015 年 6 月 2 日。原题目为《北外的校训精神》。

民族的交流、碰撞与融合中，不断化异为同、百川归一，逐渐形成统一的中华民族。不论是胡服骑射，还是西域舞乐，都汇入了川流不息的中华文化的江河之中。可以说，在漫长的中国历史中，凡是开放包容的时期就是中华民族顺利发展的时期；凡是闭关自守的时期，往往就会埋下衰落的根子。中国的大学是近代在学习欧美的基础上建立起来的，大学的建立本身就是中国包容精神在近代的延续。蔡元培先生主张，大学应"循思想自由原则，取'兼容并包'主义"。北京外国语大学作为一所汇集、学习和研究世界不同语言的大学，可以说是大学兼容并蓄精神的集中体现。语言是文化的凝结，语言符号中沉淀着人类的智慧。要汲取世界文明的一切优秀成果，就必须以开放的胸怀学会各种语言，架起与其他文化交流沟通的桥梁，也要以包容的态度汲取各种文化的精华。北京外国语大学以"兼容并蓄"作为校训，就是要继承中华民族的优秀传统文化，弘扬中国大学的优良传统。

"博学笃行"出自《礼记》"博学之，审问之，慎思之，明辨之，笃行之"。"博学笃行"既是中国学者知行统一的治学传统，也是中国大学师生治学修身的最高境界。北京外国语大学以"博学笃行"作为自己的校训，就是要求师生既要努力学习，也要勤于实践，不断通过学习拥有广博的知识，并且能够脚踏实地把所学到的知识运用到实际活动中去。

"兼容并蓄"的精神与"民主""文明""和谐""自由""平

等""友善"等价值观都有着非常紧密的关联。只有以民主、自由的精神，才能做到兼容并蓄，才能乐于向不同的民族和文化学习；只有以平等、友善的价值规范，才能兼容并包地对待世界不同民族和文化，才能进行富有成效的跨文化交流；只有以文明、和谐的价值理念，才能达成文化之间的交流互鉴，才能实现人类社会的进步。"博学笃行"的精神则与"富强""爱国""敬业"紧密相关。只有持有强烈的爱国心，才能有强烈的家国情怀和奉献社会的精神，才能具有持续的学习动力和实干精神；只有为了国家的富强，才能具有不断进取的精神，才能具有顽强奋斗的意志；只有具有了敬业精神，才能具有报效国家的志向，才能在不同的岗位上为人民、为国家、为世界和平而勤奋工作。

学校基于校训精神，通过一些具体教学、科研、服务社会和文化引领的活动，把社会主义核心价值观融入学校的各种工作之中。随着国家的发展和国际地位的提升，北外主动承担起自己的双重使命："把世界介绍给中国，让中国理解多样的世界；把中国介绍给世界，让世界理解变化中的中国。"这就需要融贯中外语言，融通中外文化，融合各种学科，并在融会贯通之中孕育知识、思想和文化的创新。

为此学校做了大量的工作部署。例如，"十二五"期间，我校根据"强化优势、调整结构、明确重点、合理布局"的学科建设指导方针，以"小语种、大外交"为基本建设思路，根据国际格局转型和我国国家利益延伸的新形势，增设新的关键性非通用语种，覆盖非洲、中亚及高加索、南亚、南太平洋这些地缘战略十分重要的地区。2011—2013 年，我校克服困难，服务国家需要，新建 13 个新的非通用语种，为国家全面走向世界培养各个语种的人才。另外，北外承担的国家教育体制改革试点项目"探索国际组织需要的复合型人才培养模式"，也充分体现了北外"兼容并蓄，博学笃行"的校训精神。这个项目的目标就是：培养具有国际视野与中国情怀，通晓国际规则，精通两种以上联合国工作语言（以英语和法语为主），具有出色的跨文化沟通和实践能力，掌握丰富的国际法、国际政治与国际关系、国际经济与金融专业知识及专业技能，在全球化竞争中善于把握机遇和富有创新、合作精神，能胜任国际组织工作的复语型、复合型高端外语人才。

让世界理解中国，就要学会根据不同的文化背景和语境转变话语方式，使人愿意听、听得懂，这是传播好中国声音的根本。习近平总书记在中国人民对外友好协会成立 60 周年纪念活动上的讲话中说："传播好中国声音，讲好中国故事，向世界展现一个真实的中国、立体的中国、全面的中国。"习总书记的话给我们指明了方向。北京外国语大学积极实施"2011 计划"，成立"中国文化'走出去'协同创新中心"，汇集校内外创新元素，把中国传统文化和当代中国的发展介绍给世界，为学校事业搭建了新的发展平台。适应国家汉语国际推广战略需要，我们建设了"汉语国际推广多语种基地"，先后承办21所孔子学院，成为国内承办孔子学院数量最多的高校，连续两年获评"孔子学院建设先进单位"。我们深深认识到，只有兼容并蓄，博学笃行，才能承担起跨文化交流互鉴的历史使命。

以校训精神培育社会主义核心价值观，让践行社会主义核心价值观落实到立德树人培养人才的实际活动之中。北外的校训就是希望北外学子拓兼容并蓄之胸襟，立博学笃行之志向，努力成为具有深厚家国情怀的民族砥柱，具有广阔国际视野的国家栋梁，具有广博知识和行动力的社会中坚。

北外的校训告诉学子，要博览群书，但不能只读书本。北外的校训也告诉学子，不能停留在对梦想和未来的幻想中，而要甩开膀子真正去干、去做、去实践，才能让梦想成真。北外的校训还告诉学子，不要做抱怨社会、抱怨他人的人，改变现实就要从自己开始，从现在开始。路是走出来的，事是干出来的。要投身火热的实践获得真知，从实践中发现问题，而后寻求解决之道，才能触摸到时代的脉搏，成就梦想与幸福。

学校始终将全校师生的思想政治教育工作放在首位，学校党委全面统筹全校师生思想政治教育工作，以理论学习为基础，以实践活动为载体，以教风、学风建设为核心，以思想引导为前提，以促进发展为关键，形成了较为完善的思想政治工作体系和机制。学校成立马克思主义学院，增设选修课程，采用参与式、嵌入式教学模式，开展实践教学，发挥马克思主义理论课在大学生思想政治教育中的主渠道作用。这个学期开学后，我作为党委书记分别为全体本科生和博士生讲了第一堂政治思想理论课，内容就是弘扬和践行社会主义核心价值观。我们还请了校内外专家学者为学生从多方面讲授价值观和理论问题。

学校通过举办特色活动和添设人文景观营造良好校园文化氛围，组织开展"模拟联合国"大赛、"外交之星"风采大赛、"党史知识竞赛"、"国旗下的成长"升旗演讲活动、"全球化与青年责任"论坛等具有深刻内涵的校园文化活动，涵养社会主义核心价值观。我们还通过深化教育教学改革，立德树人，不断提高人才培养质量。首先，继承和发扬北外"严格要求、精细训练"的外语教学模式，狠抓语言基本功训练，提高学生报效国家和社会的能力。其次，学校特别注意让学生在社会实践中得到锻炼和成长，"歆语工程"作为北京外国语大学的优质品牌项目，多年来不仅累计培训来自北京、河北、湖南、广西等8个省、市、自治区的数千名中小学英语教师和中小学学生，而且也让学生在活动中得到了锻炼，受到了教育，不仅取得了非常好的社会效益，也起到了涵养社会主义核心价值观和立德树人的作用。

教育如何促进国家认同？[1]

教育与认同有着内在的联系，教育在其本质上就是为了把人培养成什么样的人，即让人认同什么样的文化、价值观、道德规范和行为方式。什么样的教育塑造什么样的人。一个国家的教育应该通过制度性安排强化公民的国家认同，而公民教育就是为了培养人们对国家的认同而设置的课程。正如美国的教育是引导美国青少年认同美国，法国的教育引导法国青少年认同法国，俄国的教育让俄国青少年认同俄国，日本的教育引导日本青少年认同日本……中国的教育当然应该引导中国青少年认同自己的祖国。

尽管在古代中国就有"书同文"的要求，但教育与国家认同之间的关系到了近代才真正成为一个突出的问题。现代化进程中的一个重要标志就是国家开始垄断国民教育，这后来发展成为义务教育。民族国家和国家垄断教育相互促进，使欧洲的现代民族国家得以立足。在

1　本文发表于《人民教育》2015 年第 20 期。

当今世界，任何国家的教育体系的根本目标之一，就是要培养认同国家制度及价值观的国民。

首先，国家制度化的教育体系，都会在自己管辖的边界内把自己的语言体系和生活规范传递下去，通过共同的语言和生活样式的教育培养国民的共性和民族特性。正因为语言教育的重要性，英国首相卡梅伦才指出："所有在英国的移民必须讲英语，学校必须向学生讲授英国的共同文化。"[1] 也正是出于同样的原因，2010 年 10 月 16日，德国总理默克尔在基督教民主联盟会议上竟然说：在德国构建多元社会的努力已经"彻底失败"，外国移民应该更好地学习德语，融入社会。

其次，国家制度化的教育可以通过民族文化的传承为国家奠定统一的文化传统。民族国家的存在不仅有其国土和物质生产的基础，而且也是有其精神传统的延续的，当国民都有着思想意识和文化上的共同感时，这个国家才是有机的民族国家。实际上，民族国家的教育就是通过文化意识和价值观的再生产而延续民族国家的存在。因此，任何国家的教育体系，也必定以自己民族的文化传统为底色传承文化。

再次，国家制度化的教育可以通过价值观的传递为国家塑造共同的道德理想和奋斗目标。一个国家的认同往往基于这个国家的共同理想和奋斗目标。教育不仅可

---

1 摘自英国《独立报》2011 年 2 月 5 日的文章《卡梅伦：我的多元文化战争》。

以把国家的价值观、荣辱观和道德规范系统地传递下去，为全体国民构建一个共同的精神家园，而且可以通过把新的奋斗目标——如国家的独立、民族的复兴、社会的发展——传递给未来的国民，把人民引向共同的追求。

在经济全球化、信息网络化、知识经济和文化多元化的背景下，国家认同及其关于国家认同的教育也面临着许多新的挑战。譬如，全球化背景下，经济的跨国活动和人员的跨国流动，使原本一个国家内部的教育变成可以在全球范围内选择的过程。教育越来越国际化了，这必定影响教育对国家认同的效力；再如，在互联网和数字化时代，教育资源和知识的超时空的流通很大程度上解构了国家垄断教育和控制知识传播渠道的权力，信息的公布不再限于国家体制内的传播渠道，各种思想也通过新媒体随意地流转传播。另外，在知识经济时代，创新教育和批判性思维成为教育不能忽视的内容，这在培养学生创新能力的同时，也可能消解国家的权威和神圣性。国家认同面临着社会变化的挑战，我们不能回避挑战，只能根据变化了的时代而积极迎战。

面对现代社会发展的新特征，我们必须根据变化着的时代来调整和重构我们的国家认同教育。

第一，在全球化和价值观竞争的情况下，只有先进的价值理念才更具有感召力、吸引力和竞争力。因此，在全球化的时代，只是身土不二的教育还不够，还必须有作为一国公民值得为之自豪和骄傲的理由，这才能奠定国家认同的内在的理想信念。正因为如此，我们必须积极培育和弘扬社会主义核心价值观，并且把这种价值观置于人类社会进步发展的前进方向的引领力量上。

第二，我们必须把国家认同的教育放在构建公民共性的目标上，而不是依靠单纯的族群认同。我们的教育就是以主流价值观和文化范式塑造国民，让全体国民有同样的价值观、权利和义务的责任意识以及道德和行为规范。只有这样的教育，才能帮助广大青少年——无论是汉族还是少数民族——形成共同的国家认同。这样的教育，才能对内团结各民族人民，凝聚国民共性和"我们感"；对外展示中国公民独特的国民气质和品格，形成中华民族的共同文化特征。

第三，认同是一种自觉而持久的感情，国家认同不可能通过强迫获得，只能依靠自觉意识和公民参与发展而来。我们必须把国家认同的教育与青少年的自主自觉意识、参与国家公共生活的实践结合起来，这样形成的国家认同才是内在的可持续的认同。如果说过去纯粹的灌输还能够起作用的话，那么在全球化和网络化的现在，任何认同教育必须引导自主自觉地理解和接受才能达成认同的实际效果，只有引导青少年积极参与公民生活才能让他们体验到归属感和爱国的情怀。

最后，我们必须改进和完善公民教育。我们过去往往单纯地讲了一些概念，如爱国、敬业、责任等等，但没有很好地将这些概念和价值观融入知识教育的叙事之中。我们一直强调加强思想政治教育，但路径和方法仍然有很大的改善空间。我们要学会把价值观融入正常的生活叙事和知识叙事之中去，而不是简单地重复主流价值观的概念本身。

充分发挥高校哲学社会科学育人功能[1]

在建设中国特色社会主义的进程中，随着社会的整体发展和进步，哲学社会科学扮演着越来越重要的作用。哲学社会科学不仅传递社会和历史知识，而且也传承人类文化、价值观和思想意识。哲学社会科学是对一定历史发展阶段的社会和民族文化传统的反思和总结，具有明显的价值取向和主体意向性，蕴含有关是非曲直的判断标准，事关人类社会方向性和根本性的问题。哲学社会科学不仅研究是什么和怎么做，而且也须提出什么值得做和做什么才是对的或有益的。正是这种文化特性和价值取向，与自然科学相比，哲学社会科学的育人功能更加显著。

一、哲学社会科学有不可替代的育人功能

党中央一系列战略部署为高校繁荣发展哲学社科

---

1 本文发表于《中国高等教育》2015 年 Z1 期。

学既指明了方向，也开辟了道路。高校哲学社会科学既要为构建具有中国特色和时代特征的哲学社会科学发挥作用，更要把立德树人作为根本任务，为培养中国特色社会主义事业的建设者和接班人而发挥功能。

要充分发挥哲学社会科学的方向引领功能，帮助人们特别是青年学生坚定理想信念。构建中国特色的哲学社会科学创新体系，就能够在复杂多变的社会进程中，不畏浮云遮望眼，在错综复杂的现象中理出规律性和趋势性的头绪。有了对社会发展规律和趋势的掌握，就有利于我们在前进的道路上坚持正确的政治方向，掌握马克思主义在意识形态问题中的主导权。习近平总书记在2013年全国宣传思想工作会议上强调了意识形态工作的极端重要性。要坚持意识形态工作的主动权，就需要加强哲学社会科学研究，以使用先进的理论引领社会发展进程。自然科学和社会科学对社会发展都有着各自不可替代的作用，是车之两轮、鸟之两翼。自然科学的重要性在于发展的速度，而社会科学的重要性则在发展的方向是否正确。发展慢了还可以加快速度，方向错了就可能出现南辕北辙的现象。高校哲学社会科学要深入加强对中国特色社会主义的研究，创新哲学社会科学学术理论体系和学术话语体系，进一步增强人们特别是大学生对中国特色社会主义事业的理论认同、政治认同、情感认同，激发他们为实现"两个一百年"的宏伟目标和中华民族伟大复兴的中国梦而学习奋斗的热情。

要充分发挥哲学社会科学价值引领功能，提高全民族的道德素养，巩固中华民族的共同思想道德基础。构建中国特色的哲学社会科学创新体系，对内有利于凝聚全中国人民的共同理想和精神文化基础，对外有利于提升中国的文化软实力。高校哲学社会科学工作者要大力加强对中国历史和传统文化的研究，从中汲取营养，弘扬中国精神，弘扬中华传统美德，涵养和培育社会主义核心价值观和公民美德，使社会主义核心价值观内化于心、外化于行。无论是儿童读物，还是中小学教材，无论是社科知识，还是大学课堂，都要把社会主义核心价值观融入其中，把中华民族的优秀道德传统的培养融入其中，把对中华民族的文化认同融入其中，整体提高中华民族的文化素养和道德素养。

要充分发挥哲学社会科学的知识传递功能，提高人们特别是青年学生的知识和文化素养，培育大批具有现代社会知识和创新能力的社会建设者。构建中国特色的哲学社会科学创新体系有利于科学认识国情、认识中国特色社会主义的发展大势和历史演进的基本规律，实现中国的科学发展和民族复兴。党的十八届三中全会提出全面深化改革的总目标，即完善和发展中国特色社会主义制度，推进国家治理体系和治理能力现代化。十八届四中全会又提出了建设社会主义法治体系的任务。中国的改革进入系统性、整体性、协同性的阶段，就更加需要哲学社会科学的介入，以强化顶层设计和理性推进。

哲学社会科学不仅进行研究，还以其研究过程和理论成果武装人们的头脑，使人们能够自觉地理解社会的变迁，从而成为社会发展的积极推动力。

要充分发挥哲学社会科学文化传承功能，增进人们特别是青年学生的文化认同感和民族自豪感。中华文化源远流长、博大精深，需要哲学社会科学工作者悉心去梳理、研究。习近平总书记在讲话中说："要讲清楚每个国家和民族的历史传统、文化积淀、基本国情不同，其发展道路必然有着自己的特色；讲清楚中华文化积淀着中华民族最深沉的精神追求，是中华民族生生不息、发展壮大的丰厚滋养；讲清楚中华优秀传统文化是中华民族的突出优势，是我们最深厚的文化软实力；讲清楚中国特色社会主义植根于中华文化沃土、反映中国人民意愿、适应中国和时代发展进步要求，有着深厚历史渊源和广泛现实基础。中华民族创造了源远流长的中华文化，中华民族也一定能够创造出中华文化新的辉煌。独特的文化传统，独特的历史命运，独特的基本国情，注定了我们必然要走适合自己特点的发展道路。对我国传统文化，对国外的东西，要坚持古为今用、洋为中用，去粗取精、去伪存真，经过科学的扬弃后使之为我所用。"[1] 高等学校的哲学社会科学工作者可以通过整理文化典籍、考古和历史研究，梳理中华文化发展的脉络，溯本求源，为文

1　摘自习近平同志 2013 年 8 月在全国宣传思想工作会议上的讲话。

化强国建设找到深厚的文化根基。中国有五千年文明史，有自成体系且绵延不断的语言系统和文化传统，有着连续而又开放的独特精神世界和价值体系，这是中华民族自立于世界民族之林的文化基础。"夫物芸芸，各复归其根。"（《道德经》）基于原初起源而守其根脉，是中华民族文化传统绵延不断的一个重要原因。如果不知珍惜自己的历史传统，就等于忘记了自己的根本，丢掉了自己的根基，割断了自己的精神命脉。民族文化传统是我们既不能回避，也必须由之出发的起点。没有这个起点，我们既没有历史的深度，也没有现实的广度。有起点才有成长的过程，才能形成历史的累积；有起点才有看世界的视角，才能构成视野的拓展。没有根基，就没有生命力，根深才能叶茂。文化积累厚实了，才能拥有深邃的文化力量。通过文化传承，高校哲学社会科学可以在增强民族自信心、民族自豪感，强化对中华民族文化的自觉与认同中发挥极大的作用。

要充分发挥哲学社会科学的探索创新功能，深化社会认识、创新社会理论和文化，提高人们特别是青年一代认识世界、改造世界的能力。作为文明古国，中国曾经创造过灿烂的文化，伴随着中华民族的伟大复兴必须有中国哲学社会科学创新体系的崛起。高等学校哲学社会科学工作者可以通过学理分析和学术研究对传统文化进行创造性转化和创新性拓展，赋予中华文化以时代性、创造性的新特征，为建设文化强国构建引领人类的先进文化。中国古代文化曾经"光被四表，格于上下"（《尚书·尧典》），中华文化曾经长时间扮演了教化和引领四周的作用。我们能否在经济全球化的时代重振中华文化的雄风和发挥重要影响力，就看我们是否有符合时代特征的先进文化理念。我们进行文化的时代转换和创新，必须有符合历史发展前进方向的先进理念作为价值引导。伟大的民族不仅要有自己独特的文化传统，而且这种传统应该是引领人类历史和文明进步的先进文化与理念。2014年2月17日，习近平同志在中央党校省部级主要领导干部学习贯彻十八届三中全会精神专题研讨班开班式上的讲话中指出："要加强对中华优秀传统文化的挖掘与阐发"，就要"把超越时空、跨越国度、富有永恒魅力、具有当代价值的文化精神弘扬起来"。中国文化是具有中华民族特色的文化，也是具有世界历史意义的文化。具有中国特色、时代特征的哲学社会科学创新性研究成果，也就可以滋养人们特别是青年人的心灵，不仅使他们沐浴在具有创造力和生命力的文化之中，而且也使他们在这种文化之中获得文化自觉和自信心。我们的道路自信、理论自信和制度自信，都应该建立在我们的文化自信和价值观自信基础上。

高校还可以充分发挥哲学社会科学的研究功能，通过科学认识学校内部治理的规律和趋势，为建构和完善以育人为中心的高校内部治理体系，发挥不可替代的作用。建设具有中国特色、体现时代要求的大学文化，培育和弘扬大学精神，继承和发扬中华优秀传统文化，促进社会主义先进文化建设，以文化人。立足学生全面发展，努力构建全员全过程全方位育人格局，形成教书育人、实践育人、科研育人、管理育人、服务育人长效机制，增强学生社会责任感、创新精神和实践能力，全面落实立德树人根本任务。

二、推进高等学校的哲学社会科学创新体系建设，提升高校哲学社会科学的育人的能力

哲学社会科学创新能力是国家综合实力的重要组成部分，社会越是发展，文明越是进步，就越需要哲学社会科学。高等学校是国家哲学社会科学创新体系的主力军，我们应该在服务国家发展战略中发挥自己的作用，研究国际国内发展大势和当前社会发展的阶段性问题及特点，深入实施马克思主义理论研究和建设工程，构建具有中国特色、时代特征的哲学社会科学创新体系，奠定中国社会发展和文明进步的文化基石。为此，我们应该进一步推进高等学校的哲学社会科学创新体系建设。

推进高等学校的哲学社会科学创新体系建设，首先要面向中国特色社会主义道路的伟大实践。哲学社会科学的价值在于它的问题意识：提出问题、分析问题、阐释问题、解决问题。哲学社会科学的创新必定来自新的问题和对真实问题的新阐释。问题就是时代的呼声。没

有真实的问题就没有社会科学，没有新问题和对问题的新理解也不会有社会科学。而真实的问题来自真实的生活和实践活动，新的问题则来自新的实践和实践中出现的新的发展趋势。为此，高校社会科学工作者必须坚持以重大现实问题为主攻方向，加强对中国特色社会主义建设具有全局性、战略性、前瞻性问题的研究，加快哲学社会科学成果转化，更好地服务经济社会发展。中国特色社会主义的伟大实践，是我们哲学社会科学创新的基础。中国经过 30 多年的改革开放，实现了经济的突飞猛进和社会的深刻变化。因此，我们必须结合我国实际和时代特点，面向中国特色社会主义的伟大实践，建立具有鲜明时代特征的学科理论体系和体现中国特色社会主义伟大创新实践的学术话语体系，着力推出更多代表国家水准、具有世界影响、经得起实践和历史检验的优秀成果。这就是说，对于高等学校来说，必须坚持以重大现实问题为主攻方向，立足中国特色社会主义伟大实践进行新的理论创造，重点扶持立足中国特色社会主义实践的研究项目，通过实证研究和理论研究，深刻阐释中国特色社会主义道路是中国共产党领导中国人民立足中国国情、借鉴人类文明优秀成果走出的创新之路，是人类文明史上的伟大创举，是中国对世界的历史性贡献。只有基于这样真实的、伟大的历史性实践的学术研究，才能获得历史性的理论创新和学术进展。只有基于中国特色社会主义建设的实践，我们才能真正发展哲学社会科学，推进学科体系、学术观点、科研方法创新，在全面建设小康社会、加快推进社会主义现代化的历史进程中做出新的更大贡献。只有这样，才能真正建设具有中国特色、中国风格、中国气派的哲学社会科学。

推进高等学校的哲学社会科学创新体系建设，还要立足哲学社会科学的传承创新。只有站在前人研究的基础上，我们才能不断攀登新的高峰。中华民族有着悠久的文化传统和丰富的思想理论资源，近代在与西方文化的接触中也有了新的发展与转向，特别是马克思主义传入中国给哲学社会科学的发展注入了新的活力，与时俱进的中国化的马克思主义成为引领中国社会发展的指导思想。这是我们哲学社会科学创新的最大思想资源和理论背景，我们的学科体系的创新是对原有学科体系的调整、综合和发展，我们的学术观点创新是对已有观点的继承、改造和发展，我们的方法创新是根据变化的形势在原有方法基础上的范式变化。因此，哲学社会科学创新就要巩固发展马克思主义理论学科，坚持和发展中国特色社会主义，坚持基础研究和应用研究并重，传统学科和新兴学科、交叉学科并重，实施哲学社会科学创新工程，从而实现推进学科体系、学术观点、科研方法创新的目标。

推进高等学校的哲学社会科学创新体系建设，也要提高哲学社会科学人才培养质量，为哲学社会科学和文化繁荣提供人才保障。人文就是以文化人，人文也是以人传文。高等学校是培养高级专门人才的地方，哲学社会科学需要大批后备力量传承创新社会科学知识，学习理工农医的学生也需要哲学社会科学的素养。没有科学素养的人是缺乏创造力量的，而没有文化素养和价值理想的人则是缺乏精神方向的。哲学社会科学要创新，就需要培养有创新能力和创新意识的哲学社会科学人才。培养创新人才，不仅要给他们深厚且广博的知识训练，而且要培养他们反思和批判性思维的能力；不仅要让他们树立科学精神，而且要培育他们的责任意识和历史使命感。鉴于此，高等学校必须不断改革哲学社会科学教学体系、教材体系，改进教学方法，更新教学内容，培养更多哲学社会科学人才。在这项工作中，重点教材的编写和修订就是人才培养的基本遵循和依据，具有基础性的重要作用。

推进高等学校的哲学社会科学创新体系建设，同时需要加强国际交流与合作。改革开放几十年的历史，已经使我们面对的社会问题国际化了。即使国内的问题也往往与国际形势有着错综复杂的联系，所以哲学社会科学研究必须要有国际化的视野。我们不仅要研究国际问题，而且要结合国际视野研究中国问题，才能真正增强中国哲学社会科学国际话语权。中国的话语体系既需要用汉语表达，也需要用不同的外语表达。在全球化的时代，学会用外语表达中国话语，才能更好地发出中国声音。因此，我们必须培养更多有中国立场和中国情怀的高素质外语人才。只有通过国际化的培养机制才能营造出适当的氛围，培养符合 21 世纪全球化进程所需要的具有较强跨文化交流的人才来。

　　总之，高等学校的哲学社会科学工作者要以极大的热情和责任感，坚持马克思主义指导地位，坚持中国特色社会主义道路、理论和制度，弘扬和培育社会主义核心价值观。一方面要促进哲学社会科学创新体系建设，研究重大理论实践问题，建设更多高水平现代智库，更好地发挥哲学社会科学认识世界、传承文明、创新理论、咨政育人、服务社会的重要功能；另一方面，要认真领会十八大及十八届三中、四中全会精神，深入贯彻落实习近平总书记系列讲话精神，全面贯彻党的教育方针，以立德树人为根本任务，提高哲学社会科学教师队伍思想政治素质和育人能力为基础，加强高校校园文化和网络空间建设，不断坚定广大师生中国特色社会主义道路自信、理论自信、制度自信，培养德智体美全面发展的社会主义建设者和接班人。高校哲学社会科学将大有作为。

新时期党的统战工作的环境变化
与时代特征 [1]

统一战线是我们党在进行长期革命斗争和建设工作中取得胜利的法宝，也是不断完善和发展中国特色社会主义，保持中国共产党长期执政的需要。习近平总书记在中央统战工作会议上讲话强调，要深入研究统战工作面临的形势，扎扎实实做好统一战线各方面工作，巩固和发展最广泛的爱国统一战线，为推进"四个全面"战略布局，为实现"两个一百年"奋斗目标、实现中华民族伟大复兴的中国梦，提供广泛的社会基础和积极力量。

从问题导向的思维出发，我们思考统一战线的工作必须基于工作环境的变化。实际上，三十多年的改革开放，已经使中国社会发生了深刻的结构性变化，这些变化对我们党的统战工作提出了新的更高的要求。

第一，中国社会的发展大大改变了过去中国城乡二元差别的社会结构，城镇化迅速推进，城市人口已经超

1　本文发表于《光明日报》2016 年 1 月 17 日。

过了农村人口。城镇化的一个突出特点，就是人口的高度聚集，过去农村分散的生产和生活都在变成城镇中人们居住、工作和生活在空间上的日益集中，这就造成人们之间交往范围和频度大大地扩展，人们交往的强化又必然使人们的思想日益活跃。城镇化不断扩展着人们的视野，提升着人们的文化素养，人们的主体意识和个性追求越来越显著。这必然扩展统战对象的人群范围，增加统战工作的复杂性和工作强度。

第二，中国社会的发展使社会分工日益细化，新的领域和职业不断涌现，新业态及其新的工作方式改变着原来人们对职业和工作的理解，这不仅使公民的职业分化日益繁杂——软件编程员、电子商务营销员、数据分析师、网站"小编"（往往都是几十年前闻所未闻的行业），如此等等，而且使不同职业的人们之间的利益差异日益多样化，不同人群的关注差异和视角差异日益微妙。在这种情况下，统战工作的复杂性和多样性就成为比较明显的变化。

第三，中国社会的发展使人们的受教育程度大幅提高，截至2014年，中国的高等教育毛入学率达到37.5%，知识分子人群有了结构性的迅速增加，有博士学位和高级职称的教师、科学家、学者、艺术家越来越多。知识分子是社会中思想最活跃的人群，也是舆论议题设置的主体。知识分子数量的增加不仅是量上的变化，量的增加也带来知识分子内部的分化和相互激发，每个人的独立意识和自主意识因相互之间的群体影响而强化，并且越来越成为新常态。学科分化、研究领域的扩展、知识更新速度的加快以及学者或知识分子数量的增加，都使原来比较清晰的代表人物的图景变得日益模糊，不仅不同的知识领域的话语权力不断此消彼长，而且同一个领域的学术影响力也迅速转移或交替。

第四，中国社会一个重要的发展标志就是国际化程度越来越高，中国已经深深地卷入经济全球化的进程，不仅成为第一大货物贸易国，也是出国留学人员输出最多的国家，中国人到国外旅游休闲也已经成为"寻常"之事。在这种情况下，国际上的任何思潮和文化变化都会很快影响到国内，不仅有西方借助其强势文化推广的所谓价值观和话语体系，而且原教旨主义、极端主义和恐怖主义思想也不可避免地会影响到国内。这给统战工作提出的新挑战，从广度和深度上来说，与过去相比都是不能同日而语的。

第五，中国社会的发展已经弱化了社会成员的地缘纽带和单位功能，不仅使社会从熟人社会变成陌生人社会，而且使每个人的权利意识大幅提升。选择职业和谋生手段的可能性与自由空间的扩大，使人们越来越独立于自己的"工作单位"，过去分块分条的统战工作已经难以适应现在的社会现实。原来哪个单位出了问题，可以采取"谁的孩子谁抱回去"的方式；现在，不仅存在着"不知是谁的孩子"的现象，而且也出现了"自家的孩子也无法抱回"的现象。

第六，中国社会的发展包括网络化和新媒体的崛起，中国的网民数量已经攀登上全球第一的高点。网络化使各种信息在全球范围内几乎毫无障碍地瞬间流通，而且信息技术的自媒体化完全颠覆了过去报纸、电台、电视台的编辑权力，这让舆论场发生革命性的变革，形形色色的"圈子"或"群"扮演着信息传播和沟通的工作。人们不再像过去那样，看同样的报纸，听同样的广播，看同样的电视，现在人们的信息源的差异几乎是难以描述的，这不仅增加了协商的广度，而且也提高了形成共识的难度。

以上中国社会的巨大变化成为我们党统战工作的大背景，这就要求我们必须在继承过去统战工作优良传统的基础上，不断创新统战工作的方式，拓宽统战工作的渠道，完善统战工作的方法。我们的统战工作必须适应社会的新变化，寻找达成共识的新资源，体现统战工作的时代特征。

首先，统战工作比过去更重要了，这不仅是因为作为统战工作的对象的人群数量大大增加，而且在于统战工作对象的类别也越来越繁多。越是社会分化，越是多样化，就越需要统一战线。统战工作的前提就是人们的分化和差异，统战工作的实质就是把"多"按照协调、协同、共存的方式达成共识或纳入社会发展的共同进程之中。所谓统一战线的目标，并不是要把差异变成一致、把"多"变成"一"，而是让差异之间实现有协同前进的框架，有差异中的核心共识。

其次，统战工作的作用更有价值了，这不仅是社会的分化和利益差异需要寻找形成共识的协商框架和共同利益基础，而且也是动员全体中华儿女积极投身全面建成小康社会、实现中华民族伟大复兴中国梦的历史进程的需要。社会发展必然是分工越来越细，但怎样分化也不能损害社会整体的有机性；社会分工是为了提高效益与增加财富和文化的多样性，这不是为了让不同的部分相互对立，反而恰恰是为了社会的整体丰富性。文明进步必定是让每个人都能够得到自由发展，但怎样进步也不是让所有人孤立自在；社会自由是为了每个人的自由发展成为其他一切人自由发展的条件，这不是让一部分人优越于其他人，反而是让所有人都能够按照天赋和个性活出自己的精彩。这就需要统一战线，这就需要协商，这就需要协调一致的步调。就此而言，社会越是发展，文明越是进步，也就越是需要统一战线。

最后，统战工作必须有新的路径和方式，才能适应不断发展变化的社会。譬如，在社会新阶层新群体不断增加的情况下，我们必须开拓扩展统战工作的领域，实现统战工作的新覆盖和全覆盖。又如，由于工作单位功能的弱化，我们就要增加在社会领域进行统战工作的强度，而社会领域的公共领域的特征，就需要我们以更加平等、更加包容的方式进入工作状态。再如，由于知识分子群体的大幅增加，代表人物越来越易变换更替，我们就要从原来更多地做少数精英的工作转向更普遍地做群体性党外知识分子的工作。还如，由于经济全球化和国际化环境的变化，我们的统战工作就必须从原来更多强调"内外有别"转向关注国内国外两个大局，根据国际国内两方面的需求，整体地、综合地思考我们的统战工作战略和策略。另外，由于信息化、网络化和新媒体的发展，公共领域有了新特征，出现了更多基于职业、兴趣、价值观的公共领域或"圈子"，这就需要我们做更加具有普遍性、更加深入细致的人的工作，做到统战工作的网络思维和系统性。

高校是党外知识分子相对集中的地方，民主党派组织较为健全、成员较多，随着教育的发展，越来越多的少数民族进入高等院校学习，又是处在国际交流的前沿，是各种思想和理论的集散地。因此，统战工作成为学校党委工作内容的重要组成部分，必须站在中国共产党作为执政党和全面建成小康社会的高度上理解统一战线工作的重要性。高校党委要充分发挥各民主党派、有关团体及党外人士在参政议政、民主监督中的作用，加强和改善党对民主党派的政治领导，支持和帮助民主党派加强自身建设，配合有关部门开展党外干部的选拔、培养、举荐工作，发挥党外人士的智力优势和社会影响力，支持他们开展社会服务活动，为高等学校建设高水平一流大学和一流学科提供广泛动力支撑和智力支持。

对外文化传播中的话语创新 [1]

　　人类历史充分证明，没有先进文化的引领，一个国家、一个民族，就不可能屹立在世界民族之林，就不可能成为黑格尔所说的"具有世界历史意义"的民族。环顾当今世界，文化已经成为综合国力竞争的重要内容。占据文化制高点，提升国家文化软实力，关系到我国在世界格局中的国际地位和国际影响力，关系到"两个一百年"奋斗目标和中华民族伟大复兴中国梦的实现。要提高文化软实力和文化影响力，不仅迫切需要把我国这个有丰富文化资源的文明古国文化大国转变成为具有强劲文化创新能力的文化强国，而且还要创造性地提升我们的文化传播能力。

　　实际上，在全球化的时代，文化的传播已经不仅仅是传播，文化创新与文化传播已经统一在同一个过程之中了，因为文化生成的问题阈和创新的语境已经国际化或全球化了，文化的创新只能在不同文化的交流互鉴中

1　本文为全国文化名家暨"四个一批"人才自主选题项目"中国话语体系的构建与文化影响力研究"阶段性成果，发表于《中国特色社会主义研究》2016年第1期。

得以实现。经济全球化、新科技革命和信息技术的发展，使世界处在一个大变革的转折点上，在这个时机谁能够掌握文化引导力量和话语权，谁就能够掌控文化创造和传播的过程。作为哲学社会科学研究者，我们必须认真寻找和创新对外表达中国立场和中国声音的话语方式，提升我们对外文化传播的能力。

第一，在推进对外文化传播的创新过程中，我们必须基于中国的历史传统和社会发展现实，提炼出适合描述中国道路、反映中国力量、体现中国价值、表达中国精神的中国话语。

在 21 世纪，不能寄希望于某一种文化能拯救世界，我们更需要文化之间的交流互鉴、相互合作。交流的作用表现在：一是通过其他文化能够更好地反思自己的文化，重新界定自己的文化；二是通过其他文化可以拓展自己的文化视野，就如伽达默尔（Gadamer）所说的"视野融合"（fusion of horizon）；三是文化之间的相互借鉴，可以丰富各民族文化的内涵；四是激发文化的创造力。

我们参与文化交流互鉴的前提，就是必须有自己自觉而清晰的中国文化的表达，有我们自己作为主体的"前理解结构"。[1]我们必须以"贴切我们想法的话"对话"他们"，

---

1 主权国家仍然是当今国际社会的权力的载体，经济全球化和区域化并不能完全消解国家的力量。就如约瑟夫·奈（Joseph Nye）所说的："信息革命、技术变革和全球化不会取代民族国家，但会让世界政治的行为体和所有问题变得更为复杂。"（［美］约瑟夫·奈：《硬实力与软实力》，门洪华译，北京大学出版社 2005 年版，第 187 页）再如英国学者杰索普（Jessop）指出的："……在当前全球化的以知识为基础的经济当中，民族国家仍然重要，它不是正在消亡，而是正在被重新想象、重新设计、重新调整以回应挑战……"（［英］鲍伯·杰索普：《重构国家、重新引导国家权力》，何子英译，《求是学刊》2007 年第 4 期，第 32 页）

而不是用"贴切他们想法的话"去对话"他们"。如果"我"已经变成"他",那就没有必要与"他"对话了。正如荷兰学者洛伦兹（Lorentz）所说的："认同即意味着相同，差异即意味着不同或他者；因此认同和差异互为前提，没有认同就无所谓差异，没有差异就谈不上认同。"[1] 中国文化是在中国的疆域中展开，在神州大地和广阔的海疆上，一代代中国人用自己历史性的实践活动创造了灿烂的中华文明。正如 2014 年习近平同志在文艺工作座谈会上的讲话中指出的："历史和现实都证明，中华民族有着强大的文化创造力。每到重大历史关头，文化都能感国运之变化、立时代之潮头、发时代之先声，为亿万人民、为伟大祖国鼓与呼。中华文化既坚守本根又不断与时俱进，使中华民族保持了坚定的民族自信和强大的修复能力，培育了共同的情感和价值、共同的理想和精神。"在中国的文化传统宝库中，有丰富而深邃的哲学和伦理思想，有多姿多彩的文学艺术形态，有生生不息的民间文化，所有这些都是我们提炼新时代话语的前提资源。有自己独立的话语体系是参与话语对话的前提。如果我们没有自己的话语，那么就会成为或被

---

1 [荷] 克里斯·洛伦兹:《比较历史学理论框架的初步思考》,《山东社会科学》 2009 第 7 期，第 42 页。

人视为只是别人思想的应声虫，[1]并且逐渐失去自主思考的能力。

文化是一种反映社会生成活动的现象。要贴切我们的文化，就必须反映我们的现实社会和生活。在当代中国，表达中国文化的话语方式，必须反映中国特色社会主义的伟大实践。中国的话语必须依靠中国实践着的力量。依靠"中国力量"，中国人民走出了一条"中国道路"即中国特色社会主义道路，创造了举世瞩目的"中国奇迹"，因此表达中国文化的话语也应该是反映创造中国奇迹历史进程的"中国话语"。一方面全球化并没有消解国家主权，只是改变了主权国家之间的交往方式[2]；另一方面全球化却使地方性知识和话语大行其道。就像西班牙中国问题专家胡里奥·里奥斯（Julio Rios）指出的："在不丧失自身特点的情况下，中国制定了适应、复制和模仿它认为好的东西的计划，而不是盲目追随。中国当年

1　欧美人往往自诩是文化的自觉者，而认为其他民族不具备自主能力。就如美籍学者萨义德揭露的："东方学的局限……乃伴随弃除、抽离、剥光其他文化、民族或地区的人性……它不仅认为东方乃为西方而存在，而且认为东方永远凝固在特定的时空之中。东方学描述东方和书写东方……以致东方文化、政治和社会历史的所有时期都仅仅被视为对西方的被动回应。西方是积极的行动者，东方则是消极的回应者。西方是东方人所有行为的目击者和审判者。"（[美]爱德华·W.萨义德：《东方学（第二版）》，生活·读书·新知三联书店2007年版，第142页）

2　英国学者鲍伯·杰索普指出："……在当前全球化的以知识为基础的经济当中，民族国家仍然重要，它不是正在消亡，而是正在被重新想象、重新设计、重新调整以回应挑战……"（[英]鲍伯·杰索普：《重构国家、重新引导国家权力》，何子英译，《求是学刊》2007年第4期，第32页）

不希望成为苏联，现在同样没有必要希望成为美国。""中国必须走自己的道路"，"'中国梦'是成为中国自己。"[1] 由此可见，表达中国人民光荣与梦想的文化话语，应该是用中国话语表达中国自己的情感、梦想和价值追求。

任何话语都不是天生就具有普遍的世界影响力，西方所谓"普世的话语"本质上也是地方性知识的表达，其世界范围内的影响是他们建构话语霸权的结果。就如美籍匈牙利学者赫勒（Heller）指出的，尽管福山声称冷战的结束意味着"历史的终结"，然而，事实的发展并不是如此。"相反，社会和政治领域的发展趋势却远不是齐一的或线性的。而且在将来也很难期望它如此。"[2] 中国人必须走自己的路，说自己的话语，构筑自己的精神家园。我们已经过多地消费别人的话语，这容易让我们失去自主话语表达者的地位。正因如此，在中国因暂时的落伍而面临向何处去的时候，有些人曾经希冀走"全盘西化"的路，有些人企图通过"中体西用"的方式实现自强的目的。即使在新中国成立之后，我们也曾经说过，"苏联的今天就是中国的明天"，或者以"大跃进"的速度希望"赶美超英"。显然，一代代中国人都梦想实现中华民族的复兴，但却在自己的梦境中拼接了别人花园中的景色。现在，我们成功地走出了自己的道路，就需要我们说出自己的

1　[西]胡里奥·里奥斯:《"独创性"助中国取得经济成功》,《参考消息》2013年7月16日。

2　[美]阿格尼丝·赫勒:《现代性理论》,商务印书馆2005年版,第98—99页。

话语，表达我们自己的价值观，这样才能成为自主自觉的文化创造者。作为自主自觉的民族文化共同体，我们必须注重话语方式研究，找到贴切表达中国文化的话语，这样才能重新掌握自己的话语权。

第二，在推进对外文化传播的创新过程中，我们必须立足反映中华民族生生不息的日常生活和文化传统，提炼出能够打动"他者"心扉的人间生活话语。

要让中国文化的基本特征、价值和功能获得最广泛的理解，就必须回到作为文化基础的生活世界本身才行。这就首先要求，讲述中国文化的话语应该让人愿意听，听得进去，听了能理解，理解了能有同情的体悟。我们过去总认为对外传播是"高大上"的行为，总是以悬在空中的抽象原则作为话语的表达方式，从而让我们的对外表达话语失去了感性的生命色彩和触动情感的灵动。为什么"心有灵犀一点通"？那是因为有同样的生活、同样的情感、同样的希冀，才能产生心灵的共鸣。由此，我们的话语只有"深深融入人民生活，事业和生活、顺境和逆境、梦想和期望、爱和恨、存在和死亡，人类生活的一切方面"[1]，才能引起人们的共鸣，给人们以启迪。某些人在贬低我们的文宣方式时，说我们只会说概念化的套话和原则，尽管他们这样的说法是别有用心，但是也值得我们反思。我们要从对手的批评中寻找

1　摘自习近平同志 2014 年 10 月 15 日在文艺工作座谈会上的讲话。

提高自己话语能力途径，我们不能把感性的生动拱手相让。我们必须牢记，概念是灰色的，而生活之树常青。

我们是历史唯物主义者。按照唯物史观，人民群众是历史的创造者。许多看似风光或惊心动魄的历史事件，实际上是人类长河中翻腾的浪花。真正支撑文明进程的，都是作为人民生活实景的劳作、养育子女的日常生活、闲暇审美活动的愉悦，如此等等。一回到这些问题中，大家就有了最基础也最具共性的话语领域。人民的生活既充满差异的多样性和创造力，又容易相互同情甚至共鸣地给予理解。话语的生活基础可以防止话语的模式化或僵化。政治是生活的集中体现，当政治话语反映人民生活的内容时，不同文化之间就更容易相互理解。对外传播无非是要表达自己的看法，以便与人沟通，让人理解自己。要让人理解，就要讲别人愿意听、听得进去、听得懂的话，那就要想尽办法找到共同的话题。要学会通过生活和实践的叙事，学会用人民群众的语言和人民群众的亲身经历来讲故事，让中国文化和中国人的梦想，通过鲜活的生活叙事和行动故事显现其理念的光辉和理想的力量，从而打动世界人民的心扉。

第三，在推进对外文化传播的创新过程中，我们必须跟上社会发展和文明进步的步伐，适时地提出具有原创性和时代特征的话语议题。

创新是一个民族进步的灵魂，是一个国家兴旺发达不竭的动力源泉。我们不仅要研究已经成为话题的话语，如"民主""人权""恐怖主义""网络安全"以及"反恐"，等等，以便保持对话的过程和能力；我们还要学会创设新的话语和议题。话语的原创性也来自民族的创造力。议题设置能力决定了话语权，因为设置什么议题就已经决定了话语权的价值取向和标准。譬如，当欧美提出"人权高于主权"时，你即使批评这种观点，但在逻辑上已经站在自我辩护的弱者地位上了。而我们提出国家不分大小，应该一律平等相待的话题，大国的霸权就需要为自己的霸道而辩解。

原创不是无源之水、无本之木，原创恰恰是依靠正本清源才能独辟蹊径，使创造力的活水源远流长。原创不是脱离基础构建空中楼阁，原创恰恰是基于传统的创新，使创新的活力奔腾在历史的主流之中。"问渠哪得清如许，为有源头活水来。"民族生命力的活水源头就在其历史传统之中，离开了民族传统我们就失去了创造力的源泉。中华民族的伟大复兴是民族文化的"再青春化"（黑格尔语），因此讲述中国文化的中国话语也是在传承中创新的。譬如，"和谐"价值观的话语就可以利用古代"和而不同"和"协和万邦"等思想资源，重新审议现代全球治理的问题。

话语的原创动力是基于实践和生活本体的，离开了实践和生活本身就没有真正的创造。只有通过坚守实践和生活的恒常之道，经过艰难卓绝的探索，才能实现有生命力的原创性表达。具有原创性的话语，不只是经过精细包装和语词雕琢的东西，而是来自生活实践本身的璞玉。实事求是，回到生活世界或事物本身，就能够找到话语的坚实基础和不竭的活力之源。因此，我们必须在实践和生活的创造与创新中，寻找话题和话语原创的基础与动力。

原创性的话语生命力基于其是否是面向未来的。如果没有面向未来的视角就不能有创新，创新就是基于现实而面向未来的探索，原创性话语就是这种面向未来的创新性探索的表达而已。话题是为了解决社会问题，但是话题也会促进社会的变化。话题与社会是相互塑造的关系。我们需要设置有利于中国发展和人类文明进步的话题，这样才能够从根本上掌握议题设置权和话语权。譬如，当我们提出"打造人类命运共同体"的时候，我们就开始设置议题了。当我们说不能搞"我赢你输"的零和游戏，而只能走"合作共赢"的路径，我们就开始谈论如何实现"人类命运共同体"的话语了。当我们提出"一带一路""亚投行"等设想时，我们就已经创设新的话语了。这种创新才能独辟蹊径地拓展我们的国际合作空间，创造性地扩大我们的国际影响力。我们不能只是话语追随者，要成为自主的话语讨论参与者。自主的话语参与者，必须有设置话题和掌握话语标准的能力。

第四，在推进对外文化传播的创新过程中，我们必须对接经济全球化的世界格局和包容人类命运共同体，凝练出让世界能够理解的具有世界历史意义的话语。

中国的发展是中国的成就，但也是世界发展的重要组成部分，中国的发展有利于世界的发展。如果说西方的话语是"霸权话语"，其本质就是要用自己的话语消灭并替代其他话语，那么中国的话语则属于"和谐话语"，其实质则是建立各话语系统之间的和而不同、相互交流的关系。西方话语自诩是普世的，他们总想用各种方式甚至以武力粗暴地碾平差异世界似乎不平坦的道路。与西方不同的是，"古往今来，中华民族之所以在世界有地位、有影响，不是靠穷兵黩武，不是靠对外扩张，而是靠中华文化的强大感召力和吸引力"[1]。"远人不服，则修文德以来之"（《论语·季氏》）的道理，就是中国的话语特点。中国话语是中国的，但也是为世界添彩的话语，中国话语不是要取代其他话语，而是作为众多话语方式中的一种。中国的话语不是西方的霸权话语，不是搞"我花开后百花杀"，而是希冀"万紫千红总是春"的状态。这正如毛泽东诗词表达的意境："待到山花烂漫时，她在丛中笑。"

追求幸福生活和美好未来，是全人类的共同追求，也是推动文明进步的不竭动力。中国的和谐价值观具有世界普遍意义，因为这是适合国际对话和合作的话语。主张构建协和万邦的和谐世界的中国文化，并不是要与其他文化对立，而是循着自己的传统追寻有更加美好意

---

1 摘自习近平同志 2014 年 10 月 15 日在文艺工作座谈会上的讲话。

义的发展道路。迈克尔·桑德尔（Michael Sandel）的观点有一定的道理，按照他的看法，"全球市场的兴起以及全球性的环境问题，都要求我们发展一种全球性的公民品质——某种共享的政治伦理和相互责任，超越国家疆界的限制。然而，在如此广大的范围内，要培养一种强有力的社群感与公民义务感是困难的。因为大家容易认同的是那些与自己分享共同经验和传统的人们。而全球政治伦理，需要我们培养一种多元交叠的公民身份认同——某些要比对民族国家的认同更宽泛，有些更特殊"[1]。中国人民"各美其美，美人之美，美美与共，世界大同"的理想，不就为全球化时代的复合性认同开辟了道路嘛！

中国的发展是当今世界发展的重要组成部分。中国梦既是中国人民的追求，也是与世界人民的梦想相通的。中国的和平发展，有利于世界的和平与发展。从经济的互惠性质我们就可以看到这一点。中国的经济发展不仅成为拉动世界经济的主要引擎之一，而且中国作为第二进口国，其市场仍然具有扩张的广阔前景。另外，近十年来，我国对外直接投资的规模呈指数增长，这直接惠及对象国的经济发展和就业。目前，中国已经成为全球重要的对外投资国之一，对外投资额已经超过了外资引入额，这对促进世界经济特别是发展中国家经济起到重要的推动作用。因此，讲述中国文化的话语就要讲中国

1　刘擎：《现代民主与公民政治——桑德尔教授访谈录》，《中国图书评论》2008年第10期，第92页。

发展对世界发展有利的道理，要讲清楚世界能够理解并且从中能够感到鼓舞的话语。

中国梦是现实中国的理想，也是朝向文明进步和人类未来方向的理想。中国道路就是中国特色社会主义的道路，这个道路既是中国的康庄大道，也是与人类历史前进的方向相一致的。自古以来，中国就有"天下为公""世界大同"的理想，因此中国梦与全人类的未来是契合的。中国道路是中国特色社会主义道路，而社会主义的价值追求是每个人自由而全面的发展。中国人民实现民族振兴的梦想是朝向理想社会的，而未来的理想社会应该是全世界人民自由、公正、合作、和谐的社会。因此，表达中国梦的中国话语不仅是中国的话语，也应该是表达人类未来发展方向的话语。这样的话语不仅是民族的，而且也具有世界历史性意义。

最后，在推进对外文化传播的创新过程中，我们也必须重视提升用外语讲述中国话语、传播中华文化的能力。随着中国综合国力和国际影响力的提升，"国际社会对中国的关注度越来越高，他们想了解中国，想知道中国人的世界观、人生观、价值观，想知道中国人对自然、对世界、对历史、对未来的看法，想知道中国人的喜怒哀乐，想知道中国历史传承、风俗习惯、民族特性，等等"。[1] 这为我们推进对外文化传播创造了

1　摘自习近平同志 2014 年 10 月 15 日在文艺工作座谈会上的讲话。

很好的条件，但是如何实现有效的传播仍然是值得我们思考的，还需要我们进行持久的探索。即使在纯粹的话语形式层面，我们也应该注意话语的交互理解的可能性。与外国人讲话，表达我们的利益追求和看法，我们就不能自顾自说自话，就要使用外国人能够理解的说法或话语。讲述中国文化，不仅要讲中国话语，而且要讲能够打动世界的中国话语；不仅要学会用中国语言讲述中国文化和中国话语，我们还要学会用外语讲述中国文化和中国话语；不仅要用英语、法语、日语、德语等发达国家的语言讲述中国文化和中国话语，还要学会用亚非拉发展中国家的语言讲述中国文化和中国话语。

在全球化背景下，向世界讲述中国文化，就需要掌握用外语讲中国话语的本事。不是说用外语讲就不是中国话语了，用外语讲好中国话语，能够更好地向世界讲述中国文化。正像新自由主义[1]的话语翻译成汉语，仍然是地道的西方话语；用其他语言贴切而恰当地讲述中国文化，依然可以是真切的中国话语。中国已经扮演了全球性角色，而且国家利益也越来越具有全球性质，我们必须学会用各种语言表达我们的话语和利益。为了国家发展的战略利益，北京外国语大学克服各种困难，大力

1　新自由主义（Neoliberalism）是英国现代政治思想的主要派别。主张在新的历史时期维护个人自由，调解社会矛盾，维护自由竞争的资本主义制度。因而成为一种经济自由主义的复苏形式，自从 19 世纪 70 年代以来在国际的经济政策上扮演着越来越重要的角色。

发展非通用语种的教学。目前，学校已经教授 70 多种外国语语种，而且学生在就业市场的竞争力突出。根据学校的规划，我们将在 2020 年开齐所有与中国建交的国家的官方语言，届时教授语种将达到 100 多种。北外以"把世界介绍给中国，让中国理解多样的世界；把中国介绍给世界，让世界理解变化中的中国"作为自己的双重使命。2012 年，我们又联合其他学校、政府部门和其他社会机构组建了中国文化"走出去"协同创新中心，目的就是为了探索不仅用中国语言而且用世界各国其他语言讲述中国故事和中国话语的有效途径和方式，让世界理解中国文化，理解中国人的生活与精神追求。中心已经取得了一系列成果，譬如，在国务院新闻办公室倡导下进行了"社会主义核心价值观·关键词"丛书的编写与翻译；国家项目"中华思想文化术语传播工程"的阶段性成果——《中华思想文化术语 1》已经出版，《中华思想文化术语 2》也在编辑过程之中，很快就会问世；中心还先后发布《中国文化"走出去"年度研究报告（2012 卷）》《中国文化"走出去"年度研究报告（2015 卷）》，为中国文化"走出去"提供理论咨询和支撑。

总之，社会科学工作者应该承担起寻找和提炼中国话语方式的历史使命和责任。哲学家维特根斯坦（Wittgenstein）曾经说："语言的界限，意味着世界的界限。"借用他的话，我们可以说，我们话语的局限就是我们思维方式的局限。要创新话语体系，就必须转变或改造我们的思维方式，话语方式的突破需要思维方式的突破。在全球化和信息化的时代，我们应该树立大传播观，跳出内外有别的传播模式，在"人类命运共同体"的框架下，寻找和构建真诚而贴切地表达中国人民的希望与期盼的话语，并让这种话语表达与世界人民的希望和期盼相契合，为世界和平和人类文明做出更大的贡献。

核心素养与活动型课程[1]

——从本轮思想政治课程标准修订看德育课程的发展趋势

德育课程的一个重要问题就是衔接与内容的重复问题，这不仅仅涉及基础教育，包括大学也存在这一问题，因此教育部在前几年专门成立了大中小学校德育课程协调组，教育部袁贵仁部长亲自任组长。由于德育的特殊性，解决好这个问题并不容易。目前，教育部正组织有关人员进行高中课程标准的修订，本人受命担任高中课程课标修订组组长，正在进行高中思想政治课课程标准的修订工作，修订的核心问题就是基于学科核心素养的课程构建。核心素养不在于知道什么知识，而在于能灵活地创造性地运用知识，并且运用这一知识解决问题，是实际解决问题的能力的表现。基于本轮思想政治课程标准修订，我就德育课程发展的基本趋势谈谈自己的一些思考。

---

1 本文发表于《思想政治课教学》2016 年第 3 期。

一、新一轮课程改革的背景

（一）中国社会的转型与发展：农业经济、工业经济和知识经济

中国用了短短 30 余年，从一个贫穷落后的农业国，尽管总体来说仍是发展中国家，实际上已经进入到全球中等偏上发达国家行列，迅速实现了社会的转型。为什么中国出现这么多问题，就在于很多人没有理解中国的变化，世界也未必理解中国的变化。中国面临这样一个转型时期，很多学习方式也逐渐从以教为主转向以学为主。

同世界各国的发展一样，中国社会的转型与发展也主要体现在农业经济、工业经济和现代知识经济三个时期，这三个时期具有不同的知识形态。农业经济的知识形态是经验形态，经验形态的知识主要靠岁月积累。为什么传统农业社会里老人比较有权威，这不仅仅是一个文化问题，这实际上是知识形态所决定了的一种生活方式，老人经历的岁月就成就了他们的知识优势。工业社会是一种标准化生产，此时的知识形态是一种原理式（principle）的形态，也就是一切情况都要符合某一原则标准。正所谓"学会数理化，走遍天下也不怕"，因为到处都用的是同样的原理。知识经济时代是技术介入后的样式创新的时代。比如，不同牌子的手机都运用同样的物理的、化学的等各种原理，但是由于技术介入以后不

断进行应用上的创新，花样翻新就成为常态。知识经济时代实际上是一个差异性、创新性的时代，这个时代的创新不同于传统社会的创新，创新本身就成为知识驱动社会的主导力量。农业社会尽管也有创新，但是表现不突出，主要还是依据劳动力体力解决问题。工业社会尽管也有创新，但是主要靠大规模生产解决问题。而现代社会，没有创新的事物，就会被颠覆，包括银行等行业都受到威胁，实际与知识形态本身发生变化有关。

（二）全球化与国际形势的变化

到目前为止，我们仍未适应全球化这个形势。尽管中国也是文明古国，但是过去的中国是在地理相互隔绝情况下的文明古国。在过去，中国是一个文明古国，但从不是一个世界强国，从未扮演过全球性角色。就这个意义上而言，当时中国文化从来没有在世界范围内产生过影响。西班牙首先发现新大陆，初步进入了世界级影响，也就是新旧世界纳入了全球视野中，但是西班牙很快衰落下去，随后是英国的崛起，这样才形成了盎格鲁—撒克逊文化占主导地位的世界。中国强盛时期是汉唐，而汉唐仍然是在地理隔绝情况下发展起来的。所以说世界强国这个角色，我们从未扮演过。邓小平基于当时的国际局势，曾经强调中国需要"韬光养晦"，否则会引来很多麻烦。而当下，中国确实到了有所作为的时候，如果不有所作为，就无法进入这个世界。现在，中国已经是第二大经济体，从过去的"跟随者"已经进入了下一个阶段即"引领者"角色。中国如果仅仅作为跟随者，包括知识领域在内的各个领域就再也不能发展了。因为中国该跟随的该学习的已经学到了，再想有所发展必须有自己的创新。比如说，北外校友金立群提到为什么我们现在要做亚投行，因为原来的发展模式、现有的发展体系再也不可能有新的突破了，必须具备自己的建构能力。亚投行就是话语体系的一个制度性安排。什么是最佳的金融标准，不是美国标准，也不是西方标准，如果美国标准或西方标准是最佳标准，就不会有金融危机，就不会有欧元危机了。因此，金立群强调，最佳金融标准应该在西方的金融标准基础上吸收新兴发展中国家的经验，特别是中国的发展经验。这就是说，中国的角色已经从学习者转变为一个引领者，才可能有新的突破发展。因此，我们的教育为什么从教变成学，教需要现成的东西，学就是创新，就是培养创新意识。

（三）中国从大国走向强国

过去我们是一个人口大国或经济制造业大国，但是要成为强国就必须要有创新性，而创新首先是教育创新。教育优先发展，如果教育没有创新，不可能真正成为一个强国。国家的强大来自产业的创新，而产业的创新来自技术的创新，技术的创新来自知识和理论的创新，而所有这些创新都基于教育的创新。

（四）科学技术与信息技术的挑战

过去科学技术也是不断向西方学习，但是现在已经走到这一阶段，不能只是跟踪别人科学技术的发展，要快速发展只能扮演创新性的角色。现在我们的科学技术已经有了快速发展，有人说我们只是论文数量上来了，质量没上来，实际上质量也在上升，引用率已经占到第四位，引用率反应创新性，有量就会有质，科研会逐渐发展起来。下一步按照中国现有人口，创新性技术投入资金已达世界第二位，可以期待有更多的惊喜。诺贝尔奖也不仅仅会是一个，会逐渐多起来，但是这是几十年之后的事情，因为获奖有一个滞后效应。

（五）传统导向与创新导向

所有这些综合因素集中起来就是传统导向与创新导向的区分。比如，过去曾经是"不听老人言，吃亏在眼前"，现在是年轻人在教老人怎么用新软件新技术，这就是未来创新导向的一个表现。我每换一次手机，都得向我的学生或孩子求教。

（六）时代变化对教育的某些新要求

首先，应对市场经济体制的发展和社会治理现代化的需要，应加强法治教育。中国社会已经从原来的传统社会走出来了，传统社会的自然经济，是以血缘、地缘为纽带组织生产的，都是一村一落的，社会治理依靠熟人社会风俗习惯的评判。现代社会人进入了陌生人社会，每个人都是自主且往往也是孤立的个体，不能仅仅依靠熟人的监督和他人的眼光，社会治理应该追求规范的法治。

其次，应对生活方式变化的需要，突出价值观引导的任务。过去是传统导向社会，后辈延续承继父辈生活方式，价值体系就蕴含在这种生活方式之中，具有超稳定性。但是在现代社会变化过程中，传统价值体系有不适应之处，出现了多种价值取向、思想观念。在这样一个价值多样化的社会，组建一个有秩序、整体统一的社会，就需要共同的核心价值观引导。

再次，在全球化和世界文化相互激荡背景下，积极介入弘扬和培育民族精神的工作，强化国家和文化认同教育。过去，爱国是纯粹自然感情，现代全球化社会，面对激烈的国力竞争，需要以民族精神铸就爱国魂。认同本是指一致性、稳定性、连续性的，但恰恰是文化不一致、不稳定、断裂的时候人们才意识到认同问题，社会才强调认同问题。上世纪70、80年代，伴随全球化进程的推进，文化认同问题在西方兴起，也就是遇到不同的人才思考自己是谁。我们自己发生变化的时候才思考自己本质上是谁的问题，才思考自己从哪里来到哪里去的问题。

最后，面对科学技术的发展和知识经济的到来，强化创新思维和能力的教育（核心素养）。

怎样理解核心素养呢？我个人认为，所谓核心素养不在于知道什么知识，而在于能否创造性地将知识转化成能力、转化成日常行为表现。

二、课程标准修订工作的基本思路

（一）课程结构与内容的调整

课程结构与内容的调整，从根本上说是基于立德树人，培养能适应现代社会发展、具有高尚的道德素养和有社会责任感的人。立德树人的主渠道就是德育或政治课。我们必须全面地看素养，因为人最基本的素养是身体素养，我们不能脱离身体素养和其他方面的素养谈精神素养。实践上，对于人来说，身体即精神，国家发展需要健康的国民素质。因此，课改重视学生身体素养，除体育课程外，其他课程学分都下调了。高中政治从八学分调成六学分。由原来的"经济生活""政治生活""文化生活""哲学与生活"四门必修课变为"经济与社会""政治与法治""哲学与文化"三门必修课。此外，课程方案首次把"社会活动"列入政治必修课，并占三分之一学时。为了促进学生个性化发展，培养创新型人才，就要按照学生兴趣，差异化地构造学生知识结构，因此增加了选修课，也为大学选拔人才提供多样化的选择。关于选修课程的初步设想是："选修1"作为高考内容，只设两门课程，包括当代"国际政治与经济""法律与生活"，以此减轻学生高考负担；"选修2"基本是在校本基础上发展起来的，可以为学生提供多样选择。

（二）从三维目标到核心素养的整合

课程总目标的陈述，依然着眼于"知识与技能""过程与方法""情感态度与价值观"三个维度，但通过两个思路进行整合：一是通过活动即实践活动进行整合，二是通过过程即学习过程进行整合。把"活动"和"过程"作为通往目标的路径，而不只讲"内容"和"结果"，体现了课程改革一以贯之的基本理念，也是走向核心素养的题中应有之义。

具体目标的阐述，以核心素养为框架，即"政治认同""理性精神""法治意识"和"公共参与"四个要素在内容上相互交融、在逻辑上相互依存，构成一个有机的整体。"政治认同"决定着学生成长的方向，是"理性精神""法治意识""公共参与"的共同标识和魂魄；"理性精神"是达成政治认同、形成法治意识、实现公共参与的主观（主体性）要求；"法治意识"是"公共参与"的必要前提；"公共参与"是"法治意识"的必然表现，也是"政治认同"和"理性精神"的必然结果（行为）。

总的来说，从三维目标到核心素养整合的效果就是：在政治认同方面，培养有立场、有理想的中国公民；在理性精神方面，培养有思想、有理智的中国公民；在法治意识方面，培养有自尊、守规则的中国公民；在公共参与方面，培养有担当、有情怀的中国公民。

（三）从注重社会实践到活动型课程的构建

1. 理念层面

政治课的目标就是立德树人，培养有理想、有道德、有文化、有纪律的社会主义建设者和接班人，基于这样的考虑，主要是加强学生社会实践活动，通过外在体验把主流价值观内化为学生基本价值取向。因此，课程方案首次把"社会活动"列入必修课，并占三分之一学时，这就为把理论知识教学的"讲授型"课程塑造成"活动型"课程提供了前所未有的契机和动力。

2. 操作层面

课程结构的设计，把"内容标准"与"社会活动"整合起来，一并呈现，共同考核。这样，一方面使知识性内容的教学通过活动来实施，另一方面使活动设计承载知识性内容的教学，并使学生的素养通过"社会活动"加以可操作的测评。

教学提示，既包括课堂教学，也包括社会活动；既提示课程内容，又提示活动建议。每项提示都有一个"议题"，并力求采取"问题"的方式呈现基本观点，既整合相关内容，又引导价值判断。这种围绕"议题"展开的活动将贯穿教学全过程，包括引领学生思考问题的路径、运用资料的方法和共同探究的策略，并给学生提供解释各自想法的机会，使内化变成生成过程。

教学方面的建议主要是拓展活动的意义，强调知与行是活动，学而思也是活动；讲问题是活动，提问题也是活动；社会实践是活动，课堂教学也是活动；寻求结果是活动，享受探究过程也是活动：从而使活动成为承载内容目标的基本方式，这一方面解决必修课程结构中"三分之一"（社会活动）和"三分之二"（课程内容）的关系问题，另一方面解决政治课的表现方式问题。

相对于一般意义的"活动课"，由于上述各环节的设计，能够赋予这种"活动型"学科课程更丰富的内涵，力求"课程内容活动化"和"活动设计内容化"。"课程内容活动化"也就是使课程活起来，让学生自己真正学起来、探究起来、思考起来。"活动设计内容化"也就是所有活动要有知识性内容加以支撑，要有文化传统和价值观的引导加以支撑，要有社会责任感和情感加以支撑，从而使这种"活动型"课程的塑造，能够成为本课程这次课标修订的一大亮点。

（四）基于素养水平的学业质量标准的把握

描述素养水平与学业质量标准，其共同点是：衡量的对象是学生的日常社会"行为"，而不单纯是考卷上的"答案"；水平的证据是"表现"，而不是"要求"。

以"政治认同"中"道路自信"为例。水平1：能够列举走中国特色社会主义道路的成功事例。水平2：能够通过中国近现代史的回顾，证实走中国特色社会主义道路是历史的结论、人民的选择。水平3：能够比较各国发展道路，说明只有中国特色社会主义能够发展中国。

如果核心素养水平的划分是基于素养要素的构成维度揭示其水准特征，那么学业质量标准的分级更依赖学习方面的任务活动所表现的"学养"加以刻画，与课程内容目标相关联，与高考测试评价相对接。因此，与其说学业质量标准是素养水平的细化，不如说素养水平与学业质量标准是魂与体的关系，倘若"魂不附体"，所谓素养就是无源之水、无本之木。

（五）如何做到"贴近时代、贴近生活、贴近学生"

如果说始终与中央精神保持一致是本课程的"规定动作"，那么对"活动型"课程的追求就是"坚持改革方向、问题导向"的"自选动作"。因为，坚持马克思主义基本观点的教育，就充分反映与时俱进的理论品格。

那么，基于创新理论阐述核心素养，是否有"高大上"之虞？我们认为，这种担心是不必要的。考察过西方中学的人见过西方国家高中生讨论的议题，似乎比我们还要"高大上"，如"人生的意义""民主""自由""人权""责任""自主自立"——这正是他们掌握价值观制高点和话语权的一个支点。

怎样把"高大上"的议题"创造性转化"为"三贴近"的活动，即遵循什么路径、依赖什么方式走向"高大上"的素养。当下，有人认为：避免或免谈这些议题，才是"生活化"的表现，这本身是个误判。其实，搞好"活动"、走好"过程"，"高大上"可以贴近学生的兴趣；搞不好活动，把握不了过程，"小儿科"也会索然无味。

三、德育课程的发展趋势

德育课程发展趋势核心是立德树人。在课程方面，发展趋势就是把理论知识教学的"讲授型"课程塑造成

"活动型"课程；在内容方面，发展趋势就是综合化，不能仅仅单方面强调一门学科，政治课无论必修还是选修，目的都是为了培养学生政治认同、理性精神、法治意识、公共参与能力；在过程方面，发展趋势就是开放性，课标只是设定方向，具体课程实施过程可以超越标准教材，吸纳新知；在方法上，发展趋势就是价值引导与自主发展的统一；在评价上，发展趋势主要是测试学生行为表现，即积极适应社会和解决问题的能力。

四、教师怎样应对以核心素养为中心的课程改革

第一，教师应该成为积极主动的学习者（intentional learners）。教育不是仅仅将已有的知识传授给学生，而更为重要的是让学生成长为一个会学习的人。因此在教育过程中，教师就应以身作则，首先自己要扮演好一个积极主动的学习者角色。

第二，教师应该成为有行动能力的学习者（acting learners）。以核心素养为中心的课程是活动型课程，教学效果主要是通过学生活动表现加以测评。学习的关键就在于有无行动能力，如果说教师都没有行动能力，又如何能培养学生的能力。传统教育培养的人不乏"理论上的巨人，行动上的矮子"，做的能力不如说的能力。

第三，教师应该成为有合作能力的学习者（corporation learners）。社会是现代化社会，现代社会不能只有竞争，

更重要的是要有合作。据相关研究数据显示，如果学生仅仅是听课，即使注意力集中，那也仅仅能掌握 10%—20% 的知识；如果教师引导学生积极思考并提出问题，那么学生能掌握 50% 以上的知识；如果让一个小组共同探讨解决问题，那么学生的知识掌握程度会提高到 70% 以上。让同学们合作学习、交流探讨，就会放大学生所有的能力，同学分工协作，会在有效的时间里实现更加高效的教育。

第四，教师应该成为有创新能力的学习者（creating learners）。现代社会是知识信息大爆炸的时代，知识更新换代快，仅仅依靠教师向学生传递知识，是永远无法完成的任务。课程改革要求培养创新型的人才，教师首先自己要树立创新性意识，不能仅仅做知识的跟随者，而要立足于世界前沿，做知识的创新者，不断推陈出新，革故鼎新。

第五，教师应该成为有反思能力的学习者（reflective learners）。尼采说："只有超越自己的人才是强者。"超越自己就需要反思自我的局限性、有限性，针对存在的问题不断改进完善自我。教师之所以有职业倦怠，就是不停地重复性教学造成的，缺乏创新意识和自我反思。一个人不断反思、不断改进自己、不断提升自己，实际上也就培养了创新意识。过去，我们往往以为科研探索是大学的事情，实际上中学也应该进行科研探索。在法国的高中，一批具有知识生产、观念生产能力的人在进行教育，教师不仅教哲学，而且许多教师本身就是哲学家。我们的中小学教师也不能只是一个知识传承者角色，应该成为一个有创新能力和反思能力的学习者。

第六，教师应该成为终身学习的学习者（whole life learners）。农业社会的知识形态是经验性的，是靠日积月累形成发展的。过去"活到老学到老"是少数精英的理想，现代社会知识更新换代快，"活到老学到老"是一个人能够跟上时代步伐，立足于现代社会的一个基本条件。现代社会职业结构性调整步伐逐步加快，一个人如果不坚持终身学习，终将被时代抛弃，尤其是教师职业要求培养终身学习者，因此自己首先应成为一名终身学习者。

完善高校教材体系，充分发挥
中国特色哲学社会科学育人功能 [1]

2016 年 5 月 17 日，习近平总书记在哲学社会科学工作座谈会上的讲话中指出："哲学社会科学的特色、风格、气派，是发展到一定阶段的产物，是成熟的标志，是实力的象征，也是自信的体现。"伴随着中华民族的伟大复兴进程，我们"要按照立足中国、借鉴国外，挖掘历史、把握当代，关怀人类、面向未来的思路，着力构建中国特色哲学社会科学，在指导思想、学科体系、学术体系、话语体系等方面充分体现中国特色、中国风格、中国气派"。习近平总书记从战略的高度、全球的广度和历史的深度，阐述了加快构建中国特色哲学社会科学的意义、目标和路径。在这里，作为高校的一位哲学社会科学工作者，我只是从完善中国哲学社会科学教材体系，更好

1　2016 年 6 月 1 日，教育部召开"高校学习贯彻习近平总书记在哲学社会科学工作座谈会上重要讲话精神 加快建设中国特色哲学社会科学教材体系座谈会"。本文为作者在座谈会上的发言。

地发挥哲学社会科学的育人功能的角度，谈谈自己的理解和学习体会。

首先，完善哲学社会科学教材体系，对于加快构建中国特色哲学社会科学具有非常关键的作用。一是学科体系与教材体系之间是相互支撑的关系。没有完善的教材体系，也就没有完备的学科体系；同样，没有完备的学科体系，也就难以完善教材体系。正如习近平总书记所说的："学科体系同教材体系密不可分。学科体系建设上不去，教材体系就上不去；反过来，教材体系上不去，学科体系就没有后劲。"二是教材体系与学术体系和话语体系的关系也是相互支撑的。一方面，学科体系的发展、学术研究的成果以及话语体系的创新可以转化为教学资源，并逐渐积淀在教材之中；另一方面，完善的教材体系可以通过师生之间的互动，不仅传播学术研究的成果，形成学术体系的系统形态，而且逐渐勘察特定学科的研究对象，划定学科体系的大体边界，体现话语体系的内涵和功能。由此可见，构建中国特色哲学社会科学的学科体系、学术体系、话语体系，就要构建具有中国特色、中国风格、中国气派的哲学社会科学教材体系。

其次，培养哲学社会科学的后备人才、提高包括文科理工科在内的所有大学生的思想文化素养，也需要哲学社会科学要"有好的教材"，因此必须重视中国特色哲学社会科学教材体系建设。"高校哲学社会科学有重要的育人功能"，这不仅因为哲学社会科学学科的学生占了在校学生很大比例，有了好的教材就更容易"培养出好的哲学社会科学有用之才"，而且哲学社会科学对理工科的学生的成长都有重要的引导和熏陶作用。一方面，哲学社会科学的"学生是我国哲学社会科学后备军，如果在学生阶段没有学会正确的世界观、方法论，没有打下扎实的知识基础,将来就难以担当重任"。不仅哲学、历史学、文学等人文学科，对于重塑和纯化社会的精神世界有着重要的奠基性作用，而且经济学、金融学、管理学、人类学等社会科学学科，对于社会文明发展和现代化治理，也具有重要的不可替代的作用。另一方面，马克思主义理论课、哲学社会科学通识课的育人功能，也需要好的教材加以支撑。不仅文科生需要学习哲学社会科学，而且理工科学生也需要马克思主义理论、人文精神和社会科学知识的熏陶。由此可见，有了好的教材，才能充分发挥哲学社会科学的育人功能。哲学社会科学对于提高理工科学生的素养，同样具有不可替代的作用。高校哲学社会科学"要面向全体学生，帮助学生形成正确的世界观、人生观、价值观，提高道德修养和精神境界，养成科学思维习惯，促进身心和人格健康发展"。既然要面向全体学生，而且是帮助学生形成对他们今后做人做事来说至关重要的世界观、人生观、价值观，那么就需要一个共同的知识传递和价值引导的基本框架与遵循，中国特色哲学社会科学教材体系就是这样的基本框架或遵循。因此，编好中国特色哲学社会科学教材就成为必不可少的工作。

最后，也是最重要的，即完善中国哲学社会科学教材体系必须坚持以马克思主义为指导，这是立德树人培养社会主义建设者和接班人的根本保障。习近平总书记指出："坚持以马克思主义为指导，是当代中国哲学社会科学区别于其他哲学社会科学的根本标志，必须旗帜鲜明加以坚持。"习近平总书记的话既说到了问题的关键，也说得很重。所谓根本标志，就是一种事物"是其所是"的本质特征，失去了这种特征这个事物就不再"是其所是"了，就可能成为其他的东西了。不坚持以马克思主义为指导，我们就不可能坚持走中国特色社会主义道路，就可能走错路、走回头路，甚至误入歧途邪路。坚持以马克思主义为指导，就是坚持我们走自己的道路即中国特色社会主义道路的理论指针，就是我们理论自信的思想源泉。正因如此，我们不仅要坚持，而且要旗帜鲜明地坚持以马克思主义为指导。

教材的编写，之所以要旗帜鲜明地坚持以马克思主义为指导，首先是因为其科学性。教科书既然是立德树人知识传递和价值引导的蓝本，那么就必须坚持以科学正确的理论加以指导。马克思主义深刻揭示了自然界、人类社会、人类思维发展的普遍规律，为人类社会发展进步指明了方向；马克思主义坚持实现人民解放、维护人民利益的立场，以实现人的自由而全面的发展和全人类解放为己任，反映了人类对理想社会的美好憧憬；马克思主义揭示了事物的本质、内在联系及发展规律，是"伟大的认识工具"，是人们观察世界、分析问题的有力思想武器；马克思主义具有鲜明的实践品格，不仅致力于科学"解释世界"，而且致力于积极"改变世界"。实际上，马克思主义不仅指导和推动了国际共产主义运动的发展，而且也大大推动了整个人类社会的文明发展与进步进程。我们编写教材必须坚持以马克思主义为指导，还在于马克思主义是与时俱进开放而发展着的理论。21世纪的马克思主义也就是当代中国的马克思主义，是基于中国特色社会主义伟大实践的理论总结，她伴随着实践步伐的前行而不断丰富、发展。譬如，在马克思主义指导下，自新中国成立以来，我们用短短几十年的时间，创造了令世人瞩目的"中国奇迹"，把一个贫穷落后的发展中国家，一跃推向第二大经济体、第一大贸易国。中国是一个有13亿之众的大国，人口占世界的五分之一，中国的迅速发展和复兴已经且必定仍将大大改变世界格局。中国发展的事实，充分证明了马克思主义的科学性和强大生命力。我们绝不能让马克思主义被边缘化、空泛化、标签化，更不能让马克思主义在学科中"失语"、教材中"失踪"、论坛上"失声"。我们要把马克思主义特别是中国特色社会主义理论体系即当代中国的马克思主义作为研究重点，以重大现实问题为主攻方向，把马克思主义在中国发展的最新理论成果提炼出来，贯穿到哲学社会科学的学科建设、教材建设中。中国特色社会主义建设的成就，中国的迅速发展崛起的事实本身就大大改变了世界格局，动摇了欧美对世界的绝对支配地位，推动了国际关系的民主化和合理化进程，大大促进了人类文明的发展进步。中国哲学社会科学工作者要对中国社会发展的实际进程加以认识和分析，总结中国经验、描述中国问题、表达中国声音、传播中国价值，并且把研究的精华和结晶吸收到教材之中，变成传递知识和引导价值的新的基石。

习近平总书记在座谈会上指出："经过努力，我们在实施马克思主义理论研究和建设工程的过程中，教材建设取得了重要成果，但总体看这方面还是一个短板。要抓好教材体系建设，形成适应中国特色社会主义发展要求、立足国际学术前沿、门类齐全的哲学社会科学教材体系。"这就告诉我们，面对新形势新要求，我国哲学社会科学领域还存在一些亟待解决的问题。其中，哲学社会科学的教材体系也有诸多问题，如：引进多，原创少；闭门造车、坐而论道的多，基于中国社会发展实践和源于生活的少；重复的多，有自己特色的少。一句话，教材内容和表述方式都有很大的改进和完善空间。我们要本着立足中国实践，基于中国优秀文化传统，充分吸取国外哲学社会科学的成果，用中国的思维方式提炼中国思想、阐述中国思想的原则，全面系统地编好中国哲学社会科学教科书。

习近平总书记还提出："在教材编写、推广、使用上要注重体制机制创新，调动学者、学校、出版机构等方面积极性，大家共同来做好这项工作。"我个人建议，因为中国如此之大，高校类型和层次多样（就类型而言，有综合性大学、有行业性大学，有部属大学、有地方大学；就层次而言，有研究型大学、有教学性大学，有本科院校、有高职院校，如此等等），马克思主义理论研究和建设工程的教材建设，在严格的准入和专家审核的基础上，也可以适当有序地加以多样化。例如，同一门教材，可以有两三种教材并行，这不仅可以解决不同类型的学生的适应性，也可以基于不同特色教材进行多样性探索，这不仅有利于理论的创新和话语体系的创新，而且不同版本的竞争，也能够激发学者的主体感、首创精神和创造力，同时也能够调动出版社的积极性，吸收更多的人力、物力和财力资源，从而形成更大的社会合力，不断地进行知识更新、话语创新、形态更新，推动教材的内容和呈现方式不断完善，以便能够更好地发挥中国特色哲学社会科学的育人功能。

坚持不忘初心，就要不断深化改革、继续扩大开放[1]

2016 年 7 月 1 日，习近平总书记在纪念中国共产党成立 95 周年的大会上发表了以"不忘初心，继续前进"为主题的重要讲话。讲话内容丰富，思想深刻，对我们党由何处出发、奔向什么目标，对我们必须坚持党的理想和信念，牢记我们党为人民服务的宗旨等方面进行了全面系统的阐述。《礼记·大学》云："知止有定，静安虑得。"意思是说，只有了解所要达到的目标，才能思考周密，进而达到至善的境界。总书记要求全党不忘初心，就是让我们依据党的宗旨，坚守理想信念，为实现中华民族伟大复兴的中国梦而努力奋斗！在这里，因篇幅所限，我不全面展开谈"不忘初心"的深邃意义，只是从坚持改革开放，继续持续地激发社会活力的角度谈谈我的学习体会。

---

1 本文发表于《红旗文稿》2016 年 14 期。原题目为《坚定不移高举改革开放旗帜》。

习总书记指出："坚持不忘初心、继续前进，就要坚定不移高举改革开放旗帜，勇于全面深化改革，进一步解放思想、解放和发展社会生产力、解放和增强社会活力，不断把改革开放推向前进。"在此，习总书记从人类社会发展和民族复兴的战略高度，来审视改革开放的历史定位。在他看来，改革开放是当代中国最鲜明的特色，是我们党在新的历史时期最鲜明的旗帜。这就是说，对于当代中国而言，改革开放绝不仅仅是一种偶然的工具性手段选择，实际上，环顾世界，改革开放已经成为中国社会快速发展、欣欣向荣动力性和根源性标志，是中国共产党引领新时期的最具感召力和吸引力的标识性符号。正因如此，改革开放就成为决定当代中国命运的关键抉择，改革开放不是可有可无的，而是我们党带领中国人民在百舸争流的国际竞争中大踏步赶上时代、实现中华民族复兴大业的重要法宝。

坚持不忘初心，就要坚持改革的正确方向，把握开放的有序节奏。中国的改革不是盲目的，而是有自己的方向和目标的；中国的开放也不是毫无选择的，而是朝向经济上合作共赢、文化上交流互鉴的目标。改革必须坚持正确方向，既不走封闭僵化的老路，也不走改旗易帜的邪路。历史已经证明，闭关锁国只能是自我封闭，使创造性的活力被单一性窒息；历史也证明，放弃或隔断自己的传统，搞所谓"休克疗法"，同样也是难以行得通的。那些全盘接受新自由主义方案的国家，不仅没有实现梦寐以求的发展，反而陷于经济上的依附。那些试图通过颜色革命走向"春天"的国家，反而陷于混乱而进入"隆冬"。实际上，这些教训就是忘记了自己改革的初心。我们改革的目的不是要把自己变成别人，而是要把自己变得更加强壮；我们开放的目标不是让中国变成"他者"，而是建设一个更加文明富强的中国。为此，我们就要把完善和发展中国特色社会主义制度、推进国家治理体系和治理能力现代化作为全面深化改革的总目标，当然，这并不意味着只进行量上的扩展。改革开放的实质就是不断地创新，我们必须勇于推进理论创新、实践创新、制度创新以及其他各方面创新，目的是让中国特色社会主义制度更加成熟定型，让中国经济社会发展更有质量，让社会治理更有水平，让全体中国人民都有更多的获得感。

坚持不忘初心，就要牢牢把握改革的重点和节奏。中国的改革既注重重点突破，也注意把握节奏、有序展开、全面推进，中国改革之所以能够成功，就在于它是有重点、分步骤地有序展开的。习总书记强调，我们要坚持以经济体制改革为重点，坚持社会主义市场经济改革方向。这种坚持，充分说明了中国化的马克思主义仍然遵循着历史唯物主义的基本观点，即相对于政治的、文化的过程，经济基础是更加根本的，只有经济基础牢固了，政治的、文化的、社会的变化才有坚实的支撑。中国的改革从经济领域开始，且一直作为改革的重点，这既保证了中国改革稳妥而顺利地推进，也成为中国经济社会迅速发展的原因之一。中国经济改革的成功，为其他领域的改革创造了良好的基础，也提供了可以借鉴的经验。中国不是只进行经济改革，而是在经济改革的基础上有序推进其他方面的改革。经济改革了、变化了，其他方面也必然发生相应的变化，因此，政治、文化、社会等方面的改革也就必然逐步提上议事日程。习近平总书记强调，我们要全面深化经济体制、政治体制、文化体制、社会体制、生态文明体制和党的建设制度改革。这就说明，我们的改革已经按照原来的战略步骤，进入了全面推进、系统展开的阶段。这就要求我们必须统筹推进"五位一体"总体布局，协调推进"四个全面"战略布局，全力推进全面建成小康社会进程，这样才能真正实现"两个一百年"奋斗目标。实际上，中国的改革，从一开始就是多方面的，但经济改革是重点，这种逐渐有序推进的节奏就是中国改革的深化进程。中国的政治体制、文化体制、社会体制和生态文明体制的改革，都是在经济体制改革取得成效的基础上展开的，因此，也就为这些改革的成功做好了前提性的准备。

坚持不忘初心，就要保持坚持改革的勇气和韧性，全力推进中国特色社会主义现代化事业。改革往往都是从易到难，这是符合实践的逻辑的，也是正确的。在改革的初期，通过改变一些容易变革的进程，不仅使社会保持稳定，让改革有序展开，使人民获得改革的成果从而坚定改革的决心，而且通过进行容易但成功的改革，也可以为复杂的较难的改革积累经验。另外，改革的初期，我们可以从局部开始，从部分改起。但是，人类社会的各个领域和方面是相互联系的。改革推进到现在，要进行任何领域的改革都可能需要其他方面系统性、整体性、协同性地加以推进，那种单兵突进的方式已经难以奏效了。现在的改革，已经不是改革初期社会分化比较简单的状态，人们的利益差异越来越错综复杂。改革初期，改革往往就是做更多的事，现在的改革则需要改变许多不合时宜的体制和政策，而体制和政策往往是车动铃铛响，可能会引起新的问题和矛盾。因此，从今之后，我们的改革要更加注重系统性、整体性、协同性，敢于涉深水区、啃硬骨头。邓小平同志曾经说改革是"第二次革命"。如果说改革初期是革命的话，那么到了改革的攻坚期，这个革命触及的利益和矛盾就更广泛、更复杂。这就要求我们党要有勇气、有担当、有毅力，继续带领中国人民进行前无古人的改革伟业。习近平总书记强调，我们要以勇于自我革命的气魄、坚忍不拔的毅力推进改革，敢于向积存多年的顽瘴痼疾开刀，敢于触及深层次利益关系和矛盾，坚决冲破思想观念束缚，坚决破除利益固化藩篱，坚决清除妨碍社会生产力发展的体制机制障碍。

坚持不忘初心，就要坚持依法治国，为改革开放提供法治保障，从而把改革开放的成果固定下来。习近平总书记指出："改革和法治如鸟之两翼、车之两轮。"改革开放具有战略性，但是我们不是为改革而改革，我们的改革是完善我们的经济体制、政治体制、文化体制、社会体制和生态文明体制，使中国特色社会主义制度更加完善、更加定型；我们也不是为开放而开放，我们要通过开放实现与其他国家经济上的互联互通，文化上的交流互鉴。——所有这些都需要法治的保证。我们的改革，不是想改什么就改什么，也不是想怎么改就这么改，重大改革都应该于法有据。改革与法治是相互促进的：改革可以使国家法治体系更加完善，法治可以让改革获得法律的支持和保障。于法有据的改革，才能行稳致远。实际上，由于我国有长期封建统治的历史，我们法治文化的根基还不牢固，我们的法律体系和法制体系都还有很多不完善的地方，因此，完善法治体系、建立法治文化，这本身就是重要的政治体制改革、文化体制和社会体制改革。我们要坚持走中国特色社会主义法治道路，加快构建中国特色社会主义法治体系，建设社会主义法治国家。要全面依法治国，核心是坚持党的领导、人民当家作主、依法治国有机统一，关键在于坚持党领导立法、保证执法、支持司法、带头守法。要在全社会牢固树立宪法法律权威，弘扬宪法精神，任何组织和个人都必须在宪法法律范围内活动，都不得有超越宪法法律的特权。这些法治目标本身就构成极其重要的改革目标，既是建设富强、民主、文明、和谐社会主义现代化国家的必要前提，也是构建自由、平等、公正、法治社会的必要条件。

总之，坚持不忘初心，就要坚持深化改革、扩大开放，进一步激发社会活力，推动社会主义现代化建设跃上新台阶。社会发展永无止境，改革也就永无止境。过去我们相对落后时要改革，现在我们已经经历了快速发展还应该继续改革，未来我们实现了现代化更应该根据历史的变化进行持续的改革。过去我们不富裕的时候需要开放，现在我们富裕了就更需要开放，未来我们更强大了则应该进一步扩大开放。改革开放永远在路上。

扎根中国大地，办世界一流大学[1]

2016 年 12 月 7 日至 8 日，中央在京召开全国高校思想政治工作会议。习近平总书记在讲话中指出，教育强则国家强。高等教育发展水平是一个国家发展水平和发展潜力的重要标志。实现中华民族伟大复兴，教育的地位和作用不可忽视。我们对高等教育的需要比以往任何时候都更加迫切，对科学知识和卓越人才的渴求比以往任何时候都更加强烈。我们必须加快建设世界一流大学和一流学科，提高我国高等教育发展水平，增强国家的核心竞争力。面对这个战略任务，我们只有扎根中国大地，坚定不移走自己的路，才能办成具有中国特色、世界水平的一流大学，实现党中央的战略决策。

首先，办世界一流大学，必须扎根中国大地，为中国大学的发展和水平跃升找到现实的社会基础和文化传统根基。大学从来不是脱离社会而孤立存在的，其产生和发展离不开社会发展的需要和现实条件。文艺复兴让

---

1 本文发表于《光明日报》2016 年 12 月 13 日，有改动。

欧洲人的理性精神开始摆脱中世纪的蒙昧和神学的羁绊，在此基础上首先在意大利随后在法国、英国、荷兰等地诞生了博洛尼亚、巴黎、牛津、萨拉曼卡等近代大学[1]；德国洪堡倡导的研究型大学的出现，与德意志民族统一和德国的崛起密切相关；美国大学的异军突起，也是与美国在 20 世纪的崛起及其世界霸权相辅相成。习近平同志在 2013 年全国宣传思想工作会议上提出我国有"独特的文化传统，独特的历史命运，独特的基本国情"，三个方面的"独特"注定了中国必然要走"适合自己特点的发展道路"。这三个"独特"也决定了我国必须走自己的高等教育发展道路，才能扎实办好中国特色社会主义高校。这就是说，在中国办大学，不能按照外国人的做法，依葫芦画瓢，那样只能成为缺少自己灵魂的追随者。中国有悠久的历史传统，有民族振兴的百年梦想，有中国特色社会主义事业的现实成就。中国的现代大学一开始出现，就是为了民族的独立与复兴；中国共产党在革命战争过程之中，也不忘建立培养高级人才的教育机构，如抗日军政大学、延安公学等；新中国成立之后，更是开创了中国高等教育发展的巨大的空间，我们已经建成了世界上规模最大的高等教育体系，而且有越来越多的大学和

---

1 博洛尼亚大学创建于 1088 年，是全世界第一所大学，是西方最古老的大学，与巴黎大学（法国）、牛津大学（英国）和萨拉曼卡大学（西班牙）被誉为欧洲"大学之母"。

学科跻身世界前列。中国社会经济快速发展，科学技术迅速提升，中国大学功不可没。中国的社会发展需要具有世界水准的大学，而独具特色的中国大学又成为推动中国社会发展的最具创造性的力量。

其次，办世界一流大学，必须扎根中国大地，这样才能与中国社会发展方向及中华民族的目标追求协调一致。习近平同志指出，我国高等教育发展方向要同我国发展的现实目标和未来方向紧密联系在一起，为人民服务，为中国共产党治国理政服务，为巩固和发展中国特色社会主义制度服务，为改革开放和社会主义现代化建设服务。大学，就其功能而言，无论是人才培养、科学研究，还是文化引领、国际交流，都是为了服务社会。大学，只有在服务社会之中，才能培养出符合社会需要的人才，才能找到社会亟需且具有真实意义的问题作为科学研究的主攻方向，才能实现文化传承创新和文明进步，从而引领社会的时代性发展。在中国，大学要实现自己服务社会的功能，首先就要服务于全体中国人民对幸福生活的追求，服务于中国特色社会主义事业的发展，服务于中华民族伟大复兴的百年梦想，服务于中国共产党带领全体中国人民进行坚韧不拔的奋斗过程。当然，扎根中国大地，与加强国际交流、借鉴国外高等教育发展的经验并不矛盾。但是，我们要教育引导学生正确认识世界和中国发展大势，认识和把握人类社会发展的历史必然性，认识和把握中国特色社会主义的历史必然性；

引导学生正确认识中国特色和国际比较，全面客观认识当代中国、看待外部世界。我们只有扎根中国大地，才能站稳脚跟，不断扩大国际交流，在国际交往中相互借鉴、相互砥砺、相互促进。正像大树，只有把根扎得越深，才能长得越高，枝叶所蔓才能更广。我们只有扎根中国大地，才能有自己独具的特色和优势，才能有自己的品格和特质，才能为世界教育和人类文明做出我们独特的贡献。中国的和平发展是当今时代具有世界历史意义的事件，中国大学只有在服务这样的伟大事业中，才能获得世界性意义和时代性价值，才能提高我们的知识和思想的原创能力。中国改革开放特别是"一带一路"倡议，为高校特别是以培养外向型人才为主的北京外国语大学开辟了广阔的发展空间，我们必须立足国家发展战略，才能找到我们发展的基础和动力。

最后，办世界一流大学，必须扎根中国大地，这样才能坚持正确的办学方向。习近平总书记强调，我们的高校是党领导下的高校，是中国特色社会主义高校。党委要保证高校正确办学方向，掌握高校思想政治工作主导权，保证高校始终成为培养社会主义事业建设者和接班人的坚强阵地。我国高等教育肩负着培养德智体美全面发展的社会主义事业建设者和接班人的重大任务，必须坚持正确政治方向。高校立身之本在于立德树人。只有培养出一流人才的高校，才能够成为世界一流大学。一流人才不仅具有广博的知识，更有正确的世界观、人生观和价值观。这就需要我们花大力气，加强和改进高校思想政治工作。

加强和改进高校思想政治工作，必须坚持以马克思主义为指导，全面贯彻党的教育方针。办好我们的高校，必须坚持不懈传播马克思主义科学理论，抓好马克思主义理论教育，为学生一生成长奠定科学的思想基础。马克思主义的指导地位，首先在于它是科学的世界观和方法论。马克思主义是与时俱进开放而发展着的理论，当代中国的马克思主义，是基于中国特色社会主义伟大实践的理论总结。马克思主义的指导地位，也在于它是社会实践和历史发展所证明了的真理。在马克思主义指导下，新中国用短短几十年的时间，创造了令世人瞩目的"中国奇迹"，把一个贫穷落后的发展中国家，一跃推向第二大经济体、第一大贸易国。中国是一个有13亿之众的大国，人口占世界的五分之一，中国的迅速发展和复兴必定大大改变世界格局。这充分证明了马克思主义的科学性和强大生命力。

加强和改进高校思想政治工作，必须坚持不懈培育和弘扬社会主义核心价值观，引导广大师生做社会主义核心价值观的坚定信仰者、积极传播者、模范践行者。高校思想政治工作关系高校培养什么样的人、如何培养人以及为谁培养人这些根本问题，必须引导师生正确认识时代责任和历史使命，用中国梦激扬青春梦，为学生点亮理想的灯、照亮前行的路，激励学生自觉把个人的理想追求融入国家和民族的事业中。为此，就要坚持把立德树人作为中心环节，把思想政治工作贯穿教育教学全过程，实现全程育人、全方位育人。

加强和改进大学生思想政治教育，必须优化思想政治理论课的教学内容和方式。思想政治理论课要坚持问题导向，关注重大时代性问题，关注改革开放和社会发展的重大问题，能够回答深层次的矛盾，能够说明解决问题的希望、途径和方法。思想政治理论课必须介入生活世界，才能获得真正的理论意义；必须有打动大学生的思想表述，才能获得真正的思想价值。另外，思想政治教育必须有情感的投入，理论必须有了情感的温度，才能打动青年人的心扉。要坚持不懈培育优良校风和学风，使高校发展做到治理有方、管理到位、风清气正。要更加注重以文化人、以文育人，广泛开展文明校园创建，开展形式多样、健康向上、格调高雅的校园文化活动，广泛开展各类社会实践。要运用新媒体新技术使工作活起来，推动思想政治工作传统优势同信息技术高度融合，增强时代感和吸引力。要加强人文关怀和心理疏导，培育理性平和的健康心态，把高校建设成为崇尚法治、追求崇高的模范之地。

加强和改进大学生思想政治教育，就要加快构建具有中国特色的哲学社会科学体系。哲学社会科学不仅能够认识社会、改造社会，而且能够帮助人们树立正确的世界观、人生观和价值观。为此，我们要加快构建中国特色哲学社会科学学科体系和教材体系，创新学术话语体系，推出更多高水平教材，建立科学权威、公开透明的哲学社会科学成果评价体系，努力构建全方位、全领域、全要素的哲学社会科学体系。

基于人类命运共同体新理念的中国外交价值观 [1]

中国走和平发展的道路，主张构建"和谐世界"，是中国人民理性的战略选择，这个选择是以中国文化传统和社会主义核心价值观取向为基础的。

在漫长的文明发展史中，人类曾经长期生活在相互隔绝的状态下。交通工具的改进特别是新大陆的发现，让分割状态下的世界有了相互接触的可能。当今世界，越来越便利的交通促进了经济、文化交往，信息技术的突破性发展进一步把人们的知识传递和精神生活纳入全球相互影响的网络化状态中。尽管人类生活在不同社会制度、文化传统和地理空间中，尽管人们属于不同的种族，有着不同的肤色，信仰不同的宗教，但在经济发展、生态环境、社会安全等领域却面临着共同的课题。在这个星球上，错综复杂且日益紧密的联系构成了"你中有我、我中有你"的局面，形成了一荣俱荣、一损俱损的格局。

1　本文发表于《中国高等社会科学》2017 年第 4 期。

面对这种局面，"中国方案是：构建人类命运共同体，实现共赢共享"。[1]

当代中国主张构建人类命运共同体，坚持走和平发展道路，是对有着深厚根基的历史文化传统的延续。《史记·五帝本纪》就有"合和万国"的理想。可以说，和平与和合是中华文化的内在基因。在古代中国的文明融合进程中，作为主流思想的儒家一直强调"以德服人"，而批评"以力服人"的做法。儒家认为，只有通过讲信修睦、协和万邦，才能做到"保合大和"，从而实现"万国咸宁""天下和平"（《易经》）。这就是说，只有做到协和万邦，才能实现国家之间的和平，达到富国安民的目标。讲信修睦、协和万邦是中国国际观和外交观的基本内涵。

中国的国际观就是在"合和万国"的历史传统基础上，结合当代和平与发展的时代主题，凝练了"人类命运共同体"的理念，为和平发展的外交政策奠基了坚实的哲学理论基础。然而，"人类命运共同体"的理念，不仅是中国文化传统的延续，也是当代中国人民的理想愿景。

中国对国际关系的认识和外交实践中所持立场反映出的价值观，是中国价值观在国际关系和外交领域的延伸与具体体现。我们在国内强调富强、民主、文明、和谐，在国际上也主张合作共赢、共同发展，推动国际关系的民主化。新世纪以来，中国不断推进全面对外开放，推

1　摘自习近平同志 2017 年 1 月 18 日在联合国日内瓦总部发表的《共同构建人类命运共同体》的主旨演讲。

进与世界各国之间的交流互鉴，加强互利合作。中国提出建设丝绸之路经济带和 21 世纪海上丝绸之路，目的就是实现各国在发展机遇上的共创共享。基于中国对外关系中的价值取向，我们可以预期：中国将以更加开放的胸襟、更加包容的心态、更加宽广的视角，大力开展中外文化交流，在学习互鉴中，为推动人类文明进步做出更多、更大的贡献。

我们在国内强调自由、平等、公正、法治，在国际上也秉持公道正义，坚持平等相待：主张并且尝试引领世界上的事情由各国政府和人民共同商量着办，积极推动国际关系民主化；倡导各国权利、义务、责任相统一的国际法治精神，希望各方遵守国际法和公认的国际关系基本准则，推动国际关系法治化；积极推进全球治理体系改革，反对双重标准，主张相互尊重、合作共赢，推动国际关系合理化。

我们在国内强调爱国、敬业、诚信、友善，在国际关系中，也愿意妥善处理义和利的关系，我们要注重利，更要注重义。"国不以利为利，以义为利也。"（《礼记·大学》）我们主张义利兼顾。实际上，经济全球化时代是一荣俱荣、一损俱损，不能只追求你少我多、损人利己，更不能你输我赢、一家通吃。中国人希望自己过得好，但也高兴别人过得好，还通过力所能及的帮助让别人过得好。

显然，有什么样的核心价值观，就有什么样的国际关系价值观。建立在人类命运共同体理念基础上的国际观，为中国的和平发展道路与构建和谐世界的愿景，提供了正确的思想引领和价值规范。

我国外交工作的战略目标，就是服从和服务于实现"两个一百年"奋斗目标、实现中华民族伟大复兴，全面发展国际之间的友好关系，深化互利合作，维护和用好我国发展的重要战略机遇期，维护国家主权、安全、发展利益。国际政治是国内政治的延伸。但是，国际事务是主权国家之间的互动关系。这就需要处理不同国家主体之间的协调关系。以什么样的价值观去处理国际关系，必然影响到国家处理国际关系路径、方式选择的基本取向。中国处理国际关系和外交事务的核心价值观如下：

1. 和平发展

中华民族是爱好和平的民族。有着五千多年历史的中华文明，始终崇尚和平、和睦、和谐的追求深深植根于中华民族的精神世界之中，深深融化在中国人民的血脉之中。《礼记·中庸》曰："中者，天下之大本也；和者，天下之达道也。"董仲舒认为："成于和，生必和也；始于中，止必中也。中者，天地之所始终也；而和者，天地之所生成也。"（《春秋繁露·循天之道》）2014 年，习近平主席在访问印度时指出："我们都把'和'视作天下之大道，希望万国安宁、和谐共处。"[1]

1　摘自习近平同志 2014 年 9 月 18 日在印度世界事务委员会发表的《携手追寻民族复兴之梦》的演讲。

和平，就像阳光雨露，有了和平，世界就可以繁荣发展；没有和平，世界就可能生灵涂炭。正如习近平指出的："国家和，则世界安；国家斗，则世界乱。"[1] 中国创造了灿烂的古代文明，靠的不是穷兵黩武、以力服人，而是"以德服远"、以德服人；中国从一个积贫积弱的国家到实现了重新振兴，靠的不是对外扩张或殖民掠夺，而是靠着勤劳的人民、安定的社会与和平的环境。我们必须坚持实现共同、综合、合作、可持续的国际安全秩序，维护世界和平。中国处在发展中状态，我们不称霸。即使未来我们实现了现代化，我们同样不追求霸权。穷兵黩武不是中华文化的基因。

国与国之间有利益差异，有不同的看法是可以理解的。但如何解决好呢？中国的方案是：和而不同。这是解决冲突、推动合作共赢的最好方式。正如古人所说："万物并育而不相害，道并行而不相悖。"（《礼记·中庸》）我们只有相互尊重，交流互鉴，才能实现和平与共存。才能实现"各美其美，美人之美，美美与共，天下大同"。大国之间只有相互尊重，才能构建不冲突、不对抗的和平发展环境。大国对小国不是以力服人，而是平等对待，就会减少许多冲突。

我们不仅要坚持和谐共处的价值理念，而且应该阐释其普遍的世界意义。2014 年 3 月 27 日，在巴黎联合国

1　摘自习近平同志 2017 年 1 月 18 日在联合国日内瓦总部发表的《共同构建人类命运共同体》的主旨演讲。

教科文组织总部，习近平系统阐释了中国的文明观：文明是多彩的，人类文明因多样才有交流互鉴的价值；文明是平等的，人类文明因平等才有交流互鉴的前提；文明是包容的，人类文明因包容才有交流互鉴的动力。我们应该推动不同文明相互尊重、和谐共处，让文明交流互鉴成为增进各国人民友谊的桥梁、推动人类社会进步的动力、维护世界和平的纽带。

2. 合作共赢

人类尽管生活在同一个地球上，却生活在不同的自然环境中，有着不同的文化传统。文明多样性不是我们相处的障碍，而是差异互补的条件，有利于相互借鉴、相互激励，推动文明的进步。如果相互争夺，必然是"双输"；如果相互包容，通过交流互鉴，必定达成双赢。

历史经验证明，只有包容性发展，自己才能够发展；排他性的发展是没有出路的。中国这样说，也这样做。中国发起设立丝路基金、成立金砖国家银行、创办亚洲基础设施投资银行等，都是用自己的努力为国际合作提供平台，以开放的心胸创造国际合作的机遇，促进世界的繁荣发展。

3. 公平正义

古人认为："法者，天下之准绳也。"（《文子》）中国提倡国际关系遵循主权平等、互相尊重主权和领土完整、互不侵犯、互不干涉内政、平等互利，在此基础上重塑公正合理的世界治理模式，反对搞双重标准。不能一个国家安全而其他国家不安全，一部分国家安全而另一部分国家不安全，更不能牺牲别国安全谋求自身所谓绝对安全。

我们积极推动国际关系民主化，主张世界上的事情由各国政府和人民共同商量办；我们积极推动国家关系法治化，主张各国权利、义务、责任相统一的国际法治精神，希望各方遵守国际法和公认的国际关系基本准则；我们积极推动国际关系合理化，推进全球治理体系改革，主张义利兼顾。我们认为，经济全球化时代是一荣俱荣、一损俱损，不能只追求你少我多、损人利己，更不能你输我赢、一家通吃。在国际关系中，我们要注重利，更要注重义。要妥善处理义和利的关系：秉持公道正义，坚持平等相待。既要让自己过得好，也要让别人过得好。"国不以利为利，以义为利也。"

4. 休戚与共

建立公平正义、可持续的国际秩序，就需要共同、合理的国际担当。基于人类命运共同体的意识，中国在谋求自己的发展与繁荣的时候，也愿意看到其他国家及整个世界的发展与繁荣；中国在谋求自身的国家安全时，也希望其他国家及其全球共同安全。随着中国的发展，中国愿意越来越多地提供有利于全球发展与繁荣的公共产品，承担越来越多的国际责任。

在这个联系日益紧密的地球村里，大家都是同一条船上的乘客。只有抱着同舟共济的意识，才能做到天下太平。如果试图以自己的绝对安全为由而牺牲别人的安全，到头来只能是"城门失火，殃及池鱼"。在中国人看来，四海之内皆兄弟，天下一家。我们只有和衷共济，相互协作，才能构建一个繁荣和平的和谐世界。面对动荡不安、战乱冲突频生的地区和国际形势，中国始终坚持走和平发展道路。面对质疑现有的国际秩序和国际体系的言行，中国始终主张在维护中加以改革完善。面对"逆全球化"和保护主义思潮抬头，中国始终高举多边主义和开放包容的旗帜。"中国外交的这种稳定性和确定性，是大国应有的担当，不仅对冲了各种不确定性，也充分展示了中国的定力和自信。"（2017 年 3 月 8 日，外交部部长王毅在两会记者会上的发言）

巩固马克思主义在高校意识形态领域的指导地位 [1]

一

党的十八大以来，习近平总书记多次就意识形态工作和高校思想政治工作发表重要讲话，特别是在高校思想政治工作会议上的讲话，言之谆谆，情之切切，充分表明中央对高校思想政治工作的高度重视，也体现出加强和改进高校意识形态工作的紧迫。

高校思想政治工作之所以重要，因为这项工作关系高校"培养什么样的人，如何培养人以及为谁培养人"这个根本问题。当前，中华民族伟大复兴的中国梦即将成真之际，我们对高等教育的需要比以往任何时候都更加迫切，对科学知识和卓越人才的渴求比以往任何时候都更加强烈。然而，我们需要的人才应该是中国特色社会主义事业的建设者和接班人，应该对中国特色社会主

1　本文发表于《党建》2017 年第 5 期。

义道路有高度的认同感，对中华文化有高度的自觉和自信。要培养这样的人才，就必须坚持社会主义办学方向。这就对高校思想政治工作提出了更高的要求。

有同志指出，在教育内部，智育出问题是出次品，体育出问题是出废品，但德育出问题出的是危险品。能力强，思想品德出问题，危害更大。我们必须保证多出合格品，多出优质品，少出次品、废品，不出危险品。高校思想政治工作，既是我国高校的特色，又是办好我国高校的优势。因此，面对新形势新任务，高校思想政治工作只能加强不能削弱，只能前进不能停滞，只能积极作为不能被动应对。我们必须牢牢把握高校意识形态工作的领导权，坚持社会主义办学方向。

坚持社会主义办学方向，我们必须做到习近平总书记所说的"四个坚持不懈"：坚持不懈传播马克思主义科学理论，坚持不懈培育和弘扬社会主义核心价值观，坚持不懈促进高校和谐稳定，坚持不懈培养优良校风和学风。

坚持不懈传播马克思主义科学理论，就能够给高校发展和立德树人坚持正确的方向奠定坚实的理论基础和方法论的指导。马克思主义理论自身的科学性，与时俱进的时代性，认识世界、改造世界的实践性，这是中国特色社会主义取得成功的理论基础和保证，反过来也确证了马克思主义的科学性，高校要抓住这个时机，帮助学生树立马克思主义世界观，提升他们马克思主义的理论认同感。

坚持不懈培育和弘扬社会主义核心价值观，是给高校发展和立德树人以德性的崇高感，使高校的教学育人、科学研究、社会服务和文化传承创新有明确而正确的方向。对人而言，人不仅存在着，而且是有价值的存在；对社会而言，治理是有差异的，价值是分层次的，价值引领是更有意义社会生活的保证。

坚持不懈促进高校和谐稳定，是给高校发展和立德树人以必要的环境和条件。没有安定和有秩序的环境，不仅社会不能发展、文明难以进步，甚至不可能为年轻人安放一个读书的书桌。

坚持不懈培养优良校风和学风，是给高校发展和立德树人以可持续的氛围和机制。解决思想问题不能靠命令，也不可能靠说教，更好更有效的方法只能靠校风和学风的熏陶。

二

当今世界，各种思想文化交流交融交锋频繁，国际思想文化领域斗争深刻复杂；国内各种社会矛盾和问题相互叠加，人们思想活动的独立性、选择性、多变性、差异性明显增强。高校不是遗世独立的孤岛，无法也不可能屏蔽社会的噪音、杂音。我们必须以正能量对冲和化解消极影响，从而为马克思主义占领高校阵地赢得时间和空间。

但是，要做好高校思想政治工作，不仅要加强，更重要的是要"改善"，即改进和完善。加强和改善都必须遵循三个规律，即遵循思想政治工作规律、遵循教书育人规律、遵循学生成长规律。三个规律归根结底是做人的工作的规律，准确地说，是做最具创造潜力的青年人的工作。我们需要认识做思想政治工作的复杂性、长久性和特殊性。

首先，做人的工作就不是做物的工作。做物的工作只要符合客观规律就可以在条件允许的范围内改造物的存在形态、物的安放空间。人是有自主意识的存在，他们有自己的意图和特色。做青年学生的思想政治工作，就必须回应他们的主观意向性，回应他们的情感和追求。

其次，思想政治工作不仅是做人的工作，而且是做当代青年人中知识水平最高和发展潜力最大的一部分人的工作。这一代是生活在中国高速发展的时期，生活在经济全球化的时代，生活在信息化和知识经济成为社会发展引擎的时代，他们非常自信，也非常有主见，如何引导他们循着社会主流价值观确定自己的人生方向，按照社会发展的大势确立自己的世界观，对我们来说都是一种挑战。

再次，思想政治工作不仅是做当代青年人中知识水平最高和发展潜力最大的一部分人的工作，而且是触及他们心灵中最内在、最深层、最根本的部分，即涉及人的世界观、人生观和价值观的互动活动。这里不能外在地改变，而是需要内在地触动；更进一步地说，要取得真正的效应，就不仅是内在触动，而应该成为人的内在认同和追求。

既然我们工作的目的应该是为了人身心的健康发展，为了人的自由而全面的发展，那么我们就必须尊重人、关心人；既然我们做当代青年人中知识水平最高和发展潜力最大的一部分人的工作，那么我们就必须在发展其真知和能力的过程中做他们的工作，我们应该尊重青年人、关心青年人，助力他们的发展；既然我们要做触及青年人心灵中最内在、最深层、最根本的部分，即涉及人的世界观、人生观和价值观的互动活动，那么就必须以自己的真情，以心灵触及心灵、以真情感动真情，在相互学习的过程中让青年人感觉到自我教育的成长感。

既然这个工作是最复杂的工作，我们就要加强方法论研究。按照总书记的要求：沿用好办法，改进老办法，探索新办法，不断提高工作能力和水平。好的办法是历史和现实都证明是对的、有效的方法，如交朋友、交心的办法。有些老办法过去有用，但社会发生变化了，必须根据变化了的环境加以变革，才能跟上时代的步伐。随着时代的变化、社会的发展，新问题层出不穷，我们必须不断探索，才能找到思想政治工作的新的有效办法。

应该说，当代大学生对马克思主义的认同仍然是主流。我们做思想政治工作，具体来说，就是做"95后"

们的工作。按照习近平总书记的判断，"95后"，朝气蓬勃、好学上进、视野宽广、开放自信，是可爱、可信、可为的一代。对当代高校的学生，党和人民充分信任，寄予厚望。这是基本判断。

但是，在商品经济、利益多元和思想多元的共同作用下，某些学生受社会影响，更多考虑自己的个人利益，对某些所谓"宏大叙事"的理论话语感到漠然。要把这部分学生再拉回正轨，就需要我们找到恰当的方法，让他们回归民族意识、国家认同。要做到这一点，关键是我们应该是把具有时代意义和实践价值的正确理论，用恰当的方式和有效的途径传递给学生，并且打动他们的心灵。

三

当前，高校中存在的明显现象是，有些教师对马克思主义态度淡漠，总是以"纯学术"排斥马克思主义的指导地位；个别老师将讲授马克思主义视为例行公事，甚至以诋毁和嘲弄马克思主义为时髦；有些学生将思想政治课视为学分的"等价物"，从未读过马克思主义原典就敢说"马克思主义过时了"。应该说，这些现象是极其个别的，但由于高校作为育人的场所，其影响的严重性不可低估。

出现这种现象的原因是非常复杂的，既有历史的原因，也有现实的问题，既有外来的影响，也有我们自己的某些失误。譬如，过去一些"左"的做法，把马克思主义泛化，甚至用马克思主义代替具体学科，这造成了马克思主义的庸俗化，还引起了许多人故意远离马克思主义的现象。在市场经济和个人利益的推动下，也有人对马克思主义采取了冷漠的态度。另外，改革开放以来，我们学习发达国家的科学技术、管理经验，许多西方理论也涌进国门，其五花八门的形态对中国学者来说有新鲜感，不仅一波一波的"热"挤占了原来马克思主义的影响空间，而且学习者的心态也影响着我们的文化自信，我们总认为西方的理论优于我们自己的。年轻人读的书，学的教材，多是西方的，等他们成长起来，他们已经成为教师了，话语体系已经成形，所以研究、发言就可能更多的是其他话语体系，马克思主义的话语反而被遮蔽了。再者，大学中的许多新兴学科往往最初就在西方国家出现，因而在我们建设我们的学科时，很多都是从借鉴开始，有些教材都直接来自国外，因此从马克思主义的角度进行转换还相对滞后。

由此看来，出现马克思主义失语、失踪、失声的根本原因是自信心的不足，归根结底是文化自信心出了问题。对于一个民族而言，真正的自信是文化自信，我们的脑子不能装着别人的灵魂，我们应该有自己自主的灵魂。我们绝不能让马克思主义被边缘化、空泛化、标签化，为此，我们就要把马克思主义特别是中国特色社会主义理论体系即当代中国的马克思主义作为研究重点，以重大现实问题为主攻方向，把马克思主义在中国发展的最新理论成果提炼出来，贯穿到哲学社会科学的学科建设、学术研究、教材编写之中。

高校是具有较高思维能力和知识水平的学术思想空间，崇尚理性、长于思辨。既然高校是创新思维的场地，师生是最具独立思考精神和批判意识的群体。那么，我们就必须根据高校特点，从学理角度讲清讲透马克思主义的理论价值、实践价值，以及与其他思想流派和学说的比较优势，从而真正在学生中产生共鸣。为了彰显马克思主义的魅力，我们就应该重塑马克思主义的批判力。马克思主义是认识世界改造世界的武器，是革命的批判的辩证法。批判性思维是马克思主义的特色和优势。

在这里，一方面"要解决真懂真信的问题"。如果我们不是真懂真信，就不可能真正用马克思主义占领高校阵地。只要我们认识到，正是发展和坚持了中国特色社会主义理论体系，我们才取得了改革开放和事业发展举世瞩目的成就，我们就能够坚定不移地相信这个理论体系、坚持这个理论体系、发展这个理论体系。我们只有从学理角度讲清讲透马克思主义的理论价值、实践价值，只有通过与其他思想流派和学说的比较说明了马克思主义的正确性与高明之处，才能真正在学生中产生共鸣。

另一方面，让马克思主义真正在学生中产生共鸣，就"要落实到怎么用上来。'凡贵通者，贵其能用之也'"[1]。

1　摘自习近平同志 2016 年 5 月 17 日在哲学社会科学工作座谈会上的重要讲话。

马克思说过，以往的一切哲学都是解释世界，而问题在于改造世界。马克思主义的学术研究不是学者手中把玩的古董，而是认识世界、改造世界的强大思想武器。只有学生学了之后，觉得对他们成长、学习、提高思想水平、工作能力有帮助，他们才能真正信、真正懂。

另外，互联网作为各种思想观念传播、交流、碰撞的信息场，潜移默化而又深刻影响着人们的价值观。高校学子是互联网使用最集中的群体之一，在当代大学生中，可以说是无人不网、无处不网、无时不网。网络思维是一个消解中心的思维方式，有着特定的多向互动方式；与此同时，网络又有催眠作用，从而形成"群羊效应"，某些大 V 获得了空前的影响力。在这种情况下，我们必须具备网络思维、熟悉网络话语，才能找到与当代大学生深度互动的途径。

我们既要旗帜鲜明，敢于亮剑；同时，也要学会使用新的手段，创造新的话语，完善话语策略，提高话语影响力。

当然，一般来说，做思想政治工作，软性渗透比生硬地直接灌输效果好，平等地对话比居高临下效果好，体验内化比只是言说效果好，自我认同比强制接受好。因为与知识水平有差异不同，价值观、道德、德性都是志向性的，很难用高低多少来衡量。在这个领域，我还是主张用盐的比喻。思想政治工作就像盐，不能让人直接吃盐，那样太咸，而要用盐炒出各种美味，才能被人乐意接受。由此看来，不露痕迹的意识形态传播才是高明的意识形态传播，润物无声的思想政治工作才是高水平的思想政治工作。

四

高校肩负着学习、研究、宣传马克思主义的重要职责，马克思主义在高校的地位，也就成为衡量马克思主义在高校意识形态领域指导地位的重要指标。

首先，学习、研究、宣传马克思主义应该成为师生共同的事情，不能把学习马克思主义和研究马克思主义看成是一部分人的事情，而是要看成是所有学科的师生共同的事情，我们在学习所有学科时，都不能放弃马克思主义的学习与研究，马克思主义是所有学科的指导思想。

其次，要把学习、研究和宣传马克思主义统一起来。学习、研究和宣传马克思主义不是一部分人教育另外一部分人，而是师生甚至所有人不断共同学习、研究和传播的过程。

再次，学习、研究、宣传马克思主义，必须解决目的何为的问题。按照习近平总书记的话说，就是"核心要解决好为什么人的问题"[1]。这就是说，要解决我们学术研究的目的何为的问题。我们的马克思主义学术研究和

1　摘自习近平同志 2016 年 5 月 17 日在哲学社会科学工作座谈会上的重要讲话。

理论探索，是为了人民大众丰富精神世界和提高认识世界、理解世界的水平，提高改造世界的能力，还是为了成为少数人自我欣赏、自我陶醉的文字堆砌和智力游戏？马克思主义的实践品格和阶级性都证明，马克思主义不是书斋里的文字游戏，也不是戴着睡帽的头脑中的风暴，而是源于人民群众社会实践的时代性的理论总结和概括。我们不能仅仅用一些通俗易懂的新词向大众的头脑里塞一些概念、命题和学说，或把一些理论概念转换成汉语就万事大吉，我们还必须解决理论为了谁的问题。只有在服务于中国特色社会主义事业中，在服务于中国人民探索中国特色社会主义道路的实践中，服务于广大青年人的成长和发展，才能真正用马克思主义影响青年人。

解决了为了谁的问题，也就解决了马克思主义的真实社会基础问题，理论的创新活水源泉就在于大众的社会实践活动之中。如果马克思主义是追求关于社会历史发展的规律性认识即真理，那么我们的学术研究就应该基于人民群众的社会实践。如果说问题就是时代的呼声，而群众的呼声就是最紧要的时代问题，那么我们就必须从群众的需要和呼声中寻找研究的问题，回答时代性的问题。可见，"坚持以人民为中心的研究导向"，不仅解决理论源于何处、来自何处的问题，也回答了理论研究依靠谁的问题。"脱离了人民，哲学社会科学就不会有吸引力、感染力、影响力、生命力。"[1]

---

1 摘自习近平同志 2016 年 5 月 17 日在哲学社会科学工作座谈会上的重要讲话。

总之，对于巩固马克思主义在高校意识形态领域的指导地位这一时代课题，我们可以从理论和工作两个层面来看。首先，从理论研究的角度看，巩固马克思主义在高校意识形态领域的指导地位：1.首先要保证马克思主义本身必须是先进的理论。我们研究马克思主义，必须立足于先进性和人类历史未来发展的前进方向，着力引领时代发展。2.我们必须立足于理论创新，着力赋予当代中国马克思主义和社会主义价值体系鲜明的实践特色、民族特色、时代特色。3.必须立足于中华优秀传统文化，着力激发中华民族思想和文化的创造力，即中国化的马克思主义是对中国传统的创造性转换、创造性拓展。4.鉴于在一个经济全球化和信息网络化的时代，理论研究必须立足于价值观竞争的话语权，着力抢占价值观竞争的道德制高点。

其次，从工作的角度看：1.要高举旗帜，使高校成为马克思主义研究和传播的基地、高地。加强马克思主义学院建设，搞好思想政治理论课主渠道。同时，其他学科应该以马克思主义作为指导。2.要巩固校园文化阵地，建设文明校园。发挥校训和校风的熏陶作用。3.加强对课堂、论坛的管理。要健全制度，依法治校，从严管理。4.要牢牢掌握意识形态工作的领导权。各级领导和各个部门既要敢于担当，也要学会讲究策略，善于工作；既要责任到岗、责任到人，更要相互配合，形成合力。

立德树人：中国高等教育迈入新境界 [1]

　　《左传》云："太上有立德。"王阳明也断言："学校之中,惟以成德为事。而才能之异,或有长于礼乐,长于政教,长于水土播植者，则就其成德，而因使益精其能于学校之中。迨夫举德而任,则使之终身居其职而不易。" [2] 显然,教育的根本目的是培养有道德、有理想、有社会责任感的人才,育人是教育的根本初衷之所在。无论何时何地,我们都不能忘记教育的这个初衷。可是，在前进的路上,往往也会出现这样或那样的干扰,从而使教育偏离正轨,如在一定时期内和一定程度上出现了重智育轻德育、重专业知识和技能而轻育人的现象。相比基础教育，由于高等教育专业高度分化，就更容易出现重专业轻育人的现象。这些现象在一定程度上已经影响到党在高校意识形态的领导地位,影响到高校能否为中国特色社会主义事业培养大批合格建设者和接班人。为了纠正教育中出

1　本文发表于《光明日报》2017 年 10 月 11 日。
2　《王阳明全集（第 1 卷）》, 中国文史出版社 2014 年版，第 62 页。

现的问题，党的十八大以来，在党中央的坚强领导下，我国广大高等教育界师生，高举中国特色社会主义伟大旗帜，坚持以立德树人统领高等教育学科建设、人才培养、科学研究、社会服务、文化引领以及国际交流等各项事业，把中国高等教育推向了一个崭新的境界。

首先，党的十八大报告提出了"把立德树人作为教育的根本任务"，为教育指明了前进的方向。为落实党中央号召，教育部于2015年4月颁布《关于全面深化课程改革 落实立德树人根本任务的意见》，指出"立德树人是发展中国特色社会主义教育事业的核心所在，是培养德智体美全面发展的社会主义建设者和接班人的本质要求"。课程是人才培养的平台和基本遵循，关系到人才培养的性质和质量。因此，教育部文件认为："全面深化课程改革，整体构建符合教育规律、体现时代特征、具有中国特色的人才培养体系，建立健全综合协调、充满活力的育人体制机制，落实立德树人根本任务，是贯彻党的十八大和十八届三中全会精神的重大举措，是提高国民素质、建设人力资源强国的战略行动，是适应教育内涵发展、基本实现教育现代化的必然要求，对于全面提高育人水平，让每个学生都能成为有用之才具有重要意义。"

其次，党的十八大以来，高等教育界把贯彻立德树人根本任务作为主攻目标，进一步明确了政治方向，坚定了理想信念和文化自信，不仅基本扭转了教育领域"噪音""杂音"甚嚣尘上的局面，而且也逐渐解决了"马克思主义在学科中'失语'、教材中'失踪'、论坛上'失声'"的现象。一段时间内，由于疏于管理和批评，在高校的讲坛和论坛中出现了奇谈怪论被喝彩而主流声音却遭遇嘲弄的尴尬境地。在这种情况下，宣扬错误思潮和观点的声音被"放大"，而正确的理论和价值观却被大量的鼓噪"杂音"淹没。十八大之后，各高校党委切实负起了办学治校的主体责任，对错误言行敢于亮剑，敢于进行针锋相对的斗争，有效地净化了意识形态阵地；与此同时，通过坚持不懈地研究和宣传马克思主义、弘扬中华优秀传统文化、培育和践行社会主义核心价值观，用正能量压制了"噪音"和"杂音"，让主流思想得以逐步真正回归到主流地位。

又次，党的十八大以来，高校教师坚持把立德树人作为各项工作的中心环节，把思想政治工作贯穿教育教学的全过程，全员育人、全程育人、全方位育人的自觉性明显增强。即使在错误思想随意流传的情况下，大多数教师都是能够坚持教书育人的本分的。但是，确实出现了高分贝的"噪音"使许多教师感到困惑的现象，有些人不得不以"只教书""只讲专业知识""只传递专业技能"来逃避，反而把世界观、人生观和价值观的阵地拱手相让，让某些别有用心的人成为青年的人生"引导者"。2014年9月9日，习近平总书记在考察北京师范大学时提出了好教师的"四有标准"，大大激发了广大教师教书育人的积极性和自觉性。越来越多的教师能够以自己的远大理想激发学生的理想，用自己的道德人生引导学生的道德责任感，用自己的知识点燃学生创造新知的热情，用自己的仁爱之心启动了学生对祖国对人民的大爱胸怀和赤诚。

最后，党的十八大以来，在党中央的坚强领导下，各高校都通过制度建设创造性地贯彻立德树人根本任务，完善教书育人的机制。各高校都进一步完善党委领导下的校长负责制，加强党对意识形态工作的领导；有些高校进行课程改革，使课程更加具有时代特征和思想性，课程是教育思想、教育目标和教育内容的主要载体，集中体现国家意志和社会主义核心价值观，是学校教育教学活动的基本依据，直接影响人才培养质量；有些高校探索让优秀教师担任辅导员、班主任，把知识的传递和思想育人结合在一起；有些高校出台讲坛论坛的管理办法，净化高校的思想阵地，使错误言论无处存在；有些高校创造性地讲授马克思主义理论，使学生有更多的获得感；有些高校在校风学风上下功夫，打造学生健康成长的良好氛围和平台……所有这些，都标志着各高校坚持立德树人，不断把中国高等教育推向新境界。

把握"变"与"不变"的节律，
探索新型高等教育的规律[1]

　　2017 年 12 月 7 日，习近平在全国高校思想政治工作会上的重要讲话中指出，教育强则国家强。实现中华民族伟大复兴，教育的地位和作用不可忽视。习近平强调，高校思想政治工作关系高校培养什么样的人、如何培养人以及为谁培养人这个根本问题。实际上，培养什么样的人、如何培养人以及为谁培养人，这也是我国高等教育的根本问题。这个根本问题的提出，集中体现了高等教育中的立场、观点和方法。它既是对中国共产党创办新型高等教育的理论与实践的总结，也是对党领导下的中国特色社会主义高校的发展方向的规范。对这个根本问题的科学回答，有助于我们在最为广泛而深刻的当代中国社会变革中把握"变"与"不变"的节律，探索中国共产党创办和发展新型高等教育的基本走势。

1　本文发表于《中国高教研究》2017 年第 11 期。

一、教育和高等教育

恩格斯曾指出："马克思研究任何事物时都考察它的历史起源和它的前提，因此，在他那里，每一单个问题都自然要产生一系列的新问题。"[1]这一思维方法，对于我们探究教育和高等教育的内涵和要义具有重要的指导意义。

人是一种历史性和生成性存在。教育起源于人的发展需要。社会发展来自人们的生成性发展。自从有了人类社会，便有了教育。教育是所有社会形态都具有的普遍的和永恒的社会生活范畴。"人是教育的、受教育的和需要教育的生物。这一点本身就是人的形象的最基本标志之一。"[2]正是教育，使人与动物区分开来。

在中国优秀传统文化的视域中，教育包括两层含义：一是"教"，二是"育"。东汉许慎《说文解字》曰："教，上所施、下所效也。""育，养子使作善也。"教，是知识、技能的传授，重点在使人成才；育，是品格、人性的教化，重点在使人成人。因此，在教育的范畴里，"育"是核心。对于教育的认知，可谓仁智俱见。但是，在一般的意义上，可以对教育做出这样的诠释："教育是一项充满期望的活动，教育是一项理想的事业。任何民族、任何文化的上

---

1 《马克思恩格斯全集（第22卷）》，人民出版社1965年版，第400页。
2 [德]O.F.博尔诺夫：《教育人类学》，李其龙等译，华东师范大学出版社1999年版，第36页。

一代人向下一代人传授的知识、技能、思想、观念、信念，都是上一代人认为值得和应该传递给下一代的，都是确认对下一代人是好的、有用的，并且或多或少包含着他们对世界发展的理解和预测，也就是说，认为对下一代人不仅当下是有用的，而且对他们将来也是有用的。"高等教育的使命也是如此。大学既是学习专业知识、提升专业能力的场所，也是陶冶理想、精神生成的所在。"在创造、保存、传播和应用知识方面扮演着重要的角色。"[1] 人才培养、科学研究、社会服务、文化传承创新作为当代高等教育的使命，愈益成为人们的共识。而大学之所以不同于其他社会部门，则在于它首先承担着"培养什么样的人、如何培养人以及为谁培养人"这个根本性任务。

当代中国正经历着我国历史上最为广泛而深刻的社会变革，也正在进行着人类历史上最为宏大而独特的实践创新。"我们已经进入了一个对高等教育和学习机会的需要和要求急速增长的时代。"在这样一个历史节点上，需要我们进一步把握教育特别是高等教育发展进程中"变"与"不变"的节律。

二、中国共产党创办的新型高等教育

中国共产党创办的新型高等教育既不同于旧中国的

1　[美]詹姆斯·杜德斯达：《21 世纪的大学》，刘彤、屈书杰、刘向荣译，北京大学出版社 2005 年版，第 260 页。

教育和高等教育，也不同于资本主义国家的高等教育，而是有着自己独具的特质、路径和方向。

中国是一个有着悠久的教育传统的国家。与长期的封建统治相适应的封建教育传统，在2000多年的历史长河中未曾遭遇过根本性的挑战。清朝末年，中国近代大学是冲破封建教育传统的束缚而逐渐成长起来的，它虽然带有某些"新学"的特征，但是，封建社会教育环境使其开办和学术管理具有显著的封建性。在民国时期，国民党和国民政府一方面逐步着手对清末封建的大学教育制度进行重大改革，颁布了一系列大学教育法令如《大学令》《大学规程》等，推进了大学教育的发展；另一方面也逐步加强了对高等教育的控制。

中国共产党在96年多的历程中，始终重视教育对革命、建设和改革的作用。譬如，北京外国语大学的前身——1941年3月在延安成立的中国人民抗日军事政治大学三分校俄文大队，后来发展为军委俄文学校、延安外国语学校。俄文学校与外国语学校的学习课程主要分为两部分：一是政治课，主要学习马克思、恩格斯、列宁、斯大林、毛泽东的有关著作；二是外语专业课。这一时期，学校师生积极参加了党中央发动的政治思想运动和社会生产运动。

新中国成立前夕，解放区新建立的大学如华北大学等，都设立了政治理论课课程，其任务是对入学的知识青年进行马列主义以及毛泽东思想基本知识的教育，使他们了解中国共产党的纲领和政策，体会革命者应有的精神和作风，从而初步奠定革命的人生观。

新中国成立伊始，百废待兴，但最急需的则是培养合格的社会主义建设者。因此，"培养什么样的人、如何培养人以及为谁培养人"历史地成为包括高等学校在内的整个教育事业的责任和使命。此时，由于包括教育在内的各项社会主义事业都处于刚刚起步阶段，所以，包括高校思想政治理论课在内的高等学校的课程设置，主要是对原有的大学课程进行改造，同时也总结解放区高等教育经验，学习苏联高等教育模式，并结合社会主义革命和建设实际需要，其目的，就是为了改造学生思想，使其树立科学世界观、革命人生观和全心全意为人民服务的思想。正如美国教育家卡扎米亚斯所说的："所有社会，在民族危机和重大事变时期之后，都有过重大教育改组的尝试。"[1]

历史的车轮进入 21 世纪。然而，历史总是在曲折中前进，在波动中发展。从最初睁眼看世界到改革开放，中国逐步展开了与世界的交流对话。由于近代的落伍，我们以西方发达国家为师，在借鉴中把别人的蓝图视为自己的蓝图，往往使我们忘记了自己的自主发展目标。在跟跑的过程中，似乎忘记了自己立足的大地和出发的缘由。对此，我们只有不忘初心，才能继续前行。习近

1　[美]卡扎米亚斯、马西亚拉斯：《教育的传统与变革》，福建师范大学教育系等合译，文化教育出版社 1981 年版，第 231 页。

平强调，我国有独特的历史、独特的文化、独特的国情，决定了我国必须走自己的高等教育发展道路，扎实办好中国特色社会主义高校。我国高等教育发展方向要同我国发展的现实目标和未来方向紧密联系在一起，为人民服务，为中国共产党治国理政服务，为巩固和发展中国特色社会主义制度服务，为改革开放和社会主义现代化建设服务。这是高等教育必须坚持的马克思主义立场。这是中国共产党创办新型高等教育的基本态度、基本做法，也是中国共产党发展新型高等教育的基本经验、基本规律。舍此，我们的高等教育事业就没有出路。

三、中国共产党创办的新型外国语高等教育

1941 年 3 月，中国人民抗日军政大学第三分校成立俄文队，这是我党在抗战时期开办的第一所外语教育机构，也是我党开办的最早的外语教育机构。因此，抗大三分校俄文队，不仅是今天北京外国语大学的最早前身，也是我党和新中国外语教育史的发端。

在庆祝中国共产党成立 95 周年大会上，习近平指出："我们党已经走过了 95 年的历程，但我们要永远保持建党时中国共产党人的奋斗精神，永远保持对人民的赤子之心。一切向前走，都不能忘记走过的路；走得再远、走到再光辉的未来，也不能忘记走过的过去，不能忘记为什么出发。面向未来，面对挑战，全党同志一定要不忘

初心、继续前进。"这一论断也适用于北京外国语大学、中国人民大学、北京理工大学等一批从延安一路走过来、为实现中华民族伟大复兴而出发的兄弟院校。高等教育不能回避历史。不忘本来，才能赢得未来。

作为中国共产党创办的第一所外国语高等学校，北京外国语大学从延安一路走来，始终与党和国家同呼吸共命运。我们培养外语人才的初心是为了培养具有更加广阔国际视野的能够进行跨文化沟通的涉外人才，以便加强与世界各国及其各文明之间的交流互鉴。在新的历史条件下，北京外国语大学主动承担起自己的双重使命："把世界介绍给中国，让中国理解多样的世界；把中国介绍给世界，让世界理解变化中的中国。"北京外国语大学秉承"外、特、精"理念，坚持中国特色、世界一流，紧紧围绕中国"走出去"战略、"一带一路"倡议、中外人文交流机制构建、区域与全球治理、国际学术话语体系建设等主题，主动对接和服务国家重大战略需求。

我们坚持"以外为重、以特为本、以精为要"的办学理念，不断优化结构、凝练特色，在学术研究的道路上追求卓越。所谓"以外为重"，就是集中力量围绕外国语言学、外国文学、翻译学、国别和区域研究、比较文明与跨文化研究等领域，重点建设好外国语言文学学科。在此基础上，加强外语学科与其他人文学科和社会科学学科的深度融合，保持良好的学科生态，形成独特的核心竞争力。同时，人才培养、科学研究、师资队伍、社会服务、文化传承创新和国际交流合作等充分体现外向型、高层次、国际化的办学理念。

所谓"以特为本"，就是涵育家国情怀、拓宽世界视野，突出复语型、复合型、高层次国际化人才培养的核心地位，凸显北外学生跨文化交流能力的比较竞争优势，大力培养国家急需的非通用语人才、国际组织人才、国别和区域研究人才以及来华留学人才。服务国家战略急需，大力加强非通用语种建设，着力实施多语种战略，到2020年开齐所有与中国建交国家的官方语言。

所谓"以精为要"，就是坚持精品战略，紧紧围绕学校"把世界介绍给中国，把中国介绍给世界"的使命，汇聚高水平学术团队，研究和传播中外优秀文化，推动中外人文交流与文明互鉴，构建国际学术话语体系，参与国际事务和全球治理，维护国家全球利益和安全，在此基础上建设新型特色智库，产出具有重要影响的标志性成果。

总之，在高等教育变与不变的规律是：不变的是初心和基因，变化是视野的扩大、内涵的丰富、能力的增强。学好外语不是为了培养失去了中国根基的外国文化的追随者，而是为了培养具有更加广阔国际视野的中国特色社会主义建设者和接班人。学好外语当然会引起也需要我们自身的变化，但是，永远不变的是我们的红色基因和我们为人民服务、为中华民族伟大复兴服务的目标。今天，在建设一流大学和一流学科以及推进新型外国语高等教育理论与实践的探索中,坚持"传承红色基因,涵育家国情怀,拓宽世界视野,提升综合素养"的育人导向,我们实际上是在为实现中华民族伟大复兴的中国梦培育和储备人才,助力北京外国语大学学子拓兼容并蓄之胸襟、立博学笃行之志向,助推北京外国语大学学子真正成为具有深厚家国情怀的民族砥柱、具有广阔世界视野的国家栋梁、具有无穷思想力和无比行动力的社会中坚。对此,我们使命在肩,责无旁贷。

青年是实现民族伟大复兴的青春力量[1]

改革开放以来，在长期努力特别是在十八大以来取得的全方位、开创性的成就基础上，中国特色社会主义进入了新时代，这是我国发展新的历史方位。今天，我们比历史上任何时期都更接近、更有信心和能力实现中华民族伟大复兴的目标。我们党实现中华民族伟大复兴的自信心是建立在一代代中国共产党人不忘初心、牢记使命，带领中国人民的接续奋斗实践历程中的，也是寄予未来青年德才兼备、勇于创新，堪当民族复兴大任的期望之上的。中国梦是历史的、现实的，也是未来的；是我们这一代的，更是青年一代的。有了一代代青年人的接力奋斗，中国特色社会主义事业就有源源不断的青春力量。

中国革命的成功和中国特色社会主义事业的成就，是中国人民特别是一代代青年人团结在中国共产党的周围接力奋斗的结果。

"青年兴则国家兴，青年强则国家强。"十月革命一

1　本文发表于《中国教育报》2018 年 1 月 2 日。

声炮响，首先点燃的是"新青年"中的星星之火，从而激发起民族复兴的"青春之中国"的宏伟想象。正是青年人的呼声，在马克思列宁主义指引下凝聚成中国共产党"为中国人民谋幸福，为中华民族谋复兴"的不变初心，成为一代代中国共产党人的使命担当。这个初心吸引一代代青年人团结在中国共产党的周围，在革命战争中不畏强敌、前赴后继、奋勇向前；这种使命让一代代青年人在中国共产党的带领下，在社会主义建设中不怕困难、艰苦奋斗、奉献青春。在党的领导下，通过一代代青年人的接续奋斗，我们不仅获得了民族独立、人民解放，也改变了中国贫穷落后的面貌，社会生产力迅速发展，综合国力和国际地位得到很大的提升，中华民族伟大复兴的前景一片光明。我们有充分的理由相信，中华民族伟大复兴的中国梦终将在一代代青年的接力奋斗中变为现实。不仅可以让近代以来久经磨难的中华民族迎来了从备受欺凌的状态到站起来、从贫穷落后到富起来的飞跃，而且还能够让伟大的中华民族实现从持续发展到强起来的伟大飞跃。

中华民族伟大复兴和中国特色社会主义现代化强国的目标，必须依靠新一代青年人经过艰苦卓绝的伟大斗争才能实现。

行百里者半九十。中华民族伟大复兴，绝不是轻轻松松、敲锣打鼓就能实现的。必须准备付出更为艰巨、更为艰苦的努力，才能把理想变成现实，才能获得梦想成真的喜悦。当前，国内外形势正在发生深刻复杂变化，我国发展仍处于重要战略机遇期，前景十分光明，挑战也十分严峻。我们还存在许多矛盾和问题，也面临不少困难和挑战。譬如，发展不平衡不充分的一些突出问题尚未解决，发展质量和效益还不高，创新能力不够强，实体经济水平有待提高，生态环境保护任重道远；社会文明水平尚需提高；社会矛盾和问题交织叠加，全面依法治国任务依然繁重，国家治理体系和治理能力有待加强。根据历史唯物主义的观点，社会是在矛盾运动中前进的，有矛盾就会有斗争。广大青年应该在党的带领下，以更加自信的精神状态、更加昂扬的斗志，应对重大挑战、抵御重大风险、克服重大阻力、解决重大矛盾，进行具有许多新的历史特点的伟大斗争。我们的祖辈和父辈做出很多牺牲，付出很大努力，流血流汗、前仆后继，从而才能取得今天的成绩。对于新一代青年人而言，任何贪图享受、消极懈怠、回避矛盾的思想和行为，都不仅无法实现民族复兴的伟大梦想，甚至连前人取得的成就也会付之东流。青年人要更加自觉地坚持党的领导和我国社会主义制度，坚决反对一切削弱、歪曲、否定党的领导和我国社会主义制度的言行；更加自觉地维护人民利益，坚决反对一切损害人民利益、脱离群众的行为；更加自觉地投身改革创新时代潮流，通过创造性、建设性的变革破除一切顽瘴痼疾；更加自觉地维护我国主权、安全、发展利益，坚决反对一切分裂祖国、破坏民族团结和社会和谐稳定的行为；更加自觉地防范各种风险，坚决战胜一切在政治、经济、文化、社会等领域和自然界出现的困难和挑战。只有经风雨，才能见彩虹。青年人要充分认识这场伟大斗争的长期性、复杂性、艰巨性，发扬斗争精神，提高斗争本领，不断夺取伟大斗争新胜利。

中国特色社会主义进入新时代，这为新一代青年人开辟了发展的更广阔的舞台，也给青年人提出了更多更新的要求。

中国特色社会主义进入新时代，首先意味着近代以来久经磨难的中华民族迎来了从站起来、富起来到强起来的伟大飞跃，迎来了实现中华民族伟大复兴的光明前景。当代中国正经历着我国历史上最为广泛而深刻的社会变革，进行着人类历史上最为宏大而独特的实践创新。例如，在改革开放初期，我们的社会生产能力比较落后，经济社会发展更多是处于跟跑阶段，我们只要瞄准领跑者就可以激发前进的动能。现在，我们的社会生产能力有了突飞猛进的发展，经济社会发展处在与世界多数国家并跑甚至在某些领域领跑的阶段，必须通过自主创新才能获得前进的推动力。这就要求年青一代，不仅要继承先辈的奋斗精神，而且要在前人的基础上，站得更高、看得更远，以更具首创精神和引领世界的雄心，在科学技术、经济社会、思想文化等领域创造出前无古人的业绩。中国特色社会主义进入新时代，也意味着科学社会主义在 21 世纪的中国焕发出强大生机活力，在世界上高高举起了中国特色社会主义伟大旗帜。这就是说，中国特色社会主义的成功，不仅证明了只有社会主义才能救中国，而且也证明了中国特色社会主义发展了社会主义的理论和实践，发展了21世纪的马克思主义。这就要求青年一代，在实践的基础上不断推进理论创新，不断开辟马克思主义、社会主义的新境界。中国特色社会主义进入新时代，还意味着中国特色社会主义道路、理论、制度、文化不断发展，拓展了发展中国家走向现代化的途径，给世界上那些既希望加快发展又希望保持自身独立性的国家和民族提供了全新选择，为解决人类问题贡献了中国智慧和中国方案。这就是说，如果我们的先辈更多的是考虑如何改变中国贫穷落后的面貌，独立自主、自力更生地解决国内的经济社会发展的问题，那么新一代青年人就应该更加自觉地增强道路自信、理论自信、制度自信、文化自信，在经济全球化的背景下更多地考虑国内国外两个大局，协调国内国外两个市场，运用国内国外两种资源，通过互联互通、交流互鉴、合作共赢，共同推进人类命运共同体建设，为世界和平、人类发展、文明进步做出更大的贡献。

总之，中国特色社会主义进入新时代，这是一个青年人有更加广阔的发展舞台的时代。历史车轮滚滚向前，时代潮流浩浩荡荡。历史只会眷顾坚定者、奋进者、搏击者，而不会等待犹豫者、懈怠者、畏难者。青年一代有理想、有本领、有担当，国家就有前途，民族就有希望。全党要关心和爱护青年，为他们实现人生出彩搭建舞台。国家要优先发展教育，让青年人得到更好更高质量的教育，"培养担当民族复兴大任的时代新人"，使他们成为未来建设富强、民主、文明、和谐、美丽的社会主义现代化强国的主力军，成为中国特色社会主义合格建设者和可靠接班人。广大青年要坚定理想信念，志存高远，脚踏实地，勇做时代的弄潮儿，在实现中国梦的生动实践中放飞青春梦想，在为人民利益的不懈奋斗中书写人生华章！

着眼于培养担当民族复兴大任的
时代新人[1]

改革开放以来，在长期努力特别是在十八大以来取得的全方位、开创性的成就基础上，中国特色社会主义进入了新时代，这是我国发展新的历史方位。当代中国正经历着我国历史上最为广泛而深刻的社会变革，进行着人类历史上最为宏大而独特的实践创新。为了满足人民日益增长的美好生活的需要，决胜全面建成小康社会，夺取新时代中国特色社会主义伟大胜利，实现中华民族伟大复兴中国梦，教育特别是基础教育就必须落实"立德树人"根本任务，"培养担当民族复兴大任的时代新人"，使他们成为未来建设富强、民主、文明、和谐、美丽的社会主义现代化强国的主力军，成为中国特色社会主义建设者和接班人。这是新时代赋予教育的新使命，也是修订高中课程标准的现实依据。

教育塑造未来，强国必须兴教。习近平总书记在

1　本文发表于《中国教育报》2018 年 1 月 18 日。为"专家解读普通高中新课程方案和课程标准"专题中的一篇。

十九大报告中强调："建设教育强国是中华民族伟大复兴的基础工程，必须把教育事业放在优先位置。"一方面，我们要深化教育改革，加快教育现代化，提高教育质量，办好人民满意的教育；另一方面，我们必须推进教育公平，努力让每个孩子都能享有更好更公平的教育。更为重要的是，未来数年的高中生其人生黄金期是同"两个一百年"奋斗目标的实现完全吻合，他们是实现中华民族伟大复兴的青春力量。最新一轮高中课程改革方案和各个学科国家课程标准的修订，都是着眼于培养担当民族复兴大任的时代新人而规划、设计的。

首先，中国特色社会主义进入新时代，迎来了实现中华民族伟大复兴的光明前景，这就要求我们必须回答教育培养什么人、如何培养人以及为谁培养人的问题，构建具有中国特色和国际视野的学科课程标准。新修课标不仅会推动中国高中教育迈向新境界，而且可以为解决世界教育问题贡献中国智慧和中国方案。我们以坚定道路自信、理论自信、制度自信、文化自信为指导，在世界范围内开创性地构建了以核心素养的培育为主线的崭新的课程标准体系，把培育积极的人生态度、价值取向、创新意识和关键能力有机地整合为课程目标，使知识与技能、过程与方法、情感态度价值观的教育融入一炉，并且为提升学生的核心素养和关键能力描述了可行的课程内容、学习方式、教学策略、评价方法，期望新课程的实施，既可以有效地解决知识与能力、学科与育人的分割状态，也可以更好地避免知识积累与创新意识及动手能力脱节的现象。例如，物理特别强调"科学态度与责任"重要性，化学和生物学则强调"科学探究与社会责任"的内在统一。

其次，中国特色社会主义进入新时代，在世界上高高举起了中国特色社会主义伟大旗帜，教育就必须培养新一代中国特色社会主义建设者和接班人，这就要求我们把立德树人放在首位。为此，各个学科在修订课程标准时，立足于全面贯彻党的教育方针，把培养德智体美全面发展的合格建设者和可靠接班人作为首要任务。各学科都力求把思想道德教育贯彻于教育教学全过程，特别强调政治认同、思想认同、文化认同、情感认同，凸显课程的育人价值，实现全程育人、全方位育人；思想政治、历史、语文、外语、地理等学科，注意发挥社会主义核心价值观的引领作用，着力弘扬民族精神和时代精神，探索贯穿结合融入的方式，实现专业知识与价值引导的有机统一；语文、历史、思想政治、数学等学科，坚持立足中华优秀传统文化的创造性转换和创新性发展，实现以文化人、以文育人，涵养家国情怀，培育爱国精神，如语文强调"文化传承与创新"，外语学科特别强调了文化自觉和文化意识；许多学科都注意把法治精神的培养融入到学科教学之中，不仅思想政治把"法治意识"明确为核心素养之一，而且还把"公共参与"作为关键能力纳入核心素养的培育目标，与此同时，历史、语文、外语等学科也充分融入了法治精神培养的内容。

最后，中国特色社会主义进入新时代，建设富强、民主、文明、和谐、美丽的社会主义现代化强国的目标需要教育培养一大批创新型人才，形成满足学生发展、民族复兴和国家战略需求的课程方案。过去，在世界范围内，我们的经济社会发展是处于跟跑阶段，瞄准领跑者就可以激发前进的动能。现在，我们处在与世界多数国家并跑甚至在某些领域领跑的阶段，必须通过自主创新才能获得前进的推动力。为了回应创新驱动发展战略，本轮高中课程标准的修订，特别强调创新意识、创新思维和创新能力的培养。例如，数学提出必须"启发思考"，物理、化学、生物学、思想政治、历史……许多标准也把培养批判性思维和创新意识作为重要的任务。譬如，化学对"科学探究与创新意识"素养的规定是："认识科学探究是进行科学解释和发现、创造和应用的科学实践活动；能发现和提出有探究价值的问题；能从问题和假设出发，确定探究目的，设计探究方案，运用化学实验、调查等方法进行试验探究；勤于实践，善于合作，敢于质疑，勇于创新。"而物理也特别强调了"独立思考、敢于质疑和善于反思的创新精神"。

总之，高中课程标准修订的根本任务是立德树人，首要目标是为实现中华民族伟大复兴中国梦，把青少年培养成为有理想、有追求、有担当，知识扎实、勇于实践、创新意识强，堪当民族复兴大任的时代新人。

保持永不懈怠的精神状态，凝聚民族伟大复兴的磅礴力量[1]

习近平总书记在十九大报告中指出："不忘初心，方得始终。中国共产党人的初心和使命，就是为中国人民谋幸福，为中华民族谋复兴。这个初心和使命是激励中国共产党人不断前进的根本动力。"正是在这种动力推动下，中国共产党人在不同的历史时期，基于自古以来中华民族所蕴藏的自强不息的民族意识，在马克思主义科学理论指导下，凝练了一个又一个具有时代特征且激励高昂奋进的精神表现形态——"红船精神""井冈山精神""长征精神""延安精神""西柏坡精神"，还有许许多多在典型人物身上所体现出的精神形象，如"张思德精神""雷锋精神""铁人精神"等等，正是在这些精神的激励和推动下，中国共产党人无论顺境还是逆境，无论是战争岁月还是和平时代，无论是革命还是建设时期，

1　本文发表于《人民日报》2018 年 4 月 22 日。原题目为《以永不懈怠的精神状态开创事业新局面》。

都保持了永不懈怠的精神状态和一往无前的奋斗姿态。正是有了这种精神状态和奋斗姿态，中国共产党人才能带领中国人民战胜了强敌，取得了民族独立、人民解放；正是有了这种精神状态和奋斗姿态，中国共产党人才能带领中国人民建立了人民当家作主的社会主义制度；正是有了这种精神状态和奋斗姿态，我们党团结带领人民进行改革开放新的伟大革命，破除阻碍国家和民族发展的一切思想和体制障碍，开辟了中国特色社会主义道路，使中国大踏步赶上时代，把一个贫穷落后的国家一举推向了建设社会主义现代化国家的道路。

回顾历史，中国革命和社会主义建设的成功需要崇高理想信念的精神引领。

实现中华民族伟大复兴，是中华民族近代以来最伟大的梦想。孙中山曾经指出："万众一心，急起直追，以我五千年文明优秀之民族，应世界之潮流而建设一政治最修明、人民最安乐之国家。"民族复兴的梦想，凝聚了几代中国人的夙愿，体现了中华民族和中国人民的整体利益，是每一个中华儿女的共同期盼。可是，为什么过去的许多尝试都走不通？洋务运动没有成功，戊戌变法没有走通，辛亥革命半路夭折……历史已经证明，1921年中国共产党的诞生，中国人民谋求民族独立、人民解放、国家富强、人民幸福的斗争才有了主心骨，中国人民从精神上由被动转为主动。为什么中国共产党却能够做到这一切呢？那是因为中国共产党人有着更加崇高而坚定的理想信念，牢记在出发时就铭刻在党的肌体中的使命。正是这种理想信念和使命感激发了中国共产党人坚忍不拔的奋斗精神，通过百折不挠的奋斗，迎来了从站起来、富起来到强起来的伟大飞跃。

人和一般动物世界的差别就在于，动物是靠身体的进化适应自然，而人是靠精神智能的觉醒通过运用自然的力量来适应自然。人类从蒙昧到文明，需要精神的觉醒引领创造世界的实践活动；人类从必然王国到自由王国，同样是主观见之于客观的实践活动所开辟的。实践是人们能动地探索和改造现实世界的社会性客观物质活动。这里的能动性就是人类精神的意向性和思想认识的水平。在一定的历史阶段，不同的民族为什么有不同的发展进程，那是因为不同民族的精神意向所推动的思想觉醒程度不一样；同一个民族为什么在不同的历史时期其历史成就却迥异，那是因为这个民族在不同的历史时期其民族精神显现程度不同；同一个民族内部，不同的阶级、阶层和集团为什么发挥了不同的历史作用，那也是因为民族精神和社会理想在不同的阶级、阶层、集团身上存在着差异性的体现。人类是在改造客观世界的过程中改造自己的主观世界的，但改造过的主观世界却能够借助于实践的展开迸发出更加强大的客观力量。

中国共产党走过的成功之路，就是为高昂的精神意向力量所开辟，就是为坚定的理想信念力量所推动。我们的党是以马克思主义的先进理论为指引、以全心全意为人民服务为宗旨的政党，坚持共产主义的崇高理想信念，坚持辩证唯物主义和历史唯物主义的科学世界观与方法论，因而不仅能够科学地认识社会发展的客观规律、正确地把握社会发展的主要矛盾和问题，而且有自觉而崇高的理想信念的精神引领。

伟大的历史进程需要伟大的精神引领，筚路蓝缕的创造活动更需要有坚忍不拔的意志作为支撑和推动。试想，如果没有崇高的精神力量的支撑，井冈山的星星之火如何能燃起燎原之势；如果没有崇高的精神力量的支撑，面对强敌的围追堵截，红军在长征中如何能够克服各种艰难险阻一步步走向胜利？因此，毛泽东曾经说过，人是应该有点精神的。正是有革命理想高于天的精神，无数革命先烈为了民族独立、人民解放而抛头颅、洒热血，奉献自己的生命为共和国奠基；也正是有了这种精神，我们才能冲破教条主义的束缚，破除阻碍国家和民族发展的一切思想和体制障碍，为改革开放"杀出一条血路"，开启了中国特色社会主义道路。

面对现实，中国共产党经受各种考验，避开各种危险，提高执政能力，需要坚忍不拔的精神力量支撑。

当前，国内外形势正在发生深刻复杂变化，我国发展仍处于重要的战略机遇期，前景十分光明，挑战也十分严峻。一个民族、一个政党、一个国家，有了永不懈怠的精神状态和一往无前的奋斗姿态，就可以抓住历史机遇乘势而上；精神懈怠了、斗志减弱了，即使有机遇的惠顾，也会让机遇擦肩而过。我们必须清醒认识到，我们党面临的执政环境是复杂的，影响党的先进性、弱化党的纯洁性的因素也是复杂的，党内存在的思想不纯、组织不纯、作风不纯等突出问题尚未得到根本解决。因此，我们的精神上绝不能有丝毫懈怠，奋斗姿态绝不能有丝毫削弱。

只有在精神上永不懈怠，才能有清醒的头脑和高昂的斗志，才能经受长期而复杂的考验，才能排除重大的危险。正如黄炎培先生所提醒的，历史上有很多所谓"其兴也勃焉""其亡也忽焉"的教训。面对挑战，一个政党、一个国家"大凡初时聚精会神，没有一事不用心，没有一人不卖力"，因为艰难困苦中，人们能够在精神上处于高度动员状态。"既而环境渐渐好转了，精神也就渐渐放下了。有的因为历时长久，自然地惰性发作，由少数演为多数，到风气养成，虽有大力，无法扭转，并且无法补救。"最终导致"人亡政息"，为历史所淘汰。我们在精神上清醒，才能深刻认识到党面临的执政考验、改革开放考验、市场经济考验、外部环境考验的长期性和复杂性。在党面临的危险中，精神懈怠危险是最致命的，因为精神懈怠必然导致思想意识的麻痹和主观能动性的削弱；思想的麻痹和主观能动性的弱化，必然导致主观世界跟不上客观世界的发展，从而表现为能力不足；精神懈怠和思想的麻痹也必然导致我们故步自封、脱离群众，甚至在安逸享乐中滑向消极腐败的深渊。我们只有在精神上保持高度的清醒，才能避免"温水煮青蛙"的悲剧，深刻认识党面临的精神懈怠危险、能力不足危险、脱离群众危险、消极腐败危险的尖锐性和严峻性。我们只有在精神上保持高度的清醒，才能在不断学习中提高能力，才能在密切联系群众中接受人民民主的淬炼，才能在人民的监督下保持清正廉洁和人民公仆的本色。

只有精神上永不懈怠，行动上保持奋斗姿态，才能全面增强中国共产党的执政本领，才能让党成为政治过硬、本领高强的党。有了永不懈怠的精神状态和一往无前的奋斗姿态，我们才能增强学习本领，在全党营造善于学习、勇于实践的浓厚氛围，建设马克思主义学习型政党，推动建设学习大国；有了永不懈怠的精神状态和一往无前的奋斗姿态，我们才能有清醒的战略思维定力，不断增强政治领导本领，科学制定和坚决执行党的路线方针政策，把党总揽全局、协调各方落到实处；有了永不懈怠的精神状态和一往无前的奋斗姿态，我们才能保持锐意进取的精神风貌，增强改革创新本领；有了永不懈怠的精神状态和一往无前的奋斗姿态，我们才能与时俱进，增强科学发展本领，在新发展理念引领下，不断开创发展新局面；有了永不懈怠的精神状态和一往无前的奋斗姿态，我们才能头脑清醒，尊崇宪法的权威，增强依法执政本领；有了永不懈怠的精神状态和一往无前的奋斗姿态，我们才能密切联系群众，创新群众工作体制机制和方式方法，增强群众工作本领；有了永不懈怠的精神状态和一往无前的奋斗姿态，我们才能坚持说实话、谋实事、出实招、求实效，以"钉钉子"精神做实、做细、做好各项工作，增强狠抓落实本领；有了永不懈怠的精神状态和一往无前的奋斗姿态，我们才能自觉而持续地健全各方面风险防控机制，妥善处理各种复杂矛盾，提升把握复杂局面的能力，勇于战胜前进道路上的各种艰难险阻，牢牢把握工作主动权，增强破解难题和驾驭社会风险的本领。

展望未来，实现中华民族伟大复兴中国梦，仍然需要伟大的奋斗精神作为激励。

今天，我们比历史上任何时期都更接近、更有信心和能力实现中华民族伟大复兴的目标。但是，行百里者半九十。"中华民族伟大复兴，绝不是轻轻松松、敲锣打鼓就能实现的。事业都是干出来的，幸福都是奋斗出来的，只有实干才能期待梦想成真。全党必须准备付出更为艰巨、更为艰苦的努力。"这就需要我们党继续保持永不懈怠的精神状态和一往无前的奋斗姿态。

我们要实现伟大梦想，就必须进行伟大斗争。进行伟大斗争，就必须由伟大的斗争精神所推动。正如习近平总书记指出的："社会是在矛盾运动中前进的，有矛盾就会有斗争。我们党要团结带领人民有效应对重大挑战、抵御重大风险、克服重大阻力、解决重大矛盾，必须进行具有许多新的历史特点的伟大斗争，任何贪图享受、消极懈怠、回避矛盾的思想和行为都是错误的。"精神懈怠了，就会丧失斗志；丧失了斗志，也就惰于行动；没有了行动力，我们不仅不能前进，即使取得的成果也会葬送。只有更加自觉地保持永不懈怠的精神状态和一往无前的奋斗姿态，我们才能充满自信地坚持党的领导和我国社会主义制度，坚决与一切削弱、歪曲、否定党的领导和我国社会主义制度的言行做斗争；只有更加自觉地保持永不懈怠的精神状态和一往无前的奋斗姿态，我们才能不忘初心、牢记使命，更加自觉地维护人民利益，坚决与一切损害人民利益、脱离群众的行为做斗争；只有更加自觉地保持永不懈怠的精神状态和一往无前的奋斗姿态，我们才能以义无反顾的毅力投身改革创新时代潮流，坚决破除一切顽瘴痼疾；只有更加自觉地保持永不懈怠的精神状态和一往无前的奋斗姿态，我们才能以坚如磐石的意志维护我国主权、安全、发展利益，坚决与一切分裂祖国、破坏民族团结同社会和谐稳定的行为做斗争；只有更加自觉地保持永不懈怠的精神状态和一往无前的奋斗姿态，我们才能以清醒的头脑和高昂的斗志防范各种风险，以压倒一切的勇气，坚决战胜一切在政治、经济、文化、社会等领域和自然界出现的困难与挑战。有了永不懈怠的精神状态和一往无前的奋斗姿态，我们就能够充分认识到这场伟大斗争的长期性、复杂性、艰巨性，发扬斗争精神，提高斗争本领，不断夺取伟大斗争新胜利。

我们要实现伟大梦想，就必须建设伟大工程。这个伟大工程就是我们党正在深入推进的党的建设新的伟大工程。习近平同志在十九大报告中指出："我们党要始终成为时代先锋、民族脊梁，始终成为马克思主义执政党，自身必须始终过硬。"要做到自身过硬，就必须做到精神上永不懈怠、行动上斗志不减，精神懈怠了、斗志弱了，就会放松自己的警觉，就可能在安逸享乐中丧失免疫力力。就像生命机体，没有了免疫力，就会得病。治病就必须提高自身免疫力。我们必须以永不懈怠的警觉和斗志，更加自觉地坚定党性原则，勇于直面问题，敢于刮骨疗毒，消除一切损害党的先进性和纯洁性的因素，清除一切侵蚀党的健康肌体的病毒，不断增强党的政治领导力、思想引领力、群众组织力、社会号召力，确保我们党永葆旺盛生命力和强大战斗力。一次治病，并不能终身免疫，因此，人必须时时刻刻注意防范病菌，提高自身免疫力。同样，从严治党，也不是一次就解决今后所有的问题，全面从严治党永远在路上。只有精神和斗志永不懈怠，我们才能坚持问题导向，保持战略定力，推动全面从严治党向纵深发展；只有精神和斗志永不懈怠，我们才能保持党同人民群众的血肉联系，加强作风建设，不断增强群众观念和群众感情，厚植党执政的群众基础；只有精神和斗志永不懈怠，我们才能严肃认真地对待群众反映强烈的问题，才能有毅力坚决彻底地纠正损害群众利益的行为。一个政党，一个政权，其前途命运取决于人心向背。我们党来自人民、植根人民、服务人民，一旦脱离群众，就会失去生命力。从这个意义上讲，只有保持永不懈怠的精神，才能做到密切联系群众；反过来，也只有密切联系群众，我们才能保持永不懈怠的精神。

我们实现伟大梦想，就必须推进伟大事业。中国特色社会主义是需要几代人、十几代人、几十代人持续奋斗的伟大事业，也会碰到许多的艰难险阻和曲折，故而需要强大的精神力量持续激励全党全国各族人民奋勇前进。只有保持永不懈怠的精神状态，我们才能汇聚成推进伟大事业的磅礴力量。我们要不负人民重托、无愧历史选择，在新时代中国特色社会主义的伟大实践中，以党的坚强领导和顽强奋斗，激励全体中华儿女不断奋进，凝聚起同心共筑中国梦的磅礴力量。有了这种磅礴的精神力量，我们才能更加自觉地增强道路自信、理论自信、制度自信、文化自信，既不走封闭僵化的老路，也不走改旗易帜的邪路，保持政治定力；有了这种磅礴的精神力量，我们才能坚持实干兴邦，锐意进取，埋头苦干，始终坚持和发展中国特色社会主义；有了这种磅礴的精神力量，我们才能确保党在世界形势深刻变化的历史进程中始终走在时代前列，在应对国内外各种风险和考验的历史进程中始终成为全国人民的主心骨，在坚持和发展中国特色社会主义的历史进程中始终成为坚强领导核心。

历史车轮滚滚向前，时代潮流浩浩荡荡。面对新征程，容不得旁观、彷徨、犹豫和懈怠。历史只会眷顾坚定者、奋进者、搏击者，而不会等待犹豫者、懈怠者、畏难者。只要我们保持永不懈怠的精神状态和一往无前的奋斗姿态，我们就一定能够保持艰苦奋斗、戒骄戒躁的作风，以时不我待、只争朝夕的精神，奋力走好新时代的长征路；只要我们保持永不懈怠的精神状态和一往无前的奋斗姿态，我们就一定能够登高望远、居安思危，勇于变革、勇于创新，永不僵化、永不停滞，团结带领全国各族人民决胜全面建成小康社会；只要我们保持永不懈怠的精神状态和一往无前的奋斗姿态，我们就一定能够永远与人民同呼吸、共命运、心连心，永远把人民对美好生活的向往作为奋斗目标，继续朝着实现中华民族伟大复兴的宏伟目标奋勇前进。我们必须以奋进者的姿态，劈波斩浪，推动民族复兴的航船奋勇前行。

高等教育要为全面建设社会主义现代化国家新征程服务 [1]

习近平同志在十九大报告中指出：为了开启全面建设社会主义现代化国家新征程，必须"优先发展教育事业"。他强调指出："建设教育强国是中华民族伟大复兴的基础工程，必须把教育事业放在优先位置，深化教育改革，加快教育现代化，办好人民满意的教育。"对于高等教育而言，就是要"加快一流大学和一流学科建设，实现高等教育内涵式发展"。

首先，中国高等教育要实现内涵式发展，必须适应中国社会主要矛盾的新变化，进行供给侧结构性改革。真正的内涵式发展是适应社会发展要求的发展。中国特色社会主义进入新时代，我国社会主要矛盾已经转化为"人民日益增长的美好生活需要和不平衡不充分的发展之

1　本文发表于《教书育人（高教论坛）》2018 年第 18 期。原题目为《努力推动高等教育内涵式发展》。

间的矛盾"。我国社会主要矛盾的变化是关系全局的历史性变化，对教育特别是高等教育提出了许多新要求。我们要在继续推动高等教育发展的基础上，着力解决好发展不平衡不充分问题，大力提升教育的质量和效益，更好推动人的全面发展、社会全面进步。改革开放以来，我国的高等教育得到了迅速发展，毛入学率已经超过40%，人民群众有大学上的问题已经总体上得到解决，但是上好大学、上更加适应自己发展需要的大学，仍然有待进一步解决。我国的高等教育机会的供给，从量的角度说已经是高等教育大国，但仍然不是高等教育强国。这主要表现在发展不平衡不充分上，譬如，高等教育在区域之间仍然有较大差距，中西部高等教育发展仍然很不充分；学科建设还不能适应社会发展对高等教育的需求，大学的同质化现象严重，某些学科重复建设出现过剩现象，而国家亟需的某些学科人才却失之阙如或质量不高；有些大学已经出现招生困难，但相对落后的农村山区青年人接受高等教育机会不够的现象仍然存在，为此十九大报告明确指出："健全学生资助制度，使绝大多数城乡新增劳动力接受高中阶段教育、更多接受高等教育。"高校在内涵式发展中，也应该努力提升自己高等教育的有效供给和供给能力。

其次，中国高等教育要实现内涵式发展，必须满足人民群众对美好生活日益增长的新需求，真正的内涵式发展是令人民群众满意的发展。正如十九大报告中指出的，随着中国特色社会主义进程，"人民美好生活需要日益广泛，不仅对物质文化生活提出了更高要求，而且在民主、法治、公平、正义、安全、环境等方面的要求日益增长"。这些方面，都需要高等教育做出自己的回应，国家层面要顶层设计，建立更加系统、全面、完整的高等教育体系，让高等教育满足国家发展需要的能力大大提升，同时让青年人有更多机会选择适合自己发展需要的高等教育；而大学都应该按照自己的学科优势凝练自己的特色，以便增强人才培养、科学研究、社会服务文化传承创新以及国际交流的能力，为国家发展和人的全面发展提供助力；教育的内容更应该从立德树人出发，不仅进行知识技能教育，也应该从提高人民群众的文化素质出发，增强高等教育的人文内涵。为此就必须进一步持续加强师德师风建设，培养高素质教师队伍。只有高素质的教师队伍，才能支撑高水平的高等教育。

再次，中国高等教育要实现内涵式发展，还必须适应中华民族"从站起来、富起来到强起来的伟大飞跃"，加快一流大学和一流学科建设，建设高等教育强国。真正的内涵式发展是引领世界高等教育发展方向的世界领先的高等教育。在当今世界，真正的高等教育内涵式发展应该是追求卓越的发展。创新是引领发展的第一动力，是建设现代化经济体系的战略支撑，也是文化繁荣的前提。要建设经济强国，就必须瞄准世界科技前沿，强化基础研究，实现前瞻性基础研究、引领性原创成果重大突破。为此，高校就应该加强国家创新体系建设，强化战略科技力量。高校应该发挥自身学科优势，加强应用基础研究，拓展实施国家重大科技项目，突出关键共性技术、前沿引领技术、现代工程技术、颠覆性技术创新，为建设科技强国、质量强国、航天强国、网络强国、交通强国、数字中国、智慧社会提供有力支撑。为了建设文化强国，高校应该加快构建中国特色哲学社会科学，以我国实际为研究起点，提出具有主体性、原创性的理论观点，构建具有自身特质的学科体系、学术体系、话语体系，充分体现中国特色、中国风格、中国气派，为解决世界问题提供中国方案，贡献中国智慧。为了建设创新型国家，高等教育也必须办好继续教育，加快建设学习型社会，大力提高全体国民的思想文化素质和科学素养，培育知识型、技能型、创新型劳动者大军，为中华民族伟大复兴提高人力资源的保障。

教育强则国家强。作为中国共产党创办的第一所外国语高等学校，北京外国语大学从延安一路走来，始终与党和国家同呼吸共命运。我们培养外语人才的初心是为了培养具有更加广阔国际视野的、能够进行跨文化沟通的涉外人才，以便加强与世界各国、各文明之间的交流互鉴。在新的历史条件下，北京外国语大学主动承担起自己的双重使命："把世界介绍给中国，让中国理解多样的世界；把中国介绍给世界，让世界理解变化中的中国"。坚持中国特色、世界一流，紧紧围绕中国"走出去"

战略、"一带一路"倡议、中外人文交流机制构建、区域与全球治理、国际学术话语体系建设等主题，主动对接和服务国家重大战略需求，为实现中华民族伟大复兴的中国梦培育更多具有广阔国际视野的国际化人才。

在卸任北京外国语大学党委书记
宣布会上的讲话 [1]

从 2012 年 8 月 7 日我来北京外国语大学任校长，到今天已经是五年零七个月了。刚才朱部长代表教育部党组，宣布接受我退出领导岗位的请求，免去我的党委书记一职，让我心想事成，我表示衷心感谢！党组决定由王定华同志接替我的岗位，我衷心拥护！定华同志工作经验丰富，先后担任两个司的司长并有驻外的经历，有能力把北外的工作做得比过去更好！

马上就离开领导岗位了，我简要回顾这几年走过的路。我任校长与杨学义书记搭班子，后又任党委书记与彭龙校长搭班子。在校领导班子及中层干部特别是全体师生员工共同努力下，在历届领导和前辈们奋斗成果的基础上，北京外国语大学在这几年还是取得了一些成绩：

---

1 2018 年 3 月 2 日，教育部党组成员、副部长朱之文在北京外国语大学宣布了教育部党组的任免决定：王定华任北京外国语大学党委书记，韩震不再担任北京外国语大学党委书记。

1. 这几年，学校保持了总体稳定，教学科研学科建设稳步推进，顺利进入"双一流"建设行列，与前几次学科评估相比，我校优势学科在评估中已经呈上升趋势，QS 大学排名有了明显提升。

2. 这几年，我提出了"优化结构、凝练特色、学术牵引、追求卓越"的办学思路，学校下猛药（曾经三年未进任何行政人员，这的确是我做出的决策而且刚性执行，给许多部处确实带来很多不便）推进战略性变革，优化结构，特别是人员结构发生了重大变化，教师已经占到全体教职员工（包括外研社、附校、校医院、北外宾馆在内）的 58.7%，而 2012 年我刚来时是 48.58%，人力资源结构发生根本性转变。

3. 这几年，科学研究有新的很大起色，我来时年科研课题经费只有不到 800 万，现在已达 2426.67 万。其中，我也多方面帮助了很多同志获得学术支持，进入学术共同体，扩大学校影响，甚至想办法突破政策规定，支持北外老师的学术研究。另外，鉴于我个人的研究影响，中央办公厅研究室也与我校建立建议报送通道。这些年科研能力的确在提升。

4. 这几年，非通用语建设进展顺利。在这方面，我积极争取上级支持，给延东同志写信。教育部专门开部长办公会研究非通用语建设问题，我代表学校参加了会议。非通用语已经从我来学校时的 48 种，建设到了 95 种，非通用语建设可以说既是我们的特色，也是我们的优势。

5. 这几年，我们积极推动成立马克思主义学院、获批中国特色社会主义影响力协同创新中心、新时代中国特色社会主义思想研究基地，引进人才，壮大队伍，有北外特色的思想政治教育和理论研究的影响力越来越大。

6. 这几年，我们思想工作和意识形态工作旗帜越来越鲜明，我来后提出的选优秀教师任辅导员和班主任，已经成为党和国家提倡的政策。我提出的选优秀教师任党务和行政工作，把有条件的党务工作者培养成学科骨干或带头人的想法，也成为党和国家的倡导。我们把2015年列为党建年，把2016年列为党建深化年，保障了学校的稳定、改革和发展，党建工作取得新进展，上一轮党建述职，我个人得分名列全市最高分。

7. 这几年，我把自己的主要精力放在学校工作上，周末基本也是在学校，与老师们一起在食堂吃了六年七个月的饭，连续五年没有回家过春节，而是在学校与留守的学生和值班职工在一起过年。忘不了多次穿防护服到医院看望得病的教师，动员一切资源进行救护。另外，也做了一些有利于学校发展的事情，譬如招生，就适合我校的招生政策我亲自去找当时教育部主要领导去说明解释；我每到一处就联系熟悉的中学，并且亲自帮助招办与他们建立联系。

8. 这几年，我严格要求自己，带头落实"八项规定"精神，另外，也遵守了"三不承诺"："任职期间，我将不再做我的专业即外国哲学的学术研究，而是用全部精力做名副其实的校长；我将不再申请自己原有学科专业的研究课题，而是集中精力细心谋划北外的发展战略；我将不再讲任何专业课程，不再谋求与教学相关的个人荣誉，而是努力为老师们服务，从整体上巩固和提高人才培养的质量。"——这几年，我没有发表过一篇有关西方哲学的文章，所有文章都是关于党的建设和教育问题的；我也没有申请过原有专业的任何课题，承担的课题都是上级委托的党和国家重大关切的研究课题；我只按照上级号召承担本科生、博士生的第一堂政治课，从没有谋求与教学科研相关的个人荣誉，没有申报过任何奖项。现在退下来，我可以自信而平静地说："我悄然退了，没有带走任何一片云彩。"

成绩的取得是教育部党组、北京市委及教工委坚强领导，领导班子通力合作，教职员工努力奋斗的结果。我在此，对所有关心支持和帮助我工作的领导、老师、同事表示我发自肺腑的衷心感谢！

当然，由于能力有限，经验不足，很多工作离党和人民的要求，与师生员工的期待还有很大差距；由于方法简单，言行上甚至对许多同志造成伤害，我在这里表示真诚道歉！希望大家谅解我，我毕竟都是从工作出发，我在北外没有任何个人的私利。敬请各位同志原谅！

从今天起，我就要卸下党委书记的重担转交给定华同志了。我个人就从学校全体师生员工的"秘书"变回去当教授了。一想到再也不是每天六点多就必须起床，真有如释重负的感觉啊！不过，请大家放心，我会继续关注北外的工作，保证提供的都是正能量，绝不给新领导添乱！我更会发挥我的优长，为党和人民做自己力所能及的工作，发挥一个老共产党员的先锋模范作用！

最后，再次感谢改革开放的时代，一个人是渺小的，没有国家、社会和大家的支持，什么事情也做不成。感谢组织多年的培养，让我从一个下乡知青、普通工人，不仅上了大学，还当了教授，又先后做校长、党委书记。感谢领导的支持，感谢同事的配合，感谢同志们的帮助！

大学如何办出风格

——访北京外国语大学校长韩震[1]

《国家中长期教育改革和发展规划纲要（2010—2020年）》提出，高校要合理定位，克服同质化倾向，形成各自的办学理念和风格，在不同层次、不同领域办出风格，争创一流。大学如何在高等教育大众化背景下办出特色，形成独特的风格，不仅是对大学自身的考验，更是对校长的考验。如何从办学的视角理解大学风格？大学风格对于大学发展的意义表现在哪些方面？大学风格是大学在历史发展中自然形成的，还是人为规划后建设而成的？在办出自己的风格与被国际认可的世界性表达之间，中国大学怎样才能寻求到平衡点？围绕这些问题，本期"高端访谈"栏目对北京外国语大学校长韩震进行了专访。

从办学的角度看，一所学校的风格显然既与它的历史相关，也与办学的主要目的和由此形成的学科特色相

1　本文刊登于《大学（学术版）》2012年第12期。

关。一旦大学的风格形成，它就构成了一所学校长期的育人功能。大学风格的形成既是一个历史自然的进程，也是参与其中的人们主观塑造的产物。准确地说，是历史与构建互动的结果。因此，作为校长既应尊重学校的基本风格，也应根据社会发展的时代特征，给学校风格注入新的时代内容和时代特色。

《大学》：韩校长，您好！您从一所师范类高校来到语言类高校，您觉得两类高校的风格有怎样的不同？如何解读这两者的不同？

韩震校长（以下简称韩校长）：你提的这个问题很难回答。尽管我是研究哲学的，概括归纳是我的基本研究方法，但要对两个学校的风格做出恰如其分的概括，并不是那么容易。也许人们都能够感受到某些不同，但要将其准确地描述出来就不是那么简单了。我在这里只能尝试性地回答这个问题。

第一，我原来供职的北京师范大学是国内历史最悠久、最负盛名的教师教育重镇，在教师教育和教育科学领域一直处于前列，在文理基础学科的教学和研究方面也处于国内领先地位；我现在工作的北京外国语大学是国内建立最早、水平最高的以教授外国语为主的大学。

第二，二者都对教学方法和理念有执着的探求，但是关注点不同：北师大可能更关注以何种语言表达方式把语言内涵传递给学生，而北外则更注重通过语言在不同条件下的运用使学生掌握语言工具。二者都注重语言的使用，但一个是更关注语言的内容，另一个则更注意语言的形式。

　　第三，由于二者在任务和培养对象上各具特色，这也给两所学校带来了某些风格上的差异：因为历史上国家重视师资培养，长期实行免费教育，因此北师大有许多来自农村或家境相对贫寒的青年人，在这里读书可以减轻家庭的负担。而北外主攻外语，由于外语从幼时学习起最好，因此北外的许多学生来自外国语学校。而外国语学校往往地处发达地区特别是中心城市，因此来北外读书的学生城市生源相对更多。鉴于过去一般大学师资和工作人员很多从自己的毕业生中选留，生源也会影响到学校的风格。如果说因与社会底层联系更加紧密所以北师大人的特色是朴实和韧性的话，那么北外人则因见多识广而造就了包容与开朗的特色。

　　第四，北师大首要的任务是面向国内培养未来的教师，被誉为"人民教师的摇篮"；北外自成立以来就是为了培养了解外国文化且与外国人打交道的人才，被誉为"外交官摇篮"。如果说北师大的理念教育更加注意规范性，那么北外的理念教育则需要融合与外语相伴的语种使用国家的文化，因此北外必须考虑不同文化之间的比较与理解，由此北外必须是开放包容的。北师大的校训是"学为人师，行为世范"，北外的校训是"兼容并蓄，博学笃行"，两所学校的校训也许比较恰当地反映了二者之间的风格差异。可以说，北师大人的气质是"诚信质朴，为人师表"，他们更多是表现为朴实而敦厚；北外人的气质是"典雅精致，深水静流"，他们的特点是雅致而包容。

《大学》：您认为这两所大学的风格是否可以反映出综合性高校与文科类高校的区别？

韩校长：显然，北京师范大学和北京外国语大学的区别反映了各自学校历史和学科结构之间的差异。北师大是文理学科比较齐全的高校，新世纪以来又向综合性和研究型大学迈进，文理之间的对话已经大大提升了北师大的科学研究能力。而北外是以讲授外语为主的高等学校，近年来又探索复语型和复合型人才培养，增设了新闻、汉语言文学、经济、金融、法律和国际政治等学科，但是，北外增设这些学科仍是将其作为辅助性和支撑性学科来培养外向型人才。北外的最大优势仍然是教学特别是外语教学。北师大和北外的区别是：一个是以教师教育和教育科学为主要特色、以文理学科为优势的大学，而另一个是以外语教学为主要特色的多学科文科大学。

《大学》：如何从办学的视角理解大学风格？大学风格对于大学发展的意义在哪里？表现在什么方面？与大学的几项职能有怎样的关系？

韩校长：从办学的角度看，一所学校的风格显然既与它的历史相关，也与办学的主要目的和由此形成的学科特色相关。一旦大学的风格形成，它就构成了一所学校长期的育人功能。北京外国语大学奠基于抗日烽火之中，抗大的革命传统是其永恒的血脉。结合与国际交往的学科特点，北外逐渐形成了一种既有强烈的使命感和深沉的责任感，又有广阔的视野和包容精神的风格，而典雅精致、深水静流成为师生们最明显的风格。责任感和使命感与其革命而神圣的起源相关，视野开阔、思想包容则与其多样多彩的学习研究的对象国文化的互动有关。在充满差异的语言和文化领域中学习，造就了北外人见多识广、豁达包容的特点，也造就了北外人冷静深沉的风格。见多了差异，也就不会为一时的成就而雀跃，也不会为一时的挫折而沮丧。在这个意义上，北外有一种高贵的典雅气质。

《大学》：您认为，大学风格是大学历史自然形成的，还是人为规划后建设成的？如果是前者，大学掌门人如何把握大学风格？如果是后者，一所学校的办学风格如何定位，并将其从思想形态变为大学的行动？

韩校长：大学风格的形成既是一个历史自然的进程，也是参与其中的人们主观塑造的产物。准确地说，是历史与构建互动的结果。因此，作为校长，首先应该尊重学校的基本风格，因为其产生有历史的和现实的基础，而且稳定的风格本身是学校文化的底色，也是师生认同的精神依托和纽带，还是日常沐浴其中得到熏陶滋养的心灵家园。但是，另一方面，校长也应该根据社会发展的时代特征，给学校风格注入新的时代内容和时代特色，使学校风格成为推动学校时代性发展的精神动力，成为促进学校发展的正能量。

《大学》：如果我们将大学风格放置在世界背景中来看，您认为今天的中国大学有自己的风格吗？我们如何面对办学思想、办学制度以及办学硬件等方面的全球化或者西方发达国家的冲击与压力？

韩校长：风格总是存在的，无论其是否鲜明。但是，对风格是否存在的质疑也是持续的。不只中国学者对大学有太多的抱怨，西方学者也经常批评大学的功利化，认为许多大学"失去了灵魂"。实际上，批判精神是大学之所以成为大学的最主要的思想动力。有抱怨、有质疑，大学的精神就存在，大学就有发展的希望。

社会上对中国大学的趋同化颇有微词。在中国大学量的扩张过程中，由于获取资源的途径和方法以及评价方式的单一，造成了趋同化的现象。但是，即使这样，也不能否认中国大学有风格。由于历史和所处地域的不同，学科专业特色的不同和学校办学理念的不同，中国各大学都形成了与众不同的风格，尽管有时这种风格很难清晰地加以描述。

我想，风格在那里存在着，关键是我们不仅要基于时代问题对其进行时代性阐释，还要基于全球化的现实对其进行世界可以理解的国际化阐释，丰富学校风格的时代内涵和世界性意义的表征，将其转化为促进学校发展、鼓励师生追求卓越的动力和能量。我们不能把风格变成排斥国内外高等教育新发展的理由，更不能把风格当作自我封闭的"安慰剂"。要把学校风格变成学校特色化发展、内涵式发展、创新性发展的思想资源。

《大学》：我们的大学在办出自己风格与被国际认可的世界性表达之间如何找到平衡？

韩校长：我认为二者之间不应该有矛盾。大学的风格其存在的合理性就在于是"大学的"风格，如果一种风格与大学的世界性表达相悖，那么这种风格很可能不是"大学的"。当然，中国大学的风格应该有中国特色，但中国特色的大学风格应该是构成大学风格世界性表达的一部分，正如欧美大学风格也是这种表达的一部分。欧美大学的风格不是世界性表达本身，而是世界性表达中有欧美特色的表达，正如中国的大学风格是有中国特色的世界性表达。不过，中国和欧美都应该对各种特色的表达保持开放的态度。善于从别人那里学习长处的人，才能够不断对自己的大学风格注入时代性。

《大学》：就办出自己的风格而言，您比较认同国外哪所大学？

韩校长：我个人比较欣赏美国普林斯顿大学和威廉玛丽学院。普林斯顿大学不盲目铺摊子，而是办精致卓越的大学。例如，在招生规模上，从 1746 年建校至今，该校的在校生规模也只有 8000 余人，其中本科在校生一共才 5264 人。在院系及专业设置方面，普林斯顿大学同样把重点放在基础研究上，求精不求全。如工程学院的规模比其他大学的同类学院要小很多。其心理学专业相对其他一些学校来说方向也更集中。普林斯顿大学没有设校医院，因为医学院必须与临床应用相结合，而运作一个庞大的医学院和临床医院系统需要大量的人力和资本，因此普林斯顿大学坚持不设校医院。威廉玛丽学院的自信和对自己特色的坚守也给我留下了深刻印象。威廉玛丽学院历史悠久，如今早已经发展成为一所现代化的综合性大学，但由于受古老神圣的英国皇家宪章的保护，却一直保留着"学院"的称号。

《大学》：您认为，今天的中国大学应该培养具有怎样素质或思想结构的外语人才？就外语人才的培养而言，除了内容之外，语言类大学与其他类型大学应该有区别吗？区别在哪里？为什么？

韩校长：我想，作为以外语类为主且培养外向型人才的一所学校，国际化肯定是其所必须的。北外尽管有中国语言文学学院，但学外语的比例要占到40%。北外的中文肯定比不过北大、北师大，但外语却要比他们强。北外的外语课程占的比例大，金融会计类的专业可能比不上人大、北大的专业，但是北外学生的外语很有优势。例如，国际商学院的课程中外语课程占40%，因为我们是培养面向国外的人才。新闻也是如此。北外的新闻专业尽管不能与人大和清华的新闻专业比，但是外语是长项。所以，我们要发挥国际化的作用，如法学院培养的是国际法方面的人才，这就是我们的特色。与其他学校相比，我们的国际化不是为了提升国际化，因为北外的专业特色就是国际化，它本身就应该是国际化的，国际化就是北外存在的最大理由和最大价值之所在。

《大学》：感谢您接受我们的采访！

（记者：张男星、王春春）

就社会主义核心价值观问题
答新华社记者问[1]

问：在现今的社会风气下，高校培育和践行社会主义核心价值观面临哪些挑战和困难？可否同时给我们谈谈相关的亲身经历？您认为这些挑战是由什么原因造成的？

答：社会主义意识形态和思想理论宣传工作遇到许多挑战，表面的挑战往往表现为思想理论课效果不佳，许多学生只是应付点名、考试等等，而没有真正入脑、入心。我在听有关这方面的课时，发现课堂上许多"低头族"，不是看别的东西，就是上网浏览。时间长了，思想理论课教师也往往失去自信，有些就在课堂上讲些学

---

1 自 2014 年 5 月 30 日始，由光明日报社、中国人民大学、中国伦理学会共同主办的"核心价值观百场讲坛"活动拉开序幕。活动邀请对核心价值观有准确把握、善用情感元素打动听众的专家，以及来自基层、善于讲述一线实践经验的专家，进行科学、生动、富有感染力的解读，并运用网络视频直播、线上线下互动等方式进行广泛传播，形成强大的社会影响。作者亦为活动的专家之一。2016 年 3 月 29 日，作者作为活动邀请的专家在海南省海口市作题为《民族振兴途中的价值观崛起》的讲座。新华社记者对作者进行了采访。

生爱听的内容，有些甚至认为水平高的学者没有必要做思想理论课教师。

深入考察，就会发现许多表现出来的挑战都与其他问题有关系。譬如，各种思潮舶来品的挑战：改革开放推进了社会的发展进步，扩大了人们的思想视野，但如果思想理论建设跟不上，也容易使人的思想成为随波逐流的浮萍，找不到自己的精神家园，从而动摇人们的精神根基，许多时髦的域外理论以"新颖"的样子，不断轮番登台表演，使人们目不暇接、眼花缭乱。域外的理论有其产生的社会背景或语境，其功能往往受制于其他因素，但是脱离开其产生的语境来到另外一种社会环境中，如果不假以辨析、澄清，往往就成为具有破坏性作用的力量。

另外一个挑战是人们在利益追求方面，市场经济鼓励人们追求自己的合法利益，这不仅可以推动社会生产率的提高，也可以激发人们的创造力。但是，如果没有理想信念的约束，人们就可能在利益追逐过程中把自己的欲望本身神圣化，把自己的利益看得高于一切，这样一来国家利益、社会公益的号召力就会减弱。

还有一个挑战是信息时代既给人以扩大视野的力量，同时也把思想碎片化了，这不利于培养系统的世界观、人生观、价值观。青年人是在网络环境下成长起来的，网络上也有自己的语言风格，许多教师往往还很难适应，因此在做思想引领者时就显得力不从心。

这些挑战有着时代和社会以及思想认识方面的深刻原因。就时代和社会原因而论，首先，改革开放初期我们更多的是学习西方发达国家的科学技术、管理经验，这在心态上就容易导致人们视西方文化为比我们先进的文化，从而对西方的价值观接受起来更容易，对中国自身的价值规范反而产生排斥情绪。其次，市场经济所导致的社会分化、利益格局的多样化、价值观的多元化，都导致思想道德教育的困难。

思想认识方面的原因一方面是信息技术发展推动的文化变迁和话语体系改变所导致的。网络改变了我们的交往方式和话语方式，我们的工作在某种程度上已经落后于现实，新办法不多，老办法又不管用，甚至有时还起负作用。另外一方面，是我们忽视思想理论工作，逐渐丧失了意识形态工作的主动权。一手硬、一手软的现象也是造成挑战的原因。

问：高校是培养人才的净土。您认为学子们在高校培育和践行社会主义核心价值观，对他们的人生道路意义何在？如果这种价值观缺失，会对个人和社会造成什么影响？

答：价值观就是人们关于事物对人和社会有否有意义、有用的看法，或者是对事物好与坏、正确与错误的看法。这种看法决定着人们行为的取向。人是精神性和思想性动物，人总是根据自己的思想对事物的看法来行动。因此，改变人们的行动就要改变人们的价值观，人的价值观改变了，人就彻底地变了。正因为如此，某些势力总是千方百计地试图改变中国青年人的价值观。

民族文化具有有机性，都有独特的传统和价值观。正如习近平同志指出的："人类社会发展的历史表明，对一个民族、一个国家来说，最持久、最深层的力量是全社会共同认可的核心价值观。核心价值观，承载着一个民族、一个国家的精神追求，体现着一个社会评判是非曲直的价值标准。"一个民族的价值观就是这个民族的灵魂。如果我们丧失了自己的价值体系，就像一个人没有了灵魂；如果我们接受的都是外来的价值观，如同头脑装着别人的灵魂，没有了灵魂，必然陷入文化虚无主义；失去了自己的文化根基，必定成为无根的浮萍，陷入没有方向感的存在状态。如果我们的学生只是学习西方文化却缺少对中华文明的认知和自信，能够娴熟地和外国人沟通，但是对中国国情却是门外汉，掌握语言优势，而没有专业技能，常和外国打交道，却不识中国民间烟火，那怎么能够在跨文化交流之中站稳中国立场呢？怎么能够用外语表达中国话语、中国思想和中国诉求呢？

一个人也是如此，如果没有自己的价值观则是盲目的、没有方向感的人。如果头脑里装着的是没有中国立场和文化根基的价值观，就不能顺利地走自己的路，忘记自己的民族根基和国家立场。如果满脑子都是错误的价值观，如追名逐利，那就会在人生路上栽跟头。

问：您认为高校工作中，哪些措施可以有效培育和践行社会主义核心价值观？在北外实践的效果如何？

答：首先，要加强教师队伍的建设。百年大计，教育为本。教育大计，教师为本。国家繁荣、民族振兴、教育发展，需要我们大力培养造就一支师德高尚、业务精湛、结构合理、充满活力的高素质专业化教师队伍。教育是塑造未来的。教育的德性和水准，决定了未来社会的德性和水准。在一个良好的社会中，好人都应该有理想信念、有道德情操、有扎实知识、有仁爱之心。好教师则应该有更高的标准。在社会中，每个人都应该有理想，教师的理想境界应该更高。这样，教师才能做好传道的人，引导青少年树立远大志向，走对自己的人生道路。每种职业都有职业的道德要求，但社会对教师的道德标准则更加严格。教师只有具备更加高尚的道德情操，才能做到言传身教，教会学生怎样做人。

其次，要加强队伍建设，建设一支相对稳定的思想理论宣传和辅导员队伍，可以以专职教师为骨干，兼职为主。要选拔业务上强的一些教师担任辅导员、班主任，特别是一年级的辅导员、班主任要配强，这属于扣第一粒扣子。

另外，宣传思想工作确实不好做，因为思想的工作看不着摸不着，成效不容易评估，需要心灵上沟通，做到这点比较困难。而且，心灵工作也是复杂多变的。要得到师生理解，重要的是，不要把宣传思想工作看成是一部分人教育另外一部人，而应该是一个互相教育和自我教育的过程与问题。北外主要的做法是因势利导，如北外的起源在延安，我们就请老教师、老领导讲我们学校的红色基因。如我们培养外交、外贸、外宣人才，我们就特别注意请老校友，如大使、驻外记者、著名翻译家，给学生讲国家的发展，增进师生的政治认同和国家认同。我们搞丽泽书友会，让青年教师在学术发展中增进文化认同和国家认同，坚定理想信念。

再次，立足学生全面发展，努力构建全员全过程全方位育人格局，形成教书育人、实践育人、科研育人、管理育人、服务育人长效机制，增强学生社会责任感、创新精神和实践能力，全面落实立德树人根本任务。最重要的还是全员参与、形成合力，不能一部分人做着宣传思想工作，而另外一部分不参与，这样会影响到它的力量和效果，影响力也会打折扣。如果部分教职员工还起着反作用的话，那就更打折扣了。除了党员领导干部要带头外，还一定要做好学术精英的工作，他们在青年学生中有知识上的权威性，这种知识权威，如果加以合理引导，会起到很好的引领作用。高校不能把德育工作和知识教育分割开，不能把价值理性与工具理性二元化。不能讲学术的就远离价值观教学，远离德育工作，这样会力量分散，削弱导向。

最后，高等学校可以通过话语体系建设和人才培养，构建反映时代特点和民族特征的中国话语体系，为思想理论宣传传播正能量。加强文化传播能力，既需要话语体系的改革，也需要语言能力的拓展。以培育和弘扬社会主义核心价值观为例，关键不是反复重复地讲社会主义核心价值观的词语，而是将其变成可以打动人们心扉的故事、话语，将其变成可以在其中践行和体验的活动载体，从而在外化于行的过程中内化于心。这就像调味品，可以做出许多佳肴，但不能总是让人直接吃调味品。为此，我们就必须建设具有中国特色、体现时代要求的大学文化，培育和弘扬大学精神，继承和发扬中华优秀传统文化，促进社会主义先进文化建设，以文化人。

北外是以培养外向型人才为主的学校，平时学习外语就接触到更多西方的思想和理论。因此，我们尤其要加强对中华优秀传统文化的教育，使学生有深厚的民族精神的根基。另外要充分讲清楚中国几十年建设的成就，让师生建立对中国特色社会主义道路、理论体系和制度的自信心，巩固他们的理想信念。一个人的国家立场是在国际跨文化交流中的中流砥柱。

要把改革开放和拒绝西方价值观区分开来。实际上，西方价值观有特定的内涵，那就是：基于西方中心主义立场，把欧美特定的民主制度和自由规定视为普世的"民主"价值观；基于资本利益和丛林原则的"自由"价值观；基于西方殖民传统和双重标准视角的"人权"价值观。这种价值观把其他国家的制度都打入另类，似乎只有西方的理解和规定才是真正的民主、自由、人权，殊不知西方的民主、自由、人权都是这些价值观的特殊形态。

不让西方价值观在中国学校的讲堂畅通无阻地横行，并不是不放弃与其他文化进行交流互鉴，更不是放弃改革开放。我们也倡导民主，我们倡导的民主是人民当家作主的人民民主，但我们抵制以颠覆和改变颜色为目的的所谓"民主价值观"；我们也倡导自由，我们倡导的自由是每个人都得到全面发展的自由，但我们抵制以极端个人主义为特征的西方自由价值观；我们也尊重人权，我们尊重的人权是相互尊重、和而不同的人权，但我们抵制搞双重标准又对别人指手画脚的人权价值观。

只有基于自己的文化根基和时代使命，培育和弘扬自己的核心价值观，我们才能真正实现中华民族伟大复兴的中国梦。我们曾经试探过许多不同的路，甚至有人提出所谓全盘西化，结果都是陷入失败和混乱。西方人说民主，英国人在香港实行殖民统治时给港人民主权利了吗？西方人说自由，但为什么美国还大规模地监控我们的网络？难道斯诺登还没让我们警醒吗？西方人说人权，可是为什么会出现关塔那摩的系统性虐囚，为什么有人在阿富汗误炸了平民之后还不愿道歉？我们应该醒醒了：我们只能按照自己心灵的指引生活，而决不能把灵魂交给别人安排。

韩震对话巴尔特拉：中国文化完整性与包容性之传承[1]

罗格尔·巴尔特拉（Roger Bartra），著名人类学家、社会学家和人文社科学者，是墨西哥当代最著名的文化人物之一。现任墨西哥国立自治大学社会学研究院、伦敦大学伯贝克学院荣誉研究员，于 2013 年荣获墨西哥国家人文艺术奖。巴尔特拉教授享有很高的国际声誉，曾在美国、欧洲和拉美许多知名高校任教。

2014 年 3 月 25 日，墨西哥国立自治大学教授罗格尔·巴尔特拉到访北京外国语大学，北外党委书记、校务委员会主席韩震教授与他就中国当代文化与思想、中国社会变革、墨西哥社会文化变革等话题进行了深入的学术探讨。

韩震教授向巴尔特拉讲解了中国传统文化的包容性和多样性，强调了其"以人为本"、重视和谐的特点，以独特的视角阐释了近现代西方文化元素与中国传统文化

---

1 本文发表于《中国社会科学报》2014 年 5 月 12 日。

的交融、中国人民选择马克思主义道路的根源以及马克思主义在当代中国的创新与发展；分析了中国民主制度建设的发展和当代中国主要的社会思潮，向巴尔特拉教授展示了"中国梦"以及中国人民希望稳步、和谐推动中国特色社会主义建设的美好愿望和坚定信念。巴尔特拉教授对中华文化的精髓以及中华民族的智慧深表赞许的同时，也介绍了墨西哥文化形成与发展的历程、墨西哥革命民族主义思潮、墨西哥社会与政治制度的变革等内容，认为中国独特的发展道路避免了墨西哥当代社会中遇到的不少难题，值得学习和借鉴。从两位学者的对话中，可以看到中墨思想文化交流碰撞的火花，体会到向西方学界介绍中华文明和当代中国的一种有益思路。

跨越重洋　感知中国

　　韩震：孔子说："有朋自远方来，不亦乐乎？"巴尔特拉先生的到来让北外师生感到非常高兴。

　　巴尔特拉：非常感谢，这是我第一次来中国，我对此次访问有很大的期待。墨西哥和中国相距遥远，但一直保持着友好关系。近年来双边政治、经贸关系的发展引人瞩目，但两国在文化和思想上的相互了解还不够深入。在墨西哥，有的人对当代中国的现实还不够了解，或存有偏见和过于含糊的看法。这些看法中有不少都受到西方发达国家意识形态和利益格局的影响，但我心目中的中国文化应当是丰富多彩的，所以希望能借此机会向诸位请教一些这方面的问题。

韩震：您此次来访的时机非常好，正值中国社会全面改革开放、思想文化百花齐放、文化日益展现多姿多彩的繁荣时期。如果您30年前来中国，就不会看到如今这么多的高楼大厦、汽车、商场、公司。就像您关注中国一样，我们对墨西哥也非常感兴趣，希望能向您多了解墨西哥的情况。北外西语系是中国西班牙语教学的重镇，我们与西班牙语世界保持着良好的合作与交流关系。

巴尔特拉：我这次来中国，要感谢我的同事和朋友：北京外国语大学—墨西哥国立自治大学墨西哥研究中心主任吉列尔莫·普利多博士（曾任墨西哥驻华使馆文化官员），我的助手马鲁西亚女士和我的夫人。他们有的在中国工作多年，有的对中国文化十分向往，正是他们激发了我对中国的兴趣。我们都知道中国最近几十年来经历了翻天覆地的变化。所以我特别想了解在思想文化领域，中国经历了哪些变化。

中华文化自古重视人的元素

韩震：和世界上许多其他民族一样，中华民族有着底蕴深厚的传统文化。当然，每个民族在每个发展阶段都会产生阶段性的文化特征，这和生产力水平是相关的。我一直在思考中国为什么接受了马克思主义，其实这和中国传统文化也是密不可分的。中国传统文化是一种重视人的文化，儒家文化说要"敬鬼神而远之"，这和马克思主义中人类通过实践创造历史的观点是相互契合的。中国古代就已强调"人法地，地法天，天法道，道法自然"，认为人是自然的一部分，主张人与自然的和谐。中国文化自古以来就重视人自身的修养、教化以及与自然的和谐相处。然而，正是由于对"天人合一"的过度推崇，中国近代在科学技术方面逐步落后于西方。在西方列强的侵略下，中国知识分子提出了"中学为体，西学为用"的对策，即在学习西方技术的同时不放弃传统文化。当时，尤其是甲午战争之后，也有人提出要"全盘西化"，要转变文化和制度，认为只有这样才能真正发挥技术的作用。但实际上，即使是主张"全盘西化"的学者，他们身上也仍带有传统文化的基因，比如胡适在婚姻上也不得不遵从父母之命，娶了与他没有多少共同语言的夫人；反过来，那些固守传统的人，在思想上其实也或多或少地受到西方影响，生活方式开始发生变化。

在这一变化过程中，主张人类解放的马克思主义受到了追求民族解放的中国人民的欢迎。当时，最有影响力的思想家几乎都是马克思主义者或受马克思主义影响的学者，如李大钊、陈独秀、鲁迅、李达等，他们的著作在青年人中广为传播，也颇获赞誉。毛泽东、周恩来等一批马克思主义的伟大实践家，当时都受到这批学者启蒙和熏陶。相比之下，欧美哲学在中国的影响力则局限在学术界的小圈子内。

当然，中国人民接受马克思主义是以中国传统文化为前提的。在毛泽东、李大钊、陈独秀身上，我们同样能找到很多中国传统文化特色的印记。比如，毛泽东思想中对道德意志的重视和提倡，这与孟子"养浩然之气"的主张不谋而合。所以我们说毛泽东思想是中国化了的马克思主义，更符合中国的实际。

中墨文化包容性之比较

韩震：中国文化有很强的包容性。夏商时期所谓的"华夏"其实仅仅是指河南、陕西、山东、河北等黄河流域的中原地区，而目前"汉"文化所包括的范围远远大于这一区域，这是通过不断的包容、吸收而形成的。我国北方的很多居民在古代被称为"胡人"，我们今天用的很多乐器也来自于西域，比如"胡琴"。但后来，它们都逐步成为中华民族和文化的一部分。中国文化的包容性是独特的，世界上其他文明被外族入侵后几乎都毁灭了，而中华文明则在被外族侵略中不断向前发展，不论是鲜卑人还是蒙古人，在征服中原后都被同化了。满族统治中国后，更是使用了汉字。

在古代，与周边相比，中华文化一直是最先进、最高雅和最具知识性的，但进入近现代后，情况则发生了变化。随着西方文明的崛起，中国文化面临着"三千年未有之变局"。在这一背景下，能否保存文化的完整性成为中国现代文化的思考起点。最初是清末实施的"闭关锁国"政策，之后是洋务派学习西方技术，再后来则是孙中山对西方制度的学习，成立了中华民国。在这一学习过程中，中国一直受到西方列强的压迫，当时马克思主义传播到中国，它主张人类的平等和解放，共产国际也提出将社会主义革命与殖民地的民族独立和人民解放相结合，这些主张受到中国人民的欢迎。因此，中国最终走上社会主义道路绝非偶然，而是有着深刻的历史必然性的。

巴尔特拉：中国文化的完整性和包容性让人印象深刻，墨西哥文化的发展和中国不太相同。虽然墨西哥也是千年古国，曾孕育过阿兹特克等辉煌的古文明，但由于16世纪西班牙的殖民，古文明的遗产到如今已经所剩无几。除了少数印第安人，绝大部分墨西哥人都讲西班牙语，主流社会文化也是源于殖民宗主国的西班牙语国家文化。所以，在墨西哥一般意义上的"传统文化"本身就是外来文化，但这一文化区别于当今盛行的英美"盎格鲁—撒克逊文化"，是西班牙文化和拉丁美洲人文特色的有机结合。

改革自信来自深厚底蕴的中华文化

韩震：确实，中国近几十年经历了翻天覆地的变化。

说到中国的经济发展和社会主义建设，马克思主义是在欧洲发达国家被提出的，如何在生产力还很落后的中国实现社会主义，对这一问题的探究正是中国特色社会主义的来源。邓小平用全球和战略的眼光看问题，借鉴了欧美的发展经验和列宁的"新经济政策"，实行改革开放，优先提高生产力水平。在改革开放中，中国引进了不少西方经济模式或要素，但始终坚持马克思主义和毛泽东思想的精髓——实事求是、群众路线、独立自主。改革开放过程中，不同阶段的指导思想也不断做出适时调整，如在改革初期强调"效率优先，兼顾公平"，近几年中国更强调公平与社会和谐。

通过改革开放，中国学习欧洲、美国、日本的经验技术，利用后发优势，经济实现了腾飞。改革开放30多年成就显著，能在中国这一占世界人口1/5的大国进行如此大规模的改革，并取得令人瞩目的成就，非常了不起。改革开放的成功与中国文化的完整性有关，中国正是因为拥有深厚的传统文化底蕴，才有自信去学习外来的有益成果，并转化为自己的经验，也就是鲁迅先生所讲的"拿来主义"。另一方面，改革开放的成功也离不开马克思主义。虽然马克思主义是一种源于西方文化的思潮，但它为中国理解西方社会提供了一种思想框架。马克思主义也是中国共产党执政的合法性基础之所在，这种合法性建立在中国共产党在马克思主义指导下，领导中国人民取得了民族独立和人民解放。

稳健的改革是中国思想文化的主流

巴尔特拉：1910 年，墨西哥爆发了资产阶级革命，这一革命对墨西哥历史产生了深刻的影响，革命中的领导力量——墨西哥革命制度党在革命胜利后的 70 年里连续执政，其指导思想——革命民主主义也成为墨西哥主流的社会思潮。本世纪初，墨西哥又经历了一次政治变革，民主选举制度得以强化，左翼和右翼思潮都得到了发展，各个派别都组成政党，参与政治并赢得了选举。中国的思想文化界的发展又如何呢？

韩震：当前中国的思想文化界处于百花齐放的繁荣时期。在中国的思想文化界中，除了左翼和右翼，还有中间派。在右翼中，也分极端右翼与温和右翼。右翼主张实行西方资产阶级选举民主，然而值得一提的是，这部分人当中最激进的人往往没有在西方国家接受过教育，甚至没有出过国。他们从西方的著作中了解西方制度，认为只有西方体制才是民主、自由、公平的。其实，很多去过欧美的中国人都会感叹西方国家也没那么自由。另外一些中国人对西方的"人权"存在误读。倾向西化的右翼反面就是左翼，而左翼中激进派则希望回到毛泽东时代，实际上是回到毛泽东晚年的路线上去。我认为，这种思潮的出现其实是有人借回到过去的口号，呼吁社会公平、缩小贫富差距、净化社会风气。其实我们这些经历过那个时代的人，没有谁真想回到当年，因为那时的生活条件实在是贫乏，社会环境也不利于人的个性和能力培养。总之，我认为极左和极右的思想都不是当今中国思想文化界的主流，占主流的还是稳健的改革派。

巴尔特拉：您刚才提到思想界有人主张实行西方的多党选举制，墨西哥其实也经历了从一党制转向多党制的过程。您对民主的看法是什么？

韩震：民主的形式可以有很多，西方学术界也认为西方的宪政民主也只是"最不坏"的制度。中国共产党一直都十分重视民主建设，主要的制度有党内民主、基层民主和协商制度。所谓党内民主，就是中国共产党党内实行民主集中制。例如在中国，一个人如果要担任党内或大学校长等领导职务，一方面要有担任系主任、院长的经历，另一方面还需要同事的好评和推荐，这就有力地确保了领导人确实是德才兼备。如今，我们实行的是任命和推荐相结合的制度，如果教育部提名的校长候选人不能得到教师的认可，也是没有办法获得任命的。

除了党内民主，我们还实施基层民主，很多基层领导岗位都是直接选举产生的。比如在大学里，学校的章程和薪酬方案都需要教职工大会讨论和通过，这都属于基层民主制度的范畴。协商民主是指除了共产党之外，我们还有不少参政党，凡重大的决策共产党都会征求参政党的意见，共同治国，实际上很多重要领导岗位也都是由参政党党员来担任的。共产党的领导地位是牢固的。这首先是因为中国共产党领导中国人民取得了民族独立、建立了新中国，又进行改革开放，取得了令人瞩目的经济成就。人民群众生活水平大大提高，中国的国际地位也不断增强，人民对中国共产党的领导是满意的。其次，中国共产党吸纳了中国各行各业几乎所有的精英，而且在各基层单位都设有党组织，有较强的活力和凝聚力。再次，中国共产党和中国人民在长期探索中形成的中国特色社会主义符合中国国情。不论是中国的传统文化还是中国地广人多的特点都决定了中国的改革必须循序渐进，这也是中国取得举世瞩目建设成果的秘诀。近年来，中国周边的某些国家和阿拉伯国家激进的民主化运动最终让国家陷入动荡，人民也饱受动乱之苦。中国需要在这方面借鉴一些经验，即应当对本国人民和世界和平稳定负责，不应该冒失地走进别人的车道。

（刘建、徐四海翻译并整理）

树立问题意识　消除认识误区 [1]

党的十八大以来，习近平总书记发表系列重要讲话，深刻回答了新的历史条件下党和国家发展面临的一系列重大理论和现实问题。2014 年 5 月 19 日，中共中央政治局常委刘云山在《增强问题意识　坚持问题导向》这篇重要文章中指出，在新形势下全面深化改革、开创事业发展新局面，领导干部必须有发现问题的敏锐、正视问题的清醒、解决问题的自觉。

马克思有一句名言："问题就是公开的、无畏的、左右一切个人的时代声音。问题就是时代的口号，是它表现自己精神状态的最实际的呼声。"受访学者表示，问题是一切科学研究、学术探讨的逻辑起点，增强问题意识具有重要的方法论意义，学术界务必以求真务实的科学态度，建立理论与实践的联动机制，破除思想认识误区和盲区，扎实推进哲学社会科学创新体系建设。

---

1 《中国社会科学报》2014 年 5 月 30 日刊登文章《当前学术界最大问题是理论与实践脱节》，本文为《中国社会科学报》记者为撰文而对作者进行的采访。

请从理论学术角度论述：树立问题意识，坚持问题导向，具有什么样的方法论意义？

韩震：树立问题意识，在认识论上讲就是要实事求是，一切从实际出发；从实践的角度讲就是做到有的放矢，不讲空话，根据问题的性质来思考我们的工作思路、办法和步骤。

当前理论学术界在树立问题意识、坚持问题导向方面，是什么样的状况？具有什么样的误区？

韩震：最大的误区就是本本主义、教条主义。这有很多表现，一是洋教条，一切思考都是根据西方的理论来设定，根本不考虑中国实际的特殊性；二是一切原则都是从古书里去寻找，用过去的结论来解决新时代的问题。例如，中国高等学校的社会科学，有人只是讲西方的理论，缺少实践、田野知识的支撑；也有些人只是讲"子曰"和"之乎者也"，缺少时代感和现实感。用这种教育来培养人才，很难培养出符合时代要求的创新性人才来。

还有一种误区是经验主义，即把自己过去成功的经验套用到现在，或把别处的经验套用到此处。

经常有些人到别处考察，回来就照搬人家的经验，结果往往是不尽人意。因为不同地方、不同行业、不同时间的问题是不同的。

如何建立理论与实践的联动机制，消除这些误区、盲区，引导理论学术界走得更远，以扎实推进哲学社会科学创新体系建设？

韩震：我认为，理论界与实际工作者之间最好建立某种沟通机制，双方经常能够互相交流。

还一个办法是实际工作者与学者之间建立"职业旋转门"，使人们可以比较畅通地改变工作的岗位，而目的就是培养有实际工作经验和问题意识的理论人才。

最好的办法就是相互兼职，也可以考虑相互挂职。现在学校和研究单位开始到地方或企业挂职，可以考虑扩大，成为人才培养的一种机制；同时也可以考虑，实际工作者到高校或研究单位挂职。

（记者：陈叶军）

我们的制度植根于中华文化的深厚土壤[1]

——专家学者纵论文化与制度

习总书记提出这一命题有何现实背景和深远意义？

韩震：改革开放以来，我们逐渐走出了一条正确的道路，即中国特色社会主义道路，形成了中国特色社会主义理论，构建了中国特色社会主义制度。经过短短三十多年的努力，中国已经成为第二大经济体、第一大货物贸易国，我们有着最大规模的外汇储备。我们的成功来自中国共产党带领全体中国人民走了一条自己摸索的道路，有着自己总结形成的理论，自己创设的制度。但是，总有些人对此缺乏足够的自觉和自信。特别是，改革开放以来，我们的确从西方发达国家借鉴了许多先进的科

1 2014 年 11 月 17 日，《北京日报》开辟了"理论双月座谈"专栏，邀请嘉宾以"我们的制度植根于中华文化沃土"为主题谈文化与制度，旨在进一步学习领会习近平同志系列重要讲话中关于中国传统文化的重要论述和重要思想，大力培育民族精神，共同坚守理想信念，增强中国特色社会主义的理论自信、道路自信、制度自信，为实现中国梦提供理论支撑和思想力量。

学技术和管理经验，因此就认为我们的成功是完全源于学习西方的结果。实际上，中国特色社会主义在中国优秀传统文化中有着深厚的根源。

中国是一个文明古国，而且这种文化传统一直成功地延续下来。由于没有赶上工业革命的进程，1840年以来中国衰落了。但与几千年的文明史相比，这只是短暂的"历史瞬间"。中国在历史上每一次变动中都能够如凤凰般浴火重生，这次中国的重新崛起以及即将实现的民族伟大复兴，就是因为中国有自己的文化传统，有自己恒久的文化根基。习近平总书记正是从这种大历史观看问题，让中国人民重塑文化自信心。

从文化与制度的关系层面，请具体分析我们的制度如何植根于中华文化的深厚土壤（文化与制度有矛盾，也有一致性：理想愿景、价值取向、治理方式）。

韩震：中国特色社会主义制度首先是社会主义制度，但是这是基于中国历史传统之中的社会制度。因此也必定带有中国文化的根源。首先，以民为本的传统在我们的制度中仍然起作用。中国历史上就有"民为贵"的理念，《尚书》中也说："天视自我民视，天听自我民听。"意思是说，上天所看到的来自于老百姓所看到的，上天所听到的来自于老百姓所听到的。所以，中国特色社会主义在制度设计上特别关注人民群众的参与，特别重视人民群众的意见，特别强调民生，不仅致力于改善人民生活，而且处处贯彻人民当家作主的理念。

其次，天下为公的传统也与中国特色社会主义制度有基因的延续，中国历来讲究"不患寡而患不均"，所以我们的制度强调公平正义，坚持走共同富裕的道路。

再次，"以德治国、德主刑辅"传统对我们的制度仍然有很大的影响力。当然，社会主义社会治理的现代化要走向法治中国，但是我们不能因此忽视道德的功能。德与法在现实中是相互促进、相辅相成的。

最后，很多具体的制度设计也有历史传统在起作用。譬如，郡县制在地方治理方面的影响，以及御史监察制度、中央对地方的巡视制度，等等。

请从我们对外国先进文化和中国优秀传统文化的科学态度的角度，谈谈中国特色社会主义制度的开放性。

韩震：中国有自己的文化根基，但一直对外来文化采取比较开放的态度。例如，佛教的传入丰富和深化了中国的思想，中国的许多乐器、曲目都有其他文化的影响。中国在古代的辉煌就是与中国的开放胸襟有关，凡文化开放的阶段都是盛世，凡闭关自守的阶段都必然走向衰败。改革开放是强国之路，我们靠改革开放发展起来，我们也必须以更加开放的态度走向中华民族的伟大复兴。

对待中国传统文化，我们要有古为今用、推陈出新的科学态度，做到"择其善者而从之，其不善者而改之"；对待外来文化的影响，我们也要采取科学的态度，一是不能一味地排斥，二是不能照单签收、全盘接受。这就是说，既要善于吸取世界各文明的精华，也要善于根据中国的现实创造性地把外来要素转化为对中国有用的东西。

从文化方面来看，进一步坚定制度自信需要解决哪些问题？

韩震：既需要从近代以来造成的自卑心理的阴霾中走出来，也需要从"苏东剧变"的阴影中走出来。实际上，中国近代短暂的落伍，并不是中国文化本身的失败，而是中国文化暂时没有适应人类历史的变迁，出现的暂时的困境，是历史兴衰波动的自然节奏的一部分。中华民族有一种文化上的韧性，这种韧性使中国的再次复兴成为可能。

另外，苏联的解体和苏东的变局也并不是社会主义本身的失败，而是一种僵化了的特殊模式的失败。社会主义是一种崭新的制度，它仍然在历史的探索进程之中。中国人民在社会主义的探索中，基于自己的文化传统形成了中国特色社会主义道路、理论和制度，取得了举世瞩目的成功，这本身就是具有世界历史意义的进程。这一进程不仅证明了中华优秀传统文化仍然有蓬勃的生命力，而且也证明了社会主义制度的内在生命力。

就高校治理接受《中国社会科学报》访谈[1]

一、创设外部治理环境

问：如何处理好政府、学校、社会三者之间的关系，界定管、办、评三方的权责边界？

答：政府主要是提供办学的法律、法规、政策、财政支持，引导学校根据自身特点满足国家和社会对人才培养的需求和目标。学校则依据自身的章程，在国家法律的框架下，根据自身历史形成的特点和优势，找准发展的目标和路径，自主办学，办出自己的竞争优势来。

政府的管主要依靠法律、法规、政策（社会的和财务的），引导学校的办学适应国家和社会的需要；学校则依法治校、自主办学；评价要更多地引入人才使用单位

---

1 《中国社会科学报》2014 年 12 月 17 日刊登文章《学者探讨高校改革：以学术为本　推进高等教育治理现代化》，本文为《中国社会科学报》记者为撰文而对作者进行的采访。

或利益相关方的看法，这就是多元的社会评价。不过，对社会评价要分析地看，因为社会是多重视角的。关键看，学校是否按照自己的人才培养目标的定位去做。例如，不能按照北大、清华的标准去评估地方学院，地方学院在自己的领域内可以做北大、清华做不了也做不好的事情。

问：如何建立中国特色董事会制度，充分发挥党委领导下的校长负责制？

答：我认为，要建立中国特色董事会制度，充分发挥党委领导下的校长负责制的制度优势，关键是要有法治思维。目前，中国的董事会还是一个发展战略咨询性和整合社会力量办学的机制，党委领导下的校长负责制是大学治理的基本框架。如果每个角色都以自己的角色，按照法治思维去相互配合，就能够形成合力。如果还是按照个人的意愿去行事，那么就很难发挥制度的积极因素。

二、完善内部治理结构

问：如何探索教授治学、坚守学术自由，完善以学术委员会为核心的学术权力体系？

答：各国大学章程，都已经把学术委员会规定为学术权力的关键点；教育部也规定主要领导不要兼任学术委员会主席，这就给教授治学、学术自由提供了治理的框架和法规保障。

问：如何处理好加强治理与"去行政化"的关系？

答：大学"去行政化"，不是打碎学术组织机构，不是抛开行使管理职能的职能部门，不是不要维持大学正常运行的必要的行政机构和人员。问题是，行政机构和行政人员必须是为教学科研的学术目的服务，才能够获得自己存在的正当性。行政机构和行政人员不能把自己的部门价值当成是头等价值，在大学最头等的价值就是学生的学和教师的教，所有部门的价值都必须服务于学生的学和教师的教。另外，学校行政部门的人员，包括书记、校长在内，都不是管理教师和学生的官员，而是服务于学生和教师的职员。大学的治理应该是成为一个扁平化的网络结构：在其中，党委把握政治方向和工作大局，校长和行政部门负责学校的整体发展战略和日常运行，教授通过学术委员会的工作引导治学，教职员工通过教职工代表大会、学生通过学生会和研究生会民主参与管理。

就《关于进一步加强和改进新形势下高校宣传思想工作的意见》答记者问 [1]

记者：《关于进一步加强和改进新形势下高校宣传思想工作的意见》（以下简称《意见》）为何选择在这个时候推出？

韩震：新的中央领导集体工作两年多来，各方面都发生了深刻变化，国际国内形势都有些新特点，比如说十八届三中全会提出治理能力现代化，四中全会提出推进社会主义法治建设。根据这样一些新的情况，新形势下，高校宣传思想工作有必要重申一些任务，探讨一些新的方法，进行相应地调整，从而掌握意识形态主动权。

记者：高校宣传思想工作为何既要"加强"又要"改进"？

韩震：一提"加强"，往往容易让人想到课时增加、

---

1 2015 年 1 月 19 日，中华人民共和国中央人民政府网公布中共中央办公厅、国务院办公厅印发的《关于进一步加强和改进新形势下高校宣传思想工作的意见》。作者 2015 年 1 月 20 日就此接受人民网记者访谈。

强度增加。其实，更多的问题不是量的增加，而是方式的改进，提高宣传思想工作的有效性、针对性，这样可以起到事半功倍的效果。现在，年轻人的成长环境已经大不一样，交往方式也发生了很大变化，如果还用以前的老办法进行"加强"，效果往往是事倍功半的，甚至会产生相反的效果。

所以，我们提改进，提完善，就是要研究新问题，用适合年轻人特点的方式来开展工作，宣传思想工作要贴近他们的生活，贴近他们的话语方式，贴近他们的交往方式，这样才能有针对性和实效性，才能真正做好宣传思想工作。

记者：高校宣传思想工作以前也很重视，您觉得这次《意见》有哪些新的提法？重点在哪儿？

韩震：提出了要加强高校意识形态阵地建设，高校是学习研究马克思主义的一个重要阵地。高校不仅自身要做好宣传思想工作，同时也是要为党和国家巩固马克思主义意识形态地位，起到一个理论研究和前瞻研究的阵地作用。

《意见》同时也强调高校是意识形态工作前沿阵地，肩负着学习研究宣传马克思主义，培育和弘扬社会主义核心价值观，为实现中华民族伟大复兴的中国梦提供人才保障和智力支持的重要任务。我们知道，高校是知识、各种文化的集散地，有很多思想交锋，高校既是传播马克思主义意识形态的阵地，也是与其他意识形态较量的阵地。

《意见》提出，高校宣传思想工作具有"极端重要性"，这也是比较新的，以前我们大多说"非常重要"，但这次的提法是"极端重要性"。这也反映了中央对新形势下做好高校宣传思想工作的高度重视。

做好高校宣传思想工作，从组织上也提出了要求。高校党委必须经常研究意识形态问题，在思想上提到更高的高度，在组织上，高校宣传部部长要由常委来担任，这充分体现了要在组织上加以保障。

我觉得《意见》的重点，还是要把意识形态工作抓实，要提高其针对性和有效性。

记者：宣传思想工作与高校的德育工作是什么样的关系？

韩震：学校的根本任务是立德树人，高校就是育人的地方。什么叫育人呢？除了掌握现代知识以外，很重要的一个就是培养学生正确的思想意识和价值观，就是我们说的"三观"（世界观、人生观、价值观），这是决定一个人方向性的问题，这恰恰与我们的宣传工作是一致的。也就是说宣传思想工作，要用先进价值观和理论武装人、塑造人，这本身就是德育。但两者也不完全一致，宣传工作具有广泛性，它不仅是一个育人的功能，而是普遍面向所有教职员工，而高校德育工作更多是针对青年学生，两者范围上有些差别，但根本上是一致的。教师在育人工作中，起着很重要的作用，所以高校宣传思想工作不仅直接在育人，而且也是在为育人做准备。

记者：现在是互联网时代，如何利用新媒体做好宣传思想工作？

韩震：这是一个复杂的问题。像我们这代人，是被动进入互联网时代的，我们的成长年代是看平面媒体长大的。这与现在青年学生的思维习惯、话语体系都不一样，需要向青年学生学习，学习他们对互联网对新事物的敏感意识，学习互联网的表达方式，这样才能找到沟通的共同话语，这对我们是个挑战。

我想，在这个基础上，才能掌握规律。比如，现在互联网流行碎片化的阅读，怎样把方向性、思想性非常强的东西，变成能快速阅读、快速掌握的精神食粮，这是下一步需要研究的。

记者：如何不断壮大高校主流思想舆论？

韩震：最重要的还是全员参与、形成合力，不能一部分人做着宣传思想工作，而另外一部分不参与，这样会影响到它的力量和效果，影响力也会打折扣。如果部分教职员工还起着反作用的话，那就更打折扣了。

除领导干部要带头外，还一定要做好学术精英的工作，他们在青年学生中有知识上的权威性，这种知识权威，如果加以合理引导，会起到很好的引领作用。高校不能把德育工作和知识教育分割开，不能把价值理性与工具理性二元化。不能讲学术的就远离价值观教学，远离德育工作，这样会力量分散，削弱导向。

记者：《意见》提出要大力提高高校教师队伍思想政治素质，您觉得可以从哪些方面着手？

韩震：应该说，绝大多数教师都有比较高的政治觉悟和思想水平，但现在也确实出现了一些问题。我们的一些教师面对新的形势，受到国外文化的冲击，以及互联网多元思想的影响，往往出现一些消极意识，如果不太负责任地把自己一些消极的思想带到课堂，这会产生不良效果。所以，最关键的还是要大力提高教师队伍的思想政治素质建设。

教师是我们育人和宣传思想工作依靠的最主要力量，要加强他们的思想政治素质，首先生活上要关心他们的成长，另外要为他们创造条件加强学习。

记者：有人担心《意见》的出台，会影响高校的学术自由与学术创新，这个观点您如何看？

韩震：我在多年的高校工作中发现，思想意识形态在任何国家其实都会有所限制。比如在美国它也会有"政治正确"问题，你不能宣传推翻美国政府，推翻美国制度，另外包括多元文化、种族问题，这些都是有禁区的，不只是我们存在这个问题。学术自由不是想干什么就干什么，任何国家都有法律限制。就我的经验看来，越是在大的方向上正确，高校往往更容易实现学术自由，方向正确了，空间就比较大，它的学术研究往往更活跃，更健康；如果方向不正确，老出这问题那问题，反而会影响学术自由。事实上，一些出问题的，往往是一些个人情绪或抱怨，他们的观点与中国现实相距甚远。

记者：《意见》的出台与高校"去行政化"的方向是否矛盾？

韩震：我觉得不矛盾，强化党的领导，这与宪法、大学章程以及相关法律是一致的。其实，无论如何"去行政化"，都不是没有行政，而是改善行政。《意见》的出台，有个做好意识形态工作的依据，大家都按此行事的话，这样能改善行政。

记者：《意见》提出，要切实推动中国特色社会主义理论体系进教材、进课堂、进头脑，这方面，您觉得应该怎么做？

韩震：以前推的马克思主义理论研究和建设工程教材，更多注意的是规范性和严谨性，下一步教材，在原来的规范性、严谨性上，要考虑如何增加生动性，表现形式的活泼性和内容的时代性，更接地气，这样的话，才能更容易被年轻人接受。除教材好外，还有一个讲好的问题，再好的教材，如果讲不好，也不会有什么效果，这还是要提高教师的教学水平和学术水平，大学生比一般人具有更强的自主意识的理性，如果教师的学术水平不行、理论上不彻底的话，是无法让学生信服的。

记者：《意见》为何特别强调要切实加强党对高校宣传思想工作的领导？如何强化高校党委的政治责任和领导责任？

韩震：党对高校的领导是我们的传统和成功之处，除加强党的领导外，也有个改进的问题，要加强协调，形成合力，激发各方面积极性。

意识形态是保证社会的方向问题，如果我们没有责任意识，只重视教学科研，而忽视思想意识工作，这样方向就可能出错。如果方向错了，那我们的所有努力都南辕北辙了。所以一定要提高高校党委的责任意识，如果这方面工作做不好，那就是失职。

记者：如何保证《意见》得以落实，真正取得实效？

韩震：在《意见》的贯彻中，党委要确实承担起领导责任、政治责任，协调各方，形成合力。同时要加强教师队伍建设，最重要的还是学术精英这块，他们在年轻人中更有影响力。我建议选拔业务上强的教师担任辅导员、班主任。另外，要加强队伍建设，建设一支相对稳定的思想理论宣传和辅导员队伍，可以以专职教师为骨干，兼职为主。

记者：很多人都说宣传思想工作难做，您觉得这些困难具体体现在哪些方面？具体存在哪些困难？宣传思想工作如何得到师生的理解？

韩震：宣传思想工作确实不好做，因为思想的工作看不着摸不着，成效不容易评估，需要心灵上沟通，做到这点比较困难。而且，心灵工作也是复杂多变的。要得到师生理解，重要的是，不要把宣传思想工作看成是一部分人教育另外一部人，而应该是一个互相教育和自我教育的过程与问题。

牢牢把握办学的社会主义方向 [1]

——访北京外国语大学党委书记韩震

在日前召开的第二十三次全国高等学校党的建设工作会议上，习近平总书记做出重要指示强调，高校肩负着学习研究宣传马克思主义、培养中国特色社会主义事业建设者和接班人的重大任务。加强党对高校的领导，加强和改进高校党的建设，是办好中国特色社会主义大学的根本保证。近日，全国各地高校掀起了学习贯彻会议精神的热潮。围绕高校党建工作的相关问题，记者采访了北京外国语大学党委书记韩震。

记者：当前为什么要强调高校党委在深化综合改革、建设中国特色现代大学制度中的领导核心作用？

韩震：为了保证高等学校立德树人、培养社会主义建设者和接班人这个根本任务，为了确保正确的办学方向，必须发挥高校党委的领导核心作用。坚持和完善党委领导下的校长负责制，必须坚持高校党委的领导核心地位。

---

1 作者 2015 年 1 月接受中国社会科学网记者的采访，本文刊登于 2015 年 1 月 26 日。

高校党委要对事关学校改革发展稳定、师生员工切身利益和党的建设等全局性重大问题做出决策。党委应总揽学校改革发展稳定的全局，统一领导学校的工作，抓好大事，管好干部，加强党的建设和思想政治工作，尊重和支持校长独立负责地开展工作，力戒包揽行政事务。校长在党委领导下，依法行使职权，积极主动地做好教学、科研和行政管理工作。

记者：在推进高等教育治理体系和治理能力现代化的历史新时期，发挥高校党委领导作用的关键是什么？

韩震：我认为，在新时期发挥高校党委核心领导作用的关键有三点。第一，坚持法治思维。在法律的框架下，按照法规和学校章程，做学校发展的引路人，党委是把握方向，而不是越俎代庖。第二，坚持民主集中制的原则。党委书记、校长要发扬民主，充分听取和尊重班子成员的意见，支持他们的工作。领导班子成员要相互理解、相互支持，对职责分工交叉的工作，要注意协调配合。第三，坚持党建工作的全覆盖，激活基层党组织的活力，发挥基础党组织的战斗堡垒作用。

记者：目前有高校试点将党建工作纳入高校干部年度绩效考核、推出"微型党课"等措施加强和改进党建工作。这些尝试是否有借鉴意义？怎样健全高校党建工作长效机制？

韩震：抓党建，首先要思想上建党。内修要靠教育、靠学习、靠内省；外修要靠纪律、靠监督、靠制度。练内功，就是要加强学习教育，强化宗旨意识，坚定理想信念，补足共产党人的精神之"钙",从根子上解决好世界观、人生观、价值观这个"总开关"问题。外化于行,就是抓实效,加强纪律建设,增强党员的身份认同,自觉严肃党内生活,维护组织形象和权威,明确纪律红线。

在校级领导班子中,党委应着力强调责任意识、作风意识,强调建立党内健康的同志关系,用好批评与自我批评的武器,提高政治敏感性,牢牢把握办学的社会主义方向。学校领导既是教育家,也必须是政治家,不应以自己是搞业务的为由淡化自己的党员身份,要自觉遵守党内纪律、维护党的形象。

我认为,目前党建工作的重点还是要从严治党。而从严治党必须做到标本兼治、常抓不懈。治标,就要对不良行为进行批评和改正;治本,就要从制度入手,建立长效机制。标本之间也有辩证关系。标,看起来也许只是无伤大雅的外伤,但是如果任其发展感染,就可能伤及肌体,成为心腹之患;本,当然是根本,如果没有肌体表现其内在的力量,那也无法发挥作用。无论治标还是治本,都要依靠人民群众。群众路线是我们党的根本工作路线。"从群众中来,到群众中去",是我们党的根本工作方法,是我们党的方法论。我们党是为人民服务的,对人民负责,由人民进行监督,而不是像西方那样搞多党制的制衡、搞不同利益集团之间的争权夺利。人民是党的血脉,更是党治党理政的智慧源泉。这是我们党最大的政治优势。从 2014 年年初开学开始,北京外国语大学就邀请全部教授列席学校的中层干部会,还在教代会年会增设了教职工代表质询校领导和职能部门的环节，进一步畅通教职工参与学校管理的通道。为了从严治党，我们要进一步通过综合改革理顺学校内部治理机制，强化学校的内部治理的民主化，拓展教职员工和学生参与管理的空间，强化群众的监督机制。

记者：强化思想引领，牢牢把握高校意识形态工作领导权，是新形势下办好中国特色社会主义大学的根本要求。中共中央办公厅、国务院办公厅近日也印发文件，明确了进一步加强和改进新形势下高校宣传思想工作的指导思想、基本原则和主要任务。在您看来，如何才能更有效地加强高校宣传思想工作？

韩震：以培育和弘扬社会主义核心价值观为例，关键不是反复重复地讲社会主义核心价值观的词语，而是将其变成可以打动人们心扉的故事、话语，将其变成可以在其中践行和体验的活动载体，从而在外化于行的过程中内化于心。为此，我们就必须建设具有中国特色、体现时代要求的大学文化，培育和弘扬大学精神，继承和发扬中华优秀传统文化，促进社会主义先进文化建设，以文化人。立足学生全面发展，努力构建全员全过程全方位育人格局，形成教书育人、实践育人、科研育人、管理育人、服务育人长效机制，增强学生社会责任感、创新精神和实践能力，全面落实立德树人根本任务。

（记者：毛莉）

就社会主义核心价值观重大攻关课题答《中国社会科学报》记者问 [1]

问：请简要介绍您受委托承担的社会主义核心价值观课题取得的成果？

答：2013 年 4 月，我承担了北京市中国特色社会主义研究中心的重大项目"社会主义核心价值观研究"，这个课题被列为北京市哲学社会科学重大规划项目（委托）。承担项目的两年多来，我所领导的课题组围绕价值观基本理论问题、社会主义核心价值观凝练的基本原则和内涵、核心价值观的认同等子课题，对社会主义核心价值观相关问题进行了研究。我们分析了价值观的层析性，考察了现代性语境下的价值危机，核心价值观的中国传统文化资源，提出了凝练核心价值观的基本原则等问题并进行了系统考察；从国内和国际两个维度，分析了社会主义核心价值观的认同问题，特别是从民生建设、话

---

1 本文发表于《中国社会科学报》2015 年 6 月 17 日。原题目为《践行社会主义核心价值观 提升国家文化软实力——访北京外国语大学党委书记韩震》。

语表达方式、国民教育、公共外交、对外文化传播等方面对相关影响因素进行了分析。基于对这些问题的研究，我们发表了系列论文 80 多篇，写作和出版了《社会主义核心价值观新论——引领社会文明前行的精神指南》（中国人民大学出版社，2014 年版），即将写作完成《中国的价值观》一书。

同时，我们积极开展社会主义核心价值观的宣传教育活动。比如，应中央组织部党员教育中心的邀请，我们编写了全国党员教育培训教材《兴国之魂——社会主义核心价值观五讲》（人民出版社，2013 年版），从国家、社会、个人三个层面，对社会主义核心价值观进行了阐述，在思想宣传教育领域产生了较大影响。我们出版了"社会主义核心价值观·关键词"丛书（共 12 册，《富强》《民主》《文明》《和谐》《自由》《平等》《公正》《法治》《爱国》《敬业》《诚信》《友善》，中国人民大学出版社，2015 年版），对社会主义核心价值观的 12 个词语进行了深入浅出的解读。同时，应国务院新闻办要求，该丛书还被翻译成英文，面向全球出版发行。我和课题组的成员也先后多次参加社会主义核心价值观宣讲工作。我自己就为第 8 期中宣部全国宣传部长培训、中组部非公企业党委书记培训、北京市青联、北京大学生、北京通州区中心学习组做关于社会主义核心价值观的报告各 1 次，为新闻出版广电总局局级干部讲社会主义核心价值观的报告 3 次，在中央电视台《核心价值观讲坛》栏目中讲授相关内容。

我们还特别对青少年社会主义核心价值观教育进行了探索。我们结合九年义务教育"思想品德"教科书修订，对社会主义核心价值观融入国民教育进行了探索，将核心价值观的内容与精神体现和渗透在了教科书中。同时，应河北少年儿童出版社的邀请，我们编写了"美德照亮人生"丛书，针对不同年龄段孩子的实际，以图文并茂的形式，开展核心价值观教育。

问：为什么党的十八大提出要积极培育和践行社会主义核心价值观？

答：我们都知道，驾车出游需要达到目的地的地图，海上航行需要罗盘引导方向。同样，我们改革开放，进行中国特色社会主义实践探索，也不能盲目地跟着感觉走，需要有通往公平正义目标的方向感，即需要符合社会主义性质的价值引导。从国内情况看，社会发展的价值定位越来越重要。新世纪以来，我国已进入改革攻坚期和各种矛盾凸显期，各种利益关系之间的冲突将进一步增强，各种新的社会问题会相继出现，这些都对人们的思想观念和价值观念产生各种各样的影响，我们需要用社会主义核心价值观凝聚共识，夯实共同的思想基础。从国际上看，价值观的竞争越来越激烈。价值观是一个国家文化软实力的精髓。一个国家的影响力与其核心价值观是密切相关的。法国的崛起，与自由、平等、博爱的价值观念相伴随；英国的崛起，与自由贸易的理念相联系；美国的崛起，与民主、人权、世界秩序相交织。在国家由大国到强国的过程中，文化的内涵越来越丰富，核心价值观的力量越来越强大。为此，一个国家需要立足国情，同时面向世界和人类历史未来发展，确立起具有强大感召力的价值观念。只有这样才能在激烈的国际竞争中脱颖而出，才能对世界产生重大的影响力。

在当代中国，我们面临诸多的问题，其中之一则是：为什么我们经济发展迅速，综合国力大幅提升的情况下，我们的话语权和软实力却没有得到同样的提升。我们总是在西方人主导的价值标准下为自己的行为辩护，很少掌握话语主导权和议题设置权。中国的崛起不仅仅是经济的发展，而且应该是社会制度和社会文明的崛起，这包括中国文化特别是价值观的崛起。价值观的竞争与较量是一个世界历史现象，中国和平发展的进程应该是一个中国价值观得到弘扬和升华的进程。如果说问题就是时代的呼声，那么价值观就是对这种呼声的方向性定位。我们必须培育和践行我们自己的核心价值观，以凝魂聚气，强基固本。我们必须把中国的故事讲好，把中国声音传播好，让国际社会对我们道路、理论、制度的特色和优势有更好的理解，显示中国特色社会主义的优越性。实际上，改革开放和中国特色社会主义的伟大实践，让当代中国在经济、政治、文化、社会等方面都取得了令世人瞩目的成就，用短短几十年时间把中国这个落后的发展中国家转变成为一个经济大国，大大改变了世界格局。这就充分证明了：中国特色社会主义有自己反映了人类社会的发展趋势，因而也应该引领人类社会及其文化的发展进程的价值观。

问：为什么在我们经济发展迅速、综合国力大幅提升的情况下，我们的话语权和软实力却没有得到同样的提升？

答：与中国经济发展的速度相比，我们的文化发展特别是我们的文化影响力还不够。究其原因，首先是因为我们的社会主义核心价值体系仍然没有找到具有世界范围内可理解的具有普遍意义的话语表达体系。我们习惯于把核心价值体系置于纯粹的政治话语或表达形态上，而缺乏将其转变为具有普遍规范力量的社会理想理念层面的话语。我们总是停留在说"坚持马克思主义的指导地位"上，但却对马克思主义的核心价值追求缺少明晰的表达；我们不断重复"社会主义共同理想"这个表达，但对社会主义共同理想的价值取向本身的说明却并不清晰。我们必须明白，中国共产党和中国人民之所以选择马克思主义，不是因为马克思主义这个名称，而是因为马克思主义持有符合中国人民翻身得解放的价值追求和价值取向。中国人民之所以选择马克思主义作为自己的指导思想，就在于它是中国人民争取民族解放、建设人民当家作主的公平正义社会制度、建设人民安居乐业的和谐社会的思想武器。中国人民之所以走社会主义道路，也不是仅仅因为社会主义这个名称，而是因为社会主持有建立没有剥削和压迫、人人平等，每个人都能够得到全面发展的和谐社会的价值理想。社会主义之所以是比资本主义更先进的意识形态，就在于它探索寻找实现建立人民当家作主、公平正义、人人和谐发展的社会制度的现实途径。要想掌握文化和价值观的话语权，就要凝练出有明晰指向且引导人类历史发展方向的价值理念来，有了这样的先进价值理念才能引领文化发展的方向。另外，西方作为强势文化已经有数百年的历史，他们在价值观的话语传播和话题的设置方面有着丰富的经验，这也给我们在价值观上的话语权设置了重重困难。

问：在12个词24字的社会主义核心价值观内容中，哪些可以被看作最核心的价值呢？

答：十八大报告通过"三个倡导"，提出了由24个字组成的12个价值观。这些都是我们应该提倡的基本的价值观，但是对于核心价值观而言，在抓住本质的情况下，越是简洁就越有话语的修辞力量。那么，在这些基本的价值观中哪些可以被看作最核心的价值观呢？我们认为，在凝练社会主义核心价值观的时候，不能随意选取一些看起来美好的价值概念。现实生活中诸多美好的价值观能否成为核心价值观，须从历史、现实和理论的角度加以体认。那些不被视为核心价值观的价值观，也许并不是因为它们不重要，更不是因为它们不值得珍视，而是因为它们所体现的价值取向是另外层面的问题。一个社会可以有各种各样的价值观，我们也可以根据不同的需要倡导许许多多不同的价值观，但是核心价值观却应该是特定社会比较稳定的反映这个社会制度本质的价值观。

核心价值观是意识形态的精髓，它必须是国家社会制度价值取向的体现。可以说，一种核心价值观也就是这种国家的社会制度对人民的承诺、对人类未来前途命运的把握、对历史发展方向的定位。核心价值观必须是真正目标性、理念性的价值，而不能是工具性、手段性的价值。作为制度层面的价值取向，核心价值必须是战略目的性的而不是战术手段性的。例如，社会主义革命和建设需要"战争""专政""改革"等，但战争、专政和改革都是达到目的的手段，并不是目的本身。对社会主义来说，人民当家作主就是理念性的价值，而不仅仅是手段；社会主义革命就是为了建立人民当家作主的公正社会。核心价值观必须是基本性的、持久性的价值观，而不能是次生性的、短暂性的价值观。我们不能三天两头地提出所谓新的核心价值观，如果那样说明我们没有找到自己真正核心的价值观念，而是把暂时的阶段性的价值当成了核心价值。我们可以与时俱进地提出自己的时代性目标和一般价值，但是核心价值观应该是比较稳定的，且不宜随意更换。可以随意更换的显然不是核心的。核心价值观必须是更具解释力的价值观，而不能是包含在其他价值观中的价值观。有些价值是次生的，可以由其他价值加以解释或者内涵在其他价值之中。

社会主义核心价值观必须基于中国特色社会主义的

现实，因此必须与中国特色社会主义的伟大实践相互映照。中国特色社会主义道路和制度是我们的最基本的现实，正是基于这样一个现实，我们的价值观就应该是当代中国的价值观，是社会主义的价值观，而不是别的什么价值观。我们倡导的某些价值观，尽管与其他别的价值观有近似或相同的概念术语，但却因为处在不同的历史阶段有着不同的社会实践，因而有着不同内涵和规定性。譬如，人民当家作主的民主不同于西方狭隘的投票民主；人人自由全面发展的自由也不同于西方的个人权利至上的自由。

社会主义核心价值观必须着眼于人类历史发展的前进方向，必须在反映社会主义制度先进性上确立价值观的制高点。尽管没有放之四海而普遍有效的普世价值，但是只有符合历史发展规律、反映社会前进方向的价值观才具有世界历史性的意义。我们的价值观是基于中国道路和中国实践，因而必定具有中国特色和形态。同时，从历史发展的角度看，由于中国特色社会主义道路和实践遵循着人类社会文明进步的轨迹，因此我们的核心价值观必定具有普遍的世界历史意义。

基于上面的考虑，我们认为可以在"三个倡导"所提出的 12 个价值观的基础上进一步凝练社会主义最核心的价值观。我在《社会主义核心价值观新论——引领社会文明前行的精神指南》一书中就指出，公正是社会主义制度最核心的价值追求，民主即人民当家作主是反映社会主义本质要求的价值观，和谐是最具民族特色又具有普遍世界意义的价值观。

问：我们应当如何来积极培育和践行社会主义核心价值观？

答：培育和践行社会主义核心价值观应该遵循一些基本的原则和方法。

第一，必须面向理想的价值引领。要基于中国特色社会主义的现实，必须与中国特色社会主义的伟大实践相互映照；着眼于人类历史发展的前进方向，必须在反映社会主义制度先进性上确立价值观的制高点；将培育和践行社会主义核心价值观与实现中华民族伟大复兴的梦想联系在一起，从而实现与民族文化认同和国家认同的相互促进；要认真寻找正确表达我们价值理念的话语形式，必须在能够打动群众心扉的表现形态上下功夫。

第二，必须着眼于先进性。培育和践行社会主义核心价值观，必须面向民族文化的活力和新思想的创造力，必须面向国际交往和思想交流的道德制高点，必须有超越资产阶级的价值追求，必须面向世界和人类历史的未来发展方向。

第三，在方法和途径上要有创新。比如，要把培育和践行社会主义核心价值观落实到经济发展实践和社会治理中，注重经济行为和价值导向有机统一，经济效益和社会效益有机统一，实现市场经济和道德建设良性互动；认真寻找正确表达社会主义核心价值观的话语形式，在能够打动群众心扉的表现形态上下功夫；应该外化为人们的生活方式和行为方式，为此需要大力开展涵养社会主义核心价值观的实践活动；共产党员、领导干部和社会精英要在培育和践行社会主义核心价值观的过程中起模范带头作用等等。

第四，要系统但有阶段特点地将社会主义核心价值观融入国民教育全过程。要高度重视中学、大学思想品德、思想政治教育，有效发挥其社会主义核心价值观教育的功能。把社会主义核心价值体系融入国民教育全过程，起主渠道作用的就是义务教育的品德类课程、高中的思想政治课程以及高校的马克思主义理论教育课程。实践表明，价值观教育必须基于青少年发展阶段的身心特点，德育必须遵循教育规律，必须回应社会发展的要求，才能取得成功；要充分发挥教师的模范引领作用，加强教师职业道德建设；大力实施马克思主义理论研究和建设工程，巩固马克思主义在意识形态领域指导地位。

问：您能否从教育的角度，谈谈如何构建新时代的文化认同与国家认同？

答：教育与认同有着内在的联系，教育在其本质上就是为了把人培养成什么样的人，即让人认同什么样的文化、价值观、道德规范和行为方式。国家的公民教育就是为了培养人对国家的认同。在经济全球化、信息网络化、知识经济和文化多元化的背景下，国家认同及其关于国家认同的教育也面临着许多新的挑战，我们需要根据变化着的时代来调整和重构我们的国家认同教育，积极应对各种挑战。

首先，我们必须把国家认同教育建立在先进的更具有世界历史意义的价值理念基础上。在全球化和理念"并置"且竞争的情况下，只有先进的价值理念才更具有感召力、吸引力和竞争力。在全球化的时代，只是身在某国的国家认同还不够，还必须有作为一国公民值得为之自豪和骄傲的理由，这才能奠定国家认同的内在的理想信念。因此，我们必须积极培育社会主义核心价值观，并且把这种价值观置于人类社会进步发展的前进方向的引领力量上。我们当然不能够像有些国家那样把自己的价值观强加在别人身上，但是，毋庸置疑的是，我们的价值观的吸引力、影响力和感召力则基于它的先进性。

其次，我们必须把国家认同的教育放在国家公民共性基础上，而不是单纯的族群认同上。这样的教育，才能对内团结各民族人民，凝聚国民共性和"我们感"；对外展示中国公民独特的国民气质和品格，形成中华民族的共同文化特征。中华民族特性使我们能够与其他民族相分殊，公民共性使我们成为有同一性的国民，这样就可以构建基于国民共同文化基础上的国家认同。我们的教育就是以主流价值观和文化范式塑造国民，让全体国民有同样的价值观、权利和义务的责任意识以及道德和行为规范。只有这样的教育，才能帮助人们——无论是汉族还是少数民族——形成共同的国家认同。

再次，我们必须把国家认同的教育与国民的自主自觉意识、与公民参与国家公共生活的实践结合起来，这样形成的国家认同才是内在的可持续的认同。如果说过去纯粹的灌输还能够起作用的话，那么在全球化和网络化的现在，任何认同教育必须引导自主自觉地理解和接受才能达成认同的实际效果，只有引导人们积极参与公民生活才能体验到归属感和爱国的情怀。

最后，我们必须改进和完善我们公民教育的叙事方式。我们过去往往单纯地讲了一些概念，如"爱国""敬业""责任"等等，但没有很好地将这些概念和价值观融入我们知识教育的叙事之中。我们一直强调加强思想政治教育，但在完善思想政治教育的效果方面仍然有很多值得研究的地方，仍然有很大的改善空间。我们要学会把价值观融入正常的生活叙事和知识叙事之中去，而不是简单地重复主流价值观的概念本身。主流文化和社会主义核心价值观也许就像盐一样，它们应该渗透在各种菜肴——文化叙事和公民生活——之中，从而使菜肴味道更加美妙，而不是每次都把它们作为单纯的概念直接端出来让人们吞咽，这样做就类似于让人直接吃盐，味道未免太咸了！

问：弘扬社会主义核心价值观过程中如何推进哲学社会科学创新体系？

答：在建设中国特色社会主义的进程中，随着社会的整体发展和进步，哲学社会科学扮演着越来越重要的作用。在当前形势下，我们必须以深入实施马克思主义理论研究和建设工程为契机，构建中国特色的哲学社会科学创新体系，奠定中国社会发展和文明进步的文化基石。

我认为，推进高等学校的哲学社会科学创新体系建设，首先要面向中国特色社会主义道路的伟大实践。对于高等学校来说，必须坚持以重大现实问题为主攻方向，立足中国特色社会主义伟大实践进行新的理论创造，重点扶持立足中国特色社会主义实践的研究项目，通过实证研究和理论研究，深刻阐释中国特色社会主义道路是中国共产党领导中国人民立足中国国情、借鉴人类文明优秀成果走出的创新之路，是人类文明史上的伟大创举，是中国对世界的历史性贡献。只有基于这样真实的、伟大的历史性实践的学术研究，才能获得历史性的理论创新和学术进展。只有基于中国特色社会主义建设的实践，我们才能真正发展社哲学会科学，推进学科体系、学术观点、科研方法创新，在全面建设小康社会、加快推进社会主义现代化的历史进程中做出新的更大贡献。只有这样，才能真正建设具有中国特色、中国风格、中国气派的哲学社会科学。

推进高等学校的哲学社会科学创新体系建设，还要立足哲学社会科学的传承创新。只有站在前人研究的基础上，我们才能不断攀登新的高峰。中华民族有着悠久的文化传统和丰富的思想理论资源，近代在与西方文化的接触中也有了新的发展与转向，特别是马克思主义传入中国给哲学社会科学的发展注入了新的活力，与时俱进的中国化的马克思主义成为引领中国社会发展的指导思想。这是我们哲学社会科学创新的最大思想资源和理论背景，我们的学科体系的创新是对原有学科体系的调整、综合和发展，我们的学术观点创新是对已有观点的继承、改造和发展，我们的方法创新是根据变化的形势在原有方法基础上的范式变化。因此，哲学社会科学创新就要巩固发展马克思主义理论学科，坚持和发展中国特色社会主义，坚持基础研究和应用研究并重，传统学科和新兴学科、交叉学科并重，实施哲学社会科学创新工程，从而实现推进学科体系、学术观点、科研方法创新的目标。

推进高等学校的哲学社会科学创新体系建设，也要提高哲学社会科学人才培养质量，为哲学社会科学和文化繁荣提供人才保障。哲学社会科学要创新，就需要培养有创新能力和创新意识的哲学社会科学人才。培养创新人才，不仅要给他们深厚且广博的知识训练，而且要培养他们反思和批判性思维的能力；不仅要让他们树立科学精神，而且要培育他们的责任意识和历史使命感。鉴于此，高等学校必须不断改革哲学社会科学教学体系、教材体系，改进教学方法，更新教学内容，培养更多哲学社会科学人才。

推进高等学校的哲学社会科学创新体系建设，同时需要加强国际交流与合作。我们不仅要研究国际问题，而且结合国际视野研究中国问题，才能真正增强中国哲学社会科学国际话语权。中国的话语体系既需要用汉语表达，也需要用不同的外语表达。在全球化的时代，学会用外语表达中国话语，才能更好地发出中国声音。因此，我们必须培养更多有中国立场和中国情怀的高素质外语人才。只有通过国际化的培养机制才能营造出适当的氛围，培养出符合 21 世纪全球化进程所需要的具有较强跨文化交流的人才来。

问：如何促进中国文化和社会主义核心价值观的海外传播？

答：文化和价值观需要传播才有影响力，传播能力与文化、思想的力量是相辅相成的。我们文化影响力不足，与我们的传播理念和传播能力也有密切关系。我们必须加强对中国特色社会主义文化和核心价值观的提炼与阐释，拓展对外传播平台和表述载体。过去，我们往往擅长于讲自己的道理，而不善于用对方能够理解的话讲道理；我们经常不分对象地讲自己习惯的话语，却不善于用对方可听懂的话语去表达；我们动辄试图以赤裸裸的观点去影响别人，却不善于用动人心扉的故事去打动别人。

加强文化传播能力，既需要话语体系的改革，也需要语言能力的拓展。在当前，一方面我们应该加强汉语的国际推广，以便让更多的国际人士能够以贴近我们思维方式的途径来理解我们；另一方面还必须拓宽外语传播中国文化的途径，不仅西方强势文化占据的传播阵地需要我们攻克，而且广大发展中国家的市场也需要我们去开辟。

当然，文化传播能力主要是议题设置的能力，在这个方面我们也需要改变过去比较单一、单调的毛病。我认为，最重要的就是改变我们通常习惯的用原则和概念阐述我们的国家和政府的立场和观点，反而对人民群众日常生活关注不够的问题。只有把焦点聚焦在人民群众的生活和创造性活动之上，才能彻底改变传播方式单一和缺乏感性生命力的毛病。中国的国家形象必须靠真实的国民形象来构建，中国的价值观也需要靠国民的喜怒哀乐和生活追求来体现。价值观不能仅仅是概念，而是人民对美好生活的渴望和追求。2014年3月29日，习近平总书记在与德国汉学家、孔子学院教师代表和学习汉语的学生代表座谈时提到：介绍中国，既要介绍某一个特色，也要全面地介绍。既要介绍历史的中国、古代的中国，也要介绍现代的中国。既要介绍中国，也要介绍中国人，还有介绍中国文化。通过与世界文化的亲密对话，我们要不断丰富中国文化的表达方式，提升中国的话语权和议题设置权，让国际社会加深对中国发展进程的理解，增强对我国和平发展的认同。

韩震教授与卡林·罗马诺教授对话录

题记：卡林·罗马诺（Carlin Romano）教授曾获普林斯顿大学哲学学士学位、耶鲁大学哲学硕士学位、哥伦比亚大学法学博士学位，现就职于宾夕法尼亚大学和尤西纽斯学院，主要讲授哲学和媒体理论课程。他曾就职于《费城问询报》，并为《华尔街日报》和《纽约客》等媒体撰稿。2005 年获普利策文艺批评提名奖。专著有 *America the Philosophical* 等。2015 年 6—7 月，卡林·罗马诺教授为北京外国语大学国际新闻与传播学院讲授网络哲学课程。7 月 1 日，与北京外国语大学党委书记韩震教授进行了本次哲学对话。

卡林·罗马诺：一些学习西方哲学的人在学习中国哲学的时候，会觉得中国哲学并不是严格意义上的哲学，更像是一种宗教体系或者思想体系。您如何看待东方哲学和西方哲学之间的关系？两者是否差别很大，以至于无法很好地沟通？

韩震：作为学科的中国的哲学是在西方的影响下确立的。也就是说，在欧美现代化社会建立起来以后"西学东渐"，在"东渐"的过程当中，现代学科意识影响了中国，中国也按照西方传来的方式开始对宇宙、人生、社会的基本规律进行考察，结果发现，无论是老子、孔子，或是庄子，他们都有西方所说的哲学思想。中国过去没有严格意义上的哲学学科，但有哲人、哲学思想甚至哲学体系。西方，最早把哲人的聪明和智慧联系在一起的是希腊，欧美哲学的起点就是希腊。"哲学"一词出自古希腊文，其字根的意思就是"智慧"。而在中国，我们最早看到的哲学家就是常说的圣人，从这个意义上双方确实有共同点。

卡林·罗马诺：我读了一些哲学方面的文章，发现很多西方的哲学家对于东方的哲学家有偏见。他们认为东方的哲学家并不会相互争论或者思辨，往往只是讲故事，所以他们觉得中国哲学并不是真正意义上的哲学。但是在读到孟子的书的时候，我发现孟子经常说"如果……就……"，其实这就是一种思辨话语模式。您如何看待呢？

韩震：我认为，这种误读是存在的，但误读也是相互的。也就是说，东西方哲学实际上都是为了探讨宇宙的奥秘和人生的真谛，但方法上存在差别，表现形态各异。比如说，中国哲学更多的是从整体的、有机的、互相关联的角度看问题，整体是有生命的。就像中医一样，并非"头疼医头、脚疼医脚"，可能头疼反而需要从脚开始检查治疗，从整体上考察。从本体上来说，中国说"道可道，非常道"，也就是说真正的"道"是没有办法被分开看的，把它分开看，它就是死的，作为整体看它才有生命。《庄子》中有一个寓言故事叫做"混沌之死"，意思是，混沌本来是没有七窍的，是一个整体，但当他得到眼睛、鼻子等七窍后，混沌反而死了。西方哲学从一开始是从分析的角度去看问题，从一开始就找一种"始基"。比如说水是万物的"始基"：万物都可以还原归于水，水变成了万物，万物再复归于水。中国更多的是从整体去看问题，也就是说想从有生命的角度理解这个世界；西方也有整体，比如黑格尔，但是黑格尔是把它作为历史阶段来看待。所以说，双方可能想达到的目的是一样的，但是方法确实有微妙的差别。

卡林·罗马诺：我本人是哲学家，也是一个记者，我对"哲学如何从宏观的层面反哺整个社会、反哺普通人的生活"很感兴趣。您现任党委书记，之前还当过校长，从这两个校内职位最高的角色出发，您是如何把哲学和普通生活整合在一起的？西方世界也观察到，习近平总书记现在非常强调儒家文化向中国社会的回归，认为习总书记是为了平衡三种思潮，即伴随资本主义影响及市场化进程的重商主义思潮、儒家文化、共产党最根本的马克思主义原则。作为一位哲学家，又作为一个行政人员，您是否认为这是一个非常大的挑战？又该如何将三种思潮进行有机整合呢？

韩震：中国文明从起源开始就注重自己的历史。近期有新闻报道说，湖州发现了 4000 年前的丝绸，说明丝绸 4000 年前就已经进入了人们的日常生活。另外，陕西发掘出土了一些陶器，据推测距今 4000—5000 年。陶器上的文字中就有"尧"字，说明当时尧的传说是有根据的。这些发现，虽然还没有完全成定论，但是可以肯定地说，中华文明一直在这块辽阔的土地上生息。尤其是有了文字之后，就一直有着记载历史的传统，注重历史的传承。

中国文化有着祖宗崇拜的传统，中国哲学与此也有关系。中国讲究人伦，但并不是说必须要分清根基到底在哪、起点究竟在何处，更多的是讲求对关系的思考，强调的是历史的绵延、历史的谱系。历史不是线性发展的，而是许多偶然性纠结的、错综复杂的。中国人习惯于从历史中寻找智慧。回顾中国历史可以看出，尽管朝代更迭，但新的朝代总会给前一个朝代修史。中华民国成立后要修清史，但因为中华民国历史比较短，清史基本上没有完成。现在中华人民共和国成立后，既修清史稿，也修民国史稿。这是中国的历史文化的传统。

此外，中国人观念中并没有一个西方"上帝"那样的概念。中国古代有"天""帝"等概念，也曾经出过"皇天""上帝"这样的词汇，但是其内涵与西方的"上帝"截然不同。在西方，"上帝"是人类的创造者。而在中国，"天"也好，"帝"也罢，实际上是一种统治关系的象征，与民众有着互动的关系，仅此而已，但又非常微妙。因此，中国历来重视从历史传统当中寻找治国理政之道，或者生活价值、生活原则、生活意义等，都是由此而来。

卡林·罗马诺：那是不是可以理解成现在中国强调传统文化回归，不仅仅是强调儒家文化的回归，也包括佛家文化、道家文化？是不是这三种文化中都有一些值得汲取的因子？

韩震：原则上是如此的，但最根本的还是儒家。儒释道的并存说明中国文化并不是必须得寻求一种绝对真、绝对好的文化，"绝对真""绝对好"仅仅是一个臆断。这恰恰就体现出中国精神文化传统中"和而不同"的包容精神。比如，在岳麓山山脚下有儒家的岳麓书院，半山腰有佛教的寺庙，到山顶则建有道观，三种文化并存于一山。在这个意义上说，中国是尊重历史、包容差异的。但是，通过文艺复兴、启蒙运动以及工业革命，西方和其他文化发生了一种断裂式的革命。这对中国来说也是三千年未有之变局，对中国也提出了很大的挑战：既感受到威胁，也由此而逐渐觉醒。因为中国在这个断裂过程中，无论是自觉还是被动，就开始向西方学习了，也就是"师夷长技以制夷"。"西学"实际包括很多方法，康有为、梁启超，到洋务运动，再到孙中山。最后为什么马克思主义在中国取得成功呢？首先，马克思主义是"为人民群众即弱势群体求解放"的思想。当时的中国是国际社会的弱势群体，是被剥削侵略的国家。无论是从国家的角度，还是民族的角度，作为一种解放的哲学，它更容易被中国人接受。其次，从思想原则上来讲，马克思主义不是许诺未来的天堂，而是要在现实中改造世界，建立一个更理想、更完善的社会。而儒家讲求"敬鬼神而远之"，讲究在现实社会中保持人文的和谐，保持天人合一。从这个意义上看，二者是相通的。儒家强调实践，主张人要靠自我"修身齐家治国平天下"，事情无论好坏，都是自己做出来的。这与马克思主义也是共通的。

卡林·罗马诺：之前我在北京大学做访问学者的时候，碰到了很多哲学家还有思想家。其中有一位学者说，如果20年之后，中国共产党改名为中国儒家党，他一点都不会吃惊。当时我说：你在开玩笑吧？那个教授说，我大概是半玩笑、半认真吧！我问为什么。这位学者说，现在我们党的一个重大挑战就在于，如何才能够改变资本主义思潮带来的"重物质"的思想。尤其现在很多年轻人都是崇尚物质生活，不再如传统中的那么孝顺和谦卑。现在更加注重儒家文化，是否能够帮助年轻人消除这种思想，同时让马克思主义能够在中国重新盛行？这种观点，您怎么看？另外一个问题就是，马克思主义当中是不是有些无法融合儒家文化的观点？是不是有些儒家文化的观点是不同于马克思主义的？

韩震：我之前的回答其实都与此相关。中国接受马克思主义，又进行了革命，才让中国发生了改变。实际上，每一次革命在逻辑上往往都容易走向"对立"：容易极端地看待原来的历史。实际上这种"极端"从胡适就开始了。也就是说，上个世纪初，一批激进分子甚至希望把中国的文字都拉丁化、改成符号语言。这就走向了极端对立。这种"极端"使中国的文化——本来注重历史传统的民族文化——出现了断裂。我有一次在哈佛大学见到杜维明先生，他也提出"作为中国人意味着什么"的问题，也就是"中国人还有没有延续着自己的文化传统"的问题。这个问题值得反思。无论是资本主义文明，还是马克思主义，都使中国原来的文化得到提升，这必须承认。因为他们促进了中国人从原来僵化的思想束缚中走出来。但是，那种完全"割裂"历史的观点，完全否定了古代、过去，只肯定现在的做法是错误的。这种做法给中国带来一些消极的影响。最有害的就是，它助长了人类无限地扩大自己的欲望，不断地冲击着人们道德价值体系。比如，成功成为评价一个人是否具有价值的最好标志，人只能成功不能失败，人与人之间的关系只能通过人的成败予以评定。这就让人际关系变得越来越紧张，让原来因为人类相互合作才能取得成功的文化受到挑战。就这样，原有的很多道德体系也被认为是"旧"的，哪怕它只是包含一些错误而已，却还是被彻底地抛弃了。这就像给孩子洗完澡，把洗澡水和孩子一块儿倒掉了。

卡林·罗马诺：有些美国学者认为，现在中国青年比美国青年显得更加"资本主义"。他们很喜欢各种各样的国外电子设备，手机什么的。中国政府现在在世界各地设立孔子学院，强调儒家复兴，甚至有人呼吁政府通过立法强迫子女定时定期回家看望父母。您是否认为改革开放之后，是因为中国的儒家文化被弱化了，国家才开始重新重视儒家文化，以避免中国的年轻一代成为资本主义的傀儡？

韩震：我不同意"打手机就是资本主义"的说法。我在美国呆过，也去过欧洲。我发现现在似乎美国特别是欧洲，人的心灵更平静。中国处在落后状态、追赶状态，有一种急迫感，这是可以理解的。每个人，尤其是当人们长久被压抑得到释放后，有一种想立刻赶上西方生活水平的想法。这种焦虑和急迫感比西方强烈很多。我们不能说邓小平时代儒家文化弱，习近平执政时期就要恢复。鲁迅曾说中国文化是"吃人"的文化，这有一些极端。我认为，无论是胡适、鲁迅，甚至毛泽东时代，儒家文化都出现过某种程度的断裂，这在当时都是有原因的，甚至是必需的，而现在则是一种道德体系的重建，因为中国过去曾经把自己的道德体系完全作为封建文化进行批判，尽管也有人意识到不可能完全批倒。但这确确实实给中国经济发展以后社会关系的自我完善、自我调节带来一些问题。过去见义勇为是一种恻隐之心，而现在出现了有人病倒在路上却没人敢上前帮扶的现象。从马克思主义角度来讲，这种人性的变化并非历史的断裂，而是历史发展的必经过程，是从革命的一种——断裂式的革命——走向一种文明的完善进步的过程。在这个完善进步的过程中，中国共产党发现，在中国这块土地上建立一个现代化国家，不能完全割断自己的历史，而应该在历史基础上、在文化传统基础上，适应新社会的变化，迸发传统思想文化本身的生命力。而实际上，即使那些发表过极端言论的人，思想根基上仍然保留着儒家的影子，无论是胡适也好，鲁迅也好，毛泽东也罢，他们讲的话很多都是儒家的。我在西方生活过，知道实际上西方也进行了宗教革命，但是今天宗教仍然起作用，即使人们不信教，但宗教文化确实起着道德"奠基者"的作用。而中国的文化或道德"奠基者"恰恰是中国的传统文化，也就是以儒家为主的传统文化，以及包括佛家、道教在内的一些思想。所以，现在向传统文化的某种"回归"，和道德重建、道德制度重建是有关系的。

我还要谈谈目前文化的"定性"，也就是说中国绝对不是要回到儒家去，也不是回到古代去。马克思主义本身从来没有离开人类文明的大道，包含着人类所有文化成果。我们更多地提马克思主义的中国化、时代化和民族化，也就是提倡建立中国化的马克思主义。我们既要发展地对待马克思主义，也要发展地对待中国传统文化。我们要发展地看问题，目光朝向未来，而不是以"回到儒家"来解决问题。说实在话，恰恰就是儒家没有适应现代化社会的变化，中国才出现了问题。但也并不是说一旦出现问题了，我们就该抛弃儒家，反而是要我们在历史传统上接受西方文明好的东西，吸纳世界各国好的东西。反思过去，我们发现闭关自守的时候，就像人生病后吃饭一样，病了以后就不愿意吃，吃下去也消化不了，而健康的时候，吃的也多，也能吃得下去，消化又好。在这个意义上，中国现在正处在一个善于学习、愿意学习的阶段。就像黑格尔说的，中国正在经历一个"再青春化"的过程。

卡林·罗马诺：非常感谢您接受我的提问。您当过校长，现在是党委书记，您如何看待两者的区别？

韩震：在中国，不理解中国共产党就没法理解中国。因为，中国共产党作为一个全国性的领导党，有 8000 多万党员，是中国工人阶级的先锋队、中华民族的先锋队。中国共产党是中国制度的一部分，而且是不可缺少的关键的一部分。至于说党委书记和校长是什么关系，校长是党委领导下的校长，"党委领导下的"并不是说党委书记领导下的校长，党委书记也得接受党委的领导。党委书记只是党委工作的主持者或者说第一责任人。也就是说，作为党委书记我更多是领导党委成员来讨论决定学校的重大方向性问题，例如，重大问题决策、重要干部任免、重大项目投资决策、大额资金使用等。教学实施等具体工作的开展和完成都是校长的职责。实际上，党委领导、校长实际实施，这也是中国式民主的体现。西方不是也有董事会、董事长嘛！

卡林·罗马诺：最近，教育部和中宣部都强调，高校应该祛除某些西方思想。我认为，作为哲学家，在我们批评一个事情之前，我们首先要理解它，哪怕我们不认同它。那么是不是说现在高校必须以一种批判的角度去谈，而不是全盘接受，还是说我们必须全盘否定？

韩震：您在中国呆过，应该有很多感受。我是学习西方哲学的，并且在课堂上教授西方哲学。在哲学专业课程中，西方哲学占了很大的课程内容。中国并不忌讳这些西方思想，忌讳的是什么呢？忌讳的是有特定目的的，甚至是歪曲式的思想，例如把"西式民主"神圣化的思想。中国有中国的民主，比如说我当过校长，要想当校长，是要经过很多老师民意测验的，民意不够是当不了校长的。校长每年要向教职工代表大会汇报工作，接受咨询，还要接受群众的民主测评，每年一次。若得分太低，那就说明我的工作没做好。而且教代会、学术委员会等各方面的委员会都在起作用。所以，中国对民主是很重视的。有些国家看起来民主，但也就在某几个人之间投票选择而已。所以说，民主是一个制度性安排，本身有各自的特点，适合每个民族自己的特点就是可行的。当然，我并不是说中国的就是完善的。中国有长期的封建社会历史，还走在现代化建设的路上，正在一步一步地走越来越民主的道路。中共十八大提出的"五个布局"里，其中就包括政治民主化。这正是我们要必经的过程。当然，我绝不是说中国共产党就没有犯过错，但是中国共产党能够改正自己的错误。中国共产党把这么一个大国，从积贫积弱的落后国家发展成为第二大经济体，就证明我们选择的道路是基本正确的。同时，我还想说，绝对不能说中国没有自由，来过中国的人就能够感受到中国人民享有广泛的自由。我觉得只要不戴着有色眼镜，就能够看到中国的进步，看到中国正在进步的路上。人类是一步一步发展的，不是从一个点一下子跳到另外一个点上变成别的东西的。就像长颈鹿和梅花鹿，脖子长了，你不能把它按短，脖子短了也不能拉长。每个民族都得按照自己的道路去发展。

卡林·罗马诺：非常感谢您的回答，最后我想表达一下我的观点。我之所以来到中国，是因为很多美国的媒体对于中国的报道过于简单了，对于中国共产党、中国政府的报道过于片面。很多美国的媒体在报道中国政府和共产党的时候，往往是呈现他们负面的形象，说他们做了一些错事，常常忽略了中国共产党和中国政府维持和平稳定发展的观点其实是言之有据的，站得住脚的。因为，如果说中国要保持稳定的话，就需要一个强有力的政府，这是非常符合逻辑的。然而，美国的媒体往往不愿意呈现这样一个很重要的观点。而且我想告诉韩教授的是，很多美国人民也非常同情并且支持中国政府的立场，而且他们也认识到中国政府一直以来都是在努力提升人民的生活水平，而且经过多年努力已经让很多人脱贫。他们也看到了中国现在基础设施建设蓬勃发展，还有中国的经济发展的效率非常惊人。所以这一次我也非常乐意看到中美两国之间有更多的交流。这样一来也可以让更多的美国人了解中国。其实，中国的自由远比

《纽约时报》报道的要多，而且中国政府也是会更加愿意提升人民的生活。

韩震：谢谢你的评价。实际上，中国还有很多问题，而且我也说了，中国是愿意学习的、愿意改革的。中美是两个大国，美国仍然是最强大的国家。中华民族不是一个进攻性民族。历史上中国版图的扩大，是民族融合的产物，往往都是外部入侵以后被中国的文化同化的。习近平总书记提出"人类命运共同体"和构建新型大国关系，就是体现了中国人和平发展的愿望，这是第一。第二，中国最基本的价值观是什么？我认为是"和谐"。比如说"和为贵"：人与人之间讲究以和为主，国家之间强调的是协和万邦，和而不同，各自保持特色，各秉立场，我想，只要奔着和而不同的理念发展，世界就会越来越好，对中美两国的发展也比较好。中国有句话是"瘦死的骡子比马大"，何况美国并不是瘦弱的，仍然是当今世界最胖最壮的。谢谢！

卡林·罗马诺：您说得非常好，谢谢！

民主不是"赢者通吃"
商量着办才能找到平衡¹

编者按：民主是人类文明的潮流，世界上每个民族根据自己不同的文化特点，其民主的形式也是多种多样的。中国作为一个大国，民主同样也是在一个不断完善的过程中。民主不是一个理想状态，也不是一个目的，而是一种通过文明治理达到人们幸福生活的手段，是一个过程。

北京外国语大学党委书记韩震是哲学研究领域的知名学者，尤其在中国民主进程的研究方面有独到见解和深厚造诣。日前，韩震接受中国网中国政协频道专访。

"商量着办"才能找到利益平衡点

中国网政协频道：中国老百姓常说一句话"商量着办"，这句话与社会主义协商民主有怎样的联系？基层百

1　本文刊登于中国网 2015 年 8 月 14 日。

539

姓生活中，怎么体现出社会主义协商民主的优越性？

韩震：从利益主体的角度来说，中国的民主不应是"赢者通吃"，因为每个人代表的利益是不一样的，而且对于利益的追求有一种最大化的倾向。如果和别人的利益追求发生碰撞，就必须要协商，也就是自己过得好也要让别人过得好。只有"商量着办"，大家才能找到各自利益的平衡点。民主不仅是多数获利，实际上也要保护少数人的利益，这就是协商的优越性所在。

从认识论的角度来说，每个人的看法都是有限的，即每个人的视野都有限，谁也没有办法掌握绝对真理。协商过程实际上就是要达到相互了解并且使视野相互融合的结果，用更大的视野有利于把问题看得更为全面。

从伦理学的角度来说，民主不是替人民作主，是让人民当家作主。而要让人民当家作主，就需要让他充分表达意见，通过协商最终达成一定的结果。这种结果即使显得缺乏效率，缺乏理想性，但对于保证社会的和谐发展也是必要的，这是一种尊重。

民主的实质在于借民主的方式达成共识

中国网政协频道：有人认为，真正具有广泛意义上的社会主义协商民主，是要"人民参与到基层自治和民主管理中"，从现实情况来看，实现这个目标还存在哪些问题需要解决？

韩震：中国共产党历来推行"从群众中来，到群众中去"，群众路线是党的一个法宝。从基层来说，如学校的教代会，农村的村民自治，实际上就是基层自治、民主管理的过程。

民主的实质不在于投票，而在于借民主的方式达成共识；投票只是对共识度的检验。我们的社会主义协商民主经过长期的探索和发展，已经呈现出了自己的特色和优势，也在现实层面解决了不少中国经济社会发展中的重大问题。当然，我们的协商民主也确实存在需要改进的地方。

其一，协商民主在制度化建设方面还有待进一步强化。一些单位的领导不讲规矩，剥夺了大家的监督权和民主建议权，这说明我们在制度上还有很多漏洞。

其二，在摸索经验的基础上建立协商民主的程序，比如，以什么样的方式进行协商，以什么样的方式开会讨论，可能并非所有的问题都能解决，但这样能够保证大家的程序正义，保证人民的民主权利，有利于社会的和谐稳定。

不是所有的妥协都是民主，但没有妥协肯定不是民主

中国网政协频道：在您之前发表的一篇文章《民主的"妥协"实质与程序》谈到"有了妥协的程序，民主才会获得尽可能多的人支持，从而形成民主的社会氛围"，那

么，这个"妥协"的度应该怎么把握？

韩震：民主是达成妥协的一种程序性安排。因为不同的人看法肯定不一样，那么为了形成共识，就不能用一个人的看法代替所有人的看法，而应当是大家集体智慧的凝结，或者是相互之间的一种视野融合。这种融合，实际上就是我们所说的协商，就是妥协。

当然，妥协需要一定的程序性安排来达成，比如，表决、协商等可以实现妥协的程序。没有程序性安排，就没有办法达成妥协。有了程序，我们可以设置议题，提出问题，通过协商，也许有部分人放弃了自己的观点，也许有部分人吸收了对方的观点，只有大家都遵守程序，才能避免党派恶斗，避免僵持，避免盖住反对的意见，这样才能以最广大人民群众的根本利益为基础达成共识。

妥协并不是随便的，不只是几个利益相关方相互妥协，而应当是越来越民主，越来越依据法治。不是所有的妥协都是民主的，因为有的妥协是非民主的。但是，没有妥协肯定不是民主，因为没有妥协就等于不尊重另一方的意见。

中国的民主与西方的民主没有高下之分

中国网政协频道：有部分人认为西方社会的两党制或多党制才能实现真正的民主，票选民主才是民族的真谛，您怎么看待这种观点与中国特色社会主义协商民主理念的区别和联系?"协商民主"这个概念是上世纪80年代西方学界提出的,但是习近平总书记说,"协商民主是中国社会主义民主政治中独特的、独有的、独到的民主形式",这该怎样解读?

韩震:中国的民主与西方的民主没有高下之分,西方的确有很多经验值得我们借鉴,但大家都在探索过程当中。

民主是为了更好地推进人类文明和人民的幸福生活。怎样实现民主,不同民族、不同国家可以有不同的探讨。即使在美国,总统也并非是一人一票选举出来的,而是选举人团选出来的,从这个意义上讲就是间接选举。很多国家对民主都有自己的探索,比如议会制、总统制等。中国的协商民主,则是社会主义民主独特、独有、独到的民主形式,是中国的特点。

中国人讲究"和",和衷共济,而并非对立式的竞争,即我们很多时候都是通过协商来达成社会共识,这就是中国协商民主的优势所在。我们在尊重人民群众,尊重大多数人的同时,也尊重所有利益相关方的意见。我们更注重和谐推进,有序推进,这是我们的民主一种独到的表现形式。

建议赋予人民政协复议权

中国网政协频道:人民政协是中国政治生活中发扬

社会主义民主的重要渠道，在您看来，政协除了履行政治协商、民主监督和参政议政的职能，在实现社会主义协商民主方面还应发挥什么样的作用？

韩震：人民政协的三大职能政治协商、民主监督、参政议政的覆盖面已经是比较广泛了。

不过，我们现在的立法权完全在人大，全国政协并没有立法权，因此，从学者的角度上来说，我建议可以借鉴一些国家的经验，赋予人民政协复议权，这样不仅能够体现出政协的参与和制衡，还能提高立法质量，使得制度得以完善调整。

杜绝"一言堂" 北外有举措

中国网政协频道：在"打老虎"的背后，大家发现很多党内协商是流于形式的，往往是"一把手"一言堂，尤其是地方政府中间的"一把手"缺乏权力监管，党内民主在实际操作上不一定能实现。您怎么看这个问题？有哪些建议？

韩震：我们的党是从战争年代发展起来的，战争年代确实是更需要高度集中，我党在后来的发展过程中经历的一系列经验教训也说明，我们还没有完全找到一种绝对成熟的方法来杜绝"一把手"腐败，这确实是值得我们反思的，也说明我们的制度上肯定有漏洞。

另一方面，虽然我们现在强调民主集中制，但掌握权力的人本身的民主素养也会影响民主的进程。在大权独揽的情况下又不讲规矩，就容易出问题。在这一点上，我认为北外的改革措施有借鉴意义。北外在去年进行了三项改革：

第一，学习其他学校，设立教代会质询，进行治理方式的改革，主管领导和处长等都会接受教代会的提问，改变先前"讲完就拉倒"的方式，现在要扩大民主参与权。

第二，进行学术民主改革，由教授推荐和选举成立学术委员会，学术委员会主任改由教授担任，校长不再担任此职。

第三，进行党内民主改革，譬如，2014年我们试行机关总支书记要公推直选，没有候选人，经过几轮流程，大家直接选举出来。

总之，中国也有民主，中国的民主需要进一步完善，但是无论什么样的民主，都需要秩序和相互尊重。

（记者：张宁锐、秦金月）

发挥高校优势，助力"一带一路"[1]

——访北京外国语大学党委书记韩震

作为国家发展的重大倡议，"一带一路"带来了国家间的深度合作。新形势下，高校如何立足自身特色和学科优势，为国家战略发展提供人才支撑、交流服务和智力支持，值得我们深思。为此，本报记者对北京外国语大学党委书记韩震进行了专访。

记者：针对"一带一路"倡议，北外有哪些特殊的人才培养计划？

韩震：语言是文化交流的载体，作为以外语特色立足的学校，语言类人才的培养是我们服务于"一带一路"最重要的任务之一。

"一带一路"沿线国家众多，急需大量通晓当地语言、熟知当地政治经济文化风俗的人才，而这样的人才目前较为匮乏，非通用语言即"小语种"教学任务还比较重。北外是我国开设语种最多的高等学府，也是国家重点支

---

1 本文发表于《人民日报》2016 年 4 月 14 日，有改动。

持的非通用语种高端人才培养基地，现已经开设 72 种外语，计划 2020 年前将增至 100 种，而其中"一带一路"沿线国家语种是开设重点，争取做到不留空白。

面对"一带一路"、全面对外开放的部署，仅仅培养能听说读写的纯外语人才还不够，还需要发展交叉学科，培养复合型人才。北外目前调整学科专业结构和人才培养体系，在保障对外交流语言"高标准"的同时，开展"语言＋国际金融／国际关系／国际新闻传播／国际法／国际中国学"等人才类型的培养实践。如果能做到"在学法律的人中英语最好，学国际关系的人中法语最好，在学经济金融的人中德语最好"，就能形成比较优势，多几把刷子，才能走遍天下。

现实证明，复语型、复合型人才的培养，切合了中国与欧美、亚洲、拉美、非洲等诸多国家进行合作交流的需要，这也正是海外发展"需求侧"与外向型人才"供给侧"对接的表现。

记者：在"一带一路"的经济合作中，高校如何提供服务？

韩震：高校在科技人文、语言文化、国际交流等方面具有自身独特的优势，通过协同创新、跨界融合，高校应当主动承担起"桥梁"作用，积极探索与地方政府、行业、企业、社会组织等合作的新模式，汇聚各方资源，增强高校的社会服务功能。

北外在 2015 年年初成立了丝绸之路研究院，并与中国招商局集团蛇口工业区进行了深入而富有特色的合作。双方围绕发挥各自要素禀赋优势,服务"一带一路"倡议,取得了一系列成果。一方面打造出了"产学研创"的平台和"走出去"的桥梁;另一方面,承接外国高级研修团的研讨座谈和实地考察,加深"一带一路"沿线国家对中国经济特区和自贸区的了解。

记者:在"一带一路"人文交流方面,高校如何发挥作用?

韩震:"民心相通"是"一带一路"建设的重要内容。要把"一带一路"落到实处,必须加强各国人民友好往来,既要把世界介绍给中国,让中国了解一个多样的世界,也要把中国介绍给世界,让世界理解一个变化中的中国。

做好对外文化交流传播,需要开展对对象国经济、政治、历史、文化、法律、宗教等方面的综合研究、深入了解,加快培育一批既熟悉"一带一路"国家语言,又了解其国情和文化的高端复合型人才。

做好对外文化交流传播,也需要进一步扩大来华留学教育,培养适需的境外人才。目前,孔子学院已在世界各地落地生根,高校可以通过"孔子新汉学计划"对世界各国,特别是"一带一路"沿线国家的优秀学者进行资助,以课题研究等方式帮助他们深入了解中国和中华文化,做足功课培养他们"知华""友华"的力量,从而增进中国与各国人民之间的友好关系。

记者:面对"一带一路"倡议新要求,高校应向何处发力？

韩震："一带一路"及国家开放战略的提出，对高校人才培养、学科建设和科学研究提出了更高的要求。主动服务国家倡议，构建国家亟需的智库，应当是高校的着力点。

具体来说，一要密切关注党和国家事业发展全局性、战略性、前瞻性问题，聚焦"一带一路"倡议和中国文化、中国企业"走出去"战略，发挥学校学科优势，加强多学科交叉研究，深入开展政策研究和咨询。二要统筹协调校内外各方资源，就北外来说，我们将重点支持国际中国文化研究院、丝绸之路研究院、"一带一路"语言教学与研究中心、公共外交研究中心等一批有影响的研究机构，积极发挥国别、区域研究中心的智库功能，加强与政府部门及其他政策研究机构的合作，推出一批有影响的政策研究成果。三要建设中国文化"走出去"效果评估中心，探索中国文化在全球发展的战略问题，探究中国文化在海外的影响，大力支持孔子学院建设。四要进一步扩大非通用语专业的社会服务范围，建立涵盖高端翻译、政策调研、决策咨询等的多元化社会服务体系。

就党的十八届三中全会答记者问 [1]

问：如何认识创新社会治理在实现全面建成小康社会进程中的作用？

答：在自然经济状态下，人们的生活和交往半径非常有限，社会的秩序是靠生活礼俗调节的。目前，中国已经在经济全球化进程中迈出坚实的步伐，成为全球第一大货物贸易国，经济交往遍布世界各个角落。中国已经从熟人社会走向陌生人交往的社会，基于此必须从过去按照风俗习惯治理的社会转向按照法治规则治理的社会。中国社会要实现现代化，就必须在治理方式上实现现代化。

问：全面建成小康社会的目标给创新社会治理提出了哪些新要求？

答：党的十八届五中全会又提出了创新、协调、绿色、开放、共享的发展理念，标志着我们党对中国特色社会主义发展道路的认识达到一个新高度。发展到现在，

---

1 《中国社会科学报》2016 年 8 月 17 日刊登文章《创新社会治理 全面建成小康》，本文为《中国社会科学报》记者为撰文而对作者进行的采访。

靠模仿和借鉴已经无法维持持续的发展，实施创新驱动发展战略是必然的不二选择，有了真实的创新才能抓住牵动经济社会发展全局的"牛鼻子"，抓创新就是抓发展，谋创新就是谋未来；发展到现在，分路推进发展已经走到了能够走的高点，要再进一步发展就必须是各领域之间的协同推进，协调发展已经成为制胜的关键或要诀，协调既是发展手段又是发展目标，也是评价发展的标准和尺度，我们必须着力推动区域协调发展、城乡协调发展、物质文明和精神文明协调发展，推动经济建设和国防建设融合发展；发展到现在，我们再也不能靠牺牲环境来发展了，生态环境是我们唯一的共同家园，必须坚持节约资源和保护环境的基本国策，像保护自己的眼睛一样保护生态环境，像对待自己的生命一样对待生态环境，推动形成绿色发展方式和生活方式；发展到现在，我国综合国力得到大幅提升，但这不是放弃改革的理由，只有更进一步的开放才能给我们提供更大的发展空间，要发展壮大就必须主动顺应经济全球化潮流，充分运用人类社会创造的先进科学技术成果和有益管理经验，提高把握国内国际两个大局的自觉性和能力，充分利用国内国际两个市场和两方面的资源，提高对外开放质量和水平，为中华民族复兴提供国际环境和空间；发展到现在，主要问题已经不是争论让不让一部分人先富的问题，而是到了先富必须带后富的阶段的问题，我们应该朝着全体人民共同富裕的目标前进，着力践行以人民为中心的发展思想，构建共建共享的社会主义和谐社会。

问：在当前时代背景下，创新社会治理面临哪些问题和挑战？

答：（1）公平的问题，即贫富分化、地区差别的挑战；（2）民主参与、公民自由与秩序稳定之间的关系问题，出路就是法治体系下的自由秩序；（3）发展与环境之间的矛盾问题，出路在于改变经济发展模式，这就需要提升中国产业在价值链上的层次，这就需要科技创新、制度创新；（4）国家发展与国际关系问题，上升期的国家如何实现和平崛起的问题。

问：要实现以创新社会治理促全面建成小康的目标，需要重点解决的问题是什么？您认为应当如何解决？

答：中国的历史经验也告诉我们，必须有序地进行社会改革。中国这么大一个国家，一旦失序，很可能就会重回上个世纪初的军阀混战的状况，或者陷入类似乌克兰目前的情形，这并不是没有可能。中国治乱兴衰的历史上告诉我们，文明的跃升必须走出治乱循环的怪圈。过去，中国历史不断循环，从治理到混乱，从混乱再到治理。现在，我们的目标是实现中华民族伟大复兴的中国梦，希望中国从这种历史循环中逐渐走出来，能逐渐有序地走向现代法治社会。不仅建立健全法治的制度，而且大家逐渐习惯于法治状态，建立一种新的文化。这是我们实现现代化社会治理的唯一出路。

在实现社会治理现代化过程中，我们必须谨记自由的界限：一是不能破坏社会自由得以存在的框架性秩序。社会安定的秩序，是人民幸福生活的前提。

二是他人的自由就是我的自由的界限，反过来说，我的自由也是他人自由的界限。也就是说，每个人的自由都以别人的自由为界限。许多人可能认为中国人缺少的是自由，自由权利的确应该随着历史的发展而逐渐扩大，但是秩序也应该得到维护，中国人的确有一个逐渐适应公共秩序的问题。

三是在尊重秩序的时候要不断完善秩序，使其成为越来越好的秩序。强调秩序与重建社会秩序，绝不是认可恶俗旧制。重建的社会秩序应该是平等的、包容的，即每个人都同等地遵守秩序、享受这种秩序带来的好处。例如，过去封建社会的"礼""仪"是为了"别贵贱""分长幼"，形成一定的生活秩序；现在我们重建的礼仪则必须是基于人人平等的价值观，也就是说，新的礼俗应该是人与人相互尊重的交往规则或仪式。

总之，无秩序的自由只能是动物的任意性，有秩序的自由才是真正的社会性自由。秩序保障了我们的基本生活，这是追求自由的前提；我们的自由活动，即人们自下而上的自由活动，也就是每个人对自己权利的自由追求，也能够促进秩序向更加完善的方向发展。这就是说，正是人民有序的自由活动，不断推进社会走向法治、走向更文明的秩序。

（记者：潘玥斐）

就"打造国家文化品牌"答记者问 [1]

    中国文化欲走向世界，必须形成自己的国家文化品牌。文化与品牌的关系，应是相辅相成、缺一不可的。没有文化支撑的品牌，是空洞无物的品牌；没有品牌载体的文化，是散乱无章的文化。一个国家文化品牌的形成，需要四个条件，即深厚的文化积淀，先进的文化理念，持续的文化创造力，以及强大的文化传播力。

    党的十八大以来，我国在建设社会主义文化强国、提升中国国际话语权和传播力方面取得了新的重大进展，中国特色文化品牌正趋于成型。

    问：如何理解国家文化品牌对中国文化"走出去"的战略意义？

    答：国家文化品牌不仅体现了文化的内涵和品格，而

---

1 《中国社会科学报》2016 年 8 月 31 日刊登文章《中国特色文化品牌正在形成》，本文为《中国社会科学报》记者为撰文而对作者进行的采访。

且就是这个国家文化软实力的象征。文化品牌是一个国家文化特征的标记，没有文化品牌，就没有国家文化的存在感。在文化影响力激烈竞争的背景下，这还不仅仅是国家文化影响力大小的问题，而往往是有无影响力的问题。

问：中国特色文化品牌应具备哪些内涵？

答：中国特色文化品牌首先要有民族特色，如汉字、长城、儒学等等，一接触就知道与中国文化存在内在联系；中国特色文化品牌还要有持久的文化理念，即她的内容与时代步伐总是息息相关，不断为时代发展注入新的启迪，这种理念不仅能够解释历史与时代的发展，而且可以引领历史与时代的发展；中国特色文化品牌亦需要有引人入胜的表达形式，容易引起人们的关注，可以打动人们的心扉。

问：近几年来，我国的文化品牌建设有哪些成就？

答：近几年来，我国的文化品牌建设有了很大成就：例如，中国传统文化和平发展的理念，和而不同的思想已经为许多世界友人所欣赏。再如，汉字也通过孔子学院的不懈努力，成为很有软实力的文化品牌。又如，中国的春节，已经成为世界许多地方愿意体验和欢度的节日。最后，"中国梦"的概念本身就已经成为一个很好的文化品牌……

问：为加快中国特色文化品牌的定型，扩大其世界影响，在理论准备和实务操作两个方面，我们还应重点做哪些工作？

答：主张构建协和万邦与和谐世界的中国梦，并不是要与其他的梦对立。中国梦的提出和实现，都会有利于世界其他梦想的实现。因此，文化品牌有自己的特色，但必须有深沉的人性普遍价值。

要让中国文化品牌能够反映中国文化的基本特征、价值和功能，并且能够获得世界范围最广泛的理解，就必须回到作为文化基础的生活世界本身才行。这就首先要求，传播中国文化的品牌和话语应该让人愿意看、愿意听，看得下去、听得进去，看了能够喜欢、听了能理解，理解了能有同情的体悟。我们过去总认为对外传播是"高大上"的行为，总是以悬在空中的抽象原则作为话语的表达方式，从而让我们的对外表达话语失去了感性的生命色彩和触动情感的灵动。怎么样才能"心有灵犀一点通"？那是因为有同样的生活、同样的情感、同样的希冀，才能产生心灵的共鸣。由此，我们的文化品牌内涵只有"深深融入人民生活，事业和生活、顺境和逆境、梦想和期望、爱和恨、存在和死亡，人类生活的一切方面"，才能引起人们的共鸣，给人们以启迪。国外某些人在贬低我们的文宣方式时，把我们说成为只会说概念化的套话和原则，尽管他们这样的说法是别有用心，但是也值得我们反思。我们要从对手的批评中寻找提高自己表达文化和传播文化的话语能力，探索恰当的表达和传播途径，我们不能把感性的生动拱手相让。我们必须牢记，概念是灰色的，而生活之树常青。

我们是历史唯物主义者。按照唯物史观，人民群众是历史的创造者。许多看似风光或惊心动魄的历史事件，实际上是人类长河中翻腾的浪花。真正的支撑文明进程的，都是作为人民生活实景的劳作、养育子女的日常生活、闲暇审美活动的愉悦，如此等等。一回到这些问题中，大家就有了最基础也最具共性的话语领域。人民的生活既充满差异的多样性和创造力，又容易相互同情甚至共鸣地给予理解。话语的生活基础可以防止话语的模式化或僵化。政治是生活的集中体现，当政治话语反映人民生活的内容时，不同文化之间就更容易相互理解。对外传播无非是要表达自己的看法，以便与人沟通，让人理解自己。要让人理解，就要讲别人愿意听、听得进去、听得懂的话，那就要想尽办法找到共同的话题。要学会通过生活和实践的叙事，学会用人民群众的语言和人民群众的亲身经历来讲故事，让中国文化和中国人的梦想，通过鲜活的生活叙事和行动故事显现其理念的光辉和理想的力量，从而打动世界人民的心扉。

在文化竞争西强我弱的基本形态下，我们要学会用外语和外部的传播手段传播我们的文化品牌。即使在纯粹的话语形式层面，我们也应该注意话语的交互理解的可能性。与外国人讲话，表达我们的利益追求和看法，我们就不能自顾自说自话，就要使用外国人能够理解的说法或话语。讲述中国梦，不仅要讲中国话语，而且要讲能够打动世界的中国话语；不仅要学会用中国语言讲述中国梦和中国话语，我们还要学会用外国语讲述中国梦和中国话语；不仅要用英语、法语、日语、德语等发达国家的语言讲述中国梦和中国话语，还要学会用亚非拉各发展中国家的语言讲述中国梦和中国话语。向世界讲述中国梦，就需要掌握用外语讲中国话语的本事。不是说用外语讲就不是中国话语了，用外语讲好中国话语，能够更好地向世界讲述中国梦。正像新自由主义的话语翻译成汉语，仍然是西方话语。用其他语言恰当地讲述中国梦，仍然是中国话语。中国已经成为一个全球性角色，而且国家利益也越来越具有全球性质，我们必须学会用各种语言表达我们的话语和利益。

另外，我们可以考虑这样的路径推广我们的文化品牌：正像过去我们在革命时期走农村包围城市的道路，取得了革命的胜利。实际上，在西强我弱的情况下，西方的文化已经占据西方舆论场的统治地位，我们不妨从亚非拉西方传播相对薄弱的地方入手，从边缘逐渐走向中心。

（记者：肖昊宸）

始终不渝带领人民创造幸福生活 [1]

——关于改善民生和创新社会治理的对话

主持人：人民日报理论部高级编辑　张怡恬
嘉　宾：北京外国语大学党委书记　韩　震
　　　　国家发改委社会发展研究所所长　杨宜勇
　　　　中国人民大学公共管理学院教授　董克用

中国特色社会主义的成功，不但表现在经济快速发展上，而且表现在民生持续改善和社会和谐有序上。党的十八大以来，以习近平同志为总书记的党中央始终把人民放在心中最高位置，时刻把人民群众的安危冷暖放在心上，把改善民生作为推动发展的根本目的，加快社会治理创新，中国特色社会主义社会建设取得了重大成就。我们在改善民生上取得了哪些突破性进展，在社会治理上有哪些新认识、新举措？成功实践的背后有哪些理念和思想创新？今天刊发的理论对话和大家手笔，围

1　本文刊登于《人民日报》2016 年 9 月 28 日。

绕这些问题进行交流探讨。

——编者

"一个好的社会，既要充满活力，又要和谐有序。社会建设要以共建共享为基本原则，在体制机制、制度政策上系统谋划，从保障和改善民生做起。"

突出两大任务，打造充满活力又和谐有序的社会

主持人：党的十八大以来，以习近平同志为总书记的党中央坚持以人民为中心的发展思想，把民生工作和社会治理工作作为社会建设的两大任务，提出了一系列新思想、新举措，在国际金融危机后国际形势风云变幻、国内改革发展稳定任务繁重的大背景下，确保了我国社会既充满活力又和谐有序。这些新思想和新举措有哪些特色，为什么能取得如此突出的效果？

董克用：党的十八大以来，以习近平同志为总书记的党中央坚持问题导向，不断创新社会治理方式和解决民生问题的思路，不断加强顶层设计和制度建设，开辟了社会建设理论和实践的新境界，具体表现为"五个突出"：突出了更高水平的民生保障；突出了体制机制和法制的重要性；突出了社会建设和经济发展的联动；突出了政府责任；突出了公平正义。比如在就业方面，把促进充分就业作为经济社会发展优先目标，重点抓好高校毕业

生就业和化解产能过剩中出现的下岗再就业工作，特别鼓励以创业带动就业，努力实现比较充分和高质量的就业。这不仅能大量增加就业岗位，也能为我国经济发展增添巨大的新动力。在社会保障方面，着力解决了积存多年的地区差异大、制度碎片化问题。通过加强顶层设计和制度建设，推进了机关事业单位养老保险制度改革，破除了被广为诟病的养老保险"双轨制"；通过整合城乡居民基本养老保险制度、基本医疗保险制度，推进城乡最低生活保障制度统筹发展，全面实施户籍制度改革等，有力地解决了城乡居民在制度上的公平和公共资源上的共享问题。

杨宜勇：党的十八大以来社会建设的另一个突出亮点是提出了社会治理概念，并对加强和创新社会治理做出了一系列重要部署。党的十八届三中全会《决定》指出"必须着眼于维护最广大人民根本利益，最大限度增加和谐因素，增强社会发展活力，提高社会治理水平"。社会治理的提出，既是理论上的重大创新，也蕴含着实践上的重大突破。正如习近平同志指出的："治理和管理一字之差，体现的是系统治理、依法治理、源头治理、综合施策。"与传统社会管理采取简单的自上而下的管理与被管理模式不同，我们所提出的社会治理倡导多方参与、共建共享，社会各方以合作、协商的方式处理复杂的社会问题和社会矛盾，进一步强化了人民群众的主体地位，积极回应了社会呼声和群众关切，体现了现代国家治理理念。这深刻反映出我们党对社会建设规律的认识达到了新高度。

韩震：从更宏观的视野来观察，以习近平同志为总书记的党中央社会建设思想主要有两方面的基本特色。一是在方法论上更加具有整体性、综合性、系统性。党的十八大以来，我们党提出创新、协调、绿色、开放、共享的发展理念，落实在社会领域，就是要以更广阔的视野、更深入的思考、更务实的举措解决社会问题，全面、系统、协调地推进社会建设，保证社会既充满活力又和谐有序。二是站在世界观和历史观的高度，强势重申不忘初心，不忘我们党始终不渝的奋斗目标——带领人民创造幸福生活。习近平同志强调坚持以共建共享为基本原则进行社会建设，既充分调动起全体人民推动发展的积极性、主动性、创造性，又让广大人民群众共享改革发展成果，从而使国家发展具有了最深厚的伟力。

"人民对美好生活的向往，就是我们的奋斗目标。"

在改善民生上持续取得新进展，朝着共同富裕方向稳步前进

主持人：民生是人民幸福之基、社会和谐之本。做好保障和改善民生工作，事关群众福祉和社会和谐稳定。党的十八大以来，我们在保障和改善民生方面取得了哪些突破性进展？

董克用：党的十八大以来，习近平同志把全面建成小康社会、实现中华民族伟大复兴的中国梦作为一面高扬的旗帜来引领民生建设，我国民生建设至少在以下三个方面取得了突破。

一是民生建设的信念和目标进一步明确。习近平同志指出，中国梦的基本内涵是实现国家富强、民族振兴、人民幸福。他还强调，必须始终把实现好、维护好、发展好最广大人民根本利益作为一切工作的出发点和落脚点，不断解决好人民最关心最直接最现实的利益问题，努力让人民过上更好生活。正是因为有着这样的坚定信念和明确目标，在近几年我国经济下行压力加大、财政收入增速下降的情况下，党和政府依然坚定不移地把保障和改善民生摆在突出位置，全国居民人均可支配收入增长率连续数年跑赢 GDP 增长率；财政用于民生的比例达到 70% 以上；全国城镇新增就业连续三年年均保持在1300 万人以上，大大超额完成目标；各项民生事业均取得可喜进展。

二是提出精准扶贫、精准脱贫的重要思想，把政策的"雨露"撒给真正需要的人。精准扶贫、精准脱贫思想是中国贫困治理指导思想的重大创新，其理论基础是"共同富裕"这一社会主义根本原则，现实基础是"全面建成小康社会"的宏伟目标和扎实实践。在精准扶贫、精准脱贫思想的指导下，扶贫的重点和对象明晰了，"谁来扶"也就明确了，扶贫资金和项目的投放就更有针对性，更能惠及真正的贫困群众。这一思想体现出在全面小康冲刺阶段我们党与绝对贫困进行最后决战的意志，凸显中央打赢脱贫攻坚战的坚强决心，释放出向贫困发起总攻的强烈信号。

三是补齐民生短板，托"底"、保"底"，突出重点。人民群众所关心的教育、就业、收入、社保、医疗卫生、安全生产和食品药品安全等重大民生问题，毫无疑问是"十三五"期间亟需补齐的"短板"。习近平同志强调，要促进公共资源向基层延伸、向农村覆盖、向弱势群体倾斜，抓住人民最关心最直接最现实的利益问题，抓住最需要关心的人群，多做雪中送炭的事情；要做那些现实条件下可以做到的事情，让群众得到看得见、摸得着的实惠，决不能开空头支票，也要防止把胃口吊得过高；要一件事情接着一件事情办，一年接着一年干，锲而不舍向前走。补齐民生短板的思想，坚持从实际出发，强调抓主要矛盾，突出"雪中送炭"和"托底"，充分彰显了我们党执政为民的真挚情怀和务实进取的思想作风。在这一思想指导下，党的十八大以来，我们在民生工作中更加关注低收入群众生活，努力消除民生工作中的盲点；大力解决"择校""看病难"等问题，推动基本公共服务均等化；在安居保障、养老服务等环节上加强创新，营造更和谐更宜居的生活环境；抓住人民群众最关心最直接最现实的利益问题，全面补齐民生短板。这些务实做法带来了民生的持续、快速改善，与西方一些国家的政党为了拉选票而过度承诺，结果要么承诺难以兑现，要么背上过重福利包袱影响经济发展并最终影响全体人民利益的做法形成了鲜明对比。

韩震：我再补充两点。一是我们所提出的改善民生是全面改善，不仅要改善人民的物质生活，也要改善人民的文化生活。为此，中央把义务教育的均等化作为重要工作加以推进，专门给贫困地区的青年留出进入重点大学的名额，并且大力增加文化公共产品的供给。二是以壮士断腕的意志大力改善环境，奠定了民生持续改善的环境基础。随着经济发展和人民生活水平提高，我们越来越深刻地认识到，提高人民群众的生活质量需要"金山银山"，但更需要"绿水青山"和"蓝天白云"。因此，党的十八大以来，通过建全政绩考核制度和责任追究制度，特别是明确"对违背科学发展要求、造成资源环境生态严重破坏的要记录在案，实行终身追责"，把环境保护软约束变成了硬约束，在生态文明建设上取得了重大进展。

董克用：您的补充我很赞成。人民生活幸福是对中国梦的最好诠释。这些务实举措充分表明中国梦不是空中楼阁。通过持续改善民生，将国家的发展落脚在所有人的共同发展上，将梦想的力量凝聚在共同富裕的旗帜下，就一定能以稳健有力的步伐在民族复兴的道路上大步前行。

"加强和创新社会治理，关键在体制创新，核心是人，只有人与人和谐相处，社会才会安定有序。"

坚持以民为本、体制创新，构建全民共建共享的社会治理格局

主持人：党的十八届五中全会明确提出："构建全民共建共享的社会治理格局。"构建全民共建共享的社会治理格局是提高社会治理能力和水平的基础，是从传统社会管理向现代社会治理转变的重要标志。应该如何构建全民共建共享的社会治理格局？

杨宜勇：首要的是坚持在党的领导下多方参与、共同治理的理念和主张，让各个主体各归其位，充分发挥多元主体在社会治理中的作用。应发挥政府主导作用，强化政府研判社会发展趋势、编制社会发展专项规划、制定社会政策、整合社会治理力量、管理全局性事项等职能。应明确市场主体的社会责任，提倡开发更多就业岗位、承办公益慈善事业，教育和引导市场主体诚实守信，杜绝假冒伪劣生产经营行为。应增强社会自我调节功能，加强社会公德、职业道德、家庭美德、个人品德教育，培育自尊自信、理性平和、积极向上的社会心态，引导人们自觉履行法定义务、社会责任、家庭责任，自觉维护社会秩序；依靠工会、共青团、妇联、基层群众自治组织和社会组织开展形式多样的平等对话、协商谈判、规

劝疏导，化解不同利益主体之间的矛盾和冲突；推进行业规范、社会组织章程、村规民约、社区公约等社会规范建设，充分发挥社会规范在协调社会关系、约束个体行为、保障群众利益等方面的作用。提高社会治理水平的根本在于深化城乡居民自治，社会治理的重心必须落到城乡社区。应深化拓展网格化管理，尽可能把资源、服务、管理放到基层，使基层有职有权有物，更好地为群众提供精准有效的服务和管理。

董克用：社会治理既是对全社会的治理，也是全社会共同参与的治理，构建全民共建共享的社会治理格局应坚持三个原则。一是坚持以人为本、以民为本。民生连着民心。只有人民生活幸福、人与人和谐相处，社会才会安定有序。因此，首先要把群众生活保障好，让人民群众更多更公平地分享改革发展成果。同时要把治理工作重心从治标转向治本、从事后救急转向源头疏导，建立健全畅通有序的诉求表达、心理干预、矛盾调处、权益保障机制，使群众问题能反映、矛盾能化解、权益有保障。二是坚持多方参与。坚持系统治理，加强党委领导，发挥政府主导作用，鼓励和支持社会各方面参与，实现政府治理和社会自我调节、居民自治良性互动，努力形成社会治理的强大合力。三是坚持依法治理。依法治国是党治理国家的基本方略，依法治理是现代社会治理的基本方式。坚持依法治理，首先要弘扬法治精神，培育法治文化，增强用法治思维谋划社会治理、以法治方式推进社会治理的思想自觉，逐步培育起全社会崇尚法律、敬畏法律、遵守法律的坚定信仰，进一步形成办事依法、遇事找法、解决问题用法、化解矛盾靠法的法治环境，使社会治理各项工作纳入法治轨道。其次要严格执法、公正司法，牢固树立执法为民理念，公正对待群众诉求，依法审理各类案件，努力让人民群众在每一个司法案件中都感受到公平正义。

韩震：当前，我国在社会治理方面面对的问题和挑战仍然很多，主要表现在地区、城乡之间差距较大，基本公共服务均等化程度有待提高，社会组织发展滞后，社会治理体制机制尚不健全等。只有以新发展理念引领社会治理创新，完善社会治理体制机制，才能更好推进社会治理问题的解决，真正构建起全民共建共享的社会治理格局。为此，应推动区域协调发展、城乡协调发展、物质文明和精神文明协调发展，坚持沿着普惠性、保基本、均等化、可持续方向增加公共服务供给，构建和谐的社会环境和发展环境。应坚持完善党委领导、政府主导、社会协同、公众参与、法治保障的社会治理体制，完善改善民生和社会治理的各项制度安排和政策体系，以有效的制度和政策安排提高人民福祉，缩小收入差距，激发社会活力，消除社会矛盾产生的土壤，不断提高社会治理效能。

"国泰民安是人民群众最基本、最普遍的愿望。实现

中华民族伟大复兴的中国梦，保证人民安居乐业，国家安全是头等大事。"

汇聚起维护国家安全强大力量，不断提高人民群众安全感幸福感

主持人：2014 年 4 月 15 日，习近平同志在中央国家安全委员会第一次会议上的讲话中提出了"总体国家安全观"这一重大战略思想。这是新中国成立以来国家安全理论的一次重大创新，不仅把对国家安全基本规律的认识提升到一个新水平，而且将汇聚起维护国家安全的强大力量，不断提高人民群众的安全感和幸福感。

杨宜勇：是的，国家安全是人民幸福安康的基本要求，是安邦定国的重要基石。总体国家安全观为理解国家安全和社会安全提供了一个新的分析框架，为新形势下维护国家安全工作确立了重要遵循，将带来国家安全工作水平的全面提升。总体国家安全观把国家安全视为一个超巨复杂的体系，这是一种方法论，也是一种世界观。习近平同志指出，当前我国国家安全内涵和外延比历史上任何时候都要丰富，时空领域比历史上任何时候都要宽广，内外因素比历史上任何时候都要复杂，必须坚持总体国家安全观，以人民安全为宗旨，以政治安全为根本，以经济安全为基础，以军事、文化、社会安全为保障，以促进国际安全为依托，走出一条中国特色国家安全道

路。可见，在总体国家安全体系中，每一个领域的具体安全虽然各有侧重，但首先都必然和必须与其他领域的安全密切相关相连，互不可分；任何时候都不能孤立地片面地理解国家安全问题。只有以总体国家安全观为指导，走中国特色国家安全道路，才能保证国家长治久安、社会安定有序、人民安居乐业。

韩震：之所以提出总体国家安全观，是因为现代社会是一个高度分工且密切联系的社会，社会的有机性更加明显，但社会风险出现的概率却更高了。社会不同领域之间的相关性明显增强，一个领域的问题很可能引起其他方面甚至整体性的危机。只有用整体的、总体的、协调的观点，才能正确认识和处理现代社会所面临的安全问题。贯彻落实总体国家安全观，必须始终坚持党对国家安全工作的绝对领导，不断提升党对国家安全工作的领导能力，注重处理好五对关系：既重视外部安全，又重视内部安全；既重视国土安全，又重视国民安全；既重视传统安全，又重视非传统安全，既重视发展问题，又重视安全问题；既重视自身安全，又重视共同安全。必须坚持国家利益至上的原则，动员全党全社会共同努力，汇聚起维护国家安全的强大合力。

董克用：以人民安全为宗旨，把人民安全放在第一位，是总体国家安全观的一个最大亮点。习近平同志指出，坚持国家安全一切为了人民、一切依靠人民，真正夯实国家安全的群众基础。这充分体现了人民安全在整体国家安全体系中的核心地位。既然人民安全是一切国家安全活动的根本宗旨和根本目的，那么无论是政治安全和政治安全活动、经济安全和经济安全活动，还是军事安全和军事安全活动、文化安全和文化安全活动、社会安全和社会安全活动以及国际安全和国际安全活动等，都是为了实现人民安全来服务的。因此，做好国家安全工作，要真正把人民群众的安危冷暖放在第一位，广泛动员组织人民群众，凝聚维护国家安全的正能量，以实际行动夯实国家安全的群众基础，防范和化解各种安全风险，建设平安中国，不断提高广大人民群众的安全感和幸福感。

增强文化自信　繁荣哲学社会科学 [1]

　　作为一所以外国语言文学为优势学科、培养外交外事人才的多学科大学，开展"两学一做"学习教育工作，要结合习近平总书记在哲学社会科学工作座谈会上的讲话精神来展开。在社会大变革时代,面对新形势和新要求，要高度重视哲学社会科学，从根本上恢复文化自信。只有这样，才能培养既具有国际视野，也具有民族情怀的外向型人才。越是参与外交外事活动的高级人才，越需要中华优秀传统文化的熏陶，越需要站稳国家立场。为此，北京外国语大学的师生应该响应习近平总书记的号召，立时代之潮头、通古今之变化、发思想之先声，积极为党和人民述学立论、建言献策，担负起历史赋予的光荣使命:"把世界介绍给中国,让中国理解多样的世界；把中国介绍给世界，让世界理解变化中的中国"。为此，我们要旗帜鲜明地坚持马克思主义为指导，继续推进马

1　本文根据采访录音整理而成。记者采访了多所高校的党委书记，形成的文章发表于《中国教育报》2016 年 11 月 25 日，题目为《"两学一做"高校书记讲话摘编》。

克思主义中国化、时代化、大众化，继续发展 21 世纪马克思主义、当代中国马克思主义；要突出我们学校的外语优势，进一步拓展非通用语学科建设、补齐学科短板、完善学科体系，为加快中国文化"走出去"，服务于国家改革开放的战略。

　　做好哲学社会科学的工作，首要的就是加强和改善党的领导。我们必须扎扎实实推进"两学一做"学习教育，将实际成效体现在推动中心工作、促进学校党的建设和事业发展上，体现在推动党员干部提振精气神、展示新作为、发挥先锋模范作用上，体现在激活基层党组织、增强基层组织力上，从严从实打造一支"四讲四有"的党员队伍，为推动学校科学发展，实现学校"建设世界一流、特色鲜明的高水平外国语大学"的奋斗目标和中华民族伟大复兴的中国梦做出新的更大贡献。

就如何解决高校课堂论坛不时出现"杂音"问题答记者问 [1]

问：近年来，学术界流传着一句顺口溜："有的哲学研究者不好好说话，有的经济学研究者不说中国话，科学社会主义研究者没地方说话。"具体到高校课堂、论坛上，则不时出现一些错误声音。在您看来，这背后有哪些深层次的历史与现实原因？

答：必须指出，高校讲坛是满园春色的育人百花园，绝大多数教师都是兢兢业业地为培育社会主义建设者和接班人而辛勤工作，发挥了不可替代的作用，功不可没。你说的"不时出现一些错误声音"，应该是极其个别的现象。当然，由于学校是塑造未来的地方，即使出现个别问题也值得特别警惕、特别注意。

我认为，出现这种个别现象的原因是非常复杂的，既有历史的原因，也有现实的问题，既有外来的影响，

---

1 本文为作者接受《光明日报》专访时所作。采访整理后的文章发表于《光明日报》2017 年 2 月 16 日。原题目为《让高校课堂成为立德树人重要渠道》。

574

也有我们自己的某些失误。譬如，改革开放以来，尤其在全球化和网络化的今天，许多外来的理论潮水般涌进国门，其五花八门的理论形态对有些人来说有新鲜感，就可能不辨是非地趋之若鹜。另外，高校作为探索新知的地方，本来就不乏批判性意识和创新冲动，个别人没有多少建设性批判能力，就容易鼓噪一些错误言论以博得眼球和听众。再者，由于我们的某些失误和不足，如思想政治教育的泛化、口号化、概念化和空洞化，不仅缺乏说服力，而且可能引起人们的反感，某些唱反调的声音就容易博得喝彩。当然，国内外某些势力一直试图改变中国青年人的价值观，会想尽各种办法渗透进高校这个阵地，我们决不能放弃警惕。

问：从教师角度看，三尺讲台上，大学教师掌握着绝对的话语权，其最根本的职责就是教书育人。但在今天的大学校园里，很多教师却忽视了这一使命，认为"我的地盘我作主"，甚至打着"学术自由"的旗号传播错误思想。您怎么看待这样的现象？

答：虽然不能说掌握"绝对话语权"，因为教学也越来越强调师生之间的互动，但教师的工作的确具有某种神圣性。其他工作的对象是物，而教师面对的是有血有肉的人，是比自己更年轻、更有发展前景的人。另外，教师不仅传递知识，也在传递文化和价值观。所谓价值观就是人们关于事物对人和社会有否有意义、有用的看法，或者是对事物好与坏、正确与错误的看法。这种看法决定着人们行为的取向。人是精神性和思想性动物，人总是根据自己的思想对事物的看法来行动。因此，改变人们的行动就要改变人们的价值观，人的价值观改变了，人就彻底地变了。正因为如此，教师的身份就更加特殊。

我认为，绝大多数教师是有理性、有道德、有知识、有仁爱之心且负责任的好教师，滥用"学术自由"传播错误思想的人是很少很少的。问题在于，在学校这个思想观念的集散地，其影响比较广泛而深远。

高校是探究真理的地方，讲究"自由之精神""独立之人格"。批判精神是创新意识的基础，是完善现实和创造未来的精神动力，我们必须保护学者和青年人的探索精神。但是，学者应该把批判精神与不负责任地发牢骚区别开来。生活不是乌托邦，现实社会之中总有些不尽人意的地方，在生活中遇到这样那样困难（房价贵、孩子上好学难，等等）是正常的，教师可能会发些议论，但是应该注意界限，不能把自己的牢骚带到课堂上。对此，我们应该做好引导工作。而对那些不负责任地散布道听途说的消息的人，传播与宪法、法律相悖的理论和观点的人，要坚决制止。作为社会主义核心价值观，我们也倡导自由，我们倡导的自由是让每个人都得到全面发展的自由，而不是以极端个人主义为特征的自由观。我们不能给人以违背宪法和法律的自由，也不能给人以毒害青年心灵的自由。

问：高校讲台上的自由与规范，度该如何把握？

答：在真理的探索中，自由与规范是统一的。只有遵循规范，才能有真正的自由探索。那些不遵循学术规范、天马行空、随意造假、恣意妄为的行为，不可能走向探索真理的自由之路。我们在追求学术自由时，必须牢记以下基本规范：一是必须守法，不能传播违背宪法和法律的内容，譬如，不能颠覆中国特色社会主义制度、中国共产党的领导。二是必须考虑社会责任。即使是自然科学研究，如研究核辐射问题，你必须遵循不能随意扩散或让其他人受到辐射危害的规范。我们说"研究无禁区，课堂有纪律"就是这个意识。同样，哲学社会科学的目的是为了社会发展和文明进步，其学术研究当然不能危害到社会安定和他人安危。另外，做教师的，决不能误人子弟。

问：从高校角度看，这是否存在把关不严、课堂秩序构建不力等问题？高校应该如何构建良好的课堂教学秩序，让教师真正敬畏、珍惜、热爱讲台？

答：高校如果出现相关问题，那当然有管理方面的责任。我觉得，高校主要是要回归高校的本来使命，即学校要把立德树人作为根本任务，教师要把教书育人作为首要使命。所有的制度、规范和政策都要以这个使命为中心、为标准。另一方面，社会也应该形成尊师重教的良好氛围，这样才能形成让教师真正敬畏、珍惜、热爱讲台的环境。

问：教师又该如何加强自身素质，做到学术自由与学术规范相统一，让高校课堂、论坛成为立德树人的重要渠道？

答：我们教师要按照有理想、有道德、有知识、有仁爱之心的要求，不断提高自己的素养和水平，才能胜任人类灵魂工程师的职责。除了提高自己的专业知识水平、不断扩大自己的知识视野之外，当前主要应该在三个方面有所加强和提高：一是加强对马克思主义理论特别是马克思主义中国化最新成果的学习，提升自己对中国特色社会主义道路、理论和制度的认同感；二是作为民族文化的传递者，还要提高自己的文化修养，提升对中华优秀传统文化的认同感和自信心；三是做践行社会主义核心价值观的模范，这样才能言传身教、知行合一，提升职业自豪感和认同感。

就建设智库问题答记者问

智力资源是一个国家、一个民族最宝贵的资源，高水平、国际化的智库已经成为一个国家的软实力和国际话语权的重要标志。近年来，我国智库发展取得了很大成绩，但随着国内改革的不断深化和国际形势的日趋复杂，对我国智库建设也提出了新的要求。

问：近年来，我国智库发展很快，在思想、成果、人才等方面都取得了哪些成绩？智库为我国现代化建设做出了哪些贡献？

答：过去，在改革开放的初期，我们是"摸着石头过河"，看着别人的样子做活。我们通过借鉴、模仿、吸收他人的经验发展；但是，发展到现在，我们已经成为第二大经济体、第一大货物贸易国，再靠借鉴、模仿、吸收他人的经验已经不能满足发展的需要了，必须基于当下的情景，思索新的愿景目标、新的发展路数、新的战略策略、新的发展路线图，这就要靠智库的支撑。需要造就了智库机构的发展，也促进了人才的涌现。

我认为，中国特色社会主义道路、理论和制度的发展、创新，都有智库的作用，智库一方面总结中国改革开放、经济政治文化社会和生态文明建设的经验，另一方面又提出许多引导性意见建议，这都通过各种渠道反映到党和政府的决策之中。

过去，我们只是被动地适应国际话语体系，现在我们积极主动且有战略策略地介入国家话语体系的构建，这与智库的工作也有关。

问：当前，全面建成小康社会进入决定性阶段，破解改革发展稳定难题和应对全球性问题的复杂性艰巨性前所未有，我国的智库建设跟不上、不适应的问题也越来越突出，主要表现在哪些方面？如何解决这些问题？

答：主要还是研究的基础仍然薄弱，这主要表现在视野不宽、理论基础研究不够，具有广泛引领作用的议题设置能力还有限。

中国智库的主要问题是应对国际问题，特别是世界各国、区域问题的深入研究不够，知识准备不足；具备进行跨文化认知的语言能力和知识素养的人才不足。

问：高端智库的内涵是什么？高端智库建设对我国当前发展有何意义？

答：高端智库的内涵应该是能够总结时代性问题的实质，能够发现社会时代性发展的趋势，能够就发展趋势所出现的问题有敏锐的洞察力，能够给解决时代性问题提出切实可行的战略、策略方案。

我国正在进入中华民族伟大复兴的决胜阶段，因此自觉地进行战略、全局性思考，把握发展的大势，掌握防范、化解危机的策略，这就是智库存在的意义。

问：高端智库具备哪些重要功能？建设高端智库应遵循哪些原则？

答：高端智库具备应该具备研究、资政、培育人才、创新话语体系、设置议题、营造舆论氛围等多方面的功能。

高端智库应该遵循的原则有：实事求是、追求真理，按照社会发展的规律描述世界，提出议题和解决方案应该有利于人类社会的发展进步；应该有自己的立场，特别是应该以中国人民的根本利益为归旨。

中国特色社会主义进入新时代
采访提纲[1]

背景： 十九大报告指出，改革开放之初，我们党发出了走自己的路、建设中国特色社会主义的伟大号召。从那时以来，我们党团结带领全国各族人民不懈奋斗，推动我国经济实力、科技实力、国防实力、综合国力进入世界前列，推动我国国际地位实现前所未有的提升，党的面貌、国家的面貌、人民的面貌、军队的面貌、中华民族的面貌发生了前所未有的变化，中华民族正以崭新姿态屹立于世界的东方。

经过长期努力，中国特色社会主义进入了新时代，这是我国发展新的历史方位。

问： 十九大报告中指出，"这个时代，是承前启后、继往开来"的时代。在您看来，十九大做出中国特色社会主义进入新时代这个判断具有哪些意义？"新"主要

---

1 本文是 2017 年 10 月对《中国社会科学报》记者采访的提纲的回答。

体现在哪些方面?

韩震:"新时代"之"新",主要在于我国社会主要矛盾已经转化为人民日益增长的美好生活需要和不平衡不充分的发展之间的矛盾。过去,我们主要是解决温饱问题,解决富裕起来的问题,而今后则是解决强起来的问题,解决社会的现代化问题。也就是说,我国稳定解决了十几亿人的温饱问题,总体上实现小康,不久将全面建成小康社会,人民美好生活需要日益广泛,不仅对物质文化生活提出了更高要求,而且在民主、法治、公平、正义、安全、环境等方面的要求日益增长。同时,我国社会生产力水平总体上显著提高,社会生产能力在很多方面进入世界前列,更加突出的问题是发展不平衡不充分,这已经成为满足人民日益增长的美好生活需要的主要制约因素。

问:历史和实践证明,只有中国共产党才能救中国,只有中国共产党才能发展中国,只有中国共产党才能带领人民实现中华民族伟大复兴的中国梦。新时代我们党承载的历史使命发生了什么变化?

韩震:习近平总书记说,我们党都初心不改、矢志不渝,团结带领人民历经千难万险,付出巨大牺牲,敢于面对曲折,勇于修正错误,攻克了一个又一个看似不可攻克的难关,创造了一个又一个彪炳史册的人间奇迹。这就是说,面对形势的变化,我们不变的是党全心全意为人民服务的宗旨,不变的是马克思主义的立场观点和方法。但是改变的是随着历史发展的阶段性变化提出的新任务。如果说 1945 年前我们的主要使命是民族独立，那么 1949 年前则是人民解放；1978 年前我们的主要使命是解决人民的温饱问题，那么 1978 年之后就是让人民群众过上更加富裕的生活。而现在我们的主要使命则是中华民族伟大复兴中国梦的实现，是中国社会主义现代化的实现，是富强、民主、文明、和谐的美丽中国的建成。

问：报告中提出了"伟大斗争，伟大工程，伟大事业，伟大梦想"紧密联系、相互贯通、相互作用，并指出其中起决定性作用的是党的建设这一伟大工程。新时代如何进一步加强党的建设？

韩震：习近平同志指出，从严治党永远在路上，我们必须勇于直面问题，敢于刮骨疗毒，消除一切损害党的先进性和纯洁性的因素，清除一切侵蚀党的健康肌体的病毒，不断增强党的政治领导力、思想引领力、群众组织力、社会号召力，确保我们党永葆旺盛生命力和强大战斗力。这就需要把从严治党向基层延伸，不仅在组织上严格要求，而且要加强思想上的理想信念的教育。

问：报告在第三部分指出了新时代坚持和发展中国特色社会主义的"十四条"基本方略。方略的提出有何具体现实意义？请根据您的研究兴趣或领域，针对方略中的某一项内容进行解读。

韩震：坚持以人民为中心。人民是历史的创造者，是决定党和国家前途命运的根本力量。必须坚持人民主体地位，坚持立党为公、执政为民，践行全心全意为人民服务的根本宗旨，把党的群众路线贯彻到治国理政全部活动之中，把人民对美好生活的向往作为奋斗目标，依靠人民创造历史伟业。——这是一个世界观和立场的问题，决定了中国共产党治国理政方略的根本价值取向。有了这个价值取向，其他方略就有了方向，就有了立场，就有了社会根基，就能够得到人民群众的赞成、拥护和响应。